함수형 파이썬 프로그래밍

함수형 파이썬 프로그래밍

파이썬으로 배우는 쉬운 함수형 프로그래밍

스티븐 로트 지음 | 오현석 옮김

지은이 소개

스티븐 로트 Steven F. Lott

컴퓨터가 커다랗고, 비싸고, 드물었던 1970년대부터 프로그래밍을 해왔다. 그는 수많은 기업의 계약직 소프트웨어 개발자로 일해왔으며, 파이썬을 사용해 10년 넘게 비즈니스 문제들을 해결해왔다. 그는 특히 데이터를 멋지게 표현하는 데 능숙하다. 그는 또한 『객체지향 파이썬 프로그래밍Mastering Object-oriented Python』(에이콘, 2017)과 『Python for Secret Agent』의 저자이기도 하다. 그는 미국 동부 지방의 여기저기를 떠도는 디지털 유목민으로 십여 년간 지낸 후 마침내 체사피크 만에 뿌리를 내렸다. 그의 기술 블로그는 http://slott-softwarearchitect.blogspot.com이다.

기술 감수자 소개

올레그 브로이트맨 Oleg Broytman

소프트웨어 개발자로 현재 유닉스/리눅스에서 웹 기술자로 일하고 있으며, 서버 측에서는 파이썬, 클라이언트 측에서는 자바스크립트를 사용하고 있다. 올레그는 IBM PC가 생기기 전부터 컴퓨터를 이용하여 일해왔다. 그는 DOS 환경에서 작업한 후 다시 Unix(특히 Linux와 Free BSD)로 돌아왔다. 그는 러시아의 모스크바에서 25년간 의학 관련 분야에서 일해왔다.

phd@phdru.name을 통해 그에게 연락할 수 있다.

> 집사람인 올가에게 감사를 표하고 싶다! 그녀는 내가 어떤 일을, 어떻게 하든 나를 지원해줬다(음, 대부분 말이다). 그녀의 사랑과 지원이 나를 행복하게 만들고, 많은 것을 가능하게 해줬다.

루이 카르모 Rui Carmo

인터넷과 통신 분야에서 20년 이상의 경력이 있는 시스템 아키텍트다. 그는 소프트웨어 개발, 제품 관리, 무선 네트워크 계획, 시스템 엔지니어링, 가상화, 클라우드 서비스, 그리고 현재 "데브옵스(DevOps)"라는 이름으로 업계에서 회자되는 분야 중 상당수를 거쳤다. 그는 10년 넘게 파이썬으로 코딩해왔으며(파이썬 2.3부터), 지난 몇 년간 함수형 프로그래밍의 이점으로 인해 클로저Clojure, 얼랭Erlang, Hy[파이썬의 구문 트리를 활용하는 리스프(LISP)]에 끌리는 것을 느껴왔다.

그는 부인, 두 아이와 함께 현재 포르투갈의 리스본이라는 멋진 도시에 살고 있고, 블로그는 http://taoofmac.com이다. 깃허브, 트위터, 해커 뉴스에서 @rcarmo로 찾을 수 있다.

줄리엔 단주 Julien Danjou

레드햇 Red Hat에서 일하는 오픈소스 해커다. 데비안 Debian 개발자로 경력을 시작했고, 수많은 자유 소프트웨어(GNU 이맥스 Emacs, 프리데스크톱 Freedesktop 등)에 기여해왔으며, 스스로도 오썸 awesome window manager 등의 자유 소프트웨어를 작성했다.

최근 모두 파이썬으로 작성된 오픈소스 클라우드 플랫폼인 오픈 스택에 기여하고 있다. 오랫동안 파이썬 개발자로 일해왔으며, Hy를 작업했고, 2014년 『The Hacker's Guide to Python』을 출판했다.

아모아티 해리슨 Amoatey Harrison

문제 해결을 위한 소프트웨어 시스템을 작성하는 데에 열정을 지닌 파이썬 개발자다. 그는 프로그래밍을 하지 않는 여가 시간에 비디오 게임, 수영을 하거나 친구들과 함께 시간을 보내는 것을 즐긴다.

크와임 크루마 Kwame Nkrumah 과학 기술 대학에서 컴퓨터 엔지니어링 학위를 취득하고, 가나의 아크라 Accra에 있는 GCB 은행 본부에서 병역을 마쳤다.

그는 자신을 멋진 너드 nerd라고 생각한다.

시빈 카푸르 Shivin Kapur

새로운 것을 배우기 좋아하는 컴퓨터 과학도다.

공 이 Gong Yi

중국 상하이에서 일하는 소프트웨어 개발자다. 그는 레고 마인드스톰 EV3를 파이썬으로 제어할 수 있는 오픈소스 프로젝트(https://github.com/topikachu/python-ev3)를 관리하고 있다.

집사람인 주 쇼링Zhu Xialing의 인내와 사랑에 감사한다. 또한 항상 최고인 아들 양양 Yang Yang이 가장 고맙다.

옮긴이 소개

오현석(enshahar@gmail.com)

KAIST에서 전산학 학사와 석사 학위(프로그래밍 언어 연구실)를 취득했다. 삼성메디슨, 비트앤펄스 등에서 UI 개발자와 개발 팀장을 지냈고, 호주에서 프리랜서 C++/풀스택 개발자로 일하고 있다. 웹이나 모바일 등의 분야에서 값 중심의 프로그래밍을 통해 오류 발생 가능성이 더 적으면서 유지보수하기 편한 프로그램을 작성하는 방법과 이를 지원하는 여러 도구를 만드는 일에 관심이 많다. 최근에는 스칼라와 파이썬을 사용한 대규모 병렬 처리나 액터를 활용한 분산 처리 등을 공부하는 중이다. 『Programming in Scala(Second Edition) 한국어판』(에이콘, 2014), 『스칼라 동시성 프로그래밍』(에이콘, 2016), 『시스템 성능 분석과 최적화』(위키북스, 2015), 『프로그래밍 스칼라』(한빛미디어, 2016), 『고성능 파이썬』(한빛미디어, 2016) 등을 번역했다.

옮긴이의 말

역자가 처음 함수형 프로그래밍 언어인 Standard ML을 접했던 20여 년 전만 해도 함수형 프로그래밍은 (일반 개발자들에게) 낯선 개념이었고, 그를 지원하는 언어도 그리 많지 않았다.

하지만 세월이 지나면서 함수형 프로그래밍 요소를 지원하지 않는 언어를 찾아보기가 어려울 정도로 상황이 바뀌었다. 이제 클로저(람다)나 함수를 반환하는 함수, 'map'이나 'fold', 'reduce' 등의 컬렉션 함수나 메서드를 지원하지 않는 언어는 거의 없고, 본격적인 함수형 언어인 스칼라나 클로저, 하스켈 등을 업무에 사용하는 직장이나 개인도 많이 늘어났다. 예를 들어 파이썬에서도 대규모 프로그래밍에서는 객체지향이나 모듈화 등 전통적인 복잡도 관리 기법을 주로 사용하지만, 개별 함수나 식의 계산 등의 소규모 프로그래밍에서는 제네레이터나 이터레이터, 데커레이터와 컬렉션을 사용해 함수적인 접근 방식을 사용하는 경우가 많다.

우리나라에서도 실용적이면서도 생각을 코드로 표현하고 읽기 쉬운 파이썬을 사용하는 경우가 많이 늘어났다. 전통적인 명령형 코드로 파이썬 애플리케이션을 작성하는 것도 즐거운 일이지만, 함수형 프로그래밍을 좀 더 배우고 그것을 적재적소에 활용할 수 있다면, 더 많은 재미와 더 높은 생산성을 함께 얻을 수 있을 것이다. 이 책은 바로 그런 개발자를 위한 것이다.

전통적인 명령형 프로그래밍에 익숙한 개발자들이 함수 프로그래밍을 사용하기 시작할 때 배워야 할 기본적인 코딩 방식과 개념이 몇 가지 있다. 또한 처음부터 함수 프로그래밍을 지원하기 위해 만들어진 함수 언어와 달리 파이썬에서 함수 프로그래밍을 활용할 경우에 알아둬야 할 주의사항이 몇 가지 있다. 이 책은 함수 프로그래밍이 무엇인지 간략히 설명하고, 여러 함수 프로그래밍 기법을 파이썬으로 어떻게 구현하는지를 이해하기 쉬운 예제와 자세한 설명을 곁들여 소개한다. 그리고 그 과정에서 파이썬의 특성상 주의해야 할 여러 가지 사항을 알려줌으로써 프로그래머가 함정에 빠지지 않도록 도와준다.

이 책을 읽고 코드를 작성해본 독자들은 곧 함수형 프로그래밍의 재미에 빠져들고, 실무에서도 다양한 부분에 함수형 프로그래밍 기법을 사용할 수 있게 될 것이다. 또한 최근 각광을 받고 있는 머신러닝이나 인공지능에서 파이썬이 자주 사용되는 경향을 반영하여, 탐색적 자료 분석 예제를 통해 통계를 처리하고 데이터에 숨어 있는 경향을 분석하는 작업에 파이썬 함수형 프로그래밍을 어떻게 활용할 수 있는지를 맛보게 해준다.

자바와 C/C++만 강조하던 우리나라 전산 환경에 이제 다양한 언어들이 도입되고 개발자들이 한 언어의 패러다임에 매몰되지 않고 다양한 패러다임을 접하고 활용하게 된 것은 매우 바람직한 일이라 생각한다. 새로운 언어나 패러다임을 배우는 것은 그 자체로도 재미있을 뿐 아니라 기존에 자신이 알고 있던 언어나 패러다임에 대한 이해를 한 단계 높여주며, 개발 시 사용할 수 있는 연장통에 새로운 연장을 하나 더 추가함으로써 필요한 작업을 더 쉽게 처리하도록 해준다. 아무쪼록 이 책이 독자 여러분이 조금 더 나은 프로그래머로 거듭나는 데 기여하기를 바란다.

브리즈번에서 **오현석**

차 례

들어가며

명령형imperative 언어나 함수형functional 언어라는 범주에 꼭 들어맞는 프로그래밍 언어도 있다. 명령형 언어는 더 나아가 순차적인procedural 언어와 객체지향적인 object oriented 언어로 나눌 수 있다. 하지만 파이썬 언어는 이 세 가지 범주에 속하는 특성을 모두 포함하고 있다. 그래서 비록 순수한 함수형 언어는 아니지만 파이썬으로도 상당히 다양한 함수형 프로그래밍을 할 수 있다.

더 중요한 것은 다른 함수형 프로그래밍 언어의 여러 디자인 패턴과 설계 기법을 파이썬 프로그래밍에 적용할 수 있다는 것이다. 이렇게 빌려 온 개념을 사용하면 간결하고 우아한 프로그램을 만들 수 있다. 특히 파이썬의 제네레이터 식을 활용하면 메모리에 큰 데이터 구조를 만드는 일을 피할 수 있고, 이에 따라 자원을 덜 사용하면서 더 빠르게 동작할 수 있는 프로그램을 작성할 수 있다.

파이썬으로 쉽고 순수한 함수형 프로그램을 작성할 수는 없다. 파이썬에는 순수 함수형 프로그래밍에 필요한 몇 가지 기능이 부족하다. 예를 들어, 재귀호출의 깊이가 한정되어 있고, 모든 식에 대한 지연 계산lazy evaluation을 지원하지 않으며, 최적화 컴파일러가 없다.

일반적으로 파이썬은 엄격한 평가 규칙을 강조한다. 이는 파이썬이 각 문장을 정해진 순서대로 실행하며, 식을 왼쪽에서 오른쪽의 순서로 평가한다는 뜻이다. 이러한 규칙은 함수적인 순수성에서 벗어난 것이기는 하지만, 이를 파이썬 프로그래밍을 할 때 활용하면 직접 최적화를 수행할 수 있다. 이 책에서는 파이썬의 함수적인 특징을 사용하는 것이 코드를 단순하고 이해하기 쉽게 만들 수 있는 경우에는 함수적인 프로그래밍을 하고, 최적화가 필요한 경우에는 일반적인 명령형 프로그래밍을 사용하는 혼합적인 접근 방법을 선택할 것이다.

파이썬이 제공하는 함수형 프로그래밍 기능도 여러 가지가 존재한다. 가장 중요한 것 중 하나는 함수가 일급 계층 객체first class object라는 것이다. 함수는 일부 다른 언어에서 단지 소스 코드상의 구성 요소로만 존재하고, 실행 시점의 데이터 구조로는 존재하지 않는다. 파이썬에서는 함수가 함수를 인자로 받거나 결과로 반환할 수 있다. 파이썬은 여러 가지 고차 함수를 제공한다. `map()`, `filter()`, `functools.reduce()`와 같은 함수를 이러한 목적에 자주 사용한다. 아직 덜 알려져 있기는 하지만 `sorted()`, `min()`, `max()` 등도 고차 함수다. 이들은 함수 인자의 기본 값을 제공한다. 따라서 일반적인 경우에는 다른 구문을 사용해 호출해야 한다.

함수형 프로그램은 불변적인 데이터 구조를 자주 활용한다. 이렇게 상태가 없는 객체를 강조하면 최적화를 유연하게 수행할 수 있다. 파이썬은 튜플과 이름 있는 튜플namedtuple을 불변 객체로 제공한다. 이러한 구조를 활용하는 것을 통해, 다른 함수형 프로그래밍 언어로부터 몇 가지 실무 설계 기법을 도입할 수 있다.

여러 함수형 프로그래밍 언어는 재귀를 강조하면서 꼬리 호출 재귀 최적화Tail Call Optimization, TCO를 활용한다. 파이썬은 재귀를 상대적으로 적은 숫자의 스택 프레임으로 제한하는 경향이 있다. 재귀를 제네레이터 함수라고 생각할 수도 있다. 그렇게 하면 `yield from`문을 사용해 재귀를 반복문으로 재작성할 수 있고, 이는 꼬리재귀 최적화를 직접 수행하는 것과 같다.

이 책에서는 파이썬의 관점에서 함수형 프로그래밍의 핵심적인 특징을 살펴본다. 이 책의 목적은 함수형 프로그래밍 언어의 좋은 생각을 파이썬으로 가져와 좀 더 이해하기 쉽고 간결한 애플리케이션을 작성하는 것이다.

이 책의 구성

1장, 함수형 프로그래밍 소개 함수형 프로그래밍을 특징짓는 몇 가지 기법을 소개한다. 각각을 파이썬으로 구현하는 몇 가지 방법을 식별하고, 마지막으로 파이썬 애플리케이션을 만들기 위해 함수형 프로그래밍의 디자인 패턴을 도입하며, 그 장점을 살릴 수 있는 방법을 설명한다.

2장, 함수형 기능 소개 함수형 프로그래밍 패러다임의 여섯 가지 주요 특징을 살펴본다. 각각을 파이썬으로 구현하는 방법을 좀 더 자세히 살펴본다. 또한 그러한 특징 중 일부는 파이썬에 잘 들어맞지 않는다는 것을 보여줄 것이다. 예를 들면, 많은 함수형 프로그래밍 언어에는 컴파일과 최적화를 지원하기 위한 복잡한 타입 지정 규칙이 있지만, 파이썬에는 없다.

3장, 함수, 반복자, 제네레이터 불변적인 파이썬 객체와 제네레이터 식을 활용하고, 함수형 프로그래밍의 개념을 파이썬에 도입하는 방법을 보여준다. 몇 가지 내장 파이썬 컬렉션을 살펴보고, 이를 함수형 프로그래밍의 개념에서 크게 벗어나지 않게 활용하는 방법도 살펴본다.

4장, 컬렉션으로 작업하기 내장 파이썬 함수를 사용해 데이터의 컬렉션 작업을 수행하는 방법을 보여준다. 이 장은 any(), all()과 같은, 값의 컬렉션을 축약해 단일 값을 만들어 내는 상대적으로 간단한 함수 몇 가지에 초점을 맞출 것이다.

5장, 고차 함수 map(), filter()와 같이 일반적으로 사용하는 고차 함수를 살펴본다. 또한 다른 고차 함수도 몇 가지 다루고, 고차 함수를 작성하는 방법에 대해서도 설명할 것이다.

6장, 재귀와 축약 재귀를 사용하는 알고리즘을 설계하는 방법을 보여주고, 이를 고성능 for 루프를 사용해 최적화하는 방법을 설명한다. 또한 collections. Counter()를 포함한 여러 가지 축약 함수도 살펴본다.

7장, 튜플을 사용하는 다른 기법 상태가 있는 객체 대신 불변 튜플과 이름 있는 튜플을 활용하는 여러 가지 방법을 보여준다. 불변 객체는 훨씬 단순한 인터페이스를 제공한다. 따라서 애트리뷰트를 잘못 사용하거나 객체를 일관성이 없거나 잘못된 상태로 만들 가능성에 대해 걱정하지 않아도 된다.

8장, itertools 모듈 `itertools` 표준 라이브러리 모듈이 제공하는 몇 가지 함수를 살펴본다. 이들을 활용하면 컬렉션이나 제네레이터 함수를 다루는 프로그램을 쉽게 작성할 수 있다.

9장, 더 많은 itertools 사용 기법 `itertools` 모듈이 제공하는 조합 함수에 대해 설명한다. 이러한 함수들은 조금 덜 유용하다. 이 장에서는 이러한 함수를 부주의하게 사용함으로써 조합으로 인한 폭발적인 복잡도 증가가 발생하는 경우를 보여주는 몇 가지 예제를 다룬다.

10장, functools 모듈 함수형 프로그래밍을 위해 그 모듈에 있는 함수를 활용하는 방법을 보여준다. 이 모듈에 있는 함수 중 몇 가지는 데커레이터를 만들 때 더 적합하므로 11장에서 다룬다. 하지만 나머지 함수는 함수형 프로그램을 설계하고 구현할 수 있는 몇 가지 방법을 제공한다.

11장, 데커레이터 설계 기법 데커레이터를 합성 함수로 만들기 위한 방법으로 사용할 수 있다는 것을 보여준다. 이러한 사용 방법은 상당한 유연성을 가지고 있지만, 몇 가지 개념적인 한계도 존재한다. 또한 지나치게 복잡한 데커레이터가 유용성을 제공하기보다는 혼동을 야기할 수 있는 몇 가지 이유를 살펴본다.

12장, 다중 프로세스와 스레드 모듈 함수형 설계를 잘하면, 그 결과 처리 부하를 분산시킬 수 있다는 사실을 알려준다. 불변 객체를 사용한다는 것은 잘못 동기화한 쓰기 연산으로 인해 객체가 오염되는 일이 없다는 뜻이다.

13장, 조건식과 연산자 모듈 파이썬의 엄격한 평가 순서를 깰 수 있는 방법을 몇 가지 보여준다. 하지만 이 방면에서 우리가 할 수 있는 일은 한계가 있다. 또한 `operator` 모듈을 살펴보고, 몇 가지 간단한 처리를 수행할 때 이 모듈을 사용하면 더 명확하게 프로그램을 짤 수 있다는 것을 보여준다.

14장, PyMonad 라이브러리 PyMonad 라이브러리의 기능을 일부 살펴본다. PyMonad는 몇 가지 함수형 프로그래밍 기능을 추가로 제공한다. 또한 이 라이브러리를 활용하여 모나드를 배울 수 있다. 일부 함수형 언어에서는 최적화 시 원하지 않는 순서로 뒤섞일 수 있는 연산의 순서를 정확하게 지정하기 위해 모나드를 사용해야만 한다. 하지만 파이썬은 이미 식과 문장의 엄격한 실행 순서를 지키기 때문에 모나드는 실용성보다는 교육적인 목적을 위해 배운다.

15장, 웹 서비스에 대한 함수적 접근 웹 서비스를 요청을 응답으로 변경하는 여러 가지 함수를 내포하는 컬렉션으로 정의할 수 있다는 사실을 확인한다. 또한 동적으로 사용자 요청에 응답하는 웹 콘텐츠를 만들 때 함수형 프로그래밍의 개념을 활용할 수 있는 방법을 살펴본다.

16장, 최적화와 개선 성능과 최적화를 위한 몇 가지 조언을 제공한다. 구현하기 쉽고, (올바른 맥락에서 활용하기만 하면) 성능을 극적으로 향상시켜줄 수 있는 메모이제이션memoization 등의 기법을 강조할 것이다.

준비 사항

이 책은 파이썬 3과 애플리케이션 개발의 일반적인 개념에 익숙한 독자를 위한 것이다. 파이썬의 복잡한 특성이나 어려운 특성을 자세히 살펴보지는 않을 것이며, 파이썬 언어의 내부에 대해 자세히 살펴보는 것 또한 피할 것이다.

여기서는 함수형 프로그래밍에 대해 독자들이 어느 정도 익숙하다고 가정했다. 파이썬이 함수형 언어가 아니기 때문에 함수적인 개념을 깊이 파고들지 않는다. 파이썬과 잘 들어맞는 함수형 프로그래밍 개념을 선택하고, 그 개념을 파이썬에서 활용하는 것에 집중할 것이다.

일부 예제에서는 함수형 프로그래밍의 가치를 보여주기 위한 문제 영역으로 탐색적 자료 분석Exploratory Data Analysis, EDA을 다룬다. 기본적인 확률 통계에 대해 알고 있다면, 이를 쉽게 이해할 수 있다. 또한 더 깊은 데이터 과학 이론과 관련 있는 예제도 몇 가지 들어 있다.

파이썬 3.3이나 3.4를 설치해 실행할 수 있어야 한다. 파이썬에 대한 더 자세한 정보는 http://www.python.org/를 참고하기 바란다.

'14장 PyMonad 라이브러리'에서는 외부 라이브러리를 추가로 설치해야 한다. 이미 pip나 이지 인스톨Easy Install이 들어 있는 파이썬 3.4에서는 매우 쉽게 설치할 수 있다. 파이썬 3.3이라면 pip나 이지 인스톨 중 하나 또는 전부가 이미 설치돼 있을 것이다. 설치 프로그램이 있다면 PyMonad를 추가할 수 있다. 좀 더 자세한 것은 https://pypi.python.org/pypi/PyMonad/를 찾아보라.

이 책의 대상 독자

이 책은 함수형 프로그래밍에서 디자인 패턴과 기법을 빌려 간결하고 이해하기 쉬운 파이썬 프로그램을 작성하고자 하는 프로그래머를 위한 것이다. 함수형 스타일을 사용하면 일부 알고리즘을 우아하게 기술할 수 있다. 그러한 알고리즘을 사용하는 경우에는 파이썬 프로그램의 가독성을 높이고 유지보수를 쉽게 하기 위해 함수형 스타일을 채택할 수 있고, 채택해야만 한다.

어떤 문제에 함수형으로 접근하면 매우 성능이 뛰어난 알고리즘을 만들 수 있는 경우가 있다. 파이썬에서는 메모리와 처리 시간을 높일 가능성이 있는 큰 중간 데이터 구조를 만들어 내기가 쉽다. 함수형 프로그래밍 디자인 패턴을 활용하면, 큰 리스트를 같은 내용을 쉽게 표현하면서도 훨씬 더 작은 메모리를 차지하고, 실행 시간도 더 짧은 제네레이터 식으로 바꿀 수 있다.

편집 규약

이 책에서는 여러 가지 정보를 구분하기 위해 다양한 스타일을 사용했다. 다음은 몇 가지 스타일과 그 의미를 보여준다.

본문 안에 있는 코드는 코드와 같이 표기한다(예: "동시 작업 프로세스를 위한 Pool 객체를 만들 수 있고, 각 프로세스에 작업을 할당하고, 이와 동시에 각 작업이 실행되리라 기대할 수 있다.").

코드 블록은 다음과 같이 표기한다.

```
GIMP Palette
Name: Crayola
Columns: 16
#
```

명령행 입력이나 출력은 다음과 같이 표시한다.

```
def max(a, b):
    f = {a >= b: lambda: a, b >= a: lambda: b}[True]
    return f()
```

 경고나 중요한 사항은 이와 같이 박스 안에 표시한다.

 팁이나 트릭은 이와 같이 표시한다.

독자 의견

독자의 피드백을 언제나 환영한다. 이 책에 대한 생각을 알려주기 바란다. 이 책의 좋은 점이나 싫었던 점을 가리지 않아도 된다. 독자의 피드백은 독자가 십분 활용할 수 있는 개발 서적을 만드는 데 있어 매우 중요하다.

일반적인 피드백은 feedback@packtpub.com으로 이메일을 보내면 된다. 메일 제목에 이 책의 제목을 언급하면 된다.

여러분의 관심 분야에 대해 쓰고 싶은 책이 있거나 기여하고 싶은 분야가 있다면 www.packtpub.com/authors의 저자/역자 모집 관련 페이지를 보라.

고객 지원

팩트출판사의 구매자가 된 독자에게 도움이 되는 몇 가지를 제공하고자 한다.

예제 코드 다운로드

이 책에 사용된 예제 코드는 http://www.packtpub.com의 계정을 통해 다운로드할 수 있다. 다른 곳에서 구매한 경우에는 http://www.packtpub.com/support를 방문해 등록하면 파일을 이메일로 직접 받을 수 있다. 또한 에이콘출판사의 도서정보 페이지인 http://www.acornpub.co.kr/book/functional-python에서도 예제 코드를 다운로드할 수 있다.

오탈자

내용을 가능한 정확하게 만들기 위해 노력했지만, 사람은 누구나 실수가 있기 마련이다. 이 책에서 코드나 텍스트상의 문제를 발견해서 알려준다면 매우 감사하게 생각할 것이다. 여러분이 오류를 신고하면 다른 독자들의 혼란을 덜고 다음 버전에서 이 책을 개선하는 데 도움이 될 것이다. 오자를 발견한다면 http://www.packtpub.com/support를 방문해 이 책을 선택하고, 정오표 제출 양식을 통해 오류 정보를 알려주기 바란다. 보내준 내용이 확인되면 웹 사이트에 그 내용이 올라가거나 해당 서적의 정오표 섹션에 그 내용이 추가될 것이다. http://www.packtpub.com/support에서 해당 타이틀을 선택하면 지금까지의 정오표를 확인할 수 있다. 한국어판은 에이콘출판사 도서정보 페이지인 http://www.acornpub.co.kr/book/functional-python에서 찾아볼 수 있다.

저작권 침해

인터넷상의 저작권 침해는 모든 미디어에서 벌어지고 있는 심각한 문제다. 팩트출판사는 저작권과 라이선스의 보호를 매우 중요하게 생각한다. 어떤 형태로든 팩트출판사 서적의 불법 복제판을 발견한 독자는 당사가 문제를 해결할 수 있도록 관

련 웹 사이트의 주소나 위치를 즉시 알려주기 바란다. copyright@packtpub.com
에 저작권 침해가 의심되는 대상의 링크를 보내주기 바란다. 독자를 보호하고, 양
질의 저작물을 제공할 수 있도록 하는 여러분의 협조에 감사드린다.

질문

이 책에 대한 문의가 있다면 questions@packtpub.com로 서슴지 말고 문의하기
바란다. 최선을 다해 답변할 것이다. 한국어판에 관한 질문은 이 책의 옮긴이나 에
이콘출판사 편집 팀(editor@acornpub.co.kr)으로 문의해주기 바란다.

1
함수형 프로그래밍 소개

함수형 프로그래밍functional programming은 식expression과 평가evalution를 사용하고, 주로 이들을 함수에 캡슐화하여 계산을 정의하는 것이다. 그것은 변경 가능한mutable 객체나 상태 변경의 복잡성을 피하거나 그 중요성을 감소시킨다. 이를 통해 더욱 간결하고 이해하기 쉬운 프로그램이 만들어지는 경향이 있다. 우리는 함수형 프로그래밍을 특징짓는 몇 가지 기법을 소개할 것이다. 그리고 이러한 기법 중 일부를 파이썬Python에 적용하는 방법을 알아낼 것이다. 마지막으로, 파이썬 애플리케이션을 설계하면서 활용할 때 함수형 프로그래밍의 이점을 살릴 수 있는 몇 가지 설계 패턴을 제시할 것이다.

파이썬에는 다양한 함수형 프로그래밍 특징이 들어 있다. 파이썬은 순수 함수형 언어가 아니다. 하지만 함수형 프로그래밍의 이점을 누리기에 알맞은 특징을 제공한다. 또한 파이썬은 명령 중심의 프로그래밍 언어imperative programming language가 제공하는 모든 최적화 능력을 그대로 유지한다.

우리는 또한 이 책의 예제 중 상당수를 가져온 분야에 대해 살펴볼 것이다. 가능하면 **탐색적 자료 분석**Exploratory Data Analysis, EDA 근처에 머물도록 노력할 것이다. 왜냐하면 그 분야의 알고리즘이 종종 함수형 프로그래밍의 좋은 예제가 되기 때문이다. 더욱이 이러한 분야의 문제에는 함수형 프로그래밍의 이점이 빠르게 누적된다.

우리의 목표는 함수형 프로그래밍의 중요한 필수 원칙을 세우는 것이다. 더 진지한 파이썬 코드는 '2장 함수형 기능 소개'에서 시작할 것이다.

 이 책에서는 파이썬 3의 특징에 초점을 맞춘다. 하지만 예제 중 일부는 파이썬 2에서도 작동할 것이다.

패러다임 구별하기

프로그래밍 패러다임의 세계를 어떤 요소가 채우고 있는지 명확히 정의하기는 어렵다. 우리의 목적을 위해 여러 프로그래밍 패러다임 중 단 두 가지만을 구분할 것이다. **함수형 프로그래밍**과 **명령 중심 프로그래밍**이 바로 그것이다. 이 둘을 구분하는 중요한 특징 하나는 상태에 대한 개념이다.

파이썬과 같은 명령 중심 언어에서 계산의 상태는 여러 이름 공간에 있는 변수의 값에 반영된다. 이 변수의 값이 모여 계산의 상태를 이루며, 여러 명령문은 변수를 추가하거나 변경(심지어는 제거)하는 것을 통해 상태에 잘 정의된 변경을 가한다. 이러한 언어가 명령적인 이유는 각 문장statement의 상태를 어떤 식으로든 변경하는 명령command이기 때문이다.

일반적인 초점은 대입문과 대입이 상태를 어떻게 바꾸는지에 있다. 파이썬에는 특정 이름 공간에 있는 변수에 대한 규칙을 바꿔주는 global이나 nonlocal과 같은 다른 문장도 있다. def, class, import와 같은 문장은 처리 문맥을 변경한다. try, except, if, elif, else와 같은 다른 문장은 일련의 문장들이 계산 상태를 바꾸는 방법을 변경하기 위한 가드guard 역할을 한다. for나 while은 문장의 블록을 감쌈으로써 그 블록이 반복하여 계산 상태를 바꾸도록 만들어준다. 하지만 이러한 다양한 유형의 문장들의 초점은 모두 변수 상태를 바꾸는 것에 있다.

이상적인 경우, 각 문장은 계산의 상태를 초기 상태에서 원하는 최종 결과 쪽으로 한 단계 전진시킨다. 이렇듯 "앞으로 계산해 나가는 방식"에서는 프로그램에 대한 어떤 단언assertion을 증명하기가 어려울 수 있다. 한 가지 접근 방법으로는 최종 상태를 정의하고, 그 최종 상태에 대해 성립해야 하는 명제를 알아낸 후, 그 명제에 달성하기 위한 여러 전제 조건을 거꾸로 연역해 나가는 것이다. 이러한 설계 과정은 납득할 만한 초기 상태가 만들어질 때까지 반복할 수 있다.

함수형 언어에서는 상태(변수를 변경한다는 의미)를 함수를 평가한다는 좀 더 단순한 표현 방식으로 대치한다. 함수를 평가하면 새로운 객체가 생기거나 기존 객체에서 다른 객체가 만들어진다. 함수형 프로그램은 함수의 합성이기 때문에 쉽게 이해할 수 있는 저수준 함수를 작성할 수 있고, 복잡한 문장을 순서대로 나열한 것보다 쉽게 머릿속에 그릴 수 있는 고수준 함수의 합성을 정의할 수 있다.

함수 평가는 수학적인 표현법과 비슷하다. 이로 인해 알고리즘을 설계하기 위해 간단한 대수algebra를 사용할 수 있고, 이를 통해 여러 경계 조건이나 일반적이지 않은 여러 경우에도 더욱 명확하게 처리할 수 있다. 이러한 특성으로 인해 함수가 잘 작동할 것이라는 것을 더욱 확신할 수 있다. 또한 이러한 대수적 특징으로 인해 제대로 된 단위 테스트를 위한 테스트 케이스를 판별하기도 쉽다.

함수형 프로그램을 (객체지향이든, 절차 중심이든) 명령 중심 프로그램과 비교했을 때, 상대적으로 더욱 간결하고, 표현력이 풍부하며, 효율적인 경향이 있다는 점이 중요하다. 이러한 이점은 아무 노력도 없이 얻을 수 있는 것은 아니다. 주의깊게 설계해야만 이러한 이점을 얻을 수 있다. 이러한 설계상의 노력은 비슷한 명령 중심의 프로그래밍에서보다 함수형 프로그래밍에서 좀 더 쉬운 경향이 있다.

명령형 패러다임 구분하기

명령 중심의 언어는 여러 범주로 나눌 수 있다. 이번 절에서는 절차형^{procedural} 패러다임과 객체지향 패러다임을 빠르게 비교해볼 것이다. 여기서 중요한 것은 객체지향 프로그래밍이 왜 명령형 프로그래밍의 하위 집합인지를 살펴보는 것이다. 절차적인 것과 객체지향적인 것 사이의 구분은 함수형 프로그래밍과 비교할 때 드러나는 것과 같은 근본적인 차이를 보여주지 못한다.

여기서는 각 개념을 보여주기 위해 코드 예제를 사용할 것이다. 어떤 예제의 경우에는 같은 것을 굳이 다시 만드는 것처럼 느껴질 수도 있다. 하지만 다른 예제들은 추상적인 개념을 구체적으로 표현해줄 것이다.

계산에 따라서는 파이썬의 객체지향적인 특성을 무시하고, 간단한 수치적 알고리즘을 작성할 수도 있다. 예를 들어, 어떤 범위 내의 수를 얻기 위해 다음과 같은 코드를 작성할 수 있을 것이다.

```
s=0
for n in range(1, 10):
    if n % 3 == 0 or n % 5 == 0:
        s += n
print(s)
```

이 프로그램은 파이썬의 객체지향적 기능을 하나도 사용하지 않고 만든 엄격한 절차형 프로그램이다. 이 프로그램의 상태는 변수 s와 n의 값에 의해 정해진다. 변수 n은 $1 \leq n < 10$과 같은 값을 취한다. for 루프는 실행되면서 n에 들어가는 값을 순서대로 검사하기 때문에 루프가 n == 10일 때 종료한다는 것을 증명할 수 있다. 이와 비슷하게 만든 기본 (객체가 아닌) 데이터 타입을 사용하는 C나 자바 코드도 이와 마찬가지로 작동할 것이다.

파이썬의 객체지향 프로그래밍^{OOP} 기능을 활용하여 비슷한 프로그램을 만들 수도 있다.

```
m = list()
for n in range(1, 10):
    if n % 3 == 0 or n % 5 == 0:
```

```
        m.append(n)
print(sum(m))
```

이 프로그램은 똑같은 결과가 나타나지만, 진행하면서 상태가 있는 컬렉션 객체인 m에 중간 값을 누적시킨다. 계산 상태는 m과 n이라는 변수에 들어 있는 값에 의해 정해진다.

m.append(n) 나 sum(m) 과 같은 식으로 인해 혼란스러울 수도 있다. 이러한 식을 본 일부 프로그래머들은 함수() 나 객체.메서드() 와 같은 구문을 혼합해 사용하기 때문에 파이썬이 순수 객체지향 프로그래밍 언어가 아니라고 (잘못) 주장하곤 한다. C++과 같은 몇몇 언어에서는 객체가 아닌 int, float, long과 같은 데이터 타입을 사용할 수 있다. 파이썬에는 이러한 기본 타입이 없다. 전위 표기법^{prefix syntax}을 쓸 수 있다고 하더라도 이러한 언어의 본성을 바꿀 수는 없다.

좀 더 현학적으로 시도해본다면, 객체 모델을 더 극단적으로 적용하여 list의 하위 클래스를 만들고 sum을 추가할 수도 있다.

```
class SummableList(list):
    def sum( self ):
        s= 0
        for v in self.__iter__():
            s += v
        return s
```

변수 m을 list() 메서드가 아니라 SummableList() 클래스로 초기화한다면, sum(m) 메서드 대신 m.sum()을 사용할 수 있을 것이다. 이러한 변경은 파이썬이 진정으로 완전한 객체지향 언어임을 더욱 명확히 보여준다. 전위표기법은 단지 구문상 편의를 제공하는 것일 뿐이다.

방금 본 세 가지 예제는 모두 프로그램의 상태를 명시적으로 보여주기 위해 변수에 의존한다. 이들은 대입문을 사용해 변수의 값을 변경하고, 계산을 완료시키기 위한 다음 단계로 이행시킨다. assert문을 각 예제에 추가하면 원하는 상태 변경이 제대로 구현됐는지 확인할 수 있다.

여기서 이야기하고자 하는 내용은 명령형 프로그래밍 방식이 어떤식으로든 잘못됐다는 것이 아니다. 중요한 것은 함수형 프로그래밍은 관점을 변화시켜주며, 그런 관점의 전환이 여러 가지로 유용하다는 점이다. 우리는 같은 알고리즘을 함수적인 관점에서 살펴볼 것이다. 다만, 함수형 프로그래밍이 이 예제를 극적으로 더 짧게 만들어주거나 더 빠르게 만들어주지는 못한다.

함수형 패러다임 사용하기

함수적인 의미에서, 3과 5의 여러 배수의 합을 구하는 것을 두 가지 부분으로 나눠 정의할 수 있다.

- 수의 시퀀스 합을 계산
- 예를 들어 3이나 5의 배수와 같은, 간단한 검사 조건을 통과한 값의 시퀀스

시퀀스의 합은 간단한 재귀적 정의로 만들 수 있다.

```
def sum(seq):
    if len(seq) == 0: return 0
    return seq[0] + sum(seq[1:])
```

시퀀스의 합을 두 가지 경우로 정의했다. **기본적인 경우**base case는 시퀀스의 길이가 0인 경우 전체 합이 0이라고 말한다. 반면, **재귀적인 경우**recursive case는 시퀀스의 합이 첫 번째 원소의 값과 나머지 시퀀스의 합계를 더한 것이라고 말한다. 재귀적 정의는 더 짧은 시퀀스의 결과를 사용하기 때문에 재귀가 (언젠가는) 기본적인 경우로 넘어갈 것임을 확신할 수 있다.

앞 예제의 마지막 줄에 있는 + 연산자와 기본적인 경우의 초깃값인 0이 합계라는 전체 식의 특징을 정해준다. 연산자를 *로 바꾸고, 초깃값을 1로 바꾸면 쉽게 시퀀스에 있는 모든 수의 곱을 구할 수 있다. 이러한 식으로 일반화하는 간단한 아이디어를 2장부터 여러 장에 걸쳐 설명할 것이다.

이와 비슷하게, 다음과 같이 간단한 재귀적 정의를 사용해 값의 시퀀스를 만들 수도 있다.

```
def until(n, filter_func, v):
    if v == n: return []
    if filter_func(v): return [v] + until( n, filter_func, v+1 )
    else: return until(n, filter_func, v+1)
```

이 함수에서 우리는 주어진 값 v를 최대값 u와 비교했다. v가 최대값에 도달한 경우에는 빈 리스트를 결과로 돌려준다. 이 부분이 이 재귀의 기본적인 경우다.

주어진 filter_func() 함수에 따라 두 가지 경우가 생긴다. filter_func() 함수가 전달 받은 v를 통과시킨다면, 우리는 원소가 하나만 들어가는 매우 작은 리스트를 만들고, 그 리스트 뒤에 until() 함수를 재귀호출해 만들어지는 나머지 리스트를 덧붙인다. 만약 v 값을 filter_func() 함수가 거부한다면, 그 값은 무시하고, 단지 until() 함수가 돌려주는 나머지 값으로 결과를 정의한다.

값 v가 초깃값으로부터 n에 도달할 때까지 1씩 증가된다는 사실을 알 수 있기 때문에 이 함수도 기본적인 경우에 곧 도달하리라고 확신할 수 있다.

다음은 until() 함수를 사용해 3이나 5의 배수를 만들어 내는 방법을 보여준다. 먼저, 값을 걸러내기 위해 간단한 lambda 객체를 만들어야 한다.

```
mult_3_5= lambda x: x%3==0 or x%5==0
```

(간단한 함수를 간결하게 정의할 수 있다는 것을 강조하기 위해 람다를 활용했다. 한 줄보다 더 긴 정의가 필요하다면 def문을 사용해야 한다.)

명령행에서 다음 예제와 같이 이 람다 함수가 작동하는 것을 확인할 수 있다.

```
>>> mult_3_5(3)
True
>>> mult_3_5(4)
False
>>> mult_3_5(5)
True
```

이 함수를 until() 함수와 함께 사용하면 3이나 5의 배수인 값의 시퀀스를 만들어 낼 수 있다.

이러한 값의 시퀀스를 만들어 내는 until() 함수는 다음과 같이 작동한다.

```
>>> until(10, lambda x: x%3==0 or x%5==0, 0)
[0, 3, 5, 6, 9]
```

우리가 만든 재귀적인 sum() 함수를 사용하면 이 시퀀스의 합계를 계산할 수 있다. sum(), until(), mult_3_5()와 같은 여러 함수는 간단한 재귀적 함수로 정의됐다. 각 값들은 상태를 저장하기 위한 중간 단계 변수를 사용하지 않고 직접 계산됐다.

앞으로 이러한 순수한 재귀적 함수 정의의 배후에 있는 여러 아이디어를 다시 살펴볼 것이다. 여기서는 여러 함수형 프로그래밍 언어 컴파일러가 이러한 종류의 단순한 재귀함수를 최적화할 수 있다는 사실을 알아두는 것이 중요하다. 파이썬은 그런 최적화를 수행해주지 않는다.

함수형 혼합체 사용하기

3이나 5의 배수의 합계를 계산하는 이전의 예제를 거의 함수형에 가까운 예제를 통해 계속 다룰 것이다. 우리가 만드는 함수형 **혼합체**hybrid 버전은 다음과 비슷하다.

```
print( sum(n for n in range(1, 10) if n%3==0 or n%5==0) )
```

내포된 제네레이터 식nested generator expression을 사용해 값의 컬렉션을 방문하면서 값의 합계를 계산한다. range(1, 10) 메서드는 반복 가능iterable 객체다. 따라서, 이 식은 제네레이터 식의 일종이기도 하다. 이 식은 "$\{n \mid 1 \leq n < 10\}$"인 값의 시퀀스를 만들어 낸다. 더 복잡한 식인 n for n in range(1, 10) if n%3==0 or n%5==0 도 반복 가능한 식이다. 그 식은 $\{n \mid 1 \leq n < 10 \wedge (n \bmod 3 = 0 \vee n \bmod 5 = 0)\}$인 값의 집합을 만들어 낸다. 여기서 변수 n은 각 값과 결합되며, 계산의 상태를 표현하는 것이라기보다는 집합의 내용을 표현하는 방법이라 할 수 있다. sum() 함수는 이 반복 가능한 식을 소비하면서 최종 값인 23을 만들어 낸다.

> 일단 결합되고 나면, 그 결합 변수의 값은 결코 바뀌지 않는다. 루프 안에 있는 n이라는 변수는 근본적으로 range() 함수가 돌려주는 값을 짧게 부르는 것에 불과하다.

이 식의 if절을 별도의 함수로 분리할 수도 있다. 그렇게 하면 이 식에 다른 규칙을 더 쉽게 적용할 수 있다. 또한 filter()라는 고차함수^{high order function}를 제네레이터 식의 if절 대신 사용할 수 있다. 이에 대해서는 '5장 고차함수'에서 다룬다.

제네레이터 식을 가지고 작업하면서, 결합 변수가 계산의 상태를 정의하는 희미한 경계선상에 있다는 것을 알게 될 것이다. 이 예제의 변수 n은 맨 처음 본 두 가지 명령형 예제의 변수 n과 직접 비교할 수 없다. for문은 지역적인 이름 공간 안에 적합한 변수를 만들어준다. 제네레이터 식은 for문이 변수를 만들어 내는 것과 같은 방식으로 변수를 만들지 않는다.

```
>>> sum( n for n in range(1, 10) if n%3==0 or n%5==0 )
23
>>> n
Traceback (most recent call last):
    File "<stdin>", line 1, in <module>
NameError: name 'n' is not defined
```

파이썬이 이름 공간을 활용하는 방식 때문에 제네레이터 식 안에서 변수 n을 관찰할 수 있는 함수를 작성할 수도 있을 것이다. 하지만 우리는 그렇게 하지 않았다. 우리의 목표는 파이썬의 함수형 기능을 활용하는 것이지, 그런 기능이 내부적으로 객체지향적인 구현을 채택하고 있다는 것을 보여주는 것이 아니기 때문이다.

객체 생성 살펴보기

어떤 경우, 계산 과정을 살펴보기 위해 중간에 만들어지는 객체를 살펴보는 것이 도움이 될 수도 있다. 여기서 중요한 것은 계산 과정이 고정적이지 않다는 것이다. 함수의 교환 법칙이나 결합 법칙이 성립하는 경우, 평가 순서가 바뀌면 만들어지는 객체도 달라질 것이다. 이를 활용하면 결과의 정확성에는 영향을 끼치지 않으면서 성능을 향상시킬 수 있다.

다음 식을 생각해보자.

```
>>> 1+2+3+4
10
```

같은 결과를 내놓는 다양한 계산 과정을 살펴볼 것이다. + 연산자의 결합 법칙과 교환 법칙이 성립하기 때문에 같은 결과를 내놓는 후보가 될 수 있는 계산 과정이 매우 많다.

여러 후보 중에 중요한 것이 두 가지 있다. 각각은 다음과 같다.

```
>>> ((1+2)+3)+4
10
>>> 1+(2+(3+4))
10
```

첫 번째 경우에서 우리는 값을 왼쪽에서 오른쪽 순서로 포개나갔다. 이러한 방식은 파이썬이 암시적으로 취하는 작업 순서다. 이러한 방식의 평가에서는 중간에 3과 6이라는 객체가 만들어진다.

두 번째 경우에서는 오른쪽에서 왼쪽으로 값을 포개나갔다. 이 경우, 중간 객체에 7과 9라는 객체가 만들어진다. 단순한 정수 연산의 경우, 이 두 가지 방식은 모두 같은 성능을 보인다. 따라서 최적화에 따른 이점이 존재하지 않는다.

list의 뒤에 추가append하는 등의 작업을 수행한다면 결합 규칙을 변경하여 성능의 향상을 얻을 수도 있다.

다음은 간단한 예제다.

```
>>> import timeit
>>> timeit.timeit("((([]+[1])+[2])+[3])+[4]")
0.8846941249794327
>>> timeit.timeit("[]+([1]+([2]+([3]+[4])))")
1.0207440659869462
```

이 경우, 왼쪽에서 오른쪽으로 포개나가는 방식은 상당한 성능상의 이점을 가진다.

함수형 설계에서 중요한 것은 + 연산자[또는 add() 함수]를 임의의 순서로 사용하여 같은 결과를 얻을 수 있다는 아이디어다. + 연산자에는 연산자를 사용하는 순서에 제약을 가하는 감춰진 부수 효과가 없다.

거북의 스택

파이썬을 함수형 프로그래밍에 사용하는 경우, 엄격한 함수형 프로그래밍이 아닌 혼합된 함수형 프로그래밍 경로를 따라 내려가는 것이다. 파이썬은 하스켈Haskell, 오캐멀OCaml 또는 얼랭Erlang이 아니다. 문제가 되는 것은, 맨 밑에 있는 프로세서가 함수형이 아니라는 점이다. 심지어 CPU는 엄격한 객체지향도 아니다. CPU는 일반적으로 절차적이다.

> 모든 프로그래밍 언어는 추상화, 라이브러리, 가상 기계 위에 존재한다. 이러한 추상화는 또 다시 다른 추상화, 라이브러리, 프레임워크 또는 가상 기계 위에 존재할 것이다. 가장 적절한 은유는 다음과 같다.
>
> 세계가 큰 거북의 등껍질 위에 존재한다. 그 거북은 다른 큰 거북의 등껍질 위에 서 있다. 그리고 또 다시 그 거북은 또 다른 거북 위에 서 있다. 그 아래로는 계속 거북이다.
>
> – 무명씨

이러한 추상화의 계층에는 실질적인 끝이란 없다.

더 중요한 것은, 추상화와 가상 기계의 존재가 우리가 파이썬의 함수형 프로그래밍 기능을 활용하여 소프트웨어를 설계하려는 접근 방식을 실제로 바꾸지 못한다는 점이다.

함수형 프로그래밍 커뮤니티 안에서도 더 순수한 함수형 프로그래밍 언어와 덜 순수한 언어가 존재한다. 몇몇 언어는 모나드monad를 널리 사용해 파일 입출력과 같은 상태가 있는 존재를 처리한다. 다른 언어들은 파이썬과 비슷한 혼합적인 환경에 의존한다. 우리는 주의 깊게 선택한 순차적인 구성 요소를 일부 허용하지만, 일반적으로는 함수적인 방식으로 소프트웨어를 작성한다.

우리가 작성하는 함수형 파이썬 프로그램은 다음 세 가지 추상화 스택에 의존한다.

- 우리가 만드는 애플리케이션들은 맨 아래 있는 객체를 마주칠 때까지 모두 함수로 이뤄져 있을 것이다.
- 우리의 함수형 프로그래밍을 지원하는 기반인 파이썬 실행 환경은 맨 아래의 무한한 거북을 제외하고는 모두 객체로 이뤄진다.
- 파이썬을 지원하는 라이브러리들은 파이썬이 의존하고 있는 여러 거북이다.

운영체제와 하드웨어는 자체적인 거북의 스택을 형성한다. 이들의 자세한 내용은 우리가 해결하고자 하는 문제에서는 중요하지 않다.

함수형 프로그래밍의 고전적인 예제

함수형 프로그래밍을 소개하는 이번 장의 일부분으로써, 고전적인 함수형 프로그래밍 예제를 하나 살펴볼 것이다. 이는 존 휴즈John Hughes의 논문 "왜 함수형 프로그래밍이 중요한가?Why Functional Programming Matters?"에 기초한 것이다. 그 논문은 1990년 애디슨 웨슬리Addison-Wesley 사에서 출간한 D. 터너Turner 편, 『함수형 프로그래밍의 연구 주제Research Topics in Functional Programming』에 실린 글이다.

다음은 "함수형 프로그래밍의 연구 주제"에 실린 논문의 링크다.

http://www.cs.kent.ac.uk/people/staff/dat/miranda/whyfp90.pdf

여기 있는 함수형 프로그래밍에 대한 일반적인 논의는 심오하다. 논문에는 몇 가지 예제가 들어 있다. 우리는 그중 하나인 함수의 근root을 찾기 위한 뉴튼-랩슨Newton-Raphson 알고리즘을 살펴볼 것이다. 여기서 우리가 근을 찾을 함수는 제곱근 함수다.

이 예제가 중요한 이유는 이 알고리즘의 여러 버전이 루프를 사용해 명시적으로 상태를 관리하는 것에 의존하기 때문이다. 실제로, 휴즈의 논문에는 상태가 있는 명령형 처리를 강조하는 포트란Fortran 코드도 들어 있다.

이 추정 방법의 근간을 이루는 것은 현재의 추정값으로부터 다음 추정값을 계산하는 과정이다. next_() 함수는 sqrt(n)에 대한 현재 추정값 x를 받아 적절한 근을 포착할 수 있는 다음 값을 돌려준다. 다음 예를 살펴보자.

```
def next_(n, x):
    return (x+n/x)/2
```

이 함수는 수열 $a_{i+1} = (a_i + n/a_i)/2$를 계산한다. 값 사이의 거리는 매 단계마다 반으로 줄어든다. 따라서 이 수열은 빠르게 $a = n/a$인 값으로 수렴한다. 이는 $a = \sqrt{n}$이라는 의미다. 이 메서드의 이름은 내장 함수와 겹치기 때문에 next()라고 부를 수는 없다. 그렇지만 가능한 한 원래 논문의 표현과 가장 가까운 이름을 사용하기 위해 next_()라는 이름을 사용한다.

다음은 명령행 프롬프트에서 이 함수를 사용해본 결과다.

```
>>> n= 2
>>> f= lambda x: next_(n, x)
>>> a0= 1.0
>>> [ round(x,4) for x in (a0, f(a0), f(f(a0)), f(f(f(a0))),) ]
[1.0, 1.5, 1.4167, 1.4142]
```

f() 메서드를 $\sqrt{2}$로 수렴하는 람다로 정의했다. a_0 초깃값으로 1.0을 지정해 시작했다. 그 후 $a_1 = f(a_0)$, $a_2 = f(f(a_0))$과 같은 재귀적인 평가를 사용해 시퀀스를 계산했다. 이러한 함수를 제네레이터 식으로 평가하여 각 값을 반올림했다. 이는 출력을 더 읽기 쉽게 만들고, 독테스트[doctest]에서 출력을 더 쉽게 사용하기 위해서다. 수열은 빠르게 $\sqrt{2}$로 수렴하는 것 같아 보인다.

제대로 된 제곱근으로 수렴하는 a_i의 (원칙적으로) 무한 수열을 생성할 수 있는 함수는 다음과 같이 작성할 수도 있다.

```
def repeat(f, a):
    yield a
    for v in repeat(f, f(a)):
        yield v
```

이 함수는 함수 f()와 초깃값 a를 사용해 추정값들을 생성해낸다. 앞에서 정의한 next_() 함수를 제공한다면, 주어진 n 인자의 제곱근을 추정하는 시퀀스를 얻게 될 것이다.

 repeat() 함수는 f() 함수가 인자를 하나만 받아들일 것이라 생각한다. 하지만 우리가 정의한 next_() 함수는 인자를 둘 받는다. 람다 객체인 lambda x: next_(n, x)를 사용하면 두 변수 중 한 변수를 지정한 next_()의 부분 적용 버전을 만들 수 있다. 파이썬의 제네레이터 함수는 단순한 재귀를 사용할 수 없다. 그 대신, 재귀적인 결과에 대해 명시적으로 반복을 수행하면서 각 재귀 결과값을 개별적으로 yield로 만들어 내야 한다. 단순히 return repeat(f, f(a))를 사용하면, 반복을 끝내면서 값의 시퀀스가 아니라 제네레이터 식을 반환한다.

제네레이터 식을 반환하는 대신 모든 값을 반환하는 데에는 다음과 같은 두 가지 방법이 있다.

- 다음과 같이 명시적으로 for 루프를 작성할 수 있다.

  for x in 어떤_반복자: yield x

- 다음과 같이 yield를 사용할 수도 있다.

  yield from 어떤_반복자

재귀적 제네레이터 함수값을 만들어 내는 데 있어서는 두 가지 방법이 모두 동일하다. 우리는 yield 형식을 더 강조할 것이다. 하지만 경우에 따라 yield에서 복잡한 식을 만들어 내는 것이 그와 동등한 매핑이나 제네레이터 식을 사용하는 것보다 명확할 수도 있다.

물론, 전체 무한 수열이 필요한 것은 아니다. 이 수열에서 어느 두 값의 차이가 충분히 작아서, 두 값을 모두 제곱근이라 불러도 문제가 없다면 수의 생성을 중단할 수 있다. 얼마나 가까운지를 나타내는 데 사용하는 기호는 그리스 문자인 **입실론** Epsilon, **ε**이다. 이를 우리가 감내할 수 있는 가장 큰 오차 범위라고 생각할 수 있다.

파이썬의 무한한 시퀀스로부터 원소를 한 번에 하나씩 취하기 위해서는 조금 영리해질 필요가 있다. 좀 더 복잡한 재귀를 감싸는 단순한 인터페이스 함수를 사용하는 방식이 문제를 잘 해결해준다. 다음 코드를 살펴보라.

```python
def within(ε, iterable):
    def head_tail(ε, a, iterable):
        b= next(iterable)
        if abs(a-b) <= ε: return b
        return head_tail(ε, b, iterable)
    return head_tail(ε, next(iterable), iterable)
```

내부 함수로 head_tail()을 정의했다. 이 함수는 오차 한계 ε과 반복 가능한 시퀀스의 원소 a, 그리고 나머지 반복 가능 시퀀스인 iterable을 인자로 받는다. iterable의 다음 원소는 b라는 이름에 결합된다. 만약 $|a-b| \le \varepsilon$ 라면, 두 값이 충분히 가깝기 때문에 우리가 제곱근을 찾았다고 말할 수 있다. 그렇지 않다면, b값을 head_tail() 함수를 재귀호출하는 데 사용하여 다음 값의 쌍을 검사한다.

우리가 만든 within() 함수는 단지 내부적인 head_tail() 함수를 iterable 매개변수의 첫 번째 값을 가지고 적절히 초기화해줄 뿐이다.

일부 함수형 프로그래밍 언어는 값을 iterable 시퀀스에 돌려보내는 기법을 제공하기도 한다. 파이썬이라면 반복자에게 값을 돌려주는 unget()이나 previous() 메서드가 그런 기능을 지원했을 수도 있다. 하지만 파이썬의 iterable은 이러한 종류의 풍부한 기능을 제공하지 않는다.

next_(), repeat(), within() 함수를 사용하면 제곱근 함수를 다음과 같이 만들 수 있다.

```python
def sqrt(a0, ε, n):
    return within(ε, repeat(lambda x: next_(n,x), a0))
```

next_(n,x) 함수로부터 repeat() 함수를 사용해 (잠재적으로) 무한한 값의 시퀀스를 만들었다. within() 함수는 그 시퀀스에서 두 값의 차이가 ε보다 작아지면 수의 생성을 중단시킨다.

이 버전의 sqrt() 메서드를 사용할 때, 우리는 초깃값 a0과 ε을 제공할 필요가 있다. sqrt(1.0, .0001, 3)과 같은 식은 1.0부터 추정하여 $\sqrt{3}$의 값을 0.0001 오차 범위 안까지 계산할 것이다. 대부분의 애플리케이션에서 초기 a0값은 1.0이면 된다. 하지만 그 값이 실제 제곱근에 더 가까울수록, 더 빠르게 메서드가 수렴할 것이다.

이 추정을 다룬 원래의 예제는 미란다^{Miranda} 코드였다. 미란다와 파이썬 사이에는 몇 가지 큰 차이가 있다. 가장 큰 차이는 미란다의 경우, unget과 같은 역할을 하기 위해 cons를 사용해 값을 iterable에 돌려줄 수 있다는 점이다. 파이썬과 미란다를 나란히 놓고 비교해봤을 때 알 수 있는 유사성을 통해, 우리는 다양한 함수형 프로그래밍을 파이썬으로도 쉽게 수행할 수 있으리라고 자신할 수 있다.

탐색적 자료 분석

나중에 EDA(탐색적 자료 분석)를 함수형 프로그래밍의 구체적 예를 제공하는 근원 중 하나로 사용할 것이다. 이 분야에서는 복잡한 데이터 집합을 처리하기 위해 다양한 접근 방법과 알고리즘이 쓰인다. 그래서 함수형 프로그래밍이 문제 영역과 그에 대한 자동화된 해법에 매우 잘 들어맞곤 한다.

주장하는 사람마다 조금씩 다르긴 하지만 널리 받아들여지는 EDA 단계가 있다. 그 단계는 다음과 같다.

- 데이터 준비: 이는 소스 애플리케이션에서 데이터를 뽑아내고 변환하는 단계를 포함할 수 있다. 또한 소스 데이터 형식을 구문 분석하고, 불필요하거나 잘못된 데이터를 제거하기 위해 데이터 스크러빙^{scrubbing}을 진행해야 할 수도 있다. 이러한 분야는 함수형 설계 기법을 매우 잘 응용할 수 있다.

- 데이터 탐색: 이는 가용 데이터에 대한 설명이다. 보통 이 과정은 필수적인 통계 함수를 포함한다. 이 분야도 함수형 프로그래밍이 잘 들어맞는다. 우리가 말하고자 하는 요점을 단변량^{univariate} 또는 2변량^{bivariate} 통계를 예제로 설명

할 수도 있지만, 너무 어렵고 복잡해 보인다. 따라서 우리는 평균^{mean}, 중간값 ^{median}, 최빈수^{mode} 및 기타 설명적인 통계에 초점을 맞출 것이다. 데이터 탐색은 데이터 시각화를 포함할 수 있다. 그 주제는 함수형 프로그래밍과 큰 연관이 없기 때문에 여기서 다루지는 않을 것이다. 나는 여러분이 SciPy와 같은 도구를 활용할 것을 권장한다. 다음 링크를 방문해 SciPy가 어떻게 작동하는지와 그 사용 방법을 살펴보라.

https://www.packtpub.com/big-data-and-business-intelligence/learning-scipy-numerical-and-scientific-computing

또는

https://www.packtpub.com/big-data-and-business-intelligence/learning-python-data-visualization

- 데이터 모델링과 기계 학습: 이 과정은 모델을 새로운 데이터에 맞춰 확장하는 과정을 포함하기 때문에 일반인들에게는 어렵다. 일부 모델은 수학적으로 복잡할 수 있기 때문에 이 분야도 생략할 것이다. 이러한 주제에 너무 많은 시간을 할애하면 함수형 프로그래밍에 집중할 수 없다.

- 평가와 비교: 여러 모델이 있다면 각각을 평가하고 어떤 모델이 가용 데이터에 가장 잘 들어맞는지 결정해야 한다. 이는 모델의 출력에 대한 일반적인 통계를 포함할 수 있다. 이 분야에서도 함수형 설계 기법으로부터 이득을 얻을 수 있다.

EDA의 목표가 의사 결정을 지원하는 모델을 만드는 것인 경우는 많다. 대부분의 경우, 모델이 단순한 함수일 수 있다. 단순한 함수형 프로그래밍 접근 방식을 사용하여 모델을 데이터에 적용하고, 그 결과를 사람이 살펴볼 수 있도록 출력할 수 있다.

요약

이번 장에서는 프로그래밍 패러다임을 함수형 패러다임과 다른 두 가지 일반적인 명령형 패러다임을 구분하는 시각에서 살펴봤다. 이 책의 목표는 파이썬의 함수형 프로그래밍 기능을 탐구하는 것이다. 우리는 파이썬의 일부 기능으로 인해 순수 함수형 프로그래밍이 불가능하다는 사실을 알았다. 따라서 몇 가지 혼합된 기법을 사용해 파이썬의 고성능 최적화 기법과 간결하며 표현력 높은 함수형 프로그래밍의 좋은점을 조합할 것이다.

다음 장에서는 다섯 가지 구체적인 함수형 프로그래밍 기법을 자세히 살펴볼 것이다. 이러한 기법은 우리가 파이썬에서 혼성 함수형 프로그래밍을 수행하는 데 있어 바탕을 이룰 것이다.

2
함수형 기능 소개

대부분의 함수형 프로그래밍 기능은 파이썬에 이미 일급 계층first class으로 들어 있다. 함수형 파이썬을 작성하는 목표는 명령형(절차형이나 객체지향) 기법에서 가능한 한 멀리 벗어나는 것이다.

우리는 다음과 같은 함수형 프로그래밍 주제를 다룰 것이다.

- 일급 계층 함수와 고차 함수는 순수 함수라고도 알려져 있다.

- 변경 불가능한 데이터

- 엄격한 평가strict evaluation와 엄격하지 않은 평가를 각각 미리eager 계산과 지연lazy 계산이라 부르기도 한다.

- 명시적인 루프 상태를 대신하는 재귀

- 함수형 타입 시스템

1장에서 이미 다뤘지만, 두 가지를 여기서 다시 언급한다. 첫째, 순수 함수형 언어는 변수 할당을 통해 상태를 명시적으로 관리하는 데 따른 복잡성이 없다. 둘째, 파이썬은 순수 함수형 언어가 아니다.

우리는 함수형 프로그래밍에 대해 엄밀한 정의를 내리지는 않을 것이다. 그 대신, 의문의 여지 없이 중요한 공통적인 기능만을 살펴본다.

일급 계층 함수

함수형 프로그래밍은 간결하고 표현력이 높은 경우가 많다. 이를 달성하는 방법은 함수를 인자로 제공하고, 다른 함수가 사용할 수 있도록 함수를 반환하는 것이다. 여기서는 함수를 조작하는 것과 관련된 다양한 예제를 살펴본다.

이러한 사용이 가능하려면 함수가 실행 시점의 환경에서 일급 계층이어야만 한다. C와 같은 프로그래밍 언어에서는 함수가 실행 시점의 객체가 아니다. 하지만 파이썬에서 함수는 (보통) def문에 의해 생성되는 객체이며, 다른 파이썬 함수에서 이를 조작할 수 있다. 또한 함수를 호출 가능^{callable} 객체로 정의하거나 lambda를 변수에 대입하여 만들 수도 있다.

다음은 함수 정의가 어떻게 애트리뷰트가 있는 객체를 만들어 내는지 보여준다.

```
>>> def example(a, b, **kw):
...     return a*b
...
>>> type(example)
<class 'function'>
>>> example.__code__.co_varnames
('a', 'b', 'kw')
>>> example.__code__.co_argcount
2
```

우리는 function() 클래스에 속하는 example이라는 객체를 만들었다. 이 객체는 다양한 애트리뷰트를 포함한다. __code__ 객체는 함수 객체 자신을 애트리뷰트와 연관시켜준다. 자세한 구현은 중요하지 않다. 여기서 중요한 것은 함수가 일급 계층 객체이고, 다른 일반적인 객체와 마찬가지로 조작이 가능하다는 것이다. 앞의 예제에서는 함수 객체에 있는 다양한 애트리뷰트 중 두 가지 값을 보여준다.

순수 함수

함수형 프로그래밍 설계에서 사용하는 함수는 부수 효과로 인해 발생할 수 있는 혼동이 없어야 한다. 순수 함수를 사용하면 평가 순서를 바꿔 최적화할 수 있는 여지가 생긴다. 하지만 가장 큰 이익은 순수 함수가 개념적으로 훨씬 단순하며, 테스트하기 쉽다는 점으로부터 얻을 수 있다.

순수 함수를 파이썬으로 작성하려면 지역 상태만을 사용하는 코드를 작성해야 한다. 이는 global문을 피해야 한다는 것을 의미한다. nonlocal을 사용하는 부분은 주의깊게 살펴봐야 한다. nonlocal은 다른 영역에서는 부수 효과처럼 보이지만, 내포시킨 함수 정의 안으로 제한되는 상태이기 때문이다. 이러한 기준을 만족시키는 것은 쉽다. 순수 함수는 파이썬 프로그램의 일반적인 특징 중 하나다.

파이썬 함수가 부수 효과가 없다고 보장할 수 있는 방법은 없다. 부주의하면 순수 함수 규칙이 깨지기 쉽다. 우리가 정말 순수 함수 규칙을 따르고 있는지를 자신할 수 없는 상황이라면, dis 모듈을 사용해 주어진 함수를 컴파일한 코드인 __code__.co_code 부분에 전역 참조가 있는지 살펴보아야 한다. dis 모듈은 내부 클로저closure의 사용을 보고할 수 있다. 튜플을 반환하는 __code__.co_freevars 메서드도 이와 마찬가지다. 하지만 dis를 사용하는 것은 특별한 경우를 다루는 복잡한 해법이라 할 수 있다. 따라서 이에 대해서는 더 이상 살펴보지 않을 것이다.

파이썬 lambda는 순수 함수다. 람다를 사용해 함수를 정의하는 것을 권장하지 않지만, lambda값을 사용해 순수 함수를 만드는 것은 가능하다.

다음은 lambda를 변수에 할당해 만들어 낸 함수다.

```
>>> mersenne = lambda x: 2**x-1
>>> mersenne(17)
131071
```

lambda를 사용해 순수 함수를 만들고, 이를 mersenne라는 변수에 대입했다. 이는 인자를 하나만 받아 값을 하나만 반환하는 호출 가능 객체다. 람다 내부에 대입문을 사용할 수 없기 때문에 람다는 항상 순수 함수이며, 함수형 프로그래밍에 적합하다.

고차 함수

고차 함수를 사용하면 간결하고 이해하기 쉬운 프로그램을 만들 수 있다. 함수를 인자로 받아들이거나 함수를 값으로 반환하는 함수도 있다. 이러한 고차 함수를 사용하면 간단한 여러 가지 함수를 합성한 함수를 만들 수 있다.

파이썬의 max() 함수를 생각해보자. 함수를 인자로 제공하면 max()가 작동하는 방식을 바꿀 수 있다.

다음은 우리가 처리하고 싶은 데이터다.

```
>>> year_cheese = [(2000, 29.87), (2001, 30.12), (2002, 30.6), (2003, 30.66), (2004, 31.33), (2005, 32.62), (2006, 32.73), (2007, 33.5), (2008, 32.84), (2009, 33.02), (2010, 32.92)]
```

max() 함수를 다음과 같이 적용할 수 있다.

```
>>> max(year_cheese)
(2010, 32.92)
```

기본 동작은 시퀀스에 있는 각 튜플을 비교하는 것이다. 그 결과 튜플의 0번째 위치에 가장 큰 값이 있는 것을 반환했다.

max() 함수가 고차 함수이기 때문에 그 함수의 인자로 다른 함수를 넘길 수 있다. 여기서는 lambda를 함수로 사용할 것이다. max()는 인자로 받은 함수를 다음과 같이 사용한다.

```
>>> max(year_cheese, key=lambda yc: yc[1])
(2007, 33.5)
```

이 예제에서 max() 함수는 인자로 받은 lambda를 사용하여 튜플의 1번째 위치에 가장 큰 값이 있는 것을 반환했다.

파이썬은 다양한 고차 함수를 제공한다. 이 책의 나머지 부분, 특히 '5장 고차 함수' 에서 파이썬의 고차 함수 예제를 보게 될 것이다. 또한 우리 스스로 고차 함수를 쉽게 만들 수 있다는 사실도 살펴본다.

변경 불가능한 데이터

계산 상태를 추적할 때는 변수를 사용하지 않기 때문에 초점을 변경 불가능한 객체에 맞춰야 한다. 우리는 tuple과 namedtuple을 폭넓게 사용해 변경 불가능한 복잡한 데이터를 제공할 것이다.

변경 불가능한 객체라는 개념은 파이썬에서 결코 낯선 것이 아니다. 불변 tuple을 사용하면 좀 더 복잡하고 변경 가능한 객체를 사용하는 것보다 성능상의 이점이 있을 수 있다. 이러한 이점은 경우에 따라 객체의 상태를 변경하는 데 드는 비용을 최소화하기 위해 사용했던 기존 알고리즘을 전혀 다른 방식으로 생각해냈기 때문에 생겨나기도 한다.

이 책에서는 클래스 정의를 (거의) 전혀 사용하지 않을 것이다. **객체지향 프로그래밍** OOP 언어에서 객체를 사용하지 않는다는 것은 많이 이상해 보일 것이다. 하지만 함수형 프로그래밍에서는 단지 상태가 있는 객체가 필요하지 않아서 객체를 사용하지 않을 뿐이다. 이 책의 전반에 걸쳐 그 이유를 살펴본다. callable 객체를 정의해야 할 경우가 있다. 그러한 객체는 밀접하게 연관된 함수에 대한 이름 공간을 제공하는 깔끔한 방법이며, 설정 가능성도 다양하게 제공하기 때문이다.

불변 객체를 사용하면 특히 잘 작동하는 일반적인 디자인 패턴을 살펴본다. 이는 wrapper() 함수다. 튜플의 리스트는 매우 자주 쓰이는 데이터 구조다. 튜플의 리스트를 처리할 때는 보통 다음 두 가지 방법 중 하나를 선택한다.

- **고차 함수 사용**: `lambda`를 `max()`의 인자로 넘겨 `max(year_cheese, key=lambda yc: yc[1])`처럼 사용했다.

- **감싸고-처리하고-풀기 패턴 사용**: 함수적인 맥락에서 볼 때 이를 풀기(처리하기(감싸기(구조))) 패턴이라 불러야 할 것이다.

예를 들어, 다음 명령행의 세션을 살펴보자.

```
>>> max(map(lambda yc: (yc[1],yc), year_cheese))
(33.5, (2007, 33.5))
>>> _[1]
(2007, 33.5)
```

이러한 작업은 3단계 패턴에 잘 들어맞는다. 물론 처음 봐서는 그러한 패턴에 왜 잘 들어맞는지 알기 어려울 것이다.

첫째, 우리는 `map(lambda yc: (yc[1],yc), year_cheese)`를 사용해 리스트를 감싼다. 이 호출은 각 원소를 키와 원래의 원소가 들어 있는 2-튜플로 변환한다. 이 예제에서 비교할 키는 `yc[1]`이다.

둘째, `max()` 함수를 사용해 변환한 리스트를 처리했다. 데이터의 각 부분을 비교에 사용할 값이 0번째 위치에 들어간 튜플로 만들었기 때문에 실제로 `max()` 함수의 고차 함수 기능을 활용할 필요는 없다. `max()`의 기본 동작이 바로 우리가 원하는 동작이다.

셋째, `[1]`이라는 첨자를 사용해 튜플을 풀었다. 이 첨자 연산은 `max()` 함수가 선택한 2-튜플의 두 번째 원소를 가져온다.

이처럼 감싸고 푸는 작업은 매우 흔한 일이며, 일부 언어에서는 `[0]`이나 `[1]`과 같은 접두사식 첨자를 사용하지 않고, `fst()`나 `snd()`와 같이 함수 표현을 사용할 수 있도록 지원하기도 한다. 이러한 아이디어를 활용하면 앞의 감싸고-처리하고-풀기 예제를 다음과 같이 바꿀 수 있다.

```
snd= lambda x: x[1]
snd( max(map(lambda yc: (yc[1],yc), year_cheese)))
```

튜플의 두 번째 원소를 선택하는 `snd()` 함수를 정의했다. 이를 사용하면 더 읽기 쉬운 풀기(처리하기(감싸기(구조))) 패턴의 코드를 작성할 수 있다. `map (lambda..., year_cheese)`를 사용해 원데이터를 감싼 후 `max()` 함수를 사용해 처리하고 마지막으로 `snd()` 함수를 사용해 튜플에서 두 번째 원소를 가져왔다.

'13장 조건식과 연산자 모듈'에서는 `fst()`나 `snd()`와 같은 몇 가지 대안적인 람다 함수를 살펴본다.

엄격한 평가와 엄격하지 않은 평가

함수형 프로그래밍은 부분적으로 어떤 계산을 그 결과가 정말 필요할 때까지 유예하는 방식을 활용하는 것으로 인해 효율성을 얻는다. 이러한 지연^{lazy} 또는 엄격하지 않은$^{non\text{-}strict}$ 평가라는 아이디어는 매우 유용하다. 이러한 유용성은 파이썬이 이 기능을 이미 제공하고 있기 때문에 더욱 커진다.

파이썬에서 논리 연산자인 `and`, `or`나 `if-then-else`는 모두 엄격하지 않다. 이러한 연산자를 때로는 지름길$^{short\ circuit}$ 연산자라 부른다. 왜냐하면 결과값을 계산하기 위해 항상 모든 인자를 평가하지는 않기 때문이다.

다음 명령행 세션은 이러한 연산자의 엄격하지 않은 특성을 보여준다.

```
>>> 0 and print("right")
0
>>> True and print("right")
Right
```

이 예제에서 코드를 실행할 때 `and` 연산자의 좌항이 `False`와 같은 경우에는 우항을 계산하지 않고, 좌항이 `True`와 같은 경우에만 우항을 계산한다.

파이썬의 다른 부분은 엄격하다. 논리 연산자를 제외하면 모든 식은 순서대로 왼쪽에서 오른쪽으로 계산된다. 문장의 시퀀스 또한 순서대로 처리된다. 리터럴 리스트나 튜플에도 엄격한 계산이 이뤄진다.

메서드 함수는 클래스를 정의할 때 엄격하게 순서대로 정의된다. 클래스 정의의 경우 메서드 함수들은 (기본적으로) 딕셔너리에 수집되며, 생성된 다음에는 순서를 유지하지 않는다. 이름이 같은 메서드를 두 가지 정의하면, 엄격한 정의 순서에 따라 두 번째 메서드만 살아남는다.

하지만 파이썬의 제네레이터 식이나 함수는 지연 계산 대상이다. 이러한 식은 즉시 모든 가능한 값을 만들어 내지 않는다. 계산 과정을 명시적으로 로그에 남기지 않으면 이러한 특성을 살펴보는 것은 쉽지 않다. 다음은 range() 함수의 다른 버전으로, 내부적으로 부수 효과를 사용해 생성 중인 수를 표시하는 함수다.

```
>>> def numbers():
... for i in range(1024):
... print( "=", i )
... yield i
```

이 함수가 미리 계산을 수행한다면, 1,024개의 원소를 모두 만들어 낼 것이다. 하지만 이 함수가 지연 계산을 수행하기 때문에 요청에 따라 그때그때 필요한 수만 생성해 낸다.

 예전 파이썬 2의 range() 함수는 미리 계산 방식으로 호출 시 모든 수를 만들어 냈다. 파이썬 2에는 파이썬 3의 range()와 상통하는 지연 계산 방식의 xrange() 함수가 있었다.

이 numbers() 함수를 사용하면 지연 계산이 이뤄지는 것을 볼 수 있다. 이 반복자 함수가 반환하는 값의 일부를 평가하는 함수를 작성해보자.

```
>>> def sum_to(n):
...     sum= 0
...     for i in numbers():
...         if i == n: break
...         sum += i
...     return sum
```

sum_to() 함수는 numbers() 함수의 전체 결과를 계산하지 않을 것이다. numbers() 함수로부터 값을 몇 개 평가한 후 수행을 중단할 것이다. 값을 어떻게 소비하는지는 다음 로그를 보면 알 수 있다.

```
>>> sum_to(5)
=0
=1
=2
=3
=4
=5
10
```

파이썬의 제네레이터 함수에는 단순한 함수형 프로그래밍에 사용하기에는 조금 이상한 특징이 존재한다. 특히, 파이썬에서는 제네레이터를 한 번만 사용할 수 있다. 따라서 지연 계산하는 파이썬 제네레이터 식을 사용하는 경우에는 조심해야 할 필요가 있다.

명시적 루프 상태 대신 재귀 사용

함수형 프로그램은 루프에 의존하지 않으며, 루프의 상태를 추적하는 데 따른 부가 비용도 없다. 그 대신, 함수형 프로그램은 좀 더 간단한 접근 방식인 재귀함수를 사용한다. 일부 언어에서는 재귀를 사용해 프로그램을 작성하더라도 컴파일러가 제공하는 **꼬리재귀호출 최적화**Tail Call Optimization, TCO가 재귀를 루프로 변경해준다. 이 절에서 몇 가지는 재귀를 소개하고, 나머지는 '6장 재귀와 축약'에서 좀 더 자세히 다룰 것이다.

어떤 수가 소수prime number인지 테스트하는 간단한 루프를 살펴본다. 소수란, 1과 자기 자신만을 약수로 가지는 자연수를 말한다. 2부터 시작해 그 수 자신까지 루프를 돌면서 약수인지를 검사하는, 성능이 나쁘고 유치한 알고리즘을 사용할 수 있다. 이 알고리즘의 유일한 장점은 단순성에 있다. 아마도 **프로젝트 오일러**Project Euler에 있는 여러 문제를 해결하려면 이러한 알고리즘을 사용해야 할 것이다. 좀 더 나은 알고리즘을 원한다면 **밀러-라빈**Miller-Rabin 소수 검사 알고리즘을 찾아보라.

서로소coprime라는 용어는 두 수의 공약수가 1뿐인 경우를 말한다. 예를 들어 2와 3은 서로소다. 하지만 6과 9는 3이라는 공약수가 있기 때문에 서로소가 아니다.

어떤 수 n이 소수인지 판별하려면, 실제로 다음과 같은 질문을 던져야 한다. 어떤 수 n이 $p^2 < n$인 모든 소수 p에 대해 서로소인가? 이를 단순화하여 $2 \le p^2 < n$인 모든 정수 p에 대해 서로소인지를 검사하는 것으로 변경할 수 있다.

때로는 이를 다음과 같이 수학적으로 표현하는 것이 도움이 될 때가 있다.

$$prime(n) = \forall x \left[\left(2 \le x < 1 + \sqrt{n} \right) and \left(n(\bmod\ x) \neq 0 \right) \right]$$

이 식은 파이썬으로 다음과 같이 만들 수 있을 것이다.

```
not any(n%p==0 for p in range(2,int(math.sqrt(n))+1))
```

수학 공식을 파이썬으로 직접 변환하면 all(n%p != 0...)과 같은 코드를 사용할 수 있다. 하지만 이는 p의 모든 값을 엄격하게 계산해야 한다는 단점이 있다. not any를 사용한 버전은 True값을 발견한 경우에 계산을 빨리 마칠 수 있다.

이 간단한 식의 내부에는 for 루프가 들어 있다. 따라서 이는 상태가 없는 함수형 프로그램의 예가 아니다. 이를 값의 컬렉션에 대해 동작하는 함수로 재작성할 수 있다. 우리는 어떤 수 n이 $\left[2, 1 + \sqrt{n} \right)$이라는 범위 안에 있는 모든 수에 대해 coprime인지 물어볼 수 있다. 여기서 [...)라는 기호는 반만 열린 구간half-open interval을 의미한다. 즉, 최솟값은 포함하되 최댓값은 포함하지 않는 구간이다. 이는 파이썬의 range() 함수의 전형적인 동작과 일치한다. 또한 공변역을 자연수로만 한정할 것이다. 예를 들어, 제곱근은 정수를 이용하여 암묵적으로 변환한 후에 계산한다.

소수는 다음과 같이 정의할 수 있다.

$$prime(n) = \neg coprime \left(n, \left[2, 1 + \sqrt{n} \right) \right), \text{주어진 } n > 1 \text{일 때}$$

단순한 범위의 값을 대상으로하는 재귀 함수를 만들 때는 기본적으로 빈 범위가
될 것이다. 비어 있지 않은 범위는 한 가지 값을 처리한 후 그 값을 제외한 범위에
대해 재귀적으로 다시 처리하고 두 가지 결과를 합치는 방식으로 처리할 수 있다.
이는 다음과 같이 형식화할 수 있다.

$$\text{coprime}\big(n,[a,b]\big)=\begin{cases} \text{True} & a=b \text{ 인 경우} \\ n \pmod a \neq 0 \wedge \text{coprime}\big(n,[a+1,b]\big) & a<b \text{ 인 경우} \end{cases}$$

이 버전은 두 가지 경우를 확인하기가 쉽다. 각각은 다음과 같다.

- 범위가 비어 있다면 $a=b$이며, 이는 $\text{coprime}(131071,[363,363])$과 비슷한 평가
  를 수행하는 것이다. 범위에 아무 값도 들어 있지 않기 때문에 반환할 것은 그
  냥 True다.

- 범위가 비어 있지 않다면, $\text{coprime}(131071,[2,363])$과 같은 것을 물어보는 중일
  것이다. 이를 $131071(\bmod 2)\neq 0 \wedge \text{coprime}(131071,[3,363])$으로 분해한다. 방금
  본 예에서는 첫 번째 절이 True이기 때문에 두 번째 절을 재귀적으로 평가해야
  한다.

이 예를 두 번째 경우에 수를 증가시켜 나가는 방식이 아니라 [a,b-1)처럼 수를
감소시켜 나가는 방식으로 바꿔보라.

이번에는 약간 다른 이야기를 해보자. 독자 중에 첫 번째 조건이 $a=b$가 아니라
$a\geq b$라고 생각하는 사람이 있을지 모르겠다. 하지만 굳이 그럴 필요는 없다. 왜냐
하면 쉽게 처음부터 $a\leq b$임을 보장할 수 있고, a를 1씩 증가시키기 때문이다. 따라
서 a가 b보다 커져서 이 함수가 오류를 발생시키는 경우는 거의 없다. 빈 구간을
정의하면서 굳이 규칙을 너무 엄격하게 지정할 필요는 없다.

다음은 이러한 소수 정의를 파이썬으로 구현한 코드다.

```
def isprimer(n):
    def isprime(k, coprime):
        """Is k relatively prime to the value coprime?"""
        if k < coprime*coprime: return True
```

```
        if k % coprime == 0: return False
        return isprime(k, coprime+2)
    if n < 2: return False
    if n == 2: return True
    if n % 2 == 0: return False
    return isprime(n, 3)
```

이 코드는 재귀적인 `isprime()` 함수 구현을 보여준다. 반만 열린 구간인 $[2, 1+\sqrt{n})$은 구간의 최솟값인 a값만을 사용하는 것으로 표현했다. 그리고 그 수의 목적을 더욱 분명히 하기 위해 이름을 `coprime`이라고 바꿨다. 기본적인 경우는 `n<coprime*coprime`으로 구현했다. 그래서 값의 범위는 `coprime`부터 `1+math.sqrt(n)`이며, 이 범위가 비어 있을 수도 있다.

엄격하지 않은 and 연산은 별도의 `if`문을 사용해 `if n % coprime == 0`으로 구현했다. `return`문은 다른 `coprime`값을 사용한 재귀호출로 이뤄져 있다.

이 재귀가 함수의 맨 끝[1]에 위치하기 때문에 이 함수는 **꼬리재귀함수**다.

`isprime()` 함수는 n이 2보다 큰 홀수여야 한다는 경계 조건을 처리해주는 다른 함수의 내부에 들어 있다. 2만 유일한 짝수 소수이기 때문에 굳이 짝수에 대해 소수 판별을 수행할 필요가 없다.

이 예제에서 중요한 것은 이 재귀함수의 두 가지 경우를 설계하기가 매우 쉽다는 것이다. 값의 범위를 내부 `isprime()` 함수의 명시적인 인자로 만들면 해당 함수를 재귀호출하면서 범위를 지속적으로 줄여주는 인자값을 지정할 수 있다.

이러한 함수는 극히 간결하고 이해하기 쉽지만, 파이썬에서 재귀를 사용하려면 약간의 주의가 필요하다. 다음과 같이 두 가지 문제가 발생할 수 있다.

---

1 본문에서 "끝"이라고 말한 것은 물리적인 위치가 아니라 논리적인 실행 순서에서 맨 마지막이라는 뜻이다. 꼬리재귀호출 판정에 있어서 대상 재귀호출의 위치는 중요하지 않다. 다만, 재귀호출에서 반환 받은 값을 바로 return해야 한다는 점이 중요하다. 예를 들어 다음 정의는 비록 재귀호출이 맨 마지막에 위치하지만, 꼬리재귀가 아니다. – 옮긴이

```
def factorial(n):
    if n==1 or n==2: return n
    return n * factorial(n-1)
```

- 파이썬에서는 기본적인 경우를 잘못 정의한 재귀함수를 감지하기 위해 재귀 깊이에 한계가 정해져 있다.

- 파이썬에는 꼬리재귀 최적화^{TCO}를 수행하는 컴파일러가 존재하지 않는다.

재귀 깊이의 한계는 기본적으로 1,000이다. 대부분의 알고리즘에서는 이 정도면 충분하다. 이를 sys.setrecursionlimit() 함수를 통해 바꿀 수 있다. 하지만 OS 메모리 한계를 넘어서거나 파이썬 인터프리터를 망가뜨릴 수 있기 때문에 이를 임의로 변경하는 것은 그리 현명한 일이 아니다.

isprimer() 함수를 1,000,000보다 큰 수에 대해 호출한다면, 재귀 깊이의 제한값에 걸릴 것이다. 모든 수 대신 소수인 약수만을 고려하도록 isprimer() 함수를 변경한다면 1,000번째 소수인 7,919까지 다룰 수 있고, 이 함수는 62,710,561 이하의 값만 처리할 수 있을 것이다.

일부 함수형 프로그래밍 언어는 우리가 만든 isprimer()와 같은 단순한 재귀함수를 최적화할 수 있다. 최적화 컴파일러는 isprimer(n, coprime+1)이라는 재귀호출을 부가 비용이 적게 드는 루프로 최적화해준다. 이러한 최적화를 수행하면 여러 재귀호출 스택이 뭉개지기 때문에 최적화한 프로그램을 디버깅하기 힘들어진다. 파이썬은 이러한 최적화를 수행하지 않는다. 단순함과 명확성을 위해 성능과 메모리를 희생시킨다.

파이썬에서 재귀함수 대신 제네레이터 식을 사용하는 경우, 근본적으로 꼬리재귀 최적화를 직접 해주는 것과 같다. 우리는 일부 함수형 프로그래밍 언어와 달리 이러한 최적화를 컴파일러에 의존하지 않는다.

다음은 제네레이터 식을 사용해 TCO한 코드다.

```
def isprime(p):
    if p < 2: return False
    if p == 2: return True
    if p % 2 == 0: return False
    return not any(p==0 for p in range(3,int(math.sqrt(n))+1,2))
```

이 함수는 다른 함수형 프로그래밍 원칙을 포함하고 있다. 하지만 순수한 재귀 대신 제네레이터 식을 사용할 뿐이다.

 때로는 순수한 재귀함수를 제네레이터 식 안에서 for 루프를 사용하는 방식으로 최적화할 수 있다.

이 알고리즘은 큰 소수에 대한 성능이 좋지 않다. 합성수의 경우에는 결과를 빠르게 반환하는 경우가 많다. 예를 들어 $M_{61} = 2^{61} - 1$과 같은 수가 소수임을 판별하는데, 이 함수를 사용하면 몇 분이나 걸린다. 이렇게 시간이 걸리는 이유는 1,518,500,249개나 되는 개별적인 약수 후보를 모두 검증하기 때문이다.

함수형 타입 시스템

하스켈Haskell이나 스칼라Scala와 같은 일부 함수형 프로그래밍 언어는 정적으로 컴파일되고, 함수나 함수 인자에 대해 선언된 타입에 의존한다. 파이썬이 이미 제공하고 있는 유연성을 제공하기 위해 이러한 언어에서는 여러 다양한 관련 타입에도 작동할 수 있는 제네릭generic 함수를 작성할 수 있도록 하기 위한 복잡한 타입 부합 규칙type matching rule을 사용한다.

객체지향 파이썬에서는 복잡한 함수 타입의 규칙을 사용하기보다 클래스 상속 계층 구조를 사용한다. 파이썬은 간단한 이름 부합 규칙을 사용해 연산자를 적절한 메서드로 디스패치dispatch해준다.

파이썬은 이미 우리가 원하는 유연성을 제공하고 있기 때문에 컴파일 언어에 필요한 타입 부합 규칙은 중요하지 않다. 실제로 우리는 '복잡한 타입의 부합 규칙은 정적인 컴파일을 사용함에 따라 발생하는 경직성을 피하기 위한 우회로'라고 주장할 수 있다. 파이썬은 동적 언어이기 때문에 이러한 식으로 돌아갈 필요가 없다.

어떤 경우, isinstance(a, tuple)에 의존해 인자값이 tuple이거나 어떤 특정 값인지 알아내야만 할수도 있다. 이러한 일은 객체지향 프로그램에서만큼이나 함수형 프로그램에서도 드물게 일어나는 일이다.

낯익은 영역

앞에서 나열한 주제를 통해 생각할 수 있는 것 중 하나는 함수형 프로그래밍 중 대부분은 이미 파이썬도 제공하는 기능이라는 것이다. 실제로 대부분의 함수형 프로그래밍은 이미 매우 전형적이고 일반적인 객체지향 프로그래밍의 일부다. 풍부한 **애플리케이션 프로그램 인터페이스**Application Program Interface, API는 매우 깔끔한 함수형 프로그래밍의 예라 할 수 있다. 어떤 클래스의 메서드가 모두 self()를 반환하게 만든다면, 다음과 같이 그 클래스를 활용할 수 있다.

```
some_object.foo().bar().yet_more()
```

이와 마찬가지로 다음과 같이 사용할 수 있는 밀접한 관련이 있는 여러 함수를 작성할 수도 있다.

```
yet_more(bar(foo(some_object)))
```

단지 구문을 전형적인 객체지향 후위 연산자 형태에서 더 함수형인 전위 연산자 형태로 바꿨을 뿐이다. 파이썬은 두 호출 방식을 자유롭게 활용할 수 있으며, 때로는 특별한 메서드 이름의 전위 연산자 버전을 제공하기도 한다. 예를 들어, len() 함수는 보통 class.__len__() 특수 메서드를 사용해 구현된다.

물론, 방금 살펴본 클래스 구현은 상태가 있는 객체를 포함한다. 설사 그렇더라도 관점을 바꾸면 좀 더 간결하고 표현력이 풍부한 프로그래밍으로 이끌 수 있는 함수형 접근 방식이 드러난다.

여기서 이야기하고자 하는 내용은 명령형 프로그래밍 방식이 어떤 식으로든 잘못됐다거나 함수형 프로그래밍이 매우 우월한 기법을 제공한다는 것이 아니다. 중요한 것은 함수형 프로그래밍은 관점을 변화시켜주고, 그러한 관점의 전환이 매우 유용하다는 점이다.

어려운 개념 남겨두기

앞으로 이 책에서는 몇 가지 고급 개념을 다루지 않을 것이다. 이러한 개념은 순수한 함수형 언어 구현의 일부다. 파이썬은 순수 함수형 언어가 아니기 때문에 우리가 취할 혼합형 접근 방식에서는 이러한 개념을 깊이 생각할 필요가 없다.

하스켈과 같은 함수형 언어를 이미 알고 있는 독자를 위해 이러한 개념을 몇 가지 짚고 넘어갈 것이다. 그 개념의 밑바닥에 있는 관심사는 사실 모든 프로그래밍 언어에 존재하는 것이지만, 파이썬에서는 그러한 관심사를 다른 방식으로 해결한다. 이러한 방식을 다룰 때는 대부분 엄격한 함수형 접근 방식을 선택하기보다 명령형 프로그래밍의 접근 방식을 선택할 것이다.

그러한 주제는 다음과 같다.

- **참조 투명성**Referential transparency: 지연 계산이나 컴파일 언어에서 가능한 한 여러 최적화 기법을 살펴보는 경우, 같은 객체를 가리키는 여러 경로가 존재한다는 개념이 중요하다. 파이썬에서는 중요한 컴파일 타임 최적화를 수행하지 않기 때문에 이러한 개념이 그리 중요하지 않다.

- **커링**Currying: 타입 시스템에서는 인자가 여러 가지인 함수를 인자 하나만 받는 함수로 바꾸기 위해 커링을 사용할 것이다. '11장 데커레이터 설계 기법'에서 이에 대해 자세히 살펴본다.

- **모나드**Monad: 모나드는 순차적인 처리 과정을 유연하게 구조화할 수 있는 순수 함수형 구성 요소다. 대부분의 경우 우리는 파이썬의 명령형 기능을 활용해 같은 목표를 달성할 것이다. 또한 우아한 PyMonad 라이브러리를 사용해 같은 목표를 달성할 것이다. 이에 대해서는 '14장 PyMonad 라이브러리'에서 자세하게 다룬다.

요약

이번 장에서는 함수형 프로그래밍 패러다임을 특징짓는 몇 가지 특성을 살펴봤다. 먼저 일급 계층 함수와 고차 함수를 다뤘다. 그 아이디어는 함수가 다른 함수를 인자로 받거나 그 결과로 함수를 반환할 수 있다는 것이다. 함수가 추가적인 프로그래밍의 대상이 될 수 있다면, 좀 더 극단적으로 유연하고 일반적인 알고리즘을 작성할 수 있다.

변경 불가능한 데이터라는 아이디어는 파이썬과 같은 명령형이거나 객체지향인 프로그래밍 언어에서 때로 이상하게 느껴질 수 있다. 하지만 함수형 프로그래밍에 초점을 맞춘다면 상태를 변경하는 것이 혼란을 야기하거나 별 도움이 되지 않는 경우가 있다는 것을 알 수 있다. 변경 불가능한 객체를 사용하는 것은 이럴 때 도움이 될 수 있는 '단순화'다.

파이썬은 엄격한^{strict} 계산에 초점을 맞춘다. 어떤 문장의 모든 하위식은 왼쪽에서 오른쪽 순서로 계산된다. 하지만 파이썬은 일부 엄격하지 않은 계산도 수행한다. or, and, if-else와 같은 논리적 연산은 엄격하지 않다. 따라서 모든 하위식을 반드시 계산하지 않는다. 이와 마찬가지로 제네레이터 함수 또한 엄격하지 않다. 이러한 특성을 각각 미리^{eager} 계산과 지연^{lazy} 계산이라 부르기도 한다. 파이썬은 일반적으로 미리 계산을 수행하지만 제네레이터 함수를 사용해 지연 계산을 수행하는 함수를 만들 수도 있다.

함수형 프로그래밍은 명시적인 루프 상태 대신 재귀에 의존하지만, 파이썬에서는 재귀를 사용할 때 몇 가지 제약이 따른다. 스택 깊이 제한과 최적화 컴파일러가 없다는 이유 때문에 수동으로 재귀함수를 최적화해야만 한다. 이 주제에 대해서는 '6장 재귀와 축약'에서 다시 살펴본다.

여러 함수형 언어가 복잡한 타입 시스템을 사용하지만, 우리는 파이썬의 동적 타입 판별에 의존할 것이다. 이는 경우에 따라 우리가 직접 타입 변환 코드를 작성해야 한다는 것을 의미하며, 이는 다시 매우 복잡한 상황을 처리하기 위한 클래스를 정의해야 한다는 의미이기도 하다. 하지만 대부분의 경우 파이썬이 기본 제공하는 규칙이 훌륭하게 작동할 것이다.

다음 장에서는 순수 함수의 핵심 개념을 살펴보고, 그러한 개념이 어떻게 파이썬의 내장 데이터 구조와 들어맞는지 알아본다. 이러한 기초 위에서 파이썬이 제공하는 고차 함수를 살펴보고, 직접 고차 함수를 정의하는 방법을 살펴본다.

3

함수, 반복자, 제네레이터

함수형 프로그래밍의 핵심은 순수 함수를 사용해 입력 정의역domain의 값을 출력 치역range의 값으로 바꾸는 것이다. 순수 함수에는 부수 효과가 없으며, 이러한 순수 함수를 파이썬으로 구현하는 것은 상대적으로 쉽다.

부수 효과가 없다는 것은 계산에 필요한 상태를 유지하기 위한 변수 대입에 따른 의존 관계를 줄일 수 있다는 의미다. 파이썬 언어에서 대입문을 아예 없앨 수는 없지만, 상태가 있는 객체에 대한 의존성을 줄일 수는 있다. 이를 위해서는 파이썬이 제공하는 내장 데이터 구조 중에서 상태가 있는 연산을 필요로 하지 않는 것을 선택적으로 사용해야 한다.

이번 장은 함수적인 시각에서 다음과 같은 파이썬의 기능을 몇 가지 살펴본다.

- 부수 효과가 없는 순수 함수

- 인자로 넘길 수 있거나 함수의 결과로 반환할 수 있는 객체인 함수

- 객체지향적인 후위 표기법이나 전위 표기법으로 파이썬 문자열 사용

- tuple이나 namedtuple을 사용해 상태가 없는 객체 생성

- 반복 가능한 컬렉션을 함수형 프로그래밍을 위한 주 설계 도구로 활용

제네레이터와 제네레이터 식이 객체의 컬렉션을 가지고 작업하기 위한 방법이기 때문에 이에 대해 살펴본다. '2장 함수형 기능 소개'에서 설명한 것처럼 모든 제네레이터 식을 재귀로 바꿀 때는 몇 가지 주변적인 문제가 생긴다. 파이썬은 재귀 깊이에 제한을 두며, 자동으로 TCO를 하지 않는다. 우리는 제네레이터 식을 사용해 직접 재귀를 최적화해야만 한다.

다음과 같은 작업을 수행하는 제네레이터 식을 작성할 것이다.

- 변환

- 재구성

- 복잡한 계산

내장 파이썬 컬렉션 중 여러 가지를 간략하게 살펴보고, 함수형 패러다임을 추구하면서 이러한 컬렉션을 가지고 어떻게 작업할 수 있을지 설명할 것이다. 아마 이 과정에서 전통적인 list, dict, set을 사용하는 접근 방법에 변화를 줘야 할 것이다. 함수형 파이썬을 작성하려면 튜플과 변경할 수 없는 컬렉션에 초점을 맞출 필요가 있다. 다음 장에서는 구체적인 컬렉션을 함수적으로 다룰 수 있는 방법을 강조할 것이다.

순수 함수 작성하기

순수 함수에는 부수 효과가 없다. 즉, 변수의 전역적인 상태를 변경하는 일이 결코 없다. global문을 사용하지 않는다면 이러한 목표를 거의 충족할 수 있을 것이다. 또한 상태를 바꿀 수 있는 객체를 다루는 방식을 바꿔야만 한다. 이러한 순수 함수의 두 가지 측면을 보장할 수 있는 방식을 몇 가지 살펴본다. 자유 변수[free variable]

를 사용해 파이썬의 전역에 있는 값을 참조하면 매개변수를 적절히 사용해 처리할 수 있다. 대부분의 경우 그러한 작업은 꽤 쉬운 편이다.

다음은 전역적인 문장의 사용을 보여주는 예제다.

```
def some_function(a, b, t):
    return a+b*t+global_adjustment
```

이 함수를 리팩토링하여 global_adjustment 변수를 적절한 매개변수로 바꿀 수 있다. 다만, 이 함수에 대한 모든 참조를 바꿀 필요가 있다. 그러한 작업은 복잡한 애플리케이션에서 많은 파장이 있을 수 있다. 전역 참조는 함수의 본문에서 자유 변수처럼 보일 것이다. 그러한 자유 변수에 대한 대입문도 없고, 그에 해당하는 매개변수도 없다면, 이를 전역 변수로 생각할 만한 여지가 충분하다.

상태가 있는 파이썬 내부 객체는 많다. file 클래스의 인스턴스나 모든 파일과 유사한file-like 객체들은 자주 사용되는 상태가 있는 객체의 예다. 우리는 파이썬에서 상태가 있는 객체를 사용하는 대부분의 경우는 일반적으로 컨텍스트 관리자context manager처럼 동작한다는 사실을 알고 있다. 모든 개발자들이 이러한 컨텍스트 관리자를 활용하지는 않지만, 수많은 객체가 컨텍스트 관리자에 필요한 인터페이스를 구현한다. 상태가 있는 객체가 컨텍스트 관리자 인터페이스를 완전히 구현하지 않는 경우도 약간은 존재한다. 그러한 경우에는 보통 close() 메서드가 존재한다. 이러한 객체를 contextlib.closing() 함수에 사용하여 적절한 컨텍스트 관리자 인터페이스를 제공하도록 만들 수도 있다.

작은 프로그램이 아니라면, 상태가 있는 파이썬 객체를 모두 쉽게 제거하는 것이 항상 가능한 것은 아니다. 따라서 우리는 함수형 설계의 강점을 활용하는 동시에 상태를 관리해야만 한다. 이러한 측면에서 볼 때 상태가 있는 파일 객체 사용을 잘 정의된 영역 안으로 제한할 수 있는 with문을 사용해야 한다.

 파일 객체는 항상 with 컨텍스트 안에서 사용하라.

전역 파일 객체, 전역 데이터베이스 연결 등을 피하고 그와 관련 있는 상태를 피해야 한다. 전역 파일 객체는 열린 파일을 처리하는 경우에 매우 흔하게 사용하는 패턴이다. 다음 코드와 같은 함수를 사용하는 경우가 있었을 것이다.

```python
def open(iname, oname):
    global ifile, ofile
    ifile= open(iname, "r")
    ofile= open(oname, "w")
```

이 맥락에서는 다양한 다른 함수들이 ifile이나 ofile 변수를 사용할 수 있다. 이러한 함수들은 모두 어디선가 애플리케이션에서 사용하도록 열어둔, 제대로 된 global 파일을 참조할 수 있으리라는 기대를 하고 있다.

이는 그리 좋은 설계가 아니며, 그러한 방식을 피해야만 한다. 파일은 함수에 제공되는 매개변수여야 하며, 열린 파일은 with문으로 감싸서 상태에 따른 동작을 제대로 처리하도록 해야 한다.

이러한 설계 패턴은 데이터베이스에도 적용할 수 있다. 일반적으로 데이터베이스 연결 객체를 애플리케이션의 함수에 형식 인자로 제공할 수 있다. 이는 몇몇 유명한 웹 프레임워크가 전역 데이터베이스 연결을 활용해 애플리케이션 전체에서 그 연결을 투명하게 활용하려는 노력을 기울이는 것과는 상반된 방식이다. 이와 더불어 다중 스레드 웹 서버는 단일 데이터베이스 연결을 공유하는 것으로부터 성능상의 이익을 얻지 못할 수도 있다. 이는 상태가 필요한 특성을 고립시킨 함수적인 설계를 활용하는 방식의 혼합적인 접근을 선택할 경우, 상당한 이점이 있을 수도 있다는 사실을 알게 해준다.

일급 계층 객체인 함수

파이썬의 함수가 일급 계층 객체라는 점에 놀라지 말아야 한다. 함수는 파이썬에서 몇 가지 애트리뷰트가 있는 객체다. 참조 매뉴얼을 찾아보면 함수에 적용할 수 있는 몇 가지 특별한 멤버 이름을 알 수 있다. 함수가 애트리뷰트가 있는 객체이기 때문에 우리는 __name__이나 __name__ 애트리뷰트를 사용해 docstring 이나 함수의 이름을 뽑아낼 수 있다. 또한 함수의 본문을 __code__ 애트리뷰트를 사용해 가져올 수도 있다. 컴파일 언어에서는 소스 코드 정보를 유지해야 하기 때문에 이러한 인트로스팩션introspection은 상대적으로 복잡하다. 하지만 파이썬에서는 꽤 간단하다.

함수를 변수에 대입하거나, 함수를 인자로 넘기거나, 함수를 값으로 반환할 수 있다. 이러한 기법을 사용하면 고차 함수를 쉽게 작성할 수 있다.

함수가 객체이기 때문에 파이썬은 함수형 프로그래밍이 되는 데 필요한 여러 기능을 이미 갖추고 있다.

이와 아울러 호출 가능한 객체를 사용해 함수를 만들 수도 있다. 호출 가능 객체도 일급 계층 객체다. 심지어 호출 가능 클래스 정의를 고차 함수라고 생각할 수도 있다. 호출 가능 객체에서 __init()__ 메서드를 사용하는 방식을 신중하게 생각할 필요가 있다. 즉, 상태가 있는 클래스 변수를 피해야 한다. 한 가지 일반적인 응용 방법은 __init()__ 메서드를 사용해 **전략 디자인 패턴**Strategy design pattern에 부합하는 객체를 만드는 것이다.

전략 디자인 패턴을 따르는 클래스는 알고리즘이나 알고리즘의 일부를 제공하는 다른 객체에 의존한다. 이 패턴은 알고리즘의 자세한 부분을 클래스 안에 컴파일해 넣는 대신, 실행 시점에 알고리즘의 세부 사항을 주입할 수 있게 해준다.

다음은 내장된 전략 객체가 있는 호출 가능한 객체를 보여준다.

```
import collections
class Mersenne1(collections.Callable):
    def __init__(self, algorithm):
        self.pow2= algorithm
    def __call__(self, arg):
        return self.pow2(arg)-1
```

이 클래스는 __init__()를 사용해 다른 함수에 대한 참조를 저장한다. 하지만 아무런 상태가 있는 인스턴스 변수를 만들지 않는다.

이러한 객체에 주어지는 함수는 주어진 인자만큼 2를 거듭제곱한다. 이 클래스에 끼워 넣을 수 있는 세 가지 후보 객체는 다음과 같다.

```python
def shifty(b):
    return 1 << b


def multy(b):
    if b == 0: return 1
    return 2*multy(b-1)


def faster(b):
    if b == 0: return 1
    if b%2 == 1: return 2*faster(b-1)
    t= faster(b//2)
    return t*t
```

shifty() 함수는 비트 왼쪽 시프트 연산을 사용해 2의 거듭제곱을 계산한다. multy() 함수는 단순한 재귀 곱셈을 사용한다. faster() 함수는 분할 정복^{divide and conquer} 전략을 사용해 b번이 아니라 $\log_2(b)$번의 곱셈을 수행한다.

알고리즘 전략을 내장한 Mersenne1 클래스의 인스턴스는 다음과 같이 만들 수 있다.

```python
m1s= Mersenne1(shifty)
m1m= Mersenne1(multy)
m1f= Mersenne1(faster)
```

이는 결과는 같지만, 서로 다른 알고리즘을 사용하는 다양한 함수를 만드는 방법을 보여준다.

 파이썬은 $M_{89} = 2^{89} - 1$까지 계산을 허용한다. 이는 파이썬의 재귀호출 깊이 제한값은 그 근처에도 가지 못할 만큼 큰 값이다. 이 값은 27자릿수인 상당히 큰 소수다.

문자열 사용하기

파이썬 문자열은 변경 불가능하기 때문에 함수형 프로그래밍 객체의 좋은 예라고 할 수 있다. 파이썬의 string 모듈에는 많은 메서드가 들어 있고, 그들 모두는 결과로서 새로운 문자열을 내놓는다. 이러한 메서드는 부수 효과가 없는 순수 함수다.

전위 방식인 대부분의 함수와 달리 string 메서드 함수들을 사용하는 구문은 후위 방식이다. 이는 복잡한 문자열 연산이 일반적인 함수와 혼합되는 경우, 가독성이 떨어진다는 의미다.

웹 페이지에서 데이터를 긁어오는 경우, 긁어온 문자열에 일련의 변환을 적용해 구분 기호 등을 제거하고 애플리케이션의 다른 부분에서 사용할 수 있는 Decimal 객체를 반환하는 정리 함수를 만들 수 있다. 그러한 과정에서 여러 전위 연산자와 후위 연산자 호출이 필요하다.

```python
from decimal import *
def clean_decimal(text):
    if text is None: return text
    try:
        return Decimal(text.replace("$", "").replace(",", ""))
    except InvalidOperation:
        return text
```

이 함수는 $와 , 문자열을 제거하기 위해 replace를 두 번 호출한다. 그 결과로 얻은 문자열을 Decimal 클래스 생성자의 인자로 전달하고, 그 결과로 생긴 객체를 반환한다.

이를 더욱 일관성 있게 만들려면 다음과 같이 string의 메서드 함수를 처리하는 전위 연산자 함수를 정의해야 한다.

```python
def replace(data, a, b):
    return data.replace(a,b)
```

이러한 함수가 있으면 좀 더 일관성 있는 전위 연산자 형태의 Decimal(replace(replace(text, "$", ""), ",", ""))이라는 구문을 사용할 수 있다. 이 함수는 기존 인자의 위치를 재배열하여 새로운 기법을 사용할 수 있게 했다.

매우 단순한 경우에는 다음과 같이 같은 목적을 쉽게 달성할 수 있다.

```
>>> replace=str.replace
>>> replace("$12.45","$","")
```

12.45

이러한 일관성이 전위와 후위 연산을 섞어 사용하는 것에 비해 얼마나 큰 개선인지는 분명하지 않아 보인다. 인자가 많은 함수의 문제는 인자들이 식의 여기 저기에 나타날 수 있다는 점이다.

좀 더 나은 접근 방식은 다음과 비슷하게 구분 기호를 정리해주는 전위 연산자 방식의 함수를 정의하는 것이다.

```
def remove( str, chars ):
    if chars: return remove( str.replace(chars[0], ""), chars[1:] )
    return str
```

이 함수는 재귀적으로 `char` 변수에 있는 글자들을 `str`에서 제거한다. 이를 `Decimal(remove(text , "$,"))`와 같이 사용하면 문자열을 정리하는 우리의 목적을 더욱 잘 드러낼 수 있다.

tuple과 namedtuple 사용하기

파이썬의 tuple("튜플"이라고 부름)은 변경 불가능한 객체다. 이 또한 함수형 프로그래밍에 적합한 객체에 대한 훌륭한 예다. 파이썬의 `tuple`은 소수의 메서드 함수만 제공하기 때문에 거의 대부분의 작업은 전위 문법을 사용한 함수를 통해 이뤄진다. 튜플을 사용하는 예는 다양하지만, 특히 튜플의 리스트, 튜플의 튜플, 튜플들을 만들어 내는 제네레이터 등을 자주 사용한다.

물론, namedtuple("이름 있는 튜플"이라고도 부를 것임)은 튜플에 필수적인 기능을 하나 더 추가한다. 즉, 인덱스 대신 이름을 사용할 수 있게 해준다. namedtuple을 활용하면 데이터를 취합한 객체를 만들 수 있다. 이를 통해 상태가 없는 객체를 기반으로 하는 순수 함수를 작성하면서도 깔끔하게 객체와 비슷한 용기에 데이터를 담을 수 있다.

값의 모음인 경우에는 대부분 튜플(또는 이름 있는 튜플)을 사용할 것이다. 값을 하나만 사용하거나 단순히 두 값을 필요로 하는 경우에는 보통 함수에 이름이 정해진 매개변수를 전달하는 방식을 사용할 것이다. 하지만 컬렉션을 사용하는 경우에는 튜플의 반복자나 이름 있는 튜플의 반복자를 사용해야 할 수도 있다.

tuple이나 namedtuple 중 어느 쪽을 사용할 것인지는 순전히 편의의 문제다. (수, 수, 수) 형태의 3-튜플의 시퀀스를 사용하면서, 3-튜플의 각 원소가 적색, 녹색, 청색을 표현한다고 가정할 수도 있다.

3-튜플에서 값을 가져오기 위해 다음과 같은 함수를 사용할 수 있다.

```
red = lambda color: color[0]
green = lambda color: color[1]
blue = lambda color: color[2]
```

물론, 다음과 같이 이름 있는 튜플을 사용할 수도 있다.

```
Color = namedtuple("Color", ("red", "green", "blue", "name"))
```

이렇게 하면 red(item) 대신 item.red를 사용할 수 있다.

튜플을 함수형 프로그래밍에서 활용하는 것은 주로 튜플의 반복 가능 클래스를 근간으로 한다. 이러한 기법 중 몇 가지를 좀 더 자세히 살펴본다. 이름 있는 튜플을 사용한 기법은 '7장 튜플을 사용하는 다른 기법'에서 다룰 것이다.

제네레이터 식 사용하기

이미 몇 가지 제네레이터 식의 예제를 살펴봤다. 이번 장의 뒷부분에서 훨씬 많은 예제를 살펴본다. 이번 절에서는 몇 가지 복잡한 제네레이터 기법을 소개할 것이다.

파이썬 문법의 일부를 여기서 설명할 것이다. 이는 list나 dict 내장을 통해 list나 dict 리터럴을 만들어 내는 제네레이터 식에서 흔히 사용하는 것이다. 리스트 디스플레이^{display} 또는 내장^{comprehension}은 제네레이터 식을 사용하는 방법 중 하나일 뿐이다. 우리는 디스플레이 밖에서 제네레이터 식을 사용하는 것과 디스플레이 안에서 사용하는 것을 구분할 수 있다. 하지만 그렇게 한다고 해서 얻을 수 있는 실익은 없다. 문법은 주변을 둘러싼 구분자에서만 차이가 나고, 두 구문의 의미는 서로 구분할 수 없다.

리스트 디스플레이에는 [x**2 for x in range(10)];과 같은 리터럴 문법이 들어간다. 예를 들어 리스트 내장은 내부에 포함된 제네레이터 식으로부터 리스트 객체를 생성한다. 이번 절에서 우리는 제네레이터 식에 초점을 맞출 것이다. 종종 제네레이터가 작동하는 모습을 보여주기 위해 디스플레이를 만들곤 할 것이다. 디스플레이는 (어쩌면 엄청나게 클 수도 있는) collection 객체를 만들어 낸다는 단점이 있기 때문이다. 반면, 제네레이터 식은 지연 계산 방식이며, 필요한 경우에만 객체를 만들어 낸다.

제네레이터 식을 사용할 때 발생할 수 있는 두 가지 문제점은 반드시 알아둬야 한다.

- 제네레이터는 컬렉션의 크기를 알아야 할 필요가 있는 len()과 같은 함수의 경우를 제외하고는 시퀀스와 비슷해 보인다.

- 제네레이터는 오직 한 번만 사용할 수 있다. 일단 사용하고 나면 제네레이터는 비어 있는 것처럼 보인다.

앞으로 몇몇 예제에서 사용하게 될 제네레이터 식은 다음과 같다.

```
def pfactorsl(x):
    if x % 2 == 0:
        yield 2
        if x//2 > 1:
            yield from pfactorsl(x//2)
        return
    for i in range(3,int(math.sqrt(x)+.5)+1,2):
        if x % i == 0:
            yield i
            if x//i > 1:
                yield from pfactorsl(x//i)
            return
    yield x
```

주어진 수의 소인수$^{prime\ factor}$를 구한다. 주어진 x가 짝수라면 2를 내놓고, 그 후에 $x \div 2$의 소인수를 내놓는다.

홀수라면 3 이상의 홀수에 대해 루프를 돌면서 주어진 인수를 찾는다. 어떤 인수를 찾으면 그 인수 i를 내놓고, 그 후 재귀적으로 $x \div i$의 소인수를 찾는다.

인수를 전혀 찾을 수 없는 경우에는 주어진 수가 소수임에 틀림없다. 따라서 그 수를 내놓을 수 있다.

소인수 중에 2를 따로 처리하여 전체 반복 회수를 절반으로 줄인다. 2를 제외한 모든 소수는 홀수이기 때문이다.

재귀 외에도 중요한 for 루프를 하나 더 사용했다. 그 루프를 통해 인수가 1,000개인 경우까지 쉽게 처리할 수 있다. 이 수는 최소한 $2^{1,000}$, 즉 300자리 숫자 이상의 크기를 가지고 있다. for에서 사용하는 i 변수를 그 루프 바깥에서는 사용하지 않기 때문에 루프에 대해 변경을 가하더라도 i가 가지는 상태가 바깥에 영향을 끼치는 일은 없다.

결과적으로 우리는 꼬리재귀 최적화를 수행한 셈이다. 재귀호출은 3부터 $\sqrt{x}$ 까지를 센다. for 루프는 그 범위 안에 있는 모든 수를 하나하나 검토하는 재귀호출을 하지 않고도 원하는 바를 이룰 수 있게 해준다.

다른 두 가지 for 루프는 단지 재귀함수의 결과인 반복 가능 객체를 소비하기 위한 것일 뿐이다.

 재귀적인 제네레이터 함수에서는 return문을 사용할 때 조심해야 한다. 다음과 같은 문장을 사용하면 안 된다.

```
return recursive_iter(args)
```

이와 같이 하면 제네레이터 객체를 반환하기만 하고, 만들어진 값을 반환하도록 함수를 평가히지는 않는다. 따라서 다음과 같은 방식을 사용하거나

```
for result in recursive_iter(args):
    yield result
```

다음과 같은 방식을 사용하라.

```
yield from recursive_iter(args)
```

이 코드에 대한 대안으로, 더 순수한 재귀를 사용하는 것을 들 수 있다.

```
def pfactorsr(x):
    def factor_n(x, n):
        if n*n > x:
            yield x
            return
        if x % n == 0:
            yield n
            if x//n > 1:
                yield from factor_n(x//n, n)
        else:
            yield from factor_n(x, n+2)
    if x % 2 == 0:
        yield 2
        if x//2 > 1:
            yield from pfactorsr(x//2)
        return
    yield from factor_n(x, 3)
```

우리는 내부적인 재귀함수 factor_n()을 정의해 $3 \le n \le \sqrt{x}$ 범위에서 인수 n을 검사했다. 만약 후보 인수인 n이 이 범위에 들지 못한다면, x는 소수다. 그렇지 않다면, n이 x의 인수인지 살펴본다. 인수인 경우에는 n을 내놓고, $\frac{x}{n}$의 모든 인수를 내놓는다. n이 인수가 아니라면, 이 함수를 $n+2$를 사용해 재귀적으로 계산한다. 이 재귀는 $(n+2, n+2+2, n+2+2+2, ...)$에 속하는 모든 값을 검사하기 위한 것이며, 조금 전에 봤던 예제에서처럼 for 루프로 최적화할 수 있다.

외부 함수는 몇 가지 세부 사항을 처리한다. 모든 소수 관련 처리와 마찬가지로 2를 특별한 경우로 처리한다. 짝수의 경우, 2를 내보내고 pfactors()를 $x \div 2$에 대해 재귀호출한다. 다른 소인수는 모두 3 이상의 홀수다. 따라서 factors_n() 함수를 3부터 시작하여 가능한 소인수를 모두 검사할 수 있다.

 여기 있는 순수 재귀함수는 오직 4,000,000 정도까지만 소인수를 계산할 수 있다. 이를 넘어가는 경우에는 파이썬의 재귀호출 깊이 제한에 도달한다.

제네레이터의 한계

제네레이터 식이나 함수에는 몇 가지 한계가 있다는 것을 지적한 적이 있다. 다음 코드는 이러한 한계를 보여준다.

```
>>> from ch02_ex4 import *
>>> pfactorsl( 1560 )
<generator object pfactorsl at 0x1007b74b0>
>>> list(pfactorsl(1560))
[2, 2, 2, 3, 5, 13]
>>> len(pfactorsl(1560))
Traceback (most recent call last):
    File "<stdin>", line 1, in <module>
TypeError: object of type 'generator' has no len()
```

첫 번째 예에서는 제네레이터 식이 엄격하지 않다는 것을 알 수 있다. 그들은 지연 계산을 수행하며, 해당 제네레이터 함수를 소비하기 전까지는 적절한 값이 들어 있지 않다. 그 자체는 한계가 아니다. 이는 제네레이터가 파이썬을 사용한 함수형 프로그래밍에 잘 들어맞는 이유라고 할 수 있다.

두 번째 예에서는 제네레이터 식으로부터 리스트 객체를 구체화했다. 출력을 살펴보거나 단위 테스트 케이스를 작성하는 경우에는 이러한 기능이 유용하다.

세 번째 예제에서는 제레네이터 함수의 한 가지 한계인 `len()`이 없다는 점을 알 수 있다.

제네레이터 함수의 다른 한계점으로는 오직 한 번밖에 쓸 수 없다는 점을 들 수 있다. 예를 들어 다음을 살펴보자.

```
>>> result= pfactorsl(1560)
>>> sum(result)
27
>>> sum(result)
0
```

첫 번째 `sum()` 메서드 평가는 제네레이터를 모두 평가하게 만든다. 두 번째로 `sum()`을 평가해보면 제네레이터가 비어 있다는 것을 알 수 있다. 우리는 제네레이터가 만들어 내는 값을 오직 한 번만 소비할 수 있다.

파이썬의 제네레이터는 상태가 있다. 일부 함수형 프로그래밍에 있어 제네레이터가 매우 유용하지만, 그렇게 완전하지는 않다.

`itertools.tree()` 메서드를 사용하면 한 번밖에 사용하지 못하는 한계를 넘어설 수 있다. 이에 대해서는 '8장 itertools 모듈'에서 살펴본다. 여기서는 간단하게 사용법만 보여주는 예제를 살펴보자.

```
import itertools
def limits(iterable):
    max_tee, min_tee = itertools.tee(iterable, 2)
    return max(max_tee), min(min_tee)
```

매개변수로 받은 제네레이터 식을 복제하여 `max_tee()`와 `min_tee()`를 만들었다. 이렇게 하면 원래의 반복자는 그대로 남는다. 다행스럽게도 우리는 함수를 유연하게 조합할 수 있다. 이 두 객체를 사용하면 해당 반복 가능 객체를 가지고 최댓값과 최솟값을 얻을 수 있다.

제네레이터 식 조합하기

함수형 프로그래밍의 핵심은 좀 더 복잡한 복합 처리를 구성하기 위해 제네레이터 식이나 제네레이터 함수를 쉽게 결합할 수 있다는 점에 있다. 제네레이터 식을 사용하는 경우에는 이들을 여러 가지 방식으로 결합할 수 있다.

제네레이터 함수를 결합하는 일반적인 방법은 합성 함수^{composite function}를 만드는 경우다. `(f(x) for x in range())`를 계산하는 제네레이터가 있다고 가정해보자. 이때 `g(f(x))`를 계산하고 싶다면, 두 제네레이터를 결합하는 데에는 여러 가지 방법이 있다.

원래의 제네레이터 식을 다음과 같이 약간 변형할 수 있다.

```
g_f_x = (g(f(x)) for x in range())
```

기술적으로는 문제가 없지만, 이는 재사용을 막는다. 식을 재사용하기보다는 코드를 재작성하기 때문이다.

다음과 같이 한 가지 식을 다른 식 안에서 바꿀 수도 있다.

```
g_f_x = (g(y) for y in (f(x) for x in range()))
```

이러한 방식을 사용하면 단순한 치환으로 조합이 가능하다는 장점이 있다. 이를 재사용을 강조하는 방식으로 작성하는 방법은 다음과 같다.

```
f_x= (f(x) for x in range())
g_f_x= (g(y) for y in f_x)
```

이 방법은 최초의 식인 (f(x) for x in range())에 손을 대지 않는다는 장점이 있다. 우리는 그냥 해당 식을 변수에 대입했을 뿐이다.

그 결과로 얻은 합성 함수도 제네레이터 식이다. 따라서 이 또한 지연 계산을 수행한다. 이는 g_f_x에서 다음 값을 가져오면 f_x에서도 값을 하나 가져오고, 다시 원래의 range() 함수에서도 값을 하나 추출하게 된다는 의미다.

제네레이터 함수를 사용해 원자료 정리하기

탐색적 자료 분석에서 부각되는 작업 중 하나는 원자료를 정리하는 것이다. 이러한 과정은 종종 몇 가지 스칼라 함수를 입력 데이터의 여러 부분에 적용하여 사용하기 쉬운 자료 집합을 만들어 내는 연산을 합성하여 이뤄진다.

단순화한 자료 집합을 살펴보자. 이 자료는 탐색적 자료 분석의 기법을 보여주기 위해 흔히 쓰이는 것이다. 이 데이터의 이름은 **안스콤의 쿼텟**Anscombe's Quartet이라는 것으로, 1973년 미국 통계 학회지American Statistician에 실린 안스콤F. J. Anscombe의 글인 **"통계 분석 분야의 그래프**Graphs in Statistical Analysis**"**에서 발췌한 것이다. 다음은 이 데이터 집합이 있는 파일의 맨 앞 몇 줄을 보여준다.

```
Anscombe's quartet
I II III IV
x y x y x y x y
10.0 8.04 10.0 9.14 10.0 7.46 8.0 6.58
8.0 6.95 8.0 8.14 8.0 6.77 8.0 5.76
13.0 7.58 13.0 8.74 13.0 12.74 8.0 7.71
```

아쉽게도 이를 csv 모듈을 사용해 손쉽게 처리할 수는 없다. 이 파일에서 유용한 정보를 뽑아내려면 약간의 구문 분석이 필요하다. 데이터가 탭으로 구분되어 있기 때문에 csv.reader() 함수를 사용해 여러 행을 살펴볼 수 있다. 다음과 같이 데이터에 대한 반복자를 정의할 수 있다.

```
import csv
def row_iter(source):
    return csv.reader(source, delimiter="\t")
```

단순히 파일을 csv.reader 함수로 감싸서 각 행을 돌려주는 반복자를 만들 수 있다. 이 반복자는 다음과 같은 컨텍스트에서 사용할 수 있다.

```
with open("Anscombe.txt") as source:
    print( list(row_iter(source)) )
```

이 방식이 지니고 있는 문제는 결과 반복자가 돌려주는 첫 세 줄은 우리가 원하는 자료가 아니라는 것이다. 안스콤의 쿼텟을 열면 다음과 같이 보일 것이다.

```
[["Anscombe's quartet"], ['I', 'II', 'III', 'IV'], ['x', 'y', 'x', 'y',
'x', 'y', 'x', 'y'],
```

반복자에서 이 세 줄을 걸러내야 한다. 다음은 세 줄을 깔끔하게 가져오고, 나머지 줄만 포함하고 있는 반복자를 반환하는 함수다.

```
def head_split_fixed(row_iter):
    title= next(row_iter)
    assert len(title) == 1 and title[0] == "Anscombe's quartet"
    heading= next(row_iter)
    assert len(heading) == 4 and heading == ['I', 'II', 'III', 'IV']
    columns= next(row_iter)
    assert len(columns) == 8 and columns == ['x', 'y', 'x', 'y', 'x',
        'y', 'x', 'y']
    return row_iter
```

이 함수는 반복 가능 객체에서 세 줄을 없앤다. 이때 각 줄에 원하는 내용이 있는지를 assert로 확인한다. 해당 파일에 그러한 정보가 없다면 해당 파일이 오염됐거나 우리가 잘못된 파일을 대상으로 분석을 시도하고 있다는 것을 나타내는 징후일 것이다.

`row_iter()`나 `head_split_fixed()` 함수는 모두 인자값으로 반복 가능한 객체를 요구한다. 따라서 이를 다음과 같이 쉽게 결합할 수 있다.

```
with open("Anscombe.txt") as source:
    print( list(head_split_fixed(row_iter(source))))
```

한 반복자를 다른 반복자의 결과에 적용했을 뿐이다. 실제로 이는 합성 함수를 정의하는 것과 같다. 물론 이게 전부가 아니다. 여전히 `strings`값을 `float`값으로 바꿔야 하고, 데이터의 각 줄에서 네 가지 데이터열을 따로 분리해야만 한다.

최종 변환과 데이터 추출은 `map()`이나 `filter()`와 같은 함수를 사용해 더 쉽게 수행할 수 있다. 이에 대해서는 '5장 고차 함수'에서 다시 다룰 것이다.

list, dict, set 사용하기

`list`와 같은 파이썬 시퀀스 객체는 반복 가능하다. 하지만 이 외에도 여러 가지 기능을 제공한다. 이를 실체화한 반복 가능 객체로 생각할 수 있다. 지금까지 `tuple()` 함수를 사용해 제네레이터 식이나 제네레이터 함수의 출력을 수집해 단일 `tuple` 객체로 만드는 예제를 몇 가지 살펴봤다. 또한 `list` 객체를 만들기 위해 시퀀스를 실체화할 수도 있다.

파이썬에서 리스트 디스플레이는 제네레이터를 실체화하기 위한 구문을 제공한다. 단지 `[]`만을 추가하면 된다. 이는 제네레이터 식과 리스트 내장을 구분해주는 요소다. 하지만 실용적인 중요성은 그리 크지 않다.

다음은 여러 경우를 실체화하는 것을 보여준다.

```
>>> range(10)
range(0, 10)
>>> [range(10)]
[range(0, 10)]
>>> [x for x in range(10)]
[0, 1, 2, 3, 4, 5, 6, 7, 8, 9]
>>> list(range(10))
[0, 1, 2, 3, 4, 5, 6, 7, 8, 9]
```

첫 번째 예는 제네레이터 함수다.

 range(10) 함수는 지연 계산 함수다. 각 값을 모두 사용하는 문맥에 도달하지 않는 경우, 그 함수는 10개의 값을 모두 만들지 않을 것이다.

두 번째 예는 단일 제네레이터 함수로 구성한 리스트를 보여준다. 이를 평가하기 위해 [x for gen in [range(10)] for x in gen]과 같은 내포된 루프를 사용 해야 한다.

세 번째 예는 제네레이터 함수 안에 포함된 제네레이터 식으로부터 만들어지 는 list 내장을 보여준다. 함수 range(10)은 제네레이터 식인 x for x in range(10)에 의해 평가된다. 결과 값은 list 객체에 수집된다.

또한 list() 함수를 사용해 반복 가능한 객체나 제네레이터 식으로부터 리스트를 만들 수도 있다. 이는 set()이나 tuple(), dict()의 경우에도 마찬가지다.

 list(range(10)) 함수는 제네레이터 식을 평가한다. [range(10)] 리스트 리터럴은 제네레이 터 함수를 평가하지 않는다.

list, dict, set에 대해 []과 {}를 사용하는 리터럴 구문이 있는 반면, 튜플에 대한 것은 없다. 튜플을 실체화하려면 tuple() 함수를 사용해야만 한다. 이러한 이유로, list(), tuple(), set() 함수를 더 선호하는 편이 가장 일관성이 있어 보인다.

데이터 정리 예제에서 우리는 합성 함수를 사용해 네 튜플의 리스트를 만들었다. 그 함수는 다음과 같다.

```
with open("Anscombe.txt") as source:
    data = head_split_fixed(row_iter(source))
    print(list(data))
```

이 합성 함수의 결과를 data라는 이름으로 저장했다. data는 다음과 같다.

```
[['10.0', '8.04', '10.0', '9.14', '10.0', '7.46', '8.0', '6.58'],
 ['8.0', '6.95', '8.0', '8.14', '8.0', '6.77', '8.0', '5.76'], ...
 ['5.0', '5.68', '5.0', '4.74', '5.0', '5.73', '8.0', '6.89']]
```

이를 유용하게 사용하려면 약간의 처리를 추가해야 한다. 첫째, 8개의 튜플 중에서 10쌍을 골라낼 필요가 있다. 다음과 같은 함수를 사용하면 10쌍을 선택할 수 있다.

```
from collections import namedtuple
Pair = namedtuple("Pair", ("x", "y"))
def series(n, row_iter):
    for row in row_iter:
        yield Pair(*row[n*2:n*2+2])
```

이 함수는 0과 4 사이의 번호를 기준으로 인접한 열을 선택한다. 두 열로부터 namedtuple 객체를 만든다. 이름을 붙이면 각 줄에서 x와 y를 선택할 수 있다.

이제 튜플의 튜플 컬렉션을 다음과 같이 만들 수 있다.

```
with open("Anscombe.txt") as source:
    data = tuple(head_split_fixed(row_iter(source)))
    sample_I= tuple(series(0,data))
    sample_II= tuple(series(1,data))
    sample_III= tuple(series(2,data))
    sample_IV= tuple(series(3,data))
```

head_split_fixed()와 row_iter()를 합성한 함수에 tuple() 함수를 적용한다. 이렇게 하면 다른 함수에서 사용할 객체를 만들 것이다. tuple 객체를 실체화하지 않으면 오직 첫 번째 샘플에만 데이터가 들어갈 것이다. 그 후 원본 반복자를 모두 소모하기 때문에 그 반복자에 대한 나머지 접근은 모두 빈 시퀀스를 만들어 낼 것이다.

series() 함수는 원소의 쌍을 가지고 Pair 객체를 만든다. 여기서도 전체에 tuple() 함수를 적용한 후 이름 있는 튜플을 실체화하고, 그 이후의 처리 시 사용할 수 있도록 한다.

sample_I 시퀀스는 다음과 같다.

```
(Pair(x='10.0', y='8.04'), Pair(x='8.0', y='6.95'),
Pair(x='13.0', y='7.58'), Pair(x='9.0', y='8.81'),
...
Pair(x='5.0', y='5.68'))
```

다른 세 시퀀스도 구조는 비슷하다. 하지만 값은 상당히 다르다.

우리가 해야 할 마지막 작업은 누적했던 문자열로부터 적절한 수를 만들어 내어 통계적 요약 값을 계산할 때 쓸 수 있게 만드는 것이다. float() 변환 함수를 맨 마지막 단계로 적용할 수 있다. float() 함수를 다른 곳에 적용할 수도 있다. 그에 대해서는 '5장 고차 함수'에서 살펴본다.

다음은 float() 함수를 쓰는 방법을 보여준다.

```
mean = sum(float(pair.y) for pair in sample_I)/len(sample_I)
```

이는 각 Pair 객체의 y 값 평균을 계산한다. 다른 통계 값을 다음과 같이 구할 수 있다.

```
for subset in sample_I, sample_II, sample_III, sample_III:
    mean = sum(float(pair.y) for pair in subset)/len(subset)
    print(mean)
```

소스 데이터에서 만들어진 각 pair의 y 값의 평균을 계산했다. 우리는 일반적인 이름 있는 튜플의 튜플을 만든 후 원본 데이터 집합의 원소를 합리적으로 명확히 가리킬 수 있게 만들었다. pair.y를 사용하는 것은 pair[1]을 사용하는 것보다 조금 덜 불분명하다.

메모리 사용을 줄이기 위해(성능은 향상됨) 우리는 가능한 제네레이터 식과 함수를 더 선호한다. 이러한 식으로 컬렉션에 대한 반복자를 지연(또는 엄격하지 않게) 계산, 즉 필요할 때만 값을 계산한다. 반복자를 오직 한 번만 사용할 수 있기 때문에 때로는 컬렉션을 tuple(또는 list)로 실체화시켜야 할 수도 있다. 컬렉션을 실체화하려면 메모리가 필요하고, 시간도 소요되기 때문에 주의를 기울여야 한다.

클로저^{Clojure} 언어를 잘 알고 있는 프로그래머라면 파이썬의 지연 계산 제네레이터가 lazy-seq와 lazy-cat 함수에 대응한다는 것을 알 수 있다. 핵심 아이디어는 잠재적으로 무한할 수도 있는 시퀀스를 기술하되, 필요할 때만 값을 취하는 것이다.

상태가 있는 매핑 사용하기

파이썬은 dict 클래스에 포함된 여러 매핑과 collections 모듈에 정의된 여러 매핑 등과 같이 몇 가지 상태가 있는 컬렉션을 제공한다. 우리는 이러한 매핑에 상태가 있기 때문에 조심스럽게 사용해야 한다는 사실을 강조할 필요가 있다.

파이썬을 사용해 함수형 프로그래밍 기법을 배우려는 목적 아래 매핑을 사용하는 방법은 두 가지가 있다. 첫 번째는 매핑을 누적시키는 상태가 있는 딕셔너리로 사용하는 방식이고, 두 번째는 고정시킨^{frozen} 딕셔너리다. 이번 장의 첫 예제에서 ElementTree.findall() 메서드 안에서 고정시킨 딕셔너리를 사용하는 것을 살펴봤다. 파이썬에는 사용하기 쉽거나 변경 불가능한 매핑을 제공하지 않는다. collections.abc.Mapping 추상 클래스는 변경 불가능하지만, 쉽게 사용할 만한 것은 못된다. 이에 대해서는 '6장 재귀와 축약'에서 살펴본다.

collections.abc.Mapping 추상 클래스를 사용하는 방식으로 엄밀성을 추구하는 대신, 우리는 ns_map을 대입문의 좌변에 오직 한 번만 사용하고, ns_map.update()나 ns_map.pop()과 같은 메서드를 결코 사용하지 않는 방식으로 돌아갈 것이다. 또한 맵에 들어 있는 원소를 대상으로 del을 사용하지도 않을 것이다.

상태가 있는 딕셔너리의 전형적인 용례는 다음 두 가지 범주에 들어간다.

- 일단 만들어진 다음에는 결코 변하지 않는 딕셔너리. 이 경우, 우리는 dict의 해시 키 기능을 활용하여 성능을 최적화할 수 있다. dict(시퀀스)를 사용하면 (키, 값) 2-튜플의 반복 가능한 시퀀스로부터 딕셔너리를 생성할 수 있다.

- 점진적으로 만들어지는 딕셔너리. 이는 리스트 객체를 실체화하고 정렬하는 대신에 사용할 수 있는 최적화다. 이에 대해서는 '6장 재귀와 축약'에서 살펴

본다. 우리는 collections.Counter 클래스를 복잡한 축약의 한 예로 살펴본다. 점진적으로 맵을 만드는 것은 메모이제이션^{memoization} 시에 유용하다. 메모이제이션에 대해서는 '16장 최적화와 개선'에서 다룰 것이다.

첫 번째 예제인 딕셔너리를 한 번에 만드는 것은 입력을 수집하고, dict 객체를 만들며, 그 딕셔너리에 있는 매핑을 바탕으로 입력 데이터를 처리하는 세 가지 작동 단계로 이뤄진다. 이러한 종류의 애플리케이션 예로는 이름과 (R, G, B) 3-튜플로 이뤄진 특정 색 팔레트를 사용하는 이미지 처리를 들 수 있다. GIMP^{GNU Image Manipulation Program}의 **GNU GPL**^{General Public License} 파일 형식을 사용하는 경우, 색 팔레트는 다음과 같이 생겼을 것이다.

```
GIMP Palette
Name: Small
Columns: 3
#
  0   0   0 Black
255 255 255 White
238  32  77 Red
 28 172 120 Green
 31 117 254 Blue
```

이 파일을 구문 분석하는 자세한 방법은 '6장 재귀와 축약'의 내용이다. 좀 더 중요한 것은 구문 분석의 결과다.

첫째, 다음과 같이 Color라는 이름 있는 튜플을 사용한다고 가정해보자.

```
from collections import namedtuple
Color = namedtuple("Color", ("red", "green", "blue", "name"))
```

둘째, Color의 반복 가능 객체를 만들어 내는 구문 분석이 있다고 가정해보자. 이를 튜플로 실체화하면 다음과 같은 객체가 생길 것이다.

```
(Color(red=239, green=222, blue=205, name='Almond'),
Color(red=205, green=149, blue=117, name='Antique Brass'),
Color(red=253, green=217, blue=181, name='Apricot'),
Color(red=197, green=227, blue=132, name='Yellow Green'),
Color(red=255, green=174, blue=66, name='Yellow Orange'))
```

주어진 색의 이름을 빠르게 찾기 위해 이 시퀀스로부터 고정시킨 딕셔너리를 만들 것이다. 물론 그것만이 이름에서 색을 빠르게 찾아내는 유일한 방법은 아니다. 다른 방법은 나중에 살펴본다.

튜플에서 매핑을 만들어 내기 위해서는 처리(감싸기(반복 가능 객체))라는 디자인 패턴을 사용해야 한다. 다음 명령은 색과 이름의 매핑을 만드는 방법을 보여준다.

```
name_map= dict( (c.name, c) for c in sequence )
```

여기서 sequence 변수는 앞에서 보여준 Color 객체의 반복 가능 객체이며, 디자인 패턴의 감싸기()에 해당하는 것은 단순히 Color 객체 c를 (c.name, c)라는 튜플로 바꿔주는 것이다. 처리()에 해당하는 것은 dict() 초기화를 사용해 이름에서 Color로 가는 매핑을 만드는 것이다. 결과 딕셔너리는 다음과 같다.

```
{'Caribbean Green': Color(red=28, green=211, blue=162, name='Caribbean
Green'),
'Peach': Color(red=255, green=207, blue=171, name='Peach'),
'Blizzard Blue': Color(red=172, green=229, blue=238, name='Blizzard
Blue'),
```

순서는 보장할 수 없다. 따라서 Caribbean Green이 맨 처음에 나오지 않을 수도 있다.

이제 매핑을 실체화했으므로 이 dict() 객체를 색 이름에서 (R, G, B) 색으로 변환하는 처리에 반복적으로 사용할 수 있다. 딕셔너리가 키를 해시값으로 빠르게 변환하여 검색을 수행하기 때문에 색 이름 검색은 매우 빠르게 수행될 수 있다.

bisect 모듈을 사용해 매핑 만들기

앞의 예에서는 dict 매핑을 만들어 색 이름으로부터 Color 객체로의 빠른 변환을 달성할 수 있었다. 하지만 그러한 방법만 존재하는 것은 아니다. 그 대신 bisect 모듈을 사용할 수도 있다. bisect 모듈을 사용한다는 것은 정렬된 객체를 만들고, 나중에 그 객체를 검색에 활용한다는 의미다. 이때 dict 매핑과 완전히 호환되도록 하기 위해 collections.abc.Mapping을 기반 클래스로 사용할 수도 있다.

dict 매핑은 해시를 사용해 원소의 위치를 거의 즉각적으로 정할 수 있다. 하지만 이를 위해서는 상당히 큰 메모리를 할당해야 한다. bisect 매핑은 검색을 수행하되, 매핑에서만큼 많은 메모리를 소비하지 않지만, 성능은 거의 즉각적이라 할 만큼 좋다.

static 매핑 클래스는 다음과 같다.

```
import bisect
from collections.abc import Mapping
class StaticMapping(Mapping):
    def __init__( self, iterable ):
        self._data = tuple(iterable)
        self._keys = tuple(sorted(key for key, _ in self._data))
    def __getitem__(self, key):
        ix= bisect.bisect_left(self._keys, key)
        if ix != len(self._keys) and self._keys[ix] == key:
            return self._data[ix][1]
        raise ValueError("{0!r} not found".format(key))
    def __iter__(self):
        return iter(self._keys)
    def __len__(self):
        return len(self._keys)
```

이 클래스는 추상 상위 클래스인 collection.abc.Mapping을 확장한다. 이 클래스는 초기화 메서드를 제공하고, 추상 클래스를 상속할 때 구현해야만 하는 세 가지 함수를 구현한다. __getitem__() 메서드는 bisect.bisect_left() 함수를 사용해 키의 컬렉션을 검색한다. 키를 찾은 경우에는 그에 따른 값을 반환한다. __iter__() 메서드는 상위 클래스의 요구사항에 맞춰 반복자를 반환한다. __len__() 메서드도 이와 마찬가지로 요구에 맞게 컬렉션의 길이를 제공한다.

다른 방법으로는 collections.OrderedDict 클래스의 소스 코드로부터 시작하여, 상위 클래스를 MutableMapping 대신 Mapping으로 바꾸고, 변경 가능성과 관련된 모든 메서드를 제거하는 것이 있다. 어떤 메서드를 유지하고, 어떤 메서드를 제거할 것인지에 대해서는 파이썬 표준 라이브러리Python Standard Library의 8.4.1절을 참조하라.

다음 링크에서 좀 더 자세한 내용을 볼 수 있다.

https://docs.python.org/3.3/library/collections.abc.html#collections-abstract-base-classes

이 클래스는 함수형 프로그래밍 원칙을 그리 많이 따르는 것 같아 보이지 않는다. 여기서 우리의 목표는 상태가 있는 변수의 사용을 최소화하는 큰 애플리케이션을 지원하는 것이다. 이 클래스는 정적인 키-값 쌍의 컬렉션을 저장한다. 최적화를 위해 두 객체를 실체화한다.

이 클래스의 인스턴스를 만드는 애플리케이션은 이렇게 실체화한 객체를 사용해 키를 빠르게 검색할 수 있다. 상위 클래스는 객체 변경을 허용하지 않는다. 따라서 이 컬렉션은 전체적으로 볼 때 상태가 없다. 이것이 내장 dict 클래스만큼 빠르지는 못하지만, 더 적은 메모리를 사용하고 매핑의 하위 클래스라는 공식적인 특성으로 인해 이 객체를 사용하는 경우에는 상태가 바뀌지 않을 것이라고 확신할 수 있다.

상태가 있는 집합 사용하기

파이썬은 집합 컬렉션을 포함한 몇 가지 상태가 있는 컬렉션을 지원한다. 집합을 우리의 목적에 적합하게 사용할 수 있는 경우는 두 가지이다. 한 가지는 원소를 누적시키는 상태가 있는 집합으로 사용하는 것이고, 다른 한 가지는 원소를 빠르게 검색하기 위해 고정시킨 집합으로 사용하는 것이다.

tuple 객체를 만들어 내는 것과 마찬가지 방식으로 frozenset(반복 가능_객체)라는 문장을 사용하면 고정시킨 집합을 만들 수 있다. 이렇게 하면 매우 빠른 in 연산자를 제공하는 구조를 만들어 낸다. 이를 사용해 데이터를 수집한 후 고정시킨 집합을 만들고 그 집합을 사용해 데이터를 처리할 수 있다.

크로마 키chroma-key처럼 사용할 색의 집합이 있을 수 있다. 이러한 색들은 두 이미지를 조합할 때 마스크mask로 사용할 수 있다. 실용적으로는 한 색만으로 충분하지 않으며, 매우 비슷한 색이 소수 포함된 집합을 사용하는 편이 가장 좋다. 이 경우, 이미지 파일의 각 픽셀이 크로마 키에 속하는지의 여부를 검사해야 한다. 이를 위해 크로마 키에 속한 여러 색을 고정시킨 집합에 넣은 후 대상 이미지를 처리할 수 있다. 더 많은 정보를 원한다면 크로마 키 처리에 대한 다음 링크를 살펴보라.

http://en.wikipedia.org/wiki/Chroma_key

매핑-특히 Counter 클래스-과 마찬가지로, 값을 메모이제이션한 집합으로부터 이익을 볼 수 있는 알고리즘이 일부 존재한다. 일부 알고리즘은 정의역 값과 치역 값 사이의 매핑이기 때문에 매핑을 사용한 메모이제이션이 효과가 좋다. 또 다른 알고리즘들은 상태가 있고, 데이터를 처리함에 따라 자라는 메모이제이션한 집합으로부터 이점을 얻을 수 있다.

메모이제이션에 대해서는 '16장 최적화와 개선'에서 다시 살펴본다.

요약

이번 장에서는 부수 효과가 없는 순수 함수를 작성하는 것에 대해 자세히 살펴봤다. 그러한 함수를 작성하기 위한 장벽은 그리 높지 않다. 파이썬에서 순수하지 않은 함수를 작성하려면 global문을 사용해야만 하기 때문이다. 그리고 제네레이터 함수에 대해 살펴본 후, 이를 함수형 프로그래밍의 근간으로 어떻게 활용할 수 있는지에 대해 살펴봤다.

또한 내장 컬렉션 클래스를 살펴보고, 이를 함수형 패러다임에서 어떻게 활용할 수 있는지에 대해 설명했다. 함수형 프로그래밍의 뒤에 숨어 있는 일반적인 아이디어는 상태가 있는 변수 사용을 제한하는 것이지만, 파이썬의 컬렉션 객체들은 상태가 있으며, 알고리즘 중 상당수는 상태를 반드시 사용해야 한다. 우리의 목표는 파이썬에 있는 함수형이 아닌 기능들을 신중하게 사용하는 것이다.

4장과 5장에서는 함수를 인자로 받거나 함수를 반환하는 고차 함수에 대해 살펴본다. 가장 먼저 내장 고차 함수를 살펴본다. 5장에서는 우리 자신에게 필요한 고차 함수를 직접 작성하는 기법을 살펴본다. 또한 itertools와 functools 모듈이나 그 안에 있는 여러 고차 함수에 대해서는 좀 더 나중에 다룰 것이다.

4

컬렉션으로 작업하기

파이썬은 전체 컬렉션을 처리하는 여러 함수를 제공한다. 이들을 시퀀스(리스트나 튜플), 집합, 매핑, 제네레이터 식의 결과인 반복 가능 객체에 적용할 수 있다. 파이썬의 컬렉션 처리 함수를 함수형 프로그래밍의 관점에서 살펴본다.

먼저 반복 가능 객체와 그러한 객체에 대한 작업을 수행하는 간단한 함수 중 몇 가지를 살펴본다. 그 후 반복 가능 객체나 시퀀스를 재귀나 명시적 루프를 사용해 처리하기 위한 추가 디자인 패턴을 살펴본다. 그리고 제네레이터 식에서 데이터의 컬렉션에 대해 scalar() 함수를 적용하는 방법을 살펴본다.

이번 장에서는 다음 함수를 컬렉션과 함께 사용하는 방법을 살펴본다.

- any()와 all()
- len(), sum() 및 이러한 함수와 관련 있는 고차 통계 처리 방법
- zip() 및 이와 관련 있는 데이터의 리스트를 조직화하거나 펼치는 기법
- reversed()
- enumerate()

첫 네 함수는 모두 축약^{reduction}이라 부를 수 있다. 이들은 컬렉션을 단일 값으로 줄여주기 때문이다. 다른 세 가지 함수(`zip()`, `reversed()`, `enumerate()`)는 매핑이다. 이들은 기존의 컬렉션(들)에서 새 컬렉션을 만든다. 다음 장에서는 처리를 특화하기 위해 함수를 인자로 받는 몇몇 `mapping()`과 `reduction()` 함수들을 살펴본다.

이번 장에서는 먼저 제네레이터 식을 사용해 데이터를 처리하는 여러 방법을 살펴보는 것부터 시작한다. 그 후 여러 종류의 컬렉션 수준의 함수를 사용하면 반복적인 처리를 얼마나 간결하게 작성할 수 있는지를 살펴본다. 또한 데이터를 다시 구조화하는 여러 가지 방법에 대해 살펴본다.

다음 장에서는 고차 컬렉션 함수를 사용해 비슷한 작업을 수행하는 방법에 초점을 맞출 것이다.

함수의 다양성에 대한 정리

우리는 다음과 같이 함수를 두 가지 넓은 부류로 구별해야 한다.

- 스칼라^{scalar} 함수는 개별 값에 적용할 수 있고, 개별적인 결과를 내놓는다. `abs()`, `pow()` 등의 함수나 `math` 모듈에 있는 모든 함수들이 바로 스칼라 함수의 예다.

- `Collection()` 함수는 반복 가능한 컬렉션에 작용한다.

컬렉션 함수는 다음과 같이 세 가지로 나눌 수 있다.

- **축약**^{reduction}: 이는 컬렉션에 있는 여러 값을 함수를 사용해 겹쳐 호출함으로써 최종적으로 단일 값을 만들어 낸다. 이를 종합^{aggregate} 함수라 부르기도 한다. 왜냐하면 입력 컬렉션의 여러 값을 하나로 종합한 값을 반환하기 때문이다.

- **매핑**^{mapping}: 이는 함수를 컬렉션의 모든 원소에 적용한다. 결과는 입력 컬렉션과 크기가 같은, 다른 컬렉션이다.

- **걸러내기**[filter]: 이는 컬렉션의 모든 원소에 함수를 적용하여 일부 원소는 버리고 일부 원소는 통과시키는 것이다. 결과는 입력 컬렉션의 부분 집합이다. 걸러내는 함수를 호출해도 아무 일도 일어나지 않을 수도 있다. 이 경우 걸러낸 출력과 입력이 같다. 물론 이 경우는 진부분 집합이 아니지만, 부분 집합이기는 하다.

이러한 개념적인 틀을 가지고 내장 컬렉션 함수를 사용하는 방법의 특징을 정할 것이다.

반복 가능 객체로 작업하기

앞 장에서 언급한 것처럼, 우리는 종종 파이썬의 for 루프를 사용해 컬렉션에 대한 작업을 수행한다. 튜플, 리스트, 맵, 집합 등의 실체화한 컬렉션에 대해 작업하는 경우, for 루프는 상태를 명시적으로 관리한다. 이는 순수한 함수형 프로그래밍으로부터 벗어난 것이기는 하지만, 파이썬에 필요한 최적화를 반영하는 것이기도 하다. 우리가 for문을 평가하는 과정에서 생기는 반복자 객체에만 상태가 한정되도록 보장할 수 있다면, 순수한 함수형 프로그래밍에서 크게 벗어나지 않은 상태에서 for문을 활용할 수 있을 것이다. 예를 들어, for 루프의 변수를 그 루프에 대해 들여쓴 본문의 바깥에서 사용하는 경우에는 순수한 함수형 프로그래밍에서 상당히 멀리 벗어난 것이라고 말할 수 있다.

이에 대해서는 '6장 재귀와 축약'에서 다시 살펴본다. 이는 중요한 주제이며, 여기서는 제네레이터를 사용해 작업하는 예제를 통해 피상적으로만 다룰 것이다.

for 루프를 사용하는 일반적인 응용으로는 풀기(처리(감싸기(반복 가능객체))) 디자인 패턴을 들 수 있다. 감싸기() 함수는 반복 가능 객체의 각 원소를 정렬하기 위한 키나 다른 값과 함께 2-튜플로 묶는다. 그 후 이 2-튜플을 바탕으로 처리를 수행한다. 마지막으로, 풀기() 함수는 감싸기 위해 사용했던 (키 등의) 값을 버리고, 원래의 원소를 복원한다.

이러한 작업은 함수형 문맥에서 매우 자주 일어나는 일이기 때문에 이러한 경우에 자주 사용하는 두 함수가 존재한다.

```
fst = lambda x: x[0]
snd = lambda x: x[1]
```

이 두 함수는 튜플의 첫 번째와 두 번째 원소를 선택한다. 두 가지 모두 처리()나 풀기() 함수에서 편리하게 사용할 수 있다.

다른 일반적인 패턴은 감싸기(감싸기(감싸기()))다. 이 경우, 우리는 간단한 튜플에서 시작하여 다른 결과를 추가한 후 좀 더 크고 복잡한 튜플을 만든다. 이러한 패턴을 변경한 것 중 흔히 사용하는 것으로는 확장(확장(확장()))이 있다. 여기서는 원래의 튜플을 감싸는 대신 한 번 확장할 때마다 새로운 namedtuple 인스턴스를 만들어 낸다. 이 두 가지 모두 첨가 디자인 패턴Accretion design pattern이라 부를 수 있다.

첨가 디자인 패턴을 위도와 경도 값을 다루기 위해 사용할 수 있다. 첫 단계는 어떤 경로에 속한 (lat, lon)이라는 단순한 지점을 구간을 나타내는 (begin, end) 쌍으로 만드는 것이다. 각 쌍은 ((lat, lon), (lat, lon))가 될 것이다.

다음 절에서는 파일의 내용에 대한 제네레이터 함수를 만드는 방법을 보여줄 것이다. 이 반복 가능 객체에는 우리가 처리할 입력 데이터가 들어갈 것이다.

데이터를 준비하고 나면, 그 이후의 절에서는 각 구간에 대한 하버사인haversine 거리를 구하도록 구간을 감싸는 방법을 살펴본다. 이렇게 감싸기(감싸기(감싸기())) 패턴으로 처리한 마지막 결과는 3-튜플((lat, lon), (lat, lon), distance)의 시퀀스다. 그 후 이를 분석하여 최장거리나 최단거리, 어떤 경로를 둘러싼 직사각형 또는 데이터를 요약한 다른 값 등을 구할 수 있다.

XML 파일 구문 분석하기

XML[확장 가능한 마크업 언어Extensible Markup Language의 약자] 파일을 구문 분석하여 위경도 쌍을 가져오는 것부터 시작할 것이다. 이를 통해 파이썬에서 확실히 함수형이 아닌 기능을 감싸 값의 반복 가능한 시퀀스를 만드는 과정을 보여줄 것이다.

우리는 xml.etree 모듈을 사용할 것이다. 구문 분석한 결과인 ElementTree 객체에는 모든 값에 대해 방문할 수 있는 findall() 메서드가 들어 있다.

다음과 같은 XML 엘리먼트를 찾을 것이다.

```
<Placemark><Point>
<coordinates>-76.33029518659048,37.54901619777347,0</coordinates>
</Point></Placemark>
```

파일에는 <Placemark> 태그가 여럿 들어 있다. 각각에는 Point가 있고, 그 내부에는 좌표 구조가 들어 있다. 이는 지리 정보가 담겨 있는 전형적인 **키홀 마크업 언어** Keyhole Markup Language, KML의 예다.

XML 파일을 구문 분석하는 것은 두 가지 추상화 수준을 거친다. 하위 수준에서는 여러 태그, 애트리뷰트 값, 그리고 XML 파일 내부의 내용을 찾는다. 상위 수준에서는 텍스트나 애트리뷰트 값으로부터 유용한 객체를 만들어 낸다.

하위 수준 처리는 다음과 같이 수행할 수 있다.

```python
import xml.etree.ElementTree as XML
def row_iter_kml(file_obj):
    ns_map= {
        "ns0": "http://www.opengis.net/kml/2.2",
        "ns1": "http://www.google.com/kml/ext/2.2"}
    doc= XML.parse(file_obj)
    return (comma_split(coordinates.text)
            for coordinates in
            doc.findall("./ns0:Document/ns0:Folder/ns0:Placemark/
            ns0:Point/ns0:coordinates", ns_map))
```

이 함수는 보통 with문 안에서 이미 열려 있는 파일을 받는다. 하지만 XML 구문 분석기가 처리할 수 있는 파일과 유사한 객체라면 어떤 것이든 관계 없다. 이 함수에는 간단하고 정적인 dict 객체, ns_map이 들어 있고, 그 객체에는 우리가 찾고자 하는 XML 태그의 namespace 매핑 정보가 들어 있다. 이 딕셔너리를 XML의 ElementTree.findall() 메서드에서 사용할 것이다.

구문 분석의 핵심은 doc.findall()으로 찾은 태그의 시퀀스를 사용하는 제네레이터 함수에 있다. 이 태그의 시퀀스를 comma_split() 함수로 처리하여 텍스트 값을 콤마로 구분한 구성 요소로 나눈다.

comma_split() 함수는 문자열의 split() 메서드를 함수형으로 만든 것으로, 이는 다음과 같다.

```
def comma_split(text):
    return text.split(",")
```

문법적인 균일성을 강조하기 위해 메서드를 함수로 둘러쌌다.

이 함수가 만들어 내는 결과는 데이터행의 반복 가능한 시퀀스다. 각 행에는 경로에 속하는 각 지점을 이루는 세 가지 문자열, 즉 latitude(위도), longitude(경도), altitude(고도)가 들어간다. 이 3-튜플은 아직 유용하지 않다. 우리는 latitude, longitude를 구하는 한편, 각각을 더 유용한 부동 소수점 수의 값으로 바꾸는 처리를 좀 더 진행해야 한다.

이러한 식으로 저수준의 파싱 결과를 값의 반복 가능한 시퀀스로 내놓는 방식을 사용하면 여러 종류의 데이터 파일을 단순하고 일관성 있게 처리할 수 있다. '3장 함수, 반복자, 제네레이터'에서 우리는 CSV 파일을 처리하여 행의 튜플로 만드는 간단한 방법을 살펴봤다. '6장 재귀와 축약'에서는 구문 분석 아이디어를 이러한 여러 가지 예제를 대상으로 다시 한 번 살펴본다.

앞의 함수 출력은 다음과 비슷할 것이다.

```
[['-76.33029518659048', '37.54901619777347', '0'],
['-76.27383399999999', '37.840832', '0'],
['-76.459503', '38.331501', '0'],
...
['-76.47350299999999', '38.976334', '0']]
```

각 줄은 텍스트 파일에 들어 있는 <ns0:coordinates> 태그를 콤마(,)를 사용해 분리한 것이다. 각 값은 동-서 경도, 남-북 위도, 그리고 고도다. 이 함수의 결과에 대해 몇 가지 함수를 추가로 적용하여 쓸모 있는 데이터 집합을 만들어 낼 것이다.

파일을 상위 수준에서 구문 분석하기

저수준 구문 분석을 마쳤다면, 원데이터를 재구성하여 파이썬 프로그램에서 유용한 그 무언가로 만들어 낼 수 있다. 데이터를 직렬화할 수 있는 XML, 자바 스크립트 객체 표현법JavaScript Object Notation, JSON, CSV 외의 여러 다양한 물리적 형식에 대해 이러한 재구성을 적용할 수 있다.

우리의 목표는 작은 제네레이터 함수를 사용해 분석한 데이터를 애플리케이션이 사용하기 알맞은 형태로 변환하는 것이다. 제네레이터 함수는 row_iter_kml() 함수가 찾아낼 수 있는 텍스트에 적용 가능한 몇 가지 간단한 변환을 포함한다. 이러한 변환은 다음과 같다.

- altitude를 없애고, 필요하면 latitude나 longitude만을 남기는 것
- 순서를 (longitude, latitude)에서 (latitude, longitude)로 바꾸는 것

다음과 같이 도구 함수를 정의하면 더 일관된 구문을 사용해 이 두 가지 변환을 다룰 수 있다.

```
def pick_lat_lon(lon, lat, alt):
    return lat, lon
```

이 함수를 다음과 같이 사용할 수 있다.

```
def lat_lon_kml(row_iter):
    return (pick_lat_lon(*row) for row in row_iter)
```

이 함수는 pick_lat_lon() 함수를 각 줄에 적용할 것이다. 우리는 *row를 사용해 각 줄의 튜플에 있는 세 원소를 따로따로 pick_lat_lon() 함수의 인자로 넘겼다. 그 함수는 이제 3-튜플에서 우리에게 필요한 두 값을 취하여 순서를 바꿀 것이다.

좋은 함수형 설계를 사용하면 어떤 함수를 그와 동등한 다른 함수로 언제든지 바꿀 수 있다는 사실을 알아두는 것이 중요하다. 따라서 리팩토링이 매우 쉽다. 우리는 여러 함수에 대한 다양한 구현을 제공할 때 이러한 목표를 달성하려고 노력해왔다. 똑똑한 함수형 언어 컴파일러라면 최적화 과정에서 함수를 이러한 식으로 대치할 수도 있다.

우리는 다음과 같은 처리를 사용해 파일을 분석하고 원하는 구조를 만들 것이다.

```
with urllib.request.urlopen("file:./Winter%202012-2013.kml") as source:
    v1= tuple(lat_lon_kml(row_iter_kml(source)))
print(v1)
```

우리는 urllib 명령을 사용해 원본을 열었다. 여기서는 원본이 로컬 파일이다. 하지만 원격 서버에 있는 KML 파일을 열 수도 있다. 이러한 방식으로 파일을 열 때 우리의 목표는 데이터 원본이 무엇이든 같은 방식으로 처리할 수 있게 하는 것이다.

지금까지 KML 원본 데이터를 저수준 구문 분석하는 두 함수를 살펴봤다. row_iter_kml(source) 식은 텍스트 열의 시퀀스를 만든다. lat_lon_kml() 함수는 latitude와 longitude 값을 뽑아내어 재배열한다. 이는 나중에 처리하기 위한 중간 결과를 만든다. 그 이후의 처리는 원래의 형식과 독립적으로 진행할 수 있다.

이를 실행하면 다음과 같은 결과를 볼 수 있을 것이다.

```
(('37.54901619777347', '-76.33029518659048'),
('37.840832', '-76.27383399999999'), ('38.331501', '-76.459503'),
('38.330166', '-76.458504'), ('38.976334', '-76.47350299999999'))
```

우리는 복잡한 XML 파일에서 함수적인 접근 방식을 통해 latitude와 longitude 값을 뽑아냈다. 결과가 반복 가능 객체이기 때문에 파일에서 얻은 각 점을 처리할 때 함수형 프로그래밍 기법을 계속 사용할 수 있다.

우리는 저수준 XML 구문 분석과 고수준 데이터 재구성을 명확히 분리했다. XML 구문 분석은 일반적인 문자열의 튜플 구조를 만들어 낸다. 이는 CSV 파서의 출력과도 호환 가능하다. 이를 통해 다양한 원본에서 가져온 데이터에 균일하게 사용할 수 있는 고수준 처리 코드를 만들 수 있다.

일련의 변환을 통해 문자열의 컬렉션을 어떤 경로에 속한 각 지점의 컬렉션으로 재배열하는지 살펴보자. 우리는 string에서 float 값으로 변환하면서 데이터를 재구성해야 할 필요가 있다. 또한 각각의 처리 단계를 단순하고 명확하게 만드는 몇 가지 방법을 살펴본다. 데이터가 적당히 복잡하기 때문에 앞으로 보게 될 여러 장에서 이 데이터 집합을 사용할 것이다.

시퀀스의 원소를 둘씩 짝짓기

데이터 재구성에 있어 일반적인 요구사항 중 하나는 시퀀스에 있는 여러 점의 정보부터 시작점-끝점 쌍을 만드는 것이다. 우리는 주어진 시퀀스 $S = \{s_0, s_1, s_2, ..., s_n\}$에 대해 쌍의 시퀀스 $\hat{S} = \{(s_0, s_1), (s_1, s_2), ..., (s_{n-1}, s_n)\}$을 만들고 싶다. 시계열 분석을 수행하는 경우에는 좀 더 많은 개수의 정보를 묶어야 할 수도 있다. 여기에서는 단지 연속된 두 값만을 묶을 것이다.

쌍의 시퀀스에 대해 haversine 함수를 적용하면 각 쌍의 시작점에서 끝점에 이르는 거리를 계산할 수 있다. 그래픽 애플리케이션에서는 이러한 기법을 사용해 여러 점으로 이뤄진 경로를 일련의 선분 세그먼트들로 바꿀 수 있다.

왜 원소를 둘씩 묶어야 할까? 왜 다음과 같이 하면 안 될까?

```
begin= next(iterable)
for end in iterable:
    compute_something(begin, end)
    begin = end
```

분명히 이는 데이터의 각 부분을 시작-끝 쌍으로 처리한다. 하지만 처리 함수와 데이터를 재구성하는 루프가 너무 밀접하게 엮여 있다. 따라서 재사용이 필요 이상으로 복잡해진다. 쌍을 만들어 내는 알고리즘과 compute_something()이 엮여 있기 때문에 쌍을 만들어 내는 알고리즘을 따로 떼어 테스트하기도 어렵다.

이러한 식으로 조합된 함수를 사용하면, 애플리케이션을 재설정할 수 있는 가능성도 줄어든다. compute_something()을 대신할 다른 구현을 주입할 수 있는 쉬운 방법도 없다. 추가로, 위 코드에는 명시적인 상태, 즉 begin 변수를 사용하기 때문에 일이 더 복잡해질 가능성도 있다. loop의 몸통에 기능을 추가하는 경우, 어떤 점을 미처 고려하지 못하여 begin 변수를 제대로 설정하는 것을 잊어버릴 수 있다. 또한 filter() 함수로 인해 begin 변수를 제대로 변경할 수 없게 만드는 오류를 발생시킬 수 있는 if문이 들어갈 수도 있다.

이렇게 단순한 쌍 만들기 함수를 분리하면 재사용성을 더 높일 수 있다. 우리의 목표는 장기적으로 재사용성을 높이는 것이다. 우리가 쌍 만들기 함수와 같은 기본적인 기능을 다수 제공하는 라이브러리를 만들어 낸다면, 문제를 더욱 빠르고 자신 있게 처리할 수 있다.

경로 안의 점을 각 구간의 시작점과 끝점으로 묶는 방법은 많다. 여기서는 몇 가지만 살펴보고, '5장 고차 함수'와 '8장 itertools 모듈'에서 이를 다시 살펴본다.

재귀를 사용하면 순수 함수적인 방식으로 쌍을 만들 수 있다. 다음은 경로상의 점을 둘씩 묶는 함수 버전 중 하나다.

```python
def pairs(iterable):
    def pair_from( head, iterable_tail ):
        nxt= next(iterable_tail)
        yield head, nxt
        yield from pair_from( nxt, iterable_tail )
    try:
        return pair_from( next(iterable), iterable )
    except StopIteration:
        return
```

필수적인 함수는 내부의 pair_from() 함수다. 이 함수는 반복 가능 객체의 머리에 있는 원소와 반복 가능 객체 자체에 작용한다. 그 함수는 첫 번째 쌍을 내놓은 후 반복 가능 객체에서 다음 번 원소를 빼내고 자기 자신을 재귀적으로 호출하여 다른 쌍을 계속 만들어 내게 한다.

우리는 이 함수를 pairs() 함수에서 호출했다. pairs() 함수는 초기화를 제대로 하고, 종료를 표현하는 예외를 조용히 처리한다.

파이썬의 반복 가능 재귀에는 재귀의 결과를 제대로 소비하고 내보내기 위한 for 루프가 들어간다. 좀 더 간단해보이는 return pair_from(nxt, iterable_tail) 방식을 사용하면 반복 가능을 제대로 소비하지 못하고, 모든 값을 만들어 내지 못한다는 사실을 알게 될 것이다. 제네레이터 함수 안에서 재귀를 사용하려면 결과로 반환하는 반복 가능 객체가 값을 소비할 수 있도록 해주는 yield문이 필요하다. 이를 위해 yield from recursive_iter(args)를 사용하라. return recursive_iter(args)와 같은 것은 제네레이터 객체만을 반환한다. 따라서 해당 재귀함수를 평가하여 만들어진 값을 반환하지 못한다.

꼬리 호출 재귀를 최적화하기 위한 우리의 전략은 재귀를 제네레이터 식으로 바꾸는 것이다. 이 방식을 사용하면 재귀를 단순한 for 루프로 최적화할 수 있다. 다음은 경로에 있는 점의 쌍을 돌려주는 함수의 다른 구현이다.

```
def legs(lat_lon_iter):
    begin= next(lat_lon_iter)
    for end in lat_lon_iter:
        yield begin, end
        begin= end
```

이 버전은 꽤 빠르고 스택의 한계에도 영향을 받지 않는다. 이 코드는 시퀀스 제네레이터가 발생시키는 모든 것으로부터 쌍을 만들기 때문에 시퀀스의 타입과 무관하게 잘 작동한다. 루프 내부에 다른 처리 함수가 없기 때문에 이 legs() 함수를 필요에 따라 재사용할 수 있다.

이 함수를 다음과 같은 쌍의 시퀀스를 발생시키는 것처럼 생각할 수 있다.

list[0:1], list[1:2], list[2:3], ..., list[-2:]

다음은 이 함수를 다른 방식으로 정리한 것이다.

zip(list, list[1:])

이해하는 데는 도움이 되지만, 이 두 가지 코드는 오직 시퀀스 객체에 대해서만 작동한다. legs()와 pairs() 함수는 시퀀스 객체를 포함해 모든 반복 가능 객체에 대해 잘 작동한다.

iter() 함수를 명시적으로 사용하기

순수하게 함수적인 관점에서는 우리가 만든 모든 반복 가능 객체들을 재귀함수로 처리할 수 있어야 하며, 상태는 재귀호출 스택뿐이어야 한다. 실용적으로 살펴보면, 파이썬의 반복 가능 객체들은 오직 다른 for 루프의 평가에만 참여한다. 일반적인 경우의 예로는 컬렉션과 반복 가능 객체가 있다. 컬렉션을 다루는 경우 for 문은 반복자 객체를 만들어 낸다. 제네레이터 함수를 다루는 경우에는 제네레이터 함수가 반복자이며, 그 내부에 상태를 저장한다. 파이썬의 프로그래밍 관점에서 볼 때 이 둘은 서로 동등한 경우가 많다. 하지만 next() 함수를 꼭 호출해야만 하는 경우에는 그 둘이 완전히 동등하지 않다.

우리가 만든 legs() 함수는 반복 가능 객체에서 첫 원소를 얻기 위해 next()를 명시적으로 호출했다. 제네레이터 함수, 제네레이터 식 또는 다른 반복 가능 객체의 경우, 이는 잘 작동한다. 하지만 튜플이나 리스트와 같은 시퀀스 객체에서는 잘 작동하지 않는다.

다음은 next()와 iter() 함수의 사용법을 명확히 보여주는 세 가지 예다.

```
>>> list(legs(x for x in range(3)))
[(0, 1), (1, 2)]
>>> list(legs([0,1,2]))
Traceback (most recent call last):
  File "<stdin>", line 1, in <module>
  File "<stdin>", line 2, in legs
TypeError: 'list' object is not an iterator
>>> list(legs( iter([0,1,2])))
[(0, 1), (1, 2)]
```

첫 번째 경우, 우리는 legs() 함수를 반복 가능 객체에 적용했다. 이 경우 반복 가능 객체는 제네레이터 식이었다. 이는 이번 장 앞에서 살펴본 예제와 마찬가지로 우리가 예상한 것과 똑같은 결과를 내놓는다. 원소가 둘씩 잘 짝지어졌고, 점이 3개인 경로에서 2개의 부분 경로가 만들어졌다.

두 번째 경우, 우리는 legs() 함수를 시퀀스에 적용했다. 결과는 오류다. for문에서 사용하는 경우에는 list 객체와 반복 가능 객체가 동등하지만 어디서나 그러한 것은 아니다. 시퀀스는 반복자가 아니기 때문에 next() 함수를 제공하지 않는다. 하지만 for문은 시퀀스에서 반복자를 자동으로 만들기 때문에 리스트를 매끄럽게 잘 처리한다.

두 번째 경우가 제대로 작동하게 만들기 위해서는 명시적으로 list 객체에서 반복자를 만들어야 한다. 그렇게 하면 legs() 함수가 리스트의 첫 원소를 반복자를 통해 가져올 수 있다.

단순한 루프 확장하기

단순한 루프에 넣을 수 있는 확장에는 두 가지가 있다. 먼저 filter 확장을 살펴본다. 그 경우에는 값을 제외하여 더 이상 고려 대상이 되지 못하게 만들 수 있을 것이다. 제외할 값은 데이터의 이상치^{outlier}나 형식이 잘못된 원본 데이터일 수 있다. 그 후 원본에서 새로운 객체를 만들어 내는 간단한 변환을 수행해 원본 데이터를 매핑할 수 있다. 이는 string을 float로 변환하는 것이다. 하지만 단순한 루프를 매핑으로 확장한다는 아이디어 자체는 다양한 상황에 적용할 수 있다. 우리는 조금 전에 살펴본 pair() 함수를 리팩토링할 것이다. 어떤 값을 제외시키기 위해 점의 순서를 조정해야 한다면 어떻게 해야 할까? 이 경우 일부 데이터 값을 제외시킬 수 있는 filter 확장이 필요해질 것이다.

루프에서는 복잡도를 최소화하기 위해 애플리케이션에 따른 추가 처리를 수행하지 않고 쌍(튜플)만을 반환할 것이다. 단순성을 유지하면 처리 상태를 혼동할 가능성도 더욱 적어진다.

루프 설계에 filter 확장을 추가하면 다음과 같다.

```
def legs_filter(lat_lon_iter):
    begin= next(lat_lon_iter)
    for end in lat_lon_iter:
        if #some rule for rejecting:
            continue
        yield begin, end
        begin= end
```

이에는 특정 값을 거부하는 처리를 집어넣었다. 루프가 간결하고 이해하기 쉽기 때문에 처리가 제대로 될 것이라는 확신을 할 수 있다. 또한 결과가 모든 반복 가능 객체에 대해 작동하기 때문에 만들어진 쌍을 최종적으로 어디에 사용할 것인지와 관계 없이 이 함수에 대한 테스트를 쉽게 작성할 수 있다.

다음 리팩토링은 루프에 새로운 매핑을 추가할 것이다. 설계가 발전해 나감에 따라 매핑이 추가되는 일이 흔하다. 우리의 경우에는 string의 시퀀스를 가지고 있다. 이를 나중에 사용하기 위해 float 값으로 바꿀 필요도 있다. 이는 상대적으로 단순한 매핑이지만 디자인 패턴을 보여줄 수 있다.

다음은 이러한 데이터 매핑을 처리하는 한 가지 방법이다. 제네레이터 함수를 둘러싼 제네레이터 식을 사용한다.

```
print(tuple(legs((float(lat), float(lon))
for lat,lon in lat_lon_kml())))
```

legs() 함수를 제네레이터 식에 적용한 후 lat_lon_kml()의 결과를 가지고 float 값을 만들었다. 이 코드는 뒤에서 앞으로 읽을 수 있다. lat_lon_kml()의 출력을 float 값의 쌍으로 변환한 후 이를 legs() 함수의 시퀀스로 변환한다.

이러한 식의 코드는 금방 복잡해진다. 여기서도 내포된 함수가 매우 많다. float(), legs(), tuple() 함수를 제네레이터에 적용하고 있다. 복잡한 식을 리팩토링하는 일반적인 방법 중 하나는 제네레이터 식과 실체화한 컬렉션을 분리하는 것이다. 식을 다음과 같이 단순화할 수 있다.

```
flt= ((float(lat), float(lon)) for lat,lon in lat_lon_kml())
print(tuple(legs(flt)))
```

flt라는 이름의 변수에 제네레이터 함수를 대입했다. 객체를 만들기 위해 list 내장을 사용하지 않았기 때문에 이 변수는 컬렉션 객체가 아니다. 단지 제네레이터 식을 변수 이름에 대입했을 뿐이다. 그 후 flt 변수를 다른 식에 사용했다.

tuple() 메서드를 평가하면 실제로 적절한 객체가 만들어지고, 이를 출력할 수 있다. flt 변수의 객체는 필요한 만큼만 만들어진다.

적용할 만한 리팩토링이 또 한 가지 있다. 일반적으로, 데이터의 원본을 바꾸고 싶은 경우가 자주 있다. 우리 예제에서 lat_lon_kml() 함수는 식의 나머지에 단단히 엮여 있다. 이로 인해 다른 원본을 사용하고 싶은 경우 재활용이 어렵다.

재활용을 위해 float() 연산을 매개변수화하고 싶을 수도 있다. 이 경우 제네레이터 식을 함수로 정의할 수 있다. 처리의 일부를 그룹으로 묶기 위해 처리 과정의 일부를 별도의 함수로 뽑아낼 것이다. string 쌍에서 float 쌍으로 변환하는 것은 특정 원본 데이터에만 적용할 수 있다. 이러한 복잡한 변환 함수를 다음과 같이 좀 더 단순한 함수로 만들 수도 있다.

```
def float_from_pair( lat_lon_iter ):
    return ((float(lat), float(lon)) for lat,lon in lat_lon_iter)
```

float_from_pair() 함수는 반복 가능 객체에서 각 원소의 첫 번째와 두 번째 값에 float() 함수를 적용하여 입력 값에서 만든 두 float 값의 튜플을 만든다. 여기서는 파이썬의 for 식을 사용해 이 튜플을 분해했다.

이 함수는 다음과 같은 문맥에서 활용할 수 있다.

```
legs( float_from_pair(lat_lon_kml()))
```

여기서는 KML 파일에서 얻은 float 값을 가지고 legs를 만들 것이다. 처리 과정을 눈에 보이게 하기는 매우 쉽다. 왜냐하면 각 처리 과정의 각 단계를 단순한 전위 연산으로 처리하기 때문이다.

구문 분석 시 string의 시퀀스를 다루는 경우가 많다. 수를 처리하는 애플리케이션의 경우, string을 float, int, Decimal 값 등으로 바꿀 필요가 있다. 이 과정에서 float_from_pair()와 같은 함수를 원본 데이터를 정리하는 식의 시퀀스에 삽입해야 하는 경우도 많다.

앞에서 살펴봤던 출력은 모두 다음과 같은 문자열이었다.

```
(('37.54901619777347', '-76.33029518659048'),
('37.840832', '-76.27383399999999'), ...
('38.976334', '-76.47350299999999'))
```

하지만 다음과 같이 모두 float인 데이터를 원한다.

```
((((37.54901619777347, -76.33029518659048),
(37.840832, -76.273834)), ((37.840832, -76.273834), ...
((38.330166, -76.458504), (38.976334, -76.473503)))
```

단순한 변환 함수의 파이프라인을 만들 필요가 있다. 위에서 우리는 flt=
((float(lat), float(lon)) for lat,lon in lat_lon_kml())에 도달했다. 함
수에 대한 대치 규칙을 적용하고, (float(lat), float(lon)) for lat,lon in
lat_lon_kml())와 같은 값을 가지는 float_from_pair(lat_lon_kml()) 함수로
바꾼다. 이러한 종류의 리팩토링을 통해 단순화한 식이 원래의 복잡한 식과 같은
효과라는 것을 확신할 수 있다.

'5장 고차 함수'에서 살펴볼 단순화가 좀 더 남아 있다. 여기서 살펴본 내용을 '6장
재귀와 축약'에서 다시 살펴보면서 파일 구문 분석 문제에 그 단순화를 어떻게 적
용할 수 있는지 알아보자.

제네레이터 식을 스칼라 함수에 적용하기

한 종류의 데이터에 있는 값을 다른 데이터로 매핑하는 좀 더 복잡한 제네레이터
식을 살펴본다. 여기서 우리는 제네레이터가 만들어 내는 각 데이터 값에 상당히
복잡한 함수를 적용할 것이다.

이렇게 제네레이터가 아닌 함수를 스칼라scalar 함수라고 한다. 왜냐하면 함수가 단
순한 스칼라(벡터가 아닌 단일 값)에 작용하기 때문이다. 데이터의 컬렉션을 작업하
는 경우에는 스칼라 함수를 제네레이터 식에 내포시킬 것이다.

앞에서 시작했던 예제를 계속 진행해보자. 우리는 haversine 함수를 보여주
고, 제네레이터 식을 사용해 KML 파일에서 얻은 쌍의 시퀀스에 대해 스칼라
haversine() 함수를 적용할 것이다.

haversine() 함수는 다음과 같다.

```
from math import radians, sin, cos, sqrt, asin
```

```
MI= 3959
NM= 3440
KM= 6371

def haversine( point1, point2, R=NM ):
    lat_1, lon_1= point1
    lat_2, lon_2= point2

    Δ_lat = radians(lat_2 - lat_1)
    Δ_lon = radians(lon_2 - lon_1)
    lat_1 = radians(lat_1)
    lat_2 = radians(lat_2)
    a = sin(Δ_lat/2)**2 + cos(lat_1)*cos(lat_2)*sin(Δ_lon/2)**2
    c = 2*asin(sqrt(a))

    return R * c
```

이는 월드와이드 웹World Wide Web, WWW에서 가져온 상대적으로 단순한 구현이다.

다음은 KML 데이터에 우리가 만든 함수들을 적용하여 거리의 시퀀스를 계산하는 방법을 보여준다.

```
trip= ((start, end, round(haversine(start, end),4))
    for start,end in legs(float_from_pair(lat_lon_kml())))
for start, end, dist in trip:
    print(start, end, dist)
```

처리의 핵심은 trip 변수에 대입한 제네레이터 식이다. 우리는 start, end와 start로부터 end까지의 거리로 이뤄진 3-튜플을 수집한다. start와 end의 쌍은 legs() 함수에서 가져온다. legs() 함수는 KML 파일에서 추출한 위도와 경도의 정보에서 만들어 낸 float의 쌍에 대한 작업을 수행한다.

출력은 다음과 같다.

```
(37.54901619777347, -76.33029518659048) (37.840832, -76.273834) 17.7246
(37.840832, -76.273834) (38.331501, -76.459503) 30.7382
(38.331501, -76.459503) (38.845501, -76.537331) 31.0756
(36.843334, -76.298668) (37.549, -76.331169) 42.3962
(37.549, -76.331169) (38.330166, -76.458504) 47.2866
(38.330166, -76.458504) (38.976334, -76.473503) 38.8019
```

여기서도 각 개별 처리 단계를 간결하게 정의했다. 이와 마찬가지로 전체적인 내용도 함수나 제네레이터 식의 합성으로 간결하게 표현할 수 있다.

이 데이터에 적용할 수 있는 처리 단계에는 여러 가지가 있다. 물론, 가장 먼저 떠오르는 것은 출력을 더 낫게 만들기 위한 format() 메서드를 적용하는 일이다.

좀 더 중요한 것은 이 데이터로부터 추출하기 원하는 여러 가지 종합 함수 값이 있다는 점이다. 이러한 값을 가용 데이터에 대한 축약 값이라고 한다. 우리는 데이터를 축약해 최댓값과 최솟값을 얻고 싶다. 예를 들어, 경로에서 가장 북쪽 지점과 가장 남쪽 지점을 찾는 것이 그러한 경우다. 또한 데이터를 축약하여 구간 거리의 최댓값과 모든 구간의 거리 합계도 구하고 싶다.

파이썬을 사용하는 경우에 발생하는 문제는 trip 변수에 있는 출력 제네레이터를 오직 한 번만 사용할 수 있다는 점이다. 이 상세 정보에 대해 여러 번 축약을 수행할 수는 없다. itertools.tee()를 사용하면 반복 가능 객체를 여러 번 사용할 수 있다. 하지만 KML 파일을 매축약 시마다 다시 읽고 구문 분석을 하는 것은 낭비같아 보인다.

중간 단계를 실체화하면 좀 더 효율적으로 처리할 수 있다. 이에 대해서는 다음 절에서 살펴본다. 그 후 가용 데이터를 여러 번 축약하는 방법을 살펴볼 수 있다.

any()와 all()을 축약으로 사용하기

any()나 all() 함수는 boolean으로 축약하는 기능을 제공한다. 두 함수 모두 값의 컬렉션을 True나 False 값 중 한 값으로 축약한다. all() 함수는 모든 값이 True라는 것을 보장한다. any() 함수는 True인 값이 최소 하나 이상 있다는 것을 보장한다.

이러한 함수는 수학적 논리를 표현할 때 사용하는 전칭 양화사universal quantifier, 존재existential 양화사와 밀접한 관계가 있다. 예를 들어, 주어진 컬렉션의 모든 원소가 어떤 특성을 만족시킨다는 것을 단언하고 싶은 경우가 있다. 이를 형식화하면 다음과 같을 것이다.

$$(\forall x \in \text{어떤 집합}) \text{Prime}(x)$$

이를 '어떤 집합에 속하는 모든 x에 대해, 함수 *Prime*(x)가 참이다'라고 읽는다.[1] 논리 식의 앞에 양화사를 추가할 수 있다.

파이썬에서는 각 요소의 순서를 바꿔 위 논리식을 다음과 같이 표현한다.

`all(isprime(x) for x in 어떤집합)`

이 식은 각각에 대해 `isprime(x)`를 계산한 값의 컬렉션을 `True`나 `False` 중 하나로 축약할 것이다.

`any()` 함수는 존재 양화사와 관련 있다. 컬렉션에 있는 어떤 값도 소수가 아니라는 것을 단언하고 싶다면, 다음 두 동등한 식 중에서 하나를 사용할 수 있을 것이다.

$$\neg(\forall x \in \text{어떤 집합}) \text{Prime}(x) \equiv (\exists x \in \text{어떤 집합}) \neg \text{Prime}(x)$$

첫 번째 식은 '어떤 집합의 모든 원소가 소수는 아니다'라는 뜻이다. 두 번째 식은 '어떤 집합에 소수가 아닌 원소가 적어도 하나 있다'라는 뜻이다. 이 둘은 동등하다. 즉, 모든 원소가 소수가 아니라면, 최소한 한 원소는 소수가 아니다.

요소의 순서를 바꿔서 잘 작동하는 파이썬 코드로 이 둘을 바꾸면 다음과 같다.

```
not all(isprime(x) for x in 어떤 집합)
any(not isprime(x) for x in 어떤 집합)
```

이 둘은 동등하지만, 한쪽을 다른 쪽보다 더 선호할 만한 이유는 두 가지이다. 성능과 명확성이 바로 그것이다. 성능은 거의 같다. 따라서 문제는 명확성으로 귀결된다. 둘 중 어느 쪽이 조건을 더 명확하게 서술할까?

`all()` 함수는 값의 집합을 and로 축약하는 것이라고 설명할 수 있다. 결과는 주어진 값의 시퀀스를 and 연산자로 중첩시키는 것과 같다. 그와 비슷하게, `any()` 함수는 or로 축약하는 것이라 설명할 수 있다. 이러한 일반적인 목적의 축약에 대해서는 '10장 functools 모듈'에서 `reduce()`를 살펴볼 때 다시 설명할 것이다.

---

1 영어로는 "for all x in SomeSet, the function Prime(x) is true"이다. 순서가 수학적 표기와 일치한다. 하지만 우리말로 옮기면 순서가 약간 바뀐다. - 옮긴이

또 이러한 함수의 가장 극단적인 경우에 대해서도 알아야 한다. 시퀀스에 원소가 하나도 없다면 어떻게 해야 할까? all(())나 all([])의 값은 무엇이어야 할까?

만약 "어떤 빈 집합의 모든 원소가 소수인가?"라는 질문을 던진다면 정답이 무엇일까? 원소가 없다면 이 질문에 답하는 것은 그리 쉽지 않다.

"빈 집합의 모든 원소가 소수이고, 어떤 집합의 모든 원소가 소수인가?"라는 질문을 던지는 경우를 생각해보면, 앞의 질문에 대한 답을 결정할 때 도움이 될 것이다. 이 경우, 우리는 빈 집합에 대해 and를 사용한 축약과 어떤 집합에 대해 and를 사용한 축약을 함께 진행하고 있다.

$$(\forall x \in \varnothing)\, \text{Prime}(x) \wedge (\forall x \in \text{어떤 집합})\, \text{Prime}(x)$$

and 연산자는 자유롭게 분배할 수 있다. 따라서 이 식으로 두 집합의 합집합을 구하고, 그 원소에 대해 소수를 검사하는 식으로 바꿀 수 있다.

$$(\forall x \in \varnothing \cup \text{어떤 집합})\, \text{Prime}(x)$$

분명히, $S \cup \varnothing \equiv S$ 이다. 어떤 집합에 빈 집합을 합쳐도 원래의 집합과 같다. 빈 집합을 합집합 연산에 대한 항등원identity이라고 부른다. 이는 0이 덧셈에 대한 항등원이므로 모든 a에 대해 $a + 0 = a$인 것과 같다.

이와 비슷하게, any(())는 or에 대한 항등원, 즉 False일 것이다. 곱의 항등원, 즉 모든 b에 대해 $b \times 1 = b$인 1을 생각해보면, all(())는 True임에 틀림 없다.

파이썬이 이러한 규칙을 따른다는 것은 다음과 같이 나타낼 수 있다.

```
>>> all(())
True
>>> any(())
False
```

파이썬은 논리와 관련한 처리를 수행할 때 매우 훌륭한 도구를 제공한다. 내장 or과 and 연산이 있고, not 연산도 있다. 더욱이 컬렉션을 기반으로 하는 any()와 all() 함수도 있다.

len()과 sum() 함수 사용하기

len() 과 sum() 함수는 두 가지 간단한 축약-시퀀스 안의 원소 개수와 모든 원소의 합계-을 제공한다. 이 두 함수는 수학적으로 비슷하지만 각각의 파이썬 구현은 상당히 다르다.

수학적으로는 멋진 유사성을 볼 수 있다. len() 함수는 컬렉션 X의 모든 값을 1로 본 합계 $\sum_{x \in X} 1 = \sum_{x \in X} x^0$ 를 반환한다.

sum() 함수는 컬렉션 X에 속한 각각의 원소 x의 합계인 $\sum_{x \in X} x = \sum_{x \in X} x^1$ 를 반환한다.

sum() 함수는 반복 가능 객체에 대해서도 작동한다. len() 함수는 반복 가능 객체에는 적용할 수 없다. 오직 시퀀스에만 적용할 수 있다. 각 함수의 구현상 비대칭성으로 인해 통계 알고리즘의 측면에서는 약간 어색한 부분이 생긴다.

빈 시퀀스의 경우, 각 함수는 덧셈의 항등원인 0을 반환한다.

```
>>> sum(())
0
```

물론 sum(())은 정수 0을 반환한다. 다른 수 타입을 사용하는 경우에는 정수 0이 데이터의 타입에 맞춰 변환될 것이다.

통계에 합계와 원소 개수 활용하기

sum()과 len()이 있다면 대수적인 평균의 정의를 다음과 같이 멋지고 단순하게 표현할 수 있다.

```
def mean( iterable ):
    return sum(iterable)/len(iterable)
```

우아하기는 하지만 이 정의가 모든 반복 가능 객체에 적용할 수 있는 것은 아니다. 이 정의는 시퀀스에만 적용할 수 있다.

실제로, 반복 가능 객체를 기반으로 평균이나 표준편차를 계산하는 것은 비효율적이다. 파이썬에서는 시퀀스 객체를 실체화하거나 좀 더 복잡한 연산으로 각 계산을 재구성해야만 한다.

다음은 꽤 우아한 평균과 표준편차 정의의 예다.

```python
import math
s0= len(data) # sum(1 for x in data) # x**0
s1= sum(data) # sum(x for x in data) # x**1
s2= sum(x*x for x in data)

mean= s1/s0
stdev= math.sqrt(s2/s0 - (s1/s0)**2)
```

이 세 합계 s0, s1, s2는 깔끔하고 매우 비슷한 구조를 지니고 있다. 우리는 이러한 합계 중 두 가지로부터 평균을 쉽게 구할 수 있다. 표준편차는 좀 더 복잡하지만 그 역시 이 세 합계로부터 계산할 수 있다.

이러한 종류의 멋진 대칭성은 상관관계나 최소 제곱 선형 회귀least-squares liner regression와 같은 좀 더 복잡한 통계 함수의 경우에도 성립한다.

두 표본 집합의 적률 상관관계moment of correlation는 각을 표준화한 값으로부터 계산할 수 있다. 다음은 표준화한 값을 계산하는 함수다.

```python
def z( x, μ_x, σ_x ):
    return (x-μ_x)/σ_x
```

계산은 단지 평균 $μ\_x$를 각 표본 x에서 빼고, 그 결과를 표준 편차 $σ\_x$로 나누는 것으로 이뤄진다. 이렇게 하면 표준편차($σ$)를 기본 단위로 측정한 값을 구할 수 있다. 여기서 $±1σ$는 전체의 2/3 정도 된다. 이러한 값이 더 크다는 것은 그러한 값이 더 희귀하다는 뜻이다. $±3σ$를 벗어나는 값은 전체의 1%도 안 된다.

이 스칼라 함수는 다음과 같이 사용할 수 있다.

```python
>>> d = [2, 4, 4, 4, 5, 5, 7, 9]
>>> list(z(x, mean(d), stdev(d)) for x in d)
[-1.5, -0.5, -0.5, -0.5, 0.0, 0.0, 1.0, 2.0]
```

변수 d에 있던 어떤 원데이터를 정규화시킨 것을 list로 실체화했다. 스칼라 함수 z()를 시퀀스 객체에 적용하기 위해 제네레이터 식을 사용했다.

mean()과 stdev() 함수는 앞에서 본 예제를 기반으로 구현한 것에 불과하다.

```
def mean(x):
    return s1(x)/s0(x)


def stdev(x):
    return math.sqrt(s2(x)/s0(x) - (s1(x)/s0(x))**2)
```

세 합계 함수도 앞에서 본 예제를 바탕으로 다음과 같이 작성할 수 있다.

```
def s0(data):
    return sum(1 for x in data) # or len(data)


def s1(data):
    return sum(x for x in data) # or sum(data)


def s2(data):
    return sum(x*x for x in data)
```

이러한 함수들이 매우 단순하면서 수학적 개념을 잘 표현해주기는 하지만, 이러한 식에 직접 반복 가능 객체를 사용할 수 없다는 점 때문에 약간은 당황스럽다. 반복 가능한 객체의 합계와 개수를 필요로 하는 평균을 계산한다. 또한 같은 반복 가능 객체로부터 두 가지 합계와 개수를 계산해야 하는 표준 편차도 계산한다. 이러한 통계 처리를 위해서는 시퀀스 객체를 실체화하여 대상 데이터를 반복 사용할 수 있게 해야 한다.

다음은 두 표본 집합의 상관관계를 계산하는 방법을 보여준다.

```
def corr( sample1, sample2 ):
    μ_1, σ_1 = mean(sample1), stdev(sample1)
    μ_2, σ_2 = mean(sample2), stdev(sample2)
    z_1 = (z(x, μ_1, σ_1) for x in sample1)
    z_2 = (z(x, μ_2, σ_2) for x in sample2)
    r = sum(zx1*zx2 for zx1, zx2 in zip(z_1, z_2) )/s0(sample1)
    return r
```

이 상관관계 함수는 두 표본 집합의 기본적인 통계 정보인 평균과 표준편차를 수집한다. 이러한 정보를 바탕으로, 각 표본 집합을 정규화한 값을 만들어 내는 제네레이터 함수를 둘 만든다. 그 후 zip() 함수를 사용해 (다음 예제를 보라) 정규화한 두 시퀀스의 값을 쌍으로 엮고, 그 두 정규화한 값의 곱을 계산한다. 이렇게 표준화한 점수의 곱의 평균이 바로 상관관계다.

다음은 두 표본 집합의 상관관계를 수집하는 예를 보여준다.

```
>>> xi= [1.47, 1.50, 1.52, 1.55, 1.57, 1.60, 1.63, 1.65,
... 1.68, 1.70, 1.73, 1.75, 1.78, 1.80, 1.83,] # Height (m)
>>> yi= [52.21, 53.12, 54.48, 55.84, 57.20, 58.57, 59.93, 61.29,
... 63.11, 64.47, 66.28, 68.10, 69.92, 72.19, 74.46,] #
... Mass (kg)
>>> round(corr( xi, yi ), 5)
0.99458
```

데이터의 시퀀스인 xi와 yi를 살펴봤다. 이 둘의 상관관계는 .99로, 두 시퀀스에 매우 큰 상관관계가 존재함을 보여준다.

이는 함수형 프로그래밍의 강점 하나를 보여준다. 우리는 단일 식으로 구성된 대여섯 개의 함수만을 사용하여 손쉬운 통계 모듈을 만들어 냈다. 이와 반대되는 예제로는 corr() 함수를 매우 긴 식 하나로 바꾼 것을 들 수 있다. corr() 함수의 내부 변수는 오직 한 번만 쓰였다. 따라서 각 변수 대신 그 변수 값을 정의한 원래의 식을 복사해 넣을 수 있다. 이렇게 하면 corr() 함수가 파이썬으로는 여섯 줄로 이뤄졌지만, 실제로는 함수적인 설계를 따르고 있다는 것을 쉽게 알 수 있다.

zip()을 사용해 시퀀스를 구조화하거나 펼치기

zip() 함수는 여러 반복자나 시퀀스의 값을 일정 간격으로 섞는다. 그 함수는 n개의 입력 반복자나 시퀀스로부터 n-튜플을 만들어 낸다. 앞 절에서는 이를 사용해 두 표본 집합의 데이터 지점을 서로 엮어 2-튜플을 만들었다.

다음은 zip() 함수가 아는 일을 보여준다.

```
>>> xi= [1.47, 1.50, 1.52, 1.55, 1.57, 1.60, 1.63, 1.65,
... 1.68, 1.70, 1.73, 1.75, 1.78, 1.80, 1.83,]
>>> yi= [52.21, 53.12, 54.48, 55.84, 57.20, 58.57, 59.93, 61.29,
... 63.11, 64.47, 66.28, 68.10, 69.92, 72.19, 74.46,]
>>> zip( xi, yi )
<zip object at 0x101d62ab8>
>>> list(zip( xi, yi ))
[(1.47, 52.21), (1.5, 53.12), (1.52, 54.48), (1.55, 55.84),
(1.57, 57.2), (1.6, 58.57), (1.63, 59.93), (1.65, 61.29),
(1.68, 63.11), (1.7, 64.47), (1.73, 66.28), (1.75, 68.1),
(1.78, 69.92), (1.8, 72.19), (1.83, 74.46)]
```

zip() 함수에는 몇 가지 고려해야 할 극단적인 상황이 존재한다. 동작 시 다음과 같은 상황에서 어떤 행동 방식을 보일 것인지 결정해야 한다.

● 인자가 아예 없다면 어떻게 해야 할까?

● 인자가 오직 하나만 주어진다면 어떻게 해야 할까?

● 인자로 받은 두 시퀀스의 길이가 같지 않다면 어떻게 해야 할까?

축약(any(), all(), len(), sum())의 경우, 빈 시퀀스를 축약하는 경우에 항등원을 반환했다.

분명 이러한 극단적인 상황에서도 어떤 종류의 반복 가능한 객체를 반환해야 할 것이다. 다음은 그러한 행동 방식을 이해할 때 도움이 되는 예제다. 먼저, 빈 인자 목록을 생각해보자.

```
>>> zip()
<zip object at 0x101d62ab8>
>>> list(_)
[]
```

인자가 없는 zip() 함수는 제네레이터 함수지만 아무 원소도 들어 있지 않다는 것을 알 수 있다. 이는 출력이 반복 가능 객체여야 한다는 정의와 잘 들어맞는다.

이제, 반복 가능 객체를 하나만 넣어보자.

```
>>> zip( (1,2,3) )
<zip object at 0x101d62ab8>
>>> list(_)
[(1,), (2,), (3,)]
```

이 경우, zip() 함수는 각 입력 값으로부터 튜플을 하나씩 만들어 냈다. 이 또한 타당하다고 할 수 있다.

마지막으로, 길이가 다른 두 list를 zip() 함수에 적용하는 경우를 살펴보자.

```
>>> list(zip((1, 2, 3), ('a', 'b')))
[(1, 'a'), (2, 'b')]
```

이 결과는 논란의 여지가 있다. 왜 길이를 줄여야 할까? 더 짧은 리스트에서 부족한 원소를 None 값으로 채워넣지 말아야 할 이유가 있을까? 이러한 방식을 선택하는 zip() 함수의 또 다른 구현이 itertools 모듈에 있으며, 그 이름은 zip_longest()이다. 이에 대해서는 '8장 itertools 모듈'에서 살펴본다.

튜플로 묶은 시퀀스를 다시 풀기

zip()을 뒤집을 수도 있다. 튜플의 컬렉션을 풀 수 있는 방법을 몇 가지 살펴본다.

 데이터에 여러 단계의 처리를 적용해야 할 수도 있기 때문에 튜플을 돌려주는 반복 가능 객체를 항상 완전히 풀 수는 없다. 필요에 따라 값을 여럿 추출하려면 반복 가능 객체를 실체화해야 할 수도 있다.

첫 번째 방법은 앞에서도 여러 번 봤던 것이다. 우리는 튜플의 시퀀스를 풀기 위해 제네레이터 함수를 사용할 수 있다. 예를 들어, 2-튜플로 이뤄진 pairs 시퀀스의 데이터를 다음과 같이 가져올 수 있다.

```
p0= (x[0] for x in pairs)
p1= (x[1] for x in pairs)
```

이렇게 하면 시퀀스가 둘 생긴다. p0 시퀀스는 pairs에 있는 각 튜플의 첫 원소만을 포함한다. 반면, p1은 튜플의 두 번째 원소만을 포함한다.

경우에 따라 for 루프에 다중 대입문을 사용해 튜플을 분해할 수도 있다. 다음은 곱의 합을 계산하는 예제다.

```
sum(p0*p1 for for p0, p1 in pairs)
```

for문을 사용해 pairs의 각 튜플을 p0와 p1으로 분해했다.

시퀀스 펼치기

때로 zip()으로 묶은 데이터를 펼쳐야 하는 경우가 있다. 예를 들어 다음과 같은 입력 파일이 있다고 가정하자.

```
2  3  5  7 11 13 17 19 23 29
31 37 41 43 47 53 59 61 67 71
...
```

((line.split() for line in file)를 사용하면 쉽게 10-튜플의 시퀀스를 만들 수 있다.

이렇게 하면 자료를 다음과 같이 가져오게 될 것이다.

```
blocked = [['2', '3', '5', '7', '11', '13', '17', '19', '23', '29'],
['31', '37', '41', '43', '47', '53', '59', '61', '67', '71'],
...
```

하지만 이러한 리스트는 우리가 원하는 것이 아니다. 모든 수가 한 시퀀스에 하나씩 따로 들어가 있기를 원한다. 하지만 이 리스트의 리스트를 한 번에 하나씩 풀고 싶지도 않다.

이러한 식의 데이터를 펼치기 위해 다음과 같이 제네레이터 식을 두 단계로 사용할 수 있다.

```
>>> (x for line in blocked for x in line)
<generator object <genexpr> at 0x101cead70>
>>> list(_)
['2', '3', '5', '7', '11', '13', '17', '19', '23', '29', '31', '37',
'41', '43', '47', '53', '59', '61', '67', '71', … ]
```

이 두 단계짜리 제네레이터를 처음 보면 혼란스러울 수 있다. 이를 다음과 같이 쓰면 좀 더 이해하기가 쉬울 것이다.

```
for line in blocked:
    for x in line:
        yield x
```

이 변환은 제네레이터 식이 어떻게 동작하는지를 보여준다. 첫 번째 for절[for line in blocked]은 각 10-튜플을 line에 가져온다. 두 번째 for절[for x in line]은 첫 번째 for가 가져온 각 원소(10-튜플)를 처리한다.

이 식은 시퀀스의 시퀀스 구조를 단일 시퀀스로 펼친다.

평평한 시퀀스 구조화하기

때로는 값이 한 리스트 안에 평면적으로 나열된 리스트를 하위 그룹으로 묶고 싶을 수도 있다. 이러한 작업은 조금 복잡하다. itertools 모듈의 groupby() 함수를 사용하면 이를 구현할 수 있다. '8장 itertools 모듈'에서 이에 대해 다룰 것이다.

다음과 같은 단순한 리스트가 있다고 가정하자.

```
flat= ['2', '3', '5', '7', '11', '13', '17', '19', '23', '29', '31', '37',
'41', '43', '47', '53', '59', '61', '67', '71', ... ]
```

우리는 내포된 제네레이터 식을 사용해 이러한 평면적인 데이터로부터 시퀀스의 시퀀스 구조를 만들어 낼 수 있다. 이를 위해서는 여러 번 사용할 수 있는 단일 반복자가 필요하다. 그러한 식은 다음과 같을 것이다.

```
>>> flat_iter=iter(flat)
>>> (tuple(next(flat_iter) for i in range(5)) for row in
range(len(flat)//5))
<generator object <genexpr> at 0x101cead70>
```

```
>>> list(_)
[('2', '3', '5', '7', '11'), ('13', '17', '19', '23', '29'),
('31', '37', '41', '43', '47'), ('53', '59', '61', '67', '71'),
('73', '79', '83', '89', '97'), ('101', '103', '107', '109',
'113'), ('127', '131', '137', '139', '149'), ('151', '157', '163',
'167', '173'), ('179', '181', '191', '193', '197'), ('199', '211',
'223', '227', '229')]
```

시퀀스의 시퀀스를 만들어 내기 위한 2중 for 루프 바깥에서, 먼저 flat_iter 반복자를 만든다. tuple(next(flat_iter) for i in range(5)) 식은 flat_iter에 있는 반복 가능 객체로부터 5-튜플을 만들어 낸다. 그 식이 내포된 제네레이터 식은 만들려고 하는 시퀀스의 시퀀스에 필요한 회수만큼 내포된 식을 반복 실행한다.

이는 원리스트의 길이가 5의 배수인 경우에만 사용 가능하다. 그렇지 않은 경우에는 맨 마지막에 남는 5개 미만의 원소를 따로 처리할 필요가 있다.

이러한 식의 함수를 사용해 데이터를 크기가 같은 튜플로 나눌 수 있다. 다음 코드를 보면 마지막에 남는 원소를 어떻게 처리할 것인지도 알 수 있다.

```
def group_by_seq(n, sequence):
    flat_iter=iter(sequence)
    full_sized_items = list( tuple(next(flat_iter)
        for i in range(n))
            for row in range(len(sequence)//n))
    trailer = tuple(flat_iter)
    if trailer:
        return full_sized_items + [trailer]
    else:
        return full_sized_items
```

각 튜플의 크기가 n인 리스트를 만든다. 남는 원소가 있다면 크기가 0보다 큰 튜플로 만들어 앞에서 만든 온전한 튜플의 리스트 뒤에 붙인다. 남는 원소가 없다면 아무 것도 하지 않는다.

이 코드는 지금까지 우리가 봤던 다른 알고리즘에 비해 그리 간단하지도, 함수형 코드처럼 보이지도 않는다. 이를 좀 더 보기 좋은 제네레이터 함수로 다시 작성할 수 있다. 다음 코드는 꼬리재귀를 최적화하기 위해 while 루프를 사용한다.

```
def group_by_iter( n, iterable ):
    row= tuple(next(iterable) for i in range(n))
    while row:
        yield row
        row= tuple(next(iterable) for i in range(n))
```

입력 반복 가능 객체로부터 원하는 길이의 row를 만든다. 입력의 끝에 도달했다면 `tuple(next(iterable) for i in range(n))`의 결과는 길이가 0인 튜플일 것이다. 그 경우가 바로 재귀의 기본적인 경우라고 할 수 있다. 이 조건을 여기서는 while루프의 종료 조건으로 표현했다.

평면 시퀀스 구조화하기 – 다른 방법

단순한 평면적인 리스트가 있고, 그로부터 튜플을 만들고 싶다고 가정하자. 다음은 원래의 데이터다.

```
flat= ['2', '3', '5', '7', '11', '13', '17', '19', '23', '29',
 '31', '37', '41', '43', '47', '53', '59', '61', '67', '71',... ]
```

이로부터 다음과 같이 리스트 슬라이스를 사용해 튜플의 리스트를 만들 수 있다.

```
zip(flat[0::2], flat[1::2])
```

`flat[0::2]`라는 슬라이스는 flat에서 짝수 위치에 있는 모든 원소를 의미한다. 이와 비슷하게, `flat[1::2]`는 홀수 위치에 있는 모든 원소다. 이 둘을 zip하면 만들어지는 첫 튜플의 첫 번째 원소에는 짝수 위치 중 첫 번째인 0번 원소가, 두 번째 원소에는 홀수 위치 중 첫 번째인 1번 원소가 들어갈 것이다. 원 flat 리스트의 길이가 짝수라면 이 코드는 훌륭하게 튜플의 리스트를 만들어 낸다.

이 코드는 매우 짧다는 장점이 있다. 앞의 절에서 보였던 함수들은 같은 문제를 푸는 데 더 긴 코드를 사용했다.

이러한 접근 방법을 일반화시킬 수도 있다. 우리는 `*(args)` 형태의 접근 방식을 사용해 한데 `zip()`할 시퀀스를 만들어 낼 수 있다. 이는 다음과 같다.

```
zip(*(flat[i::n] for i in range(n)))
```

이는 n개의 슬라이스, `flat[0::n]`, `flat[1::n]`, `flat[2::n]`, …, `flat[n-1::n]`를 만들어 낸다. 이렇게 만들어진 슬라이스의 컬렉션은 `zip()`의 인자가 된다. 따라서 그 결과는 각 슬라이스의 원소를 합친 튜플의 리스트다.

`zip()`은 인자 리스트 중 가장 짧은 쪽에 맞게 결과를 잘라낸다는 사실을 기억하라. 이는 원리스트가 그룹의 크기 n의 배수가 아닌 경우(즉, `len(flat)%n != 0`) 마지막 슬라이스들의 길이가 더 짧기 때문에 앞 슬라이스의 맨 마지막에 있던 원소까지 결과에서 사라진다는 뜻이다. 하지만 이러한 결과를 원하는 경우는 드물 것이다.

이러한 경우 `itertools.zip_longest()` 메서드를 사용한다면, 마지막 튜플의 일부가 `None`으로 채워져서 길이가 n인 튜플이 될 것이다. 경우에 따라서는 이러한 식으로 채워넣어지는 것을 용인할 수도 있다. 그렇지 않은 경우, `None`으로 채워지는 것은 우리가 원하는 것이 아니다.

데이터를 그룹화하기 위해 리스트의 슬라이스를 사용하는 방식은 평면적인 데이터 시퀀스를 여러 블록으로 구조화하는 문제에 대한 또 다른 접근 방식이다. 일반적인 해법의 관점에서 보면 이 방식이 앞에서 봤던 다른 함수보다 더 많은 이점은 없다. 하지만 2-튜플을 만들어야 하는 경우라면 이 방식의 해법이 더 우아하고 더 짧다.

순서를 바꾸기 위해 reversed() 사용하기

시퀀스의 순서를 뒤집어야 할 때 파이썬에서는 두 가지 방법을 사용할 수 있다. `reversed()` 함수와 인덱스 값을 반대로 한 슬라이스가 그 두 가지 방법이다.

예를 들어, 16진수를 2진수로 변환한다고 가정하자. 다음은 간단한 변환 함수다.

```python
def digits(x, b):
    if x == 0: return
    yield x % b
    for d in to_base(x//b, b):
        yield d
```

이 함수는 재귀를 사용해 최하위(가장 오른쪽)로부터 최상위의 순서로 각 자리의 숫자를 내놓는다. x%b의 값은 b를 밑으로 x를 표시하는 경우, 최하위 위치의 숫자가 될 것이다.

이는 다음과 같이 정식화할 수 있다.

$$\text{digits}(x,b) = \begin{cases} [] & x = 0 \text{인 경우} \\ \left[x(\text{mod}\,b)\right] + \text{digits}\left(\dfrac{x}{b}, b\right) & x > 0 \text{인 경우} \end{cases}$$

많은 경우, 각각의 숫자가 반대 순서로 나오길 바란다. 따라서 이 함수를 reversed()로 감싸 숫자의 순서를 뒤집는다.

```
def to_base(x, b):
    return reversed(tuple(digits(x, b)))
```

 reversed() 함수는 반복 가능 객체를 만든다. 하지만 인자로 주어지는 객체는 반드시 시퀀스 객체여야만 한다. reversed() 함수는 주어진 시퀀스 객체의 원소를 역순으로 내놓는다.

tuple(digits(x, b))[::-1]이라는 식의 슬라이스를 사용해 같은 작업을 할 수도 있다. 하지만 슬라이스는 반복자가 아니다. 슬라이스는 다른 실체화한 객체로부터 만들어 낸 실체화한 객체다. 여기서 보여준 함수와 같은 경우, 값의 컬렉션 크기가 작다면 슬라이스와 reversed() 사이의 차이가 크지 않을 것이다. reversed() 함수가 메모리를 더 적게 사용하므로, 컬렉션이 커지면 그로 인한 이익도 커질 것이다.

enumerate()를 사용해 인덱스 번호 포함시키기

파이썬의 enumerate() 함수는 어떤 시퀀스나 반복 가능 객체의 원소에 인덱스 값을 추가해준다. 이 함수는 우리가 사용해온 풀기(처리하기(감싸기(데이터))) 패턴에 사용할 수 있는 감싸기 함수에 속하는 특별한 경우다.

이 함수의 동작은 다음과 같다.

```
>>> xi
[1.47, 1.5, 1.52, 1.55, 1.57, 1.6, 1.63, 1.65, 1.68, 1.7, 1.73,
1.75, 1.78, 1.8, 1.83]
>>> list(enumerate(xi))
[(0, 1.47), (1, 1.5), (2, 1.52), (3, 1.55), (4, 1.57), (5, 1.6),
(6, 1.63), (7, 1.65), (8, 1.68), (9, 1.7), (10, 1.73), (11, 1.75),
(12, 1.78), (13, 1.8), (14, 1.83)]
```

enumerate() 함수는 입력 반복 가능 객체의 원소 item을 그 원소의 인덱스와 item을 결합시킨 쌍으로 변환한다. 이는 다음과 같은 일을 하는 것과 비슷하다.

```
zip(range(len(source)), source)
```

enumerate()의 중요한 특징은 결과가 반복 가능 객체이고, 모든 반복 가능 객체를 인자로 받을 수 있다는 점이다.

예를 들어, 통계 처리를 살펴볼 때 enumerate() 함수를 사용하면 시계열 데이터에 속하는 각 표본과 그 인덱스를 합쳐 처리하기 편한 데이터를 손쉽게 구성할 수 있다.

요약

이번 장에서는 여러 내장 축약 함수를 사용하는 방법을 자세히 살펴봤다.

any()와 all()을 사용해 필수적인 논리 처리를 수행했다. 이들은 or나 and를 사용하는 축약 연산의 한 예다.

또한 len()이나 sum()과 같은 수치로의 축약 연산도 살펴봤다. 이러한 함수를 사용해 몇 가지 고차 통계 처리 함수를 만들어 봤다. 이에 대해서는 '6장 재귀와 축약'에서 다시 살펴본다.

또한 몇 가지 내장 매핑 함수도 살펴봤다.

zip() 함수는 여러 시퀀스를 합친다. 이로부터 시작해, 복잡한 데이터를 평면적으로 펼치거나 시퀀스를 더 복잡하게 구조화하는 방식을 살펴봤다. 이 책의 뒷부분에서 여러 예제를 살펴보면, 어떤 경우에는 내포된 데이터 구조가 더 편리하고, 다른 경우에는 평면적인 데이터 구조가 더 편리하다는 것을 알게 될 것이다.

enumerate() 함수는 반복 가능 객체를 2-튜플의 시퀀스로 매핑한다. 각 2-튜플의 첫 원소에는 그 원소의 위치를 나타내는 인덱스가 들어가고, 두 번째 원소에는 원래의 원소가 들어간다.

reversed() 함수는 어떤 시퀀스의 순서를 반대로 한 반복자를 돌려준다. 일부 알고리즘은 특정 순서로 결과를 만들어 낼 때 더 효율적인데, 결과를 돌려줄 때는 순서를 거꾸로 바꿔야 한다.

다음 장에서는 처리 방식을 지정하는 별도의 함수를 인자로 받는 mapping과 reduction 함수를 살펴본다. 함수를 인자로 받는 이러한 함수들은 우리가 다룰 고차 함수의 첫 번째 예다. 또한 함수를 결과로 돌려주는 함수에 대해서도 다룰 것이다.

5

고차 함수

함수형 프로그래밍 패러다임에 있어 매우 중요한 특징 하나는 고차 함수다. 고차 함수는 다른 함수를 인자로 받거나 함수를 결과로 반환하는 함수다. 파이썬은 여러 종류의 고차 함수를 지원한다는 것에 대해 살펴보고, 그러한 함수를 논리적으로 확장한 것을 다룰 것이다.

앞으로 살펴보겠지만, 고차 함수에는 다음과 같이 세 가지 유형이 존재한다.

- 인자 중 하나로 함수를 요구하는 함수

- 함수를 반환하는 함수

- 함수를 인자로 받고, 함수를 반환하는 함수

파이썬은 첫 번째 부류의 함수를 몇 가지 제공한다. 이러한 내장 고차 함수를 이번 장에서 살펴본다. 이 책의 나머지 부분에서는 고차 함수 기능을 제공하는 라이브러리 모듈 중 몇 가지를 살펴본다.

함수를 만들어 내는 함수라는 개념은 조금 이상하게 들릴수도 있다. 하지만 Callable 클래스의 객체에 대해 공부한다면 호출 가능한 객체를 반환하는 함수를 보게 된다. 그러한 함수는 다른 함수를 만들어 내는 함수의 한 가지 예다.

함수를 인자로 받아 다른 함수를 만들어 내는 함수의 예로는 복잡한 Callable 클래스나 함수 데커레이터가 있다. 데커레이터에 대해서는 이번 장에서 소개한 후 '11장 데커레이터 설계 기법'에서 좀 더 심도 있게 살펴본다.

앞에서 설명한 여러 컬렉션 함수의 고차 함수 버전이 있었으면 할 때가 있다. 이번 장에서는 커다란 튜플에서 특정 필드를 추출하여 축약을 수행하는 축약(추출()) 설계 패턴에 대해 살펴본다. 또한 이러한 공통 컬렉션 처리 함수를 직접 정의하는 방법에 대해 살펴본다.

이번 장에서는 다음과 같은 함수를 살펴본다.

- max()와 min()
- 고차 함수를 호출할 때 편하게 쓸 수 있는 람다식
- map()
- filter()
- iter()
- sorted()

itertools 모듈도 다양한 고차 함수를 제공한다. 이에 대해서는 '8장 itertools 모듈'과 '9장 더 많은 itertools 사용 기법'에서 다룰 것이다.

functools 모듈은 범용의 reduce() 함수를 제공한다. 이에 대해서는 '10장 functools 모듈'에서 다룰 것이다. 그에 대한 설명을 미루는 이유는 그 함수가 이번 장에서 다루는 다른 고차 함수처럼 일반적인 경우에 적용할 수 없기 때문이다.

max()와 min() 함수는 축약이다. 이들은 컬렉션으로부터 값을 하나 만들어 낸다. 다른 함수들은 매핑이다. 이들은 값을 하나의 값으로 축약시키지 않고 컬렉션을 변환한다.

max(), min(), sorted() 함수는 고차 함수 역할 외에도 기본적으로 적용되는 동작 방식이 있다. 함수를 인자로 넘기기 위해서는 key=인자 형태를 사용해야 한다. map()과 filter() 함수는 함수를 첫 번째 위치 기반 인자로 받아들인다.

max()와 min()을 사용해 최댓값, 최솟값 알아내기

`max()`와 `min()` 함수는 두 가지 동작이 가능하다. 이들은 컬렉션에 적용할 수 있는 단순한 함수지만, 또한 고차 함수이기도 하다. 이들의 기본적인 동작은 다음과 같다.

```
>>> max(1, 2, 3)
3
>>> max((1,2,3,4))
4
```

두 함수 모두 임의의 길이 인자를 받는다. 이들은 유일한 인자로 시퀀스뿐만 아니라 반복 가능 객체도 받도록 설계됐고, 인자로 받은 반복 가능 객체의 원소 중 최댓값(또는 최솟값)을 찾는다.

좀 더 복잡한 동작도 가능하다. '4장 컬렉션으로 작업하기'에서 본 여행 경로 데이터를 생각해보자. 거기서 다음과 같은 튜플의 시퀀스를 만들어 내는 함수를 살펴봤다.

```
(((37.54901619777347, -76.33029518659048), (37.840832, -76.273834),
17.7246), ((37.840832, -76.273834), (38.331501, -76.459503),
30.7382), ((38.331501, -76.459503), (38.845501, -76.537331),
31.0756), ((36.843334, -76.298668), (37.549, -76.331169), 42.3962),
((37.549, -76.331169), (38.330166, -76.458504), 47.2866),
((38.330166, -76.458504), (38.976334, -76.473503), 38.8019))
```

각 3-튜플에는 시작 지점의 위치, 끝 지점 위치, 거리 값이 들어 있다. 위치는 위도와 경도의 쌍이다. 동경이 양수 값이기 때문에 여기 있는 점들은 대략 미국 동부 해안 지역의 서경 76° 부근의 지점을 가리킨다. 거리의 단위는 해리^{nautical mile}이다. 이 시퀀스에서 최대와 최소 거리를 찾는 데에는 세 가지 방법이 있다. 각각은 다음과 같다.

- 거리를 제네레이터 함수로 뽑아낸다. 그 함수는 오직 거리만을 돌려주고, 해당 구간의 시작과 끝 위치는 버린다. 최댓값이나 최솟값 구간의 위치 정보를 가지고 추가 처리를 해야 하는 경우에는 이러한 방식이 잘 들어맞지 않을 것이다.

- 풀기(처리(감싸기())) 패턴을 사용한다. 이렇게 하면 최대, 최소 거리가 있는 구간을 얻을 수 있다. 그로부터 거리만 필요하다면 거리만을 뽑아낼 수도 있다. 구간을 나타내는 두 위치 정보를 사용해 어떤 구간이 최대 또는 최소인지를 파악할 수 있다.

- `max()`와 `min()`을 고차 함수로 사용한다.

맥락을 살펴보기 위해 앞의 두 가지 해법도 보여줄 것이다. 다음은 해당 경로를 만들고 처음 두 방법을 사용해 최대와 최소 구간을 찾아내는 스크립트다.

```
from ch02_ex3 import float_from_pair, lat_lon_kml, limits,
haversine, legs
path= float_from_pair(lat_lon_kml())
trip= tuple((start, end, round(haversine(start, end),4))
 for start,end in legs(iter(path)))
```

이 부분은 KML 파일에서 읽은 경로 정보에서 얻은 각 구간의 하버사인 거리를 기반으로 trip 튜플을 만든다.

일단 trip 객체를 만들고 나면 거리를 뽑아내 최대와 최소를 구할 수 있다. 코드는 다음과 같다.

```
long, short = max(dist for start,end,dist in trip),
min(dist for start,end,dist in trip)
print(long, short)
```

제네레이터 함수를 사용해 trip 튜플의 각 구간에서 필요한 원소를 뽑아낸다. 각 제네레이터 식이 오직 한 구간만을 소모하기 때문에 이 제네레이터 식을 반복해야만 한다.

결과는 다음과 같다.

```
129.7748 0.1731
```

다음은 풀기(처리(감싸기())) 패턴을 사용한 것이다. 실제로도 wrap()과 unwrap()이라는 이름의 함수를 정의하여 패턴이 어떻게 동작하는지 명확히 이해할 수 있게 했다.

```
def wrap(leg_iter):
    return ((leg[2],leg) for leg in leg_iter)

def unwrap(dist_leg):
    distance, leg = dist_leg
    return leg

long, short = unwrap(max(wrap(trip))), unwrap(min(wrap(trip)))
print(long, short)
```

앞의 예와 달리 이 메서드는 최대와 최소 거리 구간의 모든 특성을 가져올 수 있다. 감싸는 함수는 튜플에서 거리를 뽑아내 거리와 원래의 튜플의 쌍을 만든다. 그후 min()과 max()의 기본 형태를 사용하여 거리와 구간 정보가 들어 있는 튜플을 처리한다. 처리한 후 첫 번째 원소를 없애면 구간 정보만 남는다.

결과는 다음과 같다.

```
((27.154167, -80.195663), (29.195168, -81.002998), 129.7748)
((35.505665, -76.653664), (35.508335, -76.654999), 0.1731)
```

마지막으로 가장 중요한 형태는 max()와 min()의 고차 함수 기능을 사용한다. 이를 위해 먼저 도우미 함수를 정의하고, 그 함수를 사용하여 구간의 컬렉션을 원하는 요약 형태로 축약한다. 다음을 살펴보자.

```
def by_dist(leg):
    lat, lon, dist= leg
    return dist
long, short = max(trip, key=by_dist), min(trip, key=by_dist)
print(long, short)
```

`by_dist()` 함수는 구간 `leg` 튜플의 세 원소를 분리하여 거리를 반환한다. 이를 `max()`와 `min()` 함수에 사용한다.

`max()`와 `min()` 함수는 모두 반복 가능 객체와 함수를 인자로 받는다. 파이썬의 모든 고차 함수에서는 키워드 매개변수 `key=`를 사용해 필요한 키 값을 뽑아내도록 할 수 있다.

`max()` 함수가 `key`로 지정한 함수를 어떻게 사용하는지 다음 코드가 개념화해 보여준다.

```
wrap= ((key(leg),leg) for leg in trip)
return max(wrap)[1]
```

`max()`와 `min()` 함수는 주어진 `key` 함수가 시퀀스의 각 원소를 2-튜플로 감싸고, 그 2-튜플을 처리한 후 2-튜플을 분해해 원래의 값으로 돌려놓는 것처럼 작동한다.

파이썬의 람다 식 사용하기

많은 경우 도우미 함수를 따로 정의하는 것은 필요 이상의 코드를 작성하게 된다. `key` 함수의 핵심을 식 하나로 표현할 수 있는 경우가 자주 있다. 그러한 경우조차 식 하나를 일일히 `def`문과 `return`문으로 감싸는 것은 낭비같아 보인다.

파이썬은 람다 형식을 사용해 고차 함수를 쉽게 사용할 수 있게 해준다. 람다 형식을 사용하면 작은 무명 함수를 쉽게 정의할 수 있다. 다만, 함수의 본문이 단일 식으로 이뤄져야 한다.

다음은 간단한 `lambda` 식을 사용해 `key`를 지정하는 것을 보여준다.

```
long, short = max(trip, key=lambda leg: leg[2]),
min(trip, key=lambda leg: leg[2])

print(long, short)
```

우리가 사용한 lamdba에는 시퀀스의 원소가 주어질 것이다. 여기서는 trip의 각 구간을 표현하는 3-튜플이 람다에 전달될 것이다. lambda 인자 변수 leg에는 3-튜플이 들어가고, 식 leg[2]를 평가하여 거리 정보만을 선택한다.

람다를 재활용할 필요가 없는 경우에는 이러한 형태가 가장 이상적이다. 하지만 람다 객체를 재활용해야 하는 경우도 자주 있다. 복사해 붙여넣기가 좋은 생각이 아니라면, 대안에는 무엇이 있을까?

우리는 항상 함수를 정의할 수 있다.

또는 다음과 같이 람다를 변수에 대입할 수도 있다.

```
start= lambda x: x[0]
end = lambda x: x[1]
dist = lambda x: x[2]
```

람다는 호출 가능 객체이기 때문에 함수처럼 사용할 수 있다. 다음은 파이썬 인터프리터에서 이를 사용해본 예다.

```
>>> leg = ((27.154167, -80.195663), (29.195168, -81.002998), 129.7748)
>>> start= lambda x: x[0]
>>> end = lambda x: x[1]
>>> dist = lambda x: x[2]
>>> dist(leg)
129.7748
```

파이썬에서 튜플의 원소에 대해 의미 있는 이름을 정의하는 방법은 namedtuple을 사용하는 것과 람다를 사용하는 두 가지가 있다. 두 방법은 동등하다.

이 예제를 확장하기 위해 시작점과 끝점에서 위도와 경도를 얻는 방법을 살펴본다. 람다를 몇 개 더 정의하면 그렇게 할 수 있다.

다음은 앞에서 본 인터프리터 세션을 계속 진행한 것이다.

```
>>> start(leg)
(27.154167, -80.195663)
>>>
>>> lat = lambda x: x[0]
>>> lon = lambda x: x[1]
```

```
>>> lat(start(leg))
27.154167
```

람다를 사용하는 것이 이름 있는 튜플을 사용하는 것보다 더 쓸모 있는지는 분명하지 않다. 필드를 뽑아내기 위해 여러 람다를 정의하는 것은 이름 있는 튜플을 정의하는 것보다 더 많은 코드가 필요하다. 반면, 람다를 사용하면 전위 형식의 함수 호출 표기법을 사용할 수 있기 때문에 함수형 프로그래밍을 하는 상황에서는 그 편이 더 나을 것이다. 더 중요한 것은, 나중에 sorted() 예제에서 볼 수 있는 것처럼, sorted(), min(), max() 등의 함수에서 이름 있는 튜플보다 람다를 더 효과적으로 사용할 수 있다는 점이다.

람다와 람다 대수

순수 함수 언어에 대한 책에서는 람대 대수와 하스켈 커리(Haskell Curry)가 발명한 커링(currying)이라는 기법에 대해 설명할 필요가 있을 것이다. 하지만 파이썬은 그러한 람다 대수와는 거리가 멀다. 파이썬의 함수는 단일 인자의 람다 형식으로 환원되지 않는다.

우리는 커링을 functools.partial 함수를 사용해 구현할 수 있다. 이 주제를 '10장 functools 모듈'에서 다루기 위해 남겨둘 것이다.

map() 함수를 사용해 함수를 컬렉션에 적용하기

스칼라 함수는 값을 정의역으로부터 치역으로 변환한다. math.sqrt() 함수를 살펴보면, float 값 x를 다른 float 값인 $y^2 = x$인 $y=sqrt(x)$로 매핑한다. 정의역은 양수로 제한된다. 이 매핑은 계산으로 이뤄질 수도 있고, 표를 사용한 보간법으로 이뤄질 수도 있다.

map() 함수는 비슷한 개념을 표현한다. 이 함수는 한 컬렉션을 다른 컬렉션으로 매핑한다. 이 함수는 주어진 함수를 원래 컬렉션의 모든 원소에 적용하여 결과 컬렉션을 만들어 내는 것을 보장한다. 이는 내장 함수를 데이터의 컬렉션에 대해 적용하는 이상적인 방법이다.

우리가 처음으로 살펴볼 예제는 텍스트 블록을 가지고 수의 시퀀스를 얻는 것이다. 다음 텍스트를 살펴보자.

```
>>> text= """\
... 2 3 5 7 11 13 17 19 23 29
... 31 37 41 43 47 53 59 61 67 71
... 73 79 83 89 97 101 103 107 109 113
... 127 131 137 139 149 151 157 163 167 173
... 179 181 191 193 197 199 211 223 227 229
... "
```

이 텍스트를 다음 제네레이터 식을 사용해 재구성할 수 있다.

```
>>> data= list(v for line in text.splitlines() for v in line.split())
```

이렇게 하면 텍스트를 여러 줄로 나누고 각 줄을 공백으로 구분한 단어로 분리한 후, 그렇게 분리한 문자열에 대해 루프를 돌 것이다. 결과는 다음과 같다.

```
['2', '3', '5', '7', '11', '13', '17', '19', '23', '29',
'31', '37', '41', '43', '47', '53', '59', '61', '67', '71',
'73', '79', '83', '89', '97', '101', '103', '107', '109', '113',
'127', '131', '137', '139', '149', '151', '157', '163', '167',
'173', '179', '181', '191', '193', '197', '199', '211', '223',
'227', '229']
```

여기서 int() 함수를 각 문자열에 적용해야 한다. 이러한 경우 map() 함수가 멋지게 역할을 해낼 수 있다. 다음 코드를 살펴보자.

```
>>> list(map(int,data))
[2, 3, 5, 7, 11, 13, 17, 19, 23, 29, 31, 37, 41, 43, 47, 53, 59,
61, 67, 71, 73, 79, 83, 89, 97, 101, 103, 107, 109, 113, 127, 131,
137, 139, 149, 151, 157, 163, 167, 173, 179, 181, 191, 193, 197,
199, 211, 223, 227, 229]
```

map() 함수는 int() 함수를 data 컬렉션의 모든 값에 대해 호출한다. 결과는 문자열의 시퀀스가 아니라 수의 시퀀스다.

map() 함수는 반복 가능 객체를 돌려준다. map() 함수는 모든 반복 가능 객체를 처리할 수 있다.

여기서 핵심 아이디어는 map() 함수를 사용하면 파이썬의 함수를 컬렉션의 모든 원소에 적용할 수 있다는 것이다. 이러한 매핑 처리에 사용할 수 있는 내장 함수가 많이 있다.

map()에 람다 형식 사용하기

우리가 다뤘던 여행 경로의 각 구간 거리를 해리에서 일반 마일로 바꾸고 싶다고 가정하자. 각 경로의 거리에 6076.12/5280인 1.150780를 곱하면 된다.

map() 함수를 사용해 다음과 같이 이러한 계산을 수행할 수 있다.

```
map(lambda x: (start(x),end(x),dist(x)*6076.12/5280), trip)
```

map()을 사용해 람다를 여행의 각 구간에 적용했다. 이 람다는 다른 람다를 사용해 각 구간의 시작 지점과 끝 지점, 거리를 분리한다. 그 후 일반 마일 거리를 계산하고, 시작, 끝, 새로 계산한 거리로 된 3-튜플을 만든다.

이는 다음과 같은 제네레이터 식과 완전히 동일하다.

```
((start(x),end(x),dist(x)*6076.12/5280) for x in trip)
```

우리는 이 제네레이터 식에서 각 원소에 대해 수행하는 처리를 map()을 사용해 처리할 수 있었다.

map() 함수와 제네레이터 식 사이의 중요한 차이점은 map() 함수가 제네레이터 식보다 더 빠른 경향이 있다는 점이다. 속도 향상은 보통 20퍼센트 정도다.

map()을 여러 시퀀스에 활용하기

때로 두 컬렉션에 있는 데이터를 각각 짝지워 사용해야 할 경우가 있다. '4장 컬렉션으로 작업하기'에서 zip() 함수를 사용해 두 시퀀스를 조합해 새로운 튜플의 시퀀스를 만드는 방법을 살펴봤다. 대부분의 경우에 다음과 같은 작업을 수행하게 될 것이다.

```
map(function, zip(one_iterable, another_iterable))
```

두(또는 그 이상의) 반복 가능 개체로부터 인자 튜플을 만들어 내서 함수를 그 튜플에 적용했다. 이를 다음과 같이 적용해 볼 수도 있다.

```
(function(x,y) for x,y in zip(one_iterable, another_iterable))
```

여기서는 map() 함수를 그에 상응하는 제네레이터 식으로 만들었다.

이러한 아이디어 전체를 일반화시킨다면 다음과 같을 것이다.

```
def star_map(function, *iterables)
    return (function(*args) for args in zip(*iterables))
```

하지만 우리가 사용 가능한 더 나은 접근 방법이 이미 존재한다. 그러한 기법을 실제로 필요로 하지는 않는다. 다른 기법의 구체적인 예제를 한번 살펴보자.

'4장 컬렉션으로 작업하기'에서 우리는 XML 파일에서 여행 지점의 목록을 추출한 것을 봤다. 이 지점 목록으로부터, 시작점과 끝점으로 이뤄진 구간의 리스트를 만들 필요가 있었다.

다음은 특별한 반복 가능 객체에 zip()을 적용하여 단순화한 코드다.

```
>>> waypoints= range(4)
>>> zip(waypoints, waypoints[1:])
<zip object at 0x101a38c20>
>>> list(_)
[(0, 1), (1, 2), (2, 3)]
```

우리는 평면적인 리스트에서 튜플의 시퀀스를 끌어냈다. 각 튜플은 인접한 두 값을 포함할 것이다. zip() 함수는 더 짧은 목록이 끝나면 제대로 수행을 멈춘다. 하지만 zip(x, x[1:]) 패턴은 실체화한 시퀀스나 range() 함수로 만들어 낸 반복 가능 객체에만 작동한다.

튜플들을 만들고 나면 haversine() 함수를 적용해 튜플의 양 끝 지점 사이의 거리를 계산할 수 있다. 다음은 이러한 여러 단계를 한 파일에 넣은 것이다.

```
from ch02_ex3 import lat_lon_kml, float_from_pair, haversine
    path= tuple(float_from_pair(lat_lon_kml()))
    distances1= map( lambda s_e: (s_e[0], s_e[1], haversine(*s_e)),
      zip(path, path[1:]))
```

여기서는 필요한 지점의 경로를 path 변수에 넣었다. 이는 위도, 경도로 이뤄진 쌍으로 이뤄진 순서가 있는 시퀀스다. 우리가 zip(path, path[1:]) 패턴을 사용할 것이기 때문에 일반적인 반복 가능 객체를 사용할 수 없으므로 이 시퀀스를 반드시 실체화해야 한다.

zip() 함수의 결과는 시작점과 끝점으로 이뤄진 쌍의 컬렉션이다. 우리는 시작, 끝, 거리로 이뤄진 3-튜플을 원한다. 여기서 사용하는 lambda는 원래의 2-튜플을 분해하여 시작, 끝, 거리로 이뤄진 3-튜플을 만든다.

앞에서 언급했던 것처럼, map() 함수의 기능을 활용하면 이러한 작업을 쉽게 할 수 있다.

```
distances2= map(lambda s, e: (s, e, haversine(s, e)), path, path[1:])
```

우리가 함수 하나와 반복 가능 객체 2개를 map() 함수에 제공했다는 사실에 유의하라. map() 함수는 각 반복 가능 객체의 다음 원소를 가져와서 그 두 값을 첫 번째 인자로 받은 함수에 전달한다. 여기서는 그 함수가 시작, 끝, 거리로 이뤄진 3-튜플을 만들어 내는 람다 객체다.

map() 함수의 엄밀한 정의를 살펴보면, 그 함수가 임의의 개수의 반복 가능 객체를 받을 수 있는 **스타-맵**star-map 처리를 수행한다는 사실을 알 수 있다. 그 함수는 각 반복 가능 객체로부터 원소를 취하여 주어진 함수의 인자로 넘길 것이다.

filter()를 사용해 데이터를 받아들이거나 거부하기

filter() 함수의 목적은 술어^{predicate}라고 불리는 어떤 의사결정 함수를 주어진 컬렉션의 모든 원소에 적용하는 것이다. True라는 결과가 나오면 그 값을 통과시키고, 그렇지 않으면 그 값을 거부한다. itertools 모듈에는 이와 비슷한 목적의 filterfalse()라는 함수가 있다. '8장 itertools 모듈'에서 그 함수를 사용하는 방법을 배울 수 있다.

이 함수를 사용하면 여행 데이터에서 50해리 이하의 구간만으로 이뤄진 하위 집합을 구할 수 있을 것이다.

```
long= list(filter(lambda leg: dist(leg) >= 50, trip)))
```

여기서 사용한 술어 람다는 거리가 긴 구간에 대해 True를 반환하며, 그러한 구간은 결과 리스트에 들어간다. 거리가 짧은 구간은 거부될 것이다. 이 검사를 통과하는 구간은 14개다.

이러한 처리는 (lambda leg: dist(leg) >= 50)라는 것을 걸러내기 위한 규칙으로 trip 객체를 만들어 내거나 걸러낸 다음에 처리하는 동작과 분리할 수 있게 해준다.

간단한 예를 하나 더 살펴보자.

```
filter(lambda x: x%3==0 or x%5==0, range(10))  sum(_) 23
```

우리는 간단한 람다를 정의하여 어떤 수가 3이나 5의 배수인지 검사했다. 그 함수를 반복 가능 객체인 range(10)에 적용했다. 결과는 규칙을 만족하는 수의 반복 가능한 시퀀스다.

이 람다가 True를 반환하는 수는 [0, 3, 5, 6, 9]이다. 따라서 그 안에 들어 있는 수는 결과 시퀀스에 남는다. 하지만 람다가 False를 반환하는 수들은 제외될 것이다.

다음처럼 이를 제네레이터 식 안에서 수행할 수도 있다.

```
>>> list(x for x in range(10) if x%3==0 or x%5==0)
[0, 3, 5, 6, 9]
```

이를 집합 조건제시법을 사용해 표현하면 다음과 같다.

$$\{x \mid 0 \le x < 10 \wedge (x(\bmod 3) = 0 \vee x(\bmod 5) = 0)\}$$

이는 range(10)에 속하면서 x%3==0이거나 x%5==0인 x로 이뤄진 컬렉션을 만들고 있다는 사실을 의미한다. filter() 함수와 수학적인 집합 조건 제시법 사이에는 매우 우아한 유사성이 존재한다.

때로 filter() 함수에 람다가 아니라 우리가 만든 다른 함수를 적용하고 싶은 경우도 있다. 다음 예제는 앞에서 정의했던 술어 함수를 사용한다.

```
>>> from ch01_ex1 import isprimeg
>>> list(filter(isprimeg, range(100)))
[2, 3, 5, 7, 11, 13, 17, 19, 23, 29, 31, 37, 41, 43, 47, 53, 59, 61, 67,
71, 73, 79, 83, 89, 97]
```

이 예제에서 우리는 isprimeg()이라는 함수를 다른 메서드에서 임포트했다. 그후 값의 컬렉션에 그 함수를 적용하여 소수는 통과시키고 합성수는 제거했다.

이 방법은 소수의 표를 만드는 극히 비효율적인 방법 중 하나다. 이러한 종류의 식이 보여주는 표면적인 단순함은 법률가들이 유인적인 위험물attractive nuisance이라고 부르는 종류의 것이다. 이 식은 재미있어 보이기는 하지만, 데이터의 크기가 커지면 성능이 심각하게 나빠진다. 더 나은 알고리즘은 에라토스테네스의 체다. 이 알고리즘은 지금까지 알아낸 소수를 유지하면서 그를 활용해 불필요한 재계산을 상당수 방지한다.

filter()를 사용해 이상 값 식별하기

앞 장에서 우리는 평균이나 표준편차를 계산하거나 값을 정규화하는 여러 유용한 통계 함수를 정의했다. 이러한 함수를 사용하여 우리가 가지고 있는 여행 정보에서 이상 값을 찾아낼 수 있다. 우리가 하고자 하는 일은 여행의 각 구간에 mean()과 stdev() 함수를 적용하여 모집단의 평균과 표준편차를 얻는 것이다.

그 후 z() 함수를 호출하여 각 구간을 정규화한 값을 구할 수 있다. 정규화한 값이 3보다 크다면, 해당 데이터는 평균에서 심하게 벗어난 것이다. 이러한 이상 값 outlier을 버린다면, 항구에서 잘못 보고했거나 측정 시 오류가 있었던 데이터가 들어갈 가능성을 낮출 수 있을 것이다.

다음은 이 문제를 처리하는 방법을 보여준다.

```
from stats import mean, stdev, z
dist_data = list(map(dist, trip))
μ_d = mean(dist_data)
σ_d = stdev(dist_data)
outlier = lambda leg: z(dist(leg),μ_d,σ_d) > 3
print("Outliers", list(filter(outlier, trip)))
```

거리 함수를 trip 컬렉션의 각 구간에 적용한다. 결과에 대해 몇 가지 처리를 진행해야 하기 때문에 리스트 객체를 실체화할 필요가 있다. 반복 가능 객체를 사용하는 첫 함수를 모두 소모하고 나면 그 이후의 함수는 같은 반복 가능 객체를 사용해 더 이상 처리를 진행할 수 없기 때문이다. 실체화한 데이터를 가지고 평균 μ_d와 표준편차 σ_d과 같은 통계 값을 계산한다.

각 통계 값을 가지고 outlier 람다를 사용해 데이터를 filter한다. 정규화한 값이 너무 크다면 해당 값이 바로 이상 값이다.

list(filter(outlier, trip))의 결과는 다른 구간에 비해 상당히 거리가 먼 두 구간이다. 평균 거리는 약 34해리, 표준편차는 약 24해리다. 어떤 구간도 정규화한 값이 -1.407보다 작지 않다.

우리가 복잡한 문제를 여러 가지 독립적인 함수로 분해할 수 있고, 각각의 함수는 독립적으로 쉽게 테스트할 수 있다. 그렇다면 전체 처리는 더 간단한 함수의 합성이다. 그렇게 할 수 있다면 더 간결하고 표현력이 좋은 함수형 프로그래밍을 할 수 있다.

iter() 함수와 끝을 표시하는 특별한 값 사용하기

내장 iter() 함수는 어떤 컬렉션 객체를 기반으로 하는 반복자를 만들어 낸다. 이를 사용해 어떤 컬렉션을 감싸 반복자를 만들 수 있다. 대부분의 경우, for문을 사용하여 이를 암묵적으로 처리할 수 있다. 몇몇 경우에는 반복자를 명시적으로 만들어 컬렉션의 첫 원소와 나머지 부분을 분리하고 싶을 수도 있다. 이러한 함수는 또한 어떤 호출 가능 객체나 함수가 만들어 낸 값에서 끝을 표시하는 특별한 값^{sentinel}이 반환되기 전까지 루프를 수행할 수도 있다. 이러한 기능은 때로 특정한 내용의 줄이 들어올 때까지 한 줄씩 파일을 읽는 read() 함수에서도 사용할 수 있다. 그러한 경우 주어진 함수는 어떤 파일의 readline() 메서드일 수 있다. iter()에 호출 가능한 함수를 제공하려면, 그 함수 내에서 상태를 유지해야 하기 때문에 약간 더 복잡해진다. 이러한 감춰진 상태는 열려 있는 파일의 특성 중 하나다. 예를 들어 각각의 read()나 readline() 함수는 파일의 내부 상태를 한 글자 또는 한 줄 더 진행시킨다.

이에 대한 다른 예로는 변경 가능한 컬렉션 객체의 pop() 메서드가 해당 객체의 상태를 바꾸는 것을 들 수 있다. 다음은 pop() 메서드를 사용하는 예다.

```
>>> tail= iter([1, 2, 3, None, 4, 5, 6].pop, None)
>>> list(tail)
[6, 5, 4]
```

tail 변수는 리스트 [1, 2, 3, None, 4, 5, 6]에 대한 반복자였다. 이때 리스트에 대한 방문은 pop() 함수를 사용한다. pop()의 기본 동작은 pop(-1)로, 원소를 역순으로 하나씩 빼내는 것이다. 끝을 표현하는 특별한 값이 발견되면 iter()가 반환하는 반복자는 더 이상 값을 내놓지 않는다.

이러한 식의 내부 상태는 가능한 한 피해야 할 것이다. 따라서 이러한 기능을 활용하려고 시도하지는 않을 것이다.

sorted()를 사용해 데이터 정렬하기

파이썬에서 어떤 순서대로 결과를 만들어 내는 데에는 두 가지 방법이 있다. 우리는 list 객체를 만들고, list.sort() 메서드를 사용해 원소를 정렬할 수 있다. 다른 방법은 sorted() 함수를 사용하는 것이다. 이 함수는 어떤 반복 가능 객체에도 사용할 수 있다. 다만, 정렬한 결과 list 객체를 만들어 낸다.

sorted() 함수를 사용하는 방법은 두 가지다. 그냥 컬렉션에 이 함수를 적용할 수도 있다. 또한 key= 인자를 사용하는 고차 함수로 사용할 수도 있다.

'4장 컬렉션으로 작업하기'에서 본 여행 데이터가 있다고 가정하자. 우리에게는 시작, 끝, 거리로 이뤄진 3-튜플의 시퀀스를 만드는 함수가 있다. 데이터는 다음과 같다.

```
(((37.54901619777347, -76.33029518659048), (37.840832, -76.273834),
17.7246), ((37.840832, -76.273834), (38.331501, -76.459503),
30.7382), ((38.331501, -76.459503), (38.845501, -76.537331),
31.0756), ((36.843334, -76.298668), (37.549, -76.331169), 42.3962),
((37.549, -76.331169), (38.330166, -76.458504), 47.2866),
((38.330166, -76.458504), (38.976334, -76.473503), 38.8019))
```

sorted() 함수의 기본 동작은 다른 것을 보면 알 수 있다.

```
>>> sorted(dist(x) for x in trip)
[0.1731, 0.1898, 1.4235, 4.3155, ... 86.2095, 115.1751, 129.7748]
```

제네레이터 식인 (dist(x) for x in trip)을 사용해 여행 데이터로부터 거리를 가져왔다. 이 반복 가능 컬렉션을 정렬하면 0.17해리부터 129.77해리까지의 값을 볼 수 있다.

거리를 원래의 3-튜플과 함께 계속 유지하고 싶다면, sorted() 함수에 key 함수를 지정하여 튜플을 정렬하는 방식을 결정할 수 있다. 다음 코드를 살펴보자.

```
>>> sorted(trip, key=dist)
[((35.505665, -76.653664), (35.508335, -76.654999), 0.1731),
((35.028175, -76.682495), (35.031334, -76.682663), 0.1898),
((27.154167, -80.195663), (29.195168, -81.002998), 129.7748)]
```

여행 데이터를 정렬하면서 dist 람다를 사용해 각 3-튜플에서 거리 정보를 뽑아냈다. dist 함수는 다음과 같이 단순하다.

```
dist = lambda leg: leg[2]
```

이는 단순한 람다를 복잡한 튜플을 구성 요소로 분해하기 위해 사용하는 것이 지니는 능력을 보여준다.

고차 함수 작성하기

고차 함수에는 다음과 같이 세 가지 종류가 있다는 것을 알 수 있다.

- 인자 중 하나로 함수를 요구하는 함수
- 함수를 반환하는 함수. Callable 클래스는 이러한 경우의 전형적인 예다. 제네레이터 식을 만들어 내는 함수도 고차 함수라고 생각할 수 있다.
- 함수를 인자로 받고, 함수를 반환하는 함수. functools.partial() 함수가 전형적인 예다. 이에 대해서는 '10장 functools 모듈'에서 살펴본다. 데커레이터도 또 다른 예다. 이에 대해서는 '11장 데커레이터 설계 기법'에서 살펴본다.

지금까지 살펴본 고차 함수를 사용하는 간단한 패턴을 확장하여 데이터의 구조를 변환할 것이다. 또한 몇 가지 일반적인 변환에 대해서도 다룰 것이다.

- 객체를 감싸 더 복잡한 객체 만들기
- 복잡한 객체를 구성 요소별로 분해하기
- 구조를 평면으로 펼치기
- 평면 시퀀스를 구조화하기

Callable 클래스 객체는 호출 가능한 callable 객체를 반환하는 함수의 예로 자주 쓰인다. 설정 매개변수를 주입할 수 있는 유연한 함수를 작성하는 방법에서 이를 사용하는 예제를 살펴본다.

또한 이번 장에서는 간단한 데커레이터를 소개할 것이다. 더 자세한 내용은 '11장 데커레이터 설계 기법'에서 설명할 것이다.

고차 매핑과 필터 작성하기

파이썬의 내장 고차 함수인 `map()`과 `filter()`는 우리가 처리해주길 원하는 대부분의 처리를 일반적으로 감당할 수 있다. 하지만 성능을 더 높이기 위해 이를 일반적으로 최적화하기는 어렵다. 파이썬 3.4에 있는 `imap()`, `ifilter()`, `ifilterfalse()` 등의 함수에 대해서는 '8장 itertools 모듈'에서 살펴본다.

매핑을 기술하는 방법은 세 가지가 있다. 어떤 함수 `f(x)`와 어떤 컬렉션 객체 C가 있다고 가정해보자. 이를 사용한 매핑을 정의하는 세 가지 거의 동등한 방법이 있는데, 각각은 다음과 같다.

- `map()` 함수:

  ```
  map(f,C)
  ```

- 제네레이터 식:

  ```
  (f(x) for x in C)
  ```

- 제네레이터 함수:

  ```
  def mymap(f, C):
      for x in C:
          yield f(x)
  mymap(f, C)
  ```

이와 마찬가지로, `filter()` 함수를 컬렉션 C와 술어 함수 f에 적용하는 데에도 세 가지 방법이 있다.

- `map()` 함수:

  ```
  filter(f,C)
  ```

- 제네레이터 식:

  ```
  (x for x in C if f(x))
  ```

- 제네레이터 함수:

  ```
  def myfilter(f, C):
      for x in C:
          if f(x):
              yield x
  myfilter(f, C)
  ```

하지만 성능상 다른 점이 있다. `map()`과 `filter()` 함수가 가장 빠르다. 더 중요한 것은 각각의 매핑, 필터와 어울리는 확장이 서로 다르다는 것이다. 그 내용은 다음과 같다.

- 각 원소에 좀 더 복잡한 `g(x)`를 적용하도록 만들거나 컬렉션 C를 처리하기 전에 함수를 적용할 수 있다. 이는 가장 일반적인 방법이며, 앞에서 설명한 세 가지 방식에 모두 적용할 수 있다. 이 부분에 우리의 함수적 설계 역량을 집중해야 할 것이다.

- `for` 루프를 약간 변경할 수 있다. 한 가지 분명히 알 수 있는 변경은 제네레이터 식을 `if`절로 확장하여 매핑과 걸러내기를 한 연산과 조합하는 것이다. 이와 마찬가지로 `mymap()`과 `myfilter()`를 합쳐 매핑과 걸러내기를 동시에 수행하게 만들 수도 있다.

우리가 만들 수 있는 가장 심오한 변화는 루프가 다루는 데이터의 구조를 변경시키는 것이다. 감싸기, 풀기(또는 추출하기), 펼치기, 구조화하기 등의 설계 패턴은 이미 존재한다. 이러한 기법 중 일부는 이 책의 앞 부분에서 살펴봤다.

너무 많은 변환을 한 함수로 조합하는 매핑을 설계하는 경우에는 많은 주의를 기울여야 한다. 가능한 한 둘 이상의 개념을 함께 표현하거나 간결하지 못한 함수를 만드는 일을 피해야 한다. 파이썬 컴파일러가 최적화해주지 못하기 때문에 함수를 직접 합쳐 느린 애플리케이션을 최적화해야만 한다. 이러한 종류의 최적화는 가능한 한 피해야 하며, 성능이 떨어지는 프로그램을 프로파일링^{profiling}한 후 최적화 여부를 결정해야 한다.

매핑하면서 데이터 풀기

(f(x) for x, y in C)와 같은 구성을 사용할 경우, for문에 여러 가지 대입을 사용해 값이 여럿 들어 있는 튜플을 풀어 함수를 호출하는 것이다. 전체 식은 매핑이다. 이러한 식은 구조를 바꾸고 함수를 적용하기 위한 일반적인 파이썬 최적화 방법 중 하나다.

우리는 '4장 컬렉션으로 작업하기'에서 가져온 여행 데이터를 사용할 것이다. 다음은 매핑을 진행하는 과정에서 데이터를 푸는 것을 보여주는 구체적인 예다.

```
def convert(conversion, trip):
    return (conversion(distance) for start, end, distance in trip)
```

이 고차 함수는 다음과 같은 변환 함수에 의해 지원될 수 있을 것이다.

```
to_miles = lambda nm: nm*5280/6076.12
to_km = lambda nm: nm*1.852
to_nm = lambda nm: nm
```

이제 이 함수를 사용해 거리를 뽑아내 변환 함수를 적용할 수 있다.

```
convert(to_miles, trip)
```

값을 풀었기 때문에 결과는 float 값의 시퀀스일 것이다.

```
[20.397120559090908, 35.37291511060606, ..., 44.652462240151515]
```

이 convert() 함수는 우리가 사용하는 시작-끝-거리 구간 정보와 밀접한 관련이 있다. 왜냐하면 for 루프 안에서 3-튜플을 분해하기 때문이다.

이러한 식으로 매핑하는 과정에서 데이터를 푸는 디자인 패턴을 더 일반적으로 해결할 수 있다. 그 대신 좀 더 복잡해지는 것을 감수해야 한다. 첫째, 다음과 같은 일반적인 분해 함수가 필요하다.

```
fst= lambda x: x[0]
snd= lambda x: x[1]
sel2= lambda x: x[2]
```

`f(sel2(s_e_d)) for s_e_d in trip`과 같이 표현하려고 한다. 이는 함수 합성을 포함한다. 우리는 `to_miles()`와 같은 함수와 `sel2()`와 같은 선택자를 조합한다. 파이썬에서는 다음과 같이 함수의 합성을 또 다른 람다를 사용해 표현할 수 있다.

```
to_miles= lambda s_e_d: to_miles(sel2(s_e_d))
```

다음과 같이 하면 더 길고 일반적인 데이터 풀기 함수를 만들 수 있다.

```
to_miles(s_e_d) for s_e_d in trip
```

이 두 번째 버전이 좀 더 일반적이기는 하지만, 그렇게 엄청나게 도움이 되는 것 같지는 않다. 하지만 매우 복잡한 튜플을 다루는 경우라면 이러한 함수가 도움이 될 것이다.

우리가 만든 고차 convert() 함수에 대해 언급해야 할 중요한 것 하나는 우리가 함수를 인자로 받고, 다른 함수를 결과로 내놓는다는 점이다. convert() 함수는 제네레이터 함수가 아니다. 그 안에는 yield가 전혀 없다. convert() 함수의 결과는 각각의 값을 누적시키기 위해 평가해야만 하는 제네레이터 식이다.

같은 설계 원칙을 풀기와 선택이 합쳐진 거르기 함수를 만들 때도 사용할 수 있다. 반환할 제네레이터 식의 if절에서 거를 때 필요한 함수를 적용할 수 있다.

물론, 매핑과 거르기를 조합하여 더 복잡한 함수를 만들 수도 있다. 더 복잡한 함수를 만들어 처리량을 감소시키는 것이 좋은 생각처럼 보일 것이다. 하지만 항상 그런 것은 아니다. 복잡한 함수가 단순한 map()과 filter()의 조합보다 성능이 더 나쁠 수도 있다. 일반적으로는 어떤 한 가지 개념을 담고 있거나 소프트웨어를 더 이해하기 쉽게 해주는 경우에만 더 복잡한 함수를 만들어야 한다.

매핑하면서 추가 데이터를 감싸기

`((f(x), x) for x in C)`와 같은 요소를 사용한다면 매핑을 적용하면서 여러 값이 들어 있는 튜플을 생성하기 위해 감싸고 있는 것이다. 이러한 방식은 복잡하게 상태가 바뀌는 객체에 의존하지 않고도 여러 번 재계산하는 것을 피하는 이점을 누리면서 새로운 요소에 필요한 결과를 저장하기 위해 사용하는 일반적인 기법이다.

지점의 경로로부터 구간 데이터를 만들어 내는 것은 '4장 컬렉션으로 작업하기'의 예제 중 하나였다. 코드는 다음과 같다.

```
from ch02_ex3 import float_from_pair, lat_lon_kml, limits, haversine,
legs
path= float_from_pair(lat_lon_kml())
trip= tuple((start, end, round(haversine(start, end),4)) for
start,end in legs(iter(path)))
```

이를 살짝 변경하여 감싸는 작업을 별도의 함수로 분리할 수 있다. 다음과 같은 함수를 정의할 수 있다.

```
def cons_distance(distance, legs_iter):
    return ((start, end, round(distance(start,end),4)) for start,
    end in legs_iter)
```

이 함수는 각 구간을 두 변수 start와 end로 분해한다. 각각을 주어진 distance() 함수에 사용하여 두 지점 사이의 거리를 구한다. 결과는 원래의 두 지점과 계산한 거리를 포함하는 더 복잡한 3-튜플이다.

이제 haversine() 함수로 거리를 계산하도록 원래의 예제를 다음과 같이 재작성할 수 있다.

```
path= float_from_pair(lat_lon_kml())
trip2= tuple(cons_distance(haversine, legs(iter(path))))
```

제네레이터 식을 고차 함수 cons_distance()로 바꿨다. 이 함수는 함수를 인자로 받을 뿐만 아니라 제네레이터 식을 반환한다.

이를 조금 다른 방식으로 표현하면 다음과 같다.

```
def cons_distance3(distance, legs_iter):
    return ( leg+(round(distance(*leg),4),) for leg in legs_iter)
```

이 버전은 원래의 객체로부터 새로운 객체를 만들어 내는 과정을 더 명확하게 보여준다. 여러분은 여행 구간에 대해 루프를 돈다. 그리고 한 구간의 거리를 계산한다. 그 후 주어진 구간에 거리를 이어붙인 새로운 구조를 만든다.

이 두 `cons_distance()` 함수들은 모두 함수를 인자로 받는다. 따라서 그런 기능을 활용해 다른 거리 공식을 사용할 수 있다. 예를 들어, `math.hypot` `(lat(start)-lat(end),lon(start)-lon(end))`를 사용해 조금 덜 정확한 각 구간에 대한 평면상의 거리를 구할 수도 있다.

'10장 functools 모듈'에서는 `haversine()` 함수의 매개변수인 R을 지정하기 위해 `partial()` 함수를 사용하는 방법에 대해 살펴본다. 이를 통해 계산할 거리의 단위를 변경할 수 있다.

매핑하면서 데이터 펼치기

'4장 컬렉션으로 작업하기'에서 내포된 튜플의 튜플 구조를 단일 반복 가능 객체로 펼치는 알고리즘을 살펴봤다. 여기서 우리의 목표는 일부 데이터를 재구성하되, 실제 처리는 하지 않는 것이다. 함수와 펼치는 연산을 결합한 혼합적인 해법을 만들 수 있다.

다음과 같이 평면적인 수의 시퀀스로 만들고 싶은 텍스트 블록이 있다고 가정하자.

```
text= """\
  2   3   5   7  11  13  17  19  23  29
 31  37  41  43  47  53  59  61  67  71
 73  79  83  89  97 101 103 107 109 113
127 131 137 139 149 151 157 163 167 173
179 181 191 193 197 199 211 223 227 229
"""
```

각 줄은 10개의 수로 이뤄진 블록이다. 우리는 각 줄의 블록을 풀어 수의 시퀀스로 만들어야 한다.

이를 두 가지 제네레이터 함수를 사용해 다음과 같이 할 수 있다.

```
data= list(v for line in text.splitlines() for v in line.split())
```

이 식은 텍스트를 줄로 나눈 다음 각 줄에 대해 루프를 돈다. 그리고 각 줄을 단어로 나눈 후 각 단어에 대해 루프를 돈다. 출력은 다음과 같은 문자열의 리스트다.

```
['2', '3', '5', '7', '11', '13', '17', '19', '23', '29', '31', '37',
'41', '43', '47', '53', '59', '61', '67', '71', '73', '79', '83',
'89', '97', '101', '103', '107', '109', '113', '127', '131', '137',
'139', '149', '151', '157', '163', '167', '173', '179', '181', '191',
'193', '197', '199', '211', '223', '227', '229']
```

이 리스트의 문자열들을 수로 바꾸기 위해서는 원래 텍스트 형식의 블록 구조를 풀면서 문자열을 변환하는 함수를 동시에 적용해야 한다. 다음과 같은 코드로 이러한 일을 할 수 있다.

```
def numbers_from_rows(conversion, text):
    return (conversion(v) for line in text.splitlines() for v in
    line.split())
```

이 함수에는 conversion이라는 인자가 있다. 그 인자는 내보낼 각 값에 적용할 함수다. 내보낼 값은 앞에서 봤던 알고리즘을 사용해 블록을 펼치는 방식으로 만들어진다.

이 numbers_from_rows() 함수를 다음 식과 같이 사용할 수 있다.

```
print(list(numbers_from_rows(float, text)))
```

여기서는 내장 float()를 사용하여 텍스트 블록에서 float 값의 리스트를 만들었다.

고차 함수와 제네레이터 식을 조합하는 여러 가지 방식이 가능하다. 예를 들어 다음과 같이 표현할 수 있다.

```
map(float, v for line in text.splitlines() for v in line.split())
```

이 코드는 알고리즘의 전체 구조를 이해하는 데 도움이 될 것이다. 원칙은 청킹^{chunking}이라는 것이다. 즉, 함수의 세부 구현은 적당한 이름을 사용해 추상화될 수 있고, 우리는 그 함수를 새로운 문맥에서 활용할 수 있다. 우리가 고차 함수를 자주 사용하기는 하지만, 제네레이터 식이 더 명확한 경우도 있다.

걸러내면서 데이터 구조화하기

앞의 세 예제에서는 매핑과 추가 처리를 결합했다. 처리와 걸러내는 것을 결합하는 것은 처리와 매핑을 결합하는 것에 비해 그리 표현력을 높여줄 것 같지는 않다. 우리는 쓸모 있기는 하지만 걸러내는 것과 처리의 결합이 매핑과 처리의 결합보다는 덜 매력적으로 보인다는 사실을 예제를 통해 살펴본다.

'4장 컬렉션으로 작업하기'에서 구조화를 위한 알고리즘을 살펴봤다. 우리는 필터를 구조화 알고리즘에 넣어 복잡한 함수를 쉽게 만들 수 있다. 다음은 반복 가능 객체의 출력을 그룹으로 묶는 함수 중 우리가 더 선호하는 버전을 보여준다.

```python
def group_by_iter(n, iterable):
    row= tuple(next(iterable) for i in range(n))
    while row:
        yield row
        row= tuple(next(iterable) for i in range(n))
```

이 함수는 `iterable`에서 가져온 원소를 n개씩 묶은 튜플을 만든다. 튜플에 원소가 있다면, 그 원소들은 결과로 만들어 내는 반복 가능 객체의 일부분으로 내보내진다. 원칙적으로는, 그 다음에 이 함수를 재귀적으로 입력 `iterable`의 남은 원소에 적용할 수 있다. 파이썬에서는 재귀가 상대적으로 비효율적이기 때문에 이를 `while` 루프를 명시적으로 활용해 최적화했다.

이 함수를 다음과 같이 사용할 수 있다.

```python
group_by_iter(7, filter( lambda x: x%3==0 or x%5==0, range(100)))
```

이 식은 `range()` 함수가 만들어 낸 반복 가능 객체에 `filter()` 함수를 적용한 결과를 그룹으로 묶을 것이다.

그룹으로 묶는 것과 걸러내는 것을 한꺼번에 본문에서 수행하는 함수로 만들 수 있다. 이러한 방식으로 group_by_iter()를 변경하면 다음과 같다.

```python
def group_filter_iter(n, predicate, iterable):
    data = filter(predicate, iterable)
    row= tuple(next(data) for i in range(n))
    while row:
        yield row
        row= tuple(next(data) for i in range(n))
```

이 함수는 걸러내기 위한 술어 함수를 입력 iterable에 적용한다. 걸러낸 출력 자체는 지연 계산하는 반복 가능 객체이기 때문에 data 변수의 계산도 미뤄진다. 데이터 값은 필요할 때마다 만들어진다. 이 함수는 전체적으로는 앞에서 본 버전과 동일하다.

이 함수를 사용하는 경우에는 문맥을 다음과 같이 좀 더 간결하게 할 수 있다.

```python
group_filter_iter(7, lambda x: x%3==0 or x%5==0, range(1,100))
```

여기서는 한 번의 함수 호출만으로 걸러내기 위한 술어를 적용하고, 결과를 그룹으로 묶었다. filter() 함수의 경우 걸러내는 것을 다른 작업과 같이 처리하는 것의 이점이 그리 분명하지는 않다. 오히려 별도로 눈에 보이게 filter() 함수를 표현하는 편이 한꺼번에 걸러내는 것을 처리하는 것보다 더 도움이 되는 것 같아 보인다.

제네레이터 함수 작성하기

다양한 함수를 제네레이터 식으로 깔끔하게 표현할 수 있다. 실제로, 우리는 거의 대부분의 매핑이나 걸러내기를 제네레이터 식으로 수행할 수 있다는 것을 살펴봤다. 같은 작업을 map(), filter(), 다른 제네레이터 함수와 같은 내장 고차 함수를 사용해 처리할 수도 있다. 여러 문장으로 된 제네레이터 함수를 고려하고 있다면, 함수형 프로그래밍을 할 때 도움이 되는 원칙 중 하나인 "상태가 없는 함수 평가"를 놓치고 있는 것은 아닌지 유념해야 한다.

파이썬을 함수형 프로그래밍에 사용한다는 것은 순수한 함수형 프로그래밍과 명령형 프로그래밍이라는 칼날 위를 걷는 것과 같다. 다른 함수적인 대안이 없는 경우 명령형 파이썬 코드를 사용해야 하는 부분을 식별하고 고립시켜야 한다.

파이썬의 문장 수준 기능을 사용하기 위해 제네레이터 함수를 작성해야만 하는 경우가 있다. 다음과 같은 기능은 제네레이터 식에서는 사용할 수 없다.

- 외부 자원을 사용하기 위해 with 컨텍스트를 사용하는 경우. 이에 대해서는 '6장 재귀와 축약'에서 파일의 구문 분석을 다루면서 설명할 것이다.

- for문보다 더 유연한 루프가 필요하여 while을 사용해야 하는 경우. 이러한 예는 앞의 '매핑하면서 데이터 풀기'절에서 다룬바 있다.

- 루프를 일찍 마쳐야 하는 검색을 구현하기 위해 break나 return을 사용해야 하는 경우.

- 예외를 처리하기 위한 try-except 구문.

- 내부 함수 정의. 이에 대한 몇 가지 예제를 '1장 함수형 프로그래밍 소개'와 '2장 함수형 기능 소개'에서 살펴봤다. 또한 '6장 재귀와 축약'에서 이를 다시 살펴본다.

- 정말 복잡한 if-elif의 시퀀스. if-else 조건문에서 대안이 둘 이상 있는 경우를 함수형으로 표현하면 복잡해 보일 수 있다.

- 이러한 목록의 경계에는 파이썬에서 자주 사용하는 기능인 for-else, while-else, try-else, try-else-finally 등이 있다. 이들은 모두 제네레이터 식에서는 사용할 수 없는 문장 수준의 기능이다.

break문은 컬렉션 처리를 일찍 끝내기 위해 흔히 사용한다. 특정 조건을 만족하는 첫 번째 원소를 발견하면 처리를 마치고 싶을 때가 있다. 이는 어떤 특성을 만족하는 값이 존재하는지 검사하는 any() 함수의 다른 버전이라 할 수 있다. 또한 컬렉션의 모든 객체가 아니라 정해진 숫자의 원소를 처리하고 나서 루프를 마치고 싶을 수도 있다.

값을 하나만 찾아내는 것은 min()이나 max()로 간결하게 표현할 수 있다. 이러한 경우에는 진정한 최댓값이나 최솟값을 찾았는지 확신하기 위해 모든 컬렉션 원소를 검사해야 한다.

술어가 True이면 하면 first(술어 함수, 컬렉션) 함수를 사용할 수 있다. 가능하면 처리를 빨리 마쳐서 불필요한 계산을 하지 않기를 바라기 때문이다.

함수는 다음과 같이 정의할 수 있다.

```
def first(predicate, collection):
    for x in collection:
        if predicate(x): return x
```

collection에 대해 루프를 수행하면서 주어진 predicate 술어 함수를 적용한다. 술어가 True를 반환하면 그와 연관된 값을 반환한다. collection에 남은 원소가 없다면, 기본 값으로 None을 반환한다.

이 함수의 다른 구현을 PyPi에서 다운로드할 수도 있다. first 모듈에 이 아이디어의 변종들이 들어 있다. 더 자세한 내용은 https://pypi.python.org/pypi/first에서 살펴보라.

이 함수를 주어진 수가 소수인지 아닌지 결정할 때 활용할 수 있다. 다음은 어떤 수가 소수인지 검사하는 함수다.

```
import math
def isprimeh(x):
    if x == 2: return True
    if x % 2 == 0: return False
    factor= first( lambda n: x%n==0,
    range(3,int(math.sqrt(x)+.5)+1,2))
    return factor is None
```

이 함수는 2나 다른 짝수의 소수 여부와 관련된 몇 가지 경우를 처리한다. 그 후 first() 함수를 사용해주어진 컬렉션에 있는 첫 번째 약수를 찾는다.

first() 함수가 약수를 반환하기만 하면 실제 그 수가 무엇인지는 중요하지 않다. 여기서는 약수의 존재 여부만이 중요하다. 따라서 isprimeh() 함수는 약수를 찾을 수 없는 경우 True를 반환한다.

이와 비슷한 일을 데이터 예외를 처리하기 위해 할 수 있다. 다음은 map() 함수의 새로운 버전으로, 잘못된 데이터를 걸러낸다.

```
def map_not_none(function, iterable):
    for x in iterable:
        try:
            yield function(x)
        except Exception as e:
            pass # print(e)
```

이 함수는 반복 가능 객체의 원소를 하나씩 처리한다. 주어진 function을 원소에 적용하고, 예외가 발생하지 않는다면 적용한 결과 값을 발생시킨다. 예외가 발생하는 경우에는 해당 값을 조용히 무시한다.

활용할 수 없거나 빠진 값이 있는 데이터를 다루는 경우 이러한 기능이 유용할 것이다. 값을 걸러내기 위해 복잡한 filter()를 사용하는 대신, 각 값을 처리하면서 오류가 나는 값을 버리려고 시도하는 것이다.

None이 아닌 값을 매핑하기 위해 다음과 같은 함수를 사용할 수도 있을 것이다.

```
data = map_not_none(int, some_source)
```

int() 함수를 some_source의 각 원소에 적용한다. some_source 매개변수가 문자열로 이뤄진 반복 가능 객체라면, 이 방식을 사용하여 수로 변환할 수 없는 문자열을 걸러내면서 수의 목록을 만들 수 있다.

Callable로 고차 함수 만들기

Callable 클래스의 인스턴스를 사용해 고차 함수를 만들 수도 있다. 이는 제네레이터 함수를 만든다는 아이디어로부터 나온 것이다. 우리가 호출 가능 객체를 사용하는 이유는 파이썬의 문장 수준 기능을 활용하기 위해서다. 문장을 사용하는 것과 더불어, 고차 함수를 만들 때 정적인 설정을 적용할 수도 있다.

Callable 클래스 정의에 있어 중요한 것은 class문으로 만들어지는 클래스 객체에 함수를 만들어 내는 함수가 반드시 정의되어 있어야 한다는 것이다. 보통은 기존 함수를 둘 조합하여 상대적으로 더 복잡한 새로운 함수를 만들 때 callable 객체를 사용한다.

이를 강조하기 위해 다음 클래스를 살펴보자.

```python
from collections.abc import Callable
class NullAware(Callable):
    def __init__(self, some_func):
        self.some_func= some_func
    def __call__(self, arg):
        return None if arg is None else self.some_func(arg)
```

이 클래스는 NullAware()라는 이름의 함수를 만든다. 그 함수는 새로운 함수를 만들어 내는 고차 함수다. NullAware(math.log)라는 식을 평가하면, 인자 값에 적용할 수 있는 새로운 함수를 만들 수 있다. __init__() 메서드는 객체에 그렇게 만들어진 함수를 저장한다.

__call__() 메서드는 결과 함수가 평가되는 방식을 지정한다. 이 예제에서는 예외를 발생시키지 않고 None 값을 매끄럽게 처리할 수 있게 해주는 함수를 만들어 낸다.

이러한 식으로 새로운 함수를 만들고, 나중에 사용하기 위해 그 함수에 이름을 지정해두는 일반적인 방식은 다음과 같다.

```python
null_log_scale= NullAware(math.log)
```

이는 새로운 함수를 만들어 null_log_scale()이라는 이름을 부여한다. 그렇게 하고 나면 이 함수를 다른 곳에서 사용할 수 있다. 다음 실행 예를 살펴보라.

```python
>>> some_data = [10, 100, None, 50, 60]
>>> scaled = map(null_log_scale, some_data)
>>> list(scaled)
[2.302585092994046, 4.605170185988092, None, 3.912023005428146,
4.0943445622221]
```

조금 덜 일반적인 접근 방식으로는 다음과 같이 만들어 낸 함수를 식에서 즉시 호출하는 것이 있다.

```
>>> scaled= map(NullAware( math.log ), some_data)
>>> list(scaled)
[2.302585092994046, 4.605170185988092, None, 3.912023005428146,
4.0943445622221]
```

NullAware(math.log)를 평가하면 함수가 만들어진다. 여기서는 그 이름이 없는 함수를 map() 함수에 사용하여 some_data라는 반복 가능 객체를 처리했다.

이 예제의 __call__() 메서드는 온전히 식의 평가에만 의존한다. 이는 저수준 함수로부터 합성 함수를 정의하는 고상하고 깔끔한 방법이다. 스칼라 함수를 다루는 경우에는 설계 시 고려해야 할 것이 몇 가지 있다. 반복 가능한 컬렉션을 다루는 경우에는 그보다 좀 더 주의를 기울여야 한다.

좋은 함수형 설계를 보장하기

파이썬의 객체를 사용하는 경우, 상태가 없는 함수형 프로그래밍이라는 아이디어를 적용하려면 상당히 주의를 기울여야 한다. 객체에는 보통 상태가 있다. 실제로 객체지향 프로그래밍의 모든 목적이 상태를 클래스 정의 안에 캡슐화하는 것이라고 주장할 수도 있다. 컬렉션을 처리하기 위해 파이썬의 클래스 선언을 사용하는 경우, 함수형 프로그래밍과 명령형 프로그래밍이라는 서로 반대되는 방향으로 자신이 나뉘는 것을 느낄 수도 있다.

Callable을 사용해 합성 함수를 만들면, 만들어진 합성 함수를 사용할 때 좀 더 단순한 구문을 사용할 수 있다는 장점이 있다. 반복 가능한 매핑이나 축약으로 작업하는 경우, 우리가 상태가 있는 객체를 어떻게 도입하고, 왜 도입해야 하는지를 잘 알아야만 한다.

앞에서 봤던 sum_filter_f() 예제로 다시 돌아가보자. 다음은 Callable 클래스 정의로 구현한 버전이다.

```
from collections.abc import Callable
class Sum_Filter(Callable):
    __slots__ = ["filter", "function"]
    def __init__(self, filter, function):
        self.filter= filter
        self.function= function
    def __call__(self, iterable):
        return sum(self.function(x) for x in iterable if
        self.filter(x))
```

추상 상위 클래스인 Callable을 임포트하여 우리가 만드는 클래스의 기반 클래스로 사용했다. 우리는 이 객체에 정확히 두 가지 슬롯만을 정의했다. 이는 함수를 상태가 있는 객체로 사용하는 것을 제한하기 위한 것이다. 물론 이러한 장치가 결과 객체를 변경하는 것을 모두 막을 수는 없지만, 우리가 오직 두 가지 애트리뷰트만을 사용하도록 제한할 수는 있다. 애트리뷰트를 추가하려고 시도하면 예외가 발생할 것이다.

초기화 메서드인 __init__()은 두 가지 함수 이름 filter와 function을 객체의 인스턴스 변수에 채워넣는다. __call__() 메서드는 두 가지 내부 함수 정의를 활용하는 제네레이터 식을 기반으로 하는 값을 반환한다. self.filter() 함수는 원소를 걸러낸다. self.function() 함수는 filter() 함수를 통과한 원소를 변환한다.

이 클래스의 인스턴스는 내부에 두 가지 전략을 함수로 저장하고 있는 함수다. 인스턴스는 다음과 같이 만들 수 있다.

```
count_not_none = Sum_Filter(lambda x: x is not None, lambda x: 1)
```

시퀀스에서 None이 아닌 값의 개수를 세는 count_not_none라는 이름의 함수를 만들었다. None아닌 값을 통과시키기 위한 람다와 인자로 받은 값과 관계 없이 1 이라는 상수만을 반환하는 람다를 사용해 그러한 함수를 만들 수 있었다.

일반적으로 이 count_not_none() 객체는 다른 파이썬 함수와 동일하게 작동한다. 사용법은 앞에서 본 sum_filter_f()보다 간단하다.

count_not_none() 함수를 다음과 같이 사용할 수 있다.

N= count_not_none(data)

그 대신, sum_filter_f() 함수를 사용할 수도 있다.

N= sum_filter_f(valid, count_, data)

Callable을 바탕으로 하는 count_not_none 함수는 일반적인 함수처럼 그리 많은 인자를 필요로 하지 않는다. 이로 인해 겉으로는 사용하기가 더 단순해 보인다. 하지만 Callable 클래스를 정의하는 부분과 그 함수를 사용하는 부분으로 함수의 사용과 관련 있는 세부 내용이 소스 코드상에서 나뉘기 때문에 그러한 단순성이 오히려 호출 가능 객체의 사용성을 더 나쁘게 하기도 한다.

디자인 패턴 살펴보기

max(), min(), sorted() 함수는 key= 함수를 지정하지 않은 경우의 기본 동작 방식이 있다. 이러한 함수에 데이터에서 키를 만들어 내는 방법을 지정해주는 함수를 제공하면 동작을 바꿀 수 있다. 예제에서 대부분의 key() 함수는 사용 가능한 데이터의 일부를 추출하는 단순한 함수였다. 하지만 꼭 그래야 한다는 요구사항이 있는 것은 아니다. 원한다면 key()가 어떤 일이든 할 수 있다.

max(trip, key=random.randint())라는 메서드를 상상해보자. 일반적으로는, 분명하지 않은 일을 하는 key() 함수를 가능한 한 피할 것이다.

key= 함수를 사용하는 것은 일반적인 디자인 패턴이다. 우리가 만드는 함수도 그러한 패턴을 쉽게 따라할 수 있다.

고차 함수를 쉽게 사용할 수 있게 해주는 람다 형식을 살펴봤다. 람다를 사용하는 경우 얻을 수 있는 큰 이점은 람다가 함수형 패러다임에 매우 가깝다는 것이다. 전통적인 함수를 작성하는 경우에는 명령형 프로그램을 작성할 수도 있고, 그로 인해 더 간결하며 표현력이 뛰어난 함수형 설계에도 지장이 있을 수 있다.

값의 컬렉션에 대해 작업을 할 수 있는 여러 고차 함수를 여럿 살펴봤다. 4장 전체에서 우리는 고차 컬렉션과 스칼라 함수를 설계하기 위한 여러 가지 다른 디자인 패턴에 대해 알려줬다. 다음은 그 내용을 대략적으로 분류한 것이다.

- 제네레이터 반환. 고차 함수는 제네레이터 식을 반환할 수 있다. 그러한 함수도 고차 함수로 간주하는데, 이유는 스칼라 값이나 값의 컬렉션을 반환하지 않기 때문이다. 이러한 고차 함수 중 일부는 함수를 인자로 받기도 한다.

- 제네레이터 역할하기. 일부 함수는 yield문을 사용하여 일급 계층 제네레이터가 되기도 한다. 제네레이터 함수의 값은 지연 계산되는 값의 반복 가능한 컬렉션이다. 우리는 근본적으로는 제네레이터 함수를 제네레이터 식을 반환하는 함수와 구분할 수 없다고 생각한다. 둘 다 엄격하지 않다. 둘 다 값의 시퀀스를 내놓는다. 이러한 이유로 제네레이터 함수도 고차 함수로 간주할 수 있다. map()이나 filter()와 같은 함수가 이러한 범주에 들어간다.

- 컬렉션 실체화하기. 일부 함수는 실체화한 컬렉션 객체인 list, tuple, set, 또는 매핑 등을 반환한다. 이러한 종류의 함수 중 함수를 인자로 받는 것을 고차 함수라 할 수 있다. 하지만 함수를 인자로 받지 않는다면 컬렉션을 다루는 일반적인 함수일 뿐이다.

- 컬렉션 축약하기. 일부 함수는 반복 가능(또는 컬렉션) 객체을 사용해 스칼라 결과 값을 만들어 낸다. len(), sum() 등의 함수가 그 예다. 함수를 인자로 받는다면 고차 축약 함수라 할 수 있다. 이에 대해서는 다음 장에서 다룰 것이다.

- 스칼라. 일부 함수는 개별 데이터에 작용한다. 인자로 함수를 받는 경우, 이 범주에 속한 함수도 고차 함수가 될 수 있다.

우리 자신의 소프트웨어를 설계할 때는 이러한 이미 확립된 디자인 패턴을 취사선택해야 한다.

요약

이번 장에서는 고차 함수인 두 가지 축약인 max()와 min()에 대해 다뤘다. 또한 두 가지 핵심적인 고차 함수인 map()과 filter()에 대해 살펴보고, sorted()에 대해서도 설명했다.

또한 고차 함수를 사용해 데이터의 구조를 변환하는 방법에 대해서도 공부했다. 감싸기, 풀기, 평면 구조로 펼치기, 다른 종류의 구조적인 시퀀스로 만들기 등 몇 가지 일반적인 변환을 수행할 수 있다.

우리 자신만의 고차 함수를 정의하는 세 가지 방법을 살펴봤다. 그 셋은 다음과 같다.

- def문 사용. 이 방법은 람다식을 변수에 대입하는 것과 비슷하다.
- Callable 클래스를 사용해 합성 함수를 만들어 내는 함수 정의하기
- 합성 함수를 사용하기 위해 데커레이터를 사용할 수도 있다. 이에 대해서는 '11장 데커레이터 설계 기법'에서 다룰 것이다.

다음 장에서는 재귀를 사용해 순수하게 함수적인 반복을 수행한다는 아이디어를 살펴본다. 파이썬적인 구조를 사용해 순수하게 함수적인 기법에 몇 가지 일반적인 개선을 가할 수 있다. 또한 컬렉션을 개별 값으로 축약하는 것과 관련 있는 문제를 살펴본다.

6

재귀와 축약

앞에서는 처리 과정을 설계하는 방식의 종류를 몇 가지 살펴봤다. 그중 일부는 다음과 같다.

- 컬렉션으로부터 컬렉션을 만들어 내는 매핑과 걸러내기
- 컬렉션으로부터 스칼라 값을 만들어 내는 축약

이러한 구분은 첫 번째 종류의 컬렉션 처리를 수행하는 `map()` 함수나 `filter()` 함수를 보면 알 수 있다. `min()`, `max()`, `len()`, `sum()` 등의 다른 특화된 축약 함수도 있다. 또한 `functools.reduce()`와 같은 범용 축약 함수도 있다.

또한 축약 연산에 속하는 함수의 하나로 `collection.Counter()`를 살펴본다. 그함수는 단일 스칼라 값을 만들어 내지는 않지만, 원래의 데이터 구조의 일부를 없애고 새로운 데이터 구성을 만들어 낸다. 그 핵심에는 그룹을 지어 개수를 세는 count-group-by 연산이 자리 잡고 있다. 이러한 연산은 매핑과 개수를 세는 축약을 조합하는 경우에 자주 사용한다.

이번 장에서는 축약 함수를 더 자세히 살펴본다. 순수한 함수적 관점에서 보면 축약은 재귀적으로 정의된다. 이러한 이유로 축약 알고리즘을 살펴볼 때는 먼저 재귀적인 알고리즘을 살펴본다.

일반적으로, 함수형 프로그래밍 언어의 컴파일러는 재귀함수를 최적화하여 함수의 꼬리재귀를 루프로 바꿔준다. 이렇게 하면 성능이 극적으로 향상된다. 파이썬의 관점에서 볼 때 순수한 재귀에는 성능상 한계가 있기 때문에 우리가 직접 손으로 꼬리재귀호출을 최적화해야 한다. 파이썬에서 사용할 수 있는 꼬리재귀 최적화 기법은 명시적으로 for 루프를 사용하는 것이다.

sum(), count(), max(), min() 등의 축약 알고리즘을 살펴본다. 또 collecitons. Counter() 함수와 그 함수와 관련 있는 groupby() 축약도 살펴본다. 그리고 구문분석(그리고 어휘 스캐닝$^{lexical\ scanning}$)도, 토큰의 시퀀스(또는 문자의 시퀀스)를 더 복잡한 프로퍼티를 지니는 고차 컬렉션으로 바꿔주기 때문에 축약의 일부라는 사실에 대해 설명할 것이다.

수를 계산하는 간단한 재귀

재귀로 정의할 수 있는 모든 수치 연산을 고려할 수 있다. 더 자세한 내용이 궁금하다면, http://en.wikipedia.org/wiki/Peano_axioms에서 수의 기본적인 성질에 대해 정의하는 **페아노 공리계**$^{Peano\ axioms}$를 읽어보는 것이 좋은 출발점이 될 수 있다.

페아노 공리계를 살펴보면, 어떤 수 n의 "다음 수" 또는 어떤 수의 "후계자^{successor}"는 $S(n)$이라는 더 원시적인 표현을 가지고 덧셈을 재귀적으로 정의할 수 있다는 사실을 수 있다.

설명을 단순화하기 위해 우리가 "전임자^{predecessor}" 함수 $P(n)$을 정의할 수 있다고 가정해보자. 전임자 함수는 $n \neq 0$인 경우, $n = S(P(n)) = P(S(n))$이라는 성질을 만족한다.

두 자연수의 덧셈을 다음과 같이 재귀적으로 정의할 수 있다.

$$\text{add}(a,b) = \begin{cases} b & a = 0 \text{인 경우} \\ \text{add}(P(a), S(b)) & a \neq 0 \text{인 경우} \end{cases}$$

$S(n)$이나 $P(n)$ 대신 더 일반적으로 사용하는 $n+1$과 $n-1$을 사용한다면 $add(a, b) = add(a-1, b+1)$이라는 것을 알 수 있다.

이를 다음과 같이 파이썬으로 깔끔하게 옮길 수 있다.

```
def add(a,b):
    if a == 0: return b
    else: return add(a-1, b+1)
```

우리는 단지 수학적인 표기를 파이썬으로 재배열했을 뿐이다. if를 맨 오른쪽에서 왼쪽으로 옮긴 것이 전부다.

일반적으로는 단순한 덧셈을 위해 파이썬으로 직접 함수를 만들지는 않는다. 우리는 파이썬 구현이 여러 종류의 산술 연산에 대해 제공하는 기본 구현을 활용한다. 여기서 중요한 점은 모든 연산의 기초가 되는 산술 연산도 재귀적으로 정의할 수 있다는 것이다.

이러한 모든 재귀 정의에는 두 가지 경우가 들어 있다. 첫째는 함수의 결과 값을 직접적으로 정의하는 재귀적이지 않은 경우이고, 둘째는 함수의 값을 같은 함수에 다른 값을 적용해 얻은 결과를 사용해 계산해내는 재귀적인 경우다.

재귀가 끝난다는 것을 보장하려면, 재귀적인 경우에 사용하는 재귀호출이 어떻게 재귀적이지 않은 경우에 도달하도록 값을 계산하는지 살펴보는 것이 중요하다. 여기서 다루는 함수에는 따로 넣지 않았지만, 함수의 인자 값에 대한 제약이 있는 경우도 많다. 예를 들어, 앞의 add() 함수에 assert a>= and b>=0를 넣어 입력 값에 대한 제약을 표현할 수도 있다.

이러한 제약이 없다면, a-1이 재귀적이지 않은 a==0으로 접근한다는 것을 보장할 수 없다.

대부분의 경우 이러한 요소들은 명확하다. 하지만 이를 증명하기 어려운 경우가 가끔 있다. 한 가지 예는 시라쿠사^{Syracuse} 함수[1]다. 이는 언제 종료하는지를 알기 어려운 함수의 전형적인 예다.

꼬리재귀호출 구현하기

일부 함수의 경우 재귀적 정의가 더 간결하고 함수를 잘 설명해주기도 한다. 가장 일반적인 예로는 `factorial()` 함수(계승 함수)를 들 수 있다.

계승 함수에 대한 수학 공식을 파이썬에서 단순한 재귀함수로 재작성해보자.

$$n! = \begin{cases} 1 & n = 0인\ 경우 \\ n \times (n-1)! & n > 0인\ 경우 \end{cases}$$

위 공식을 다음과 같이 파이썬에서 실행할 수 있다.

```
def fact(n):
    if n == 0: return 1
    else: return n*fact(n-1)
```

이 정의의 장점은 단순하다는 것이다. 하지만 파이썬의 재귀 깊이 제한으로 인해 fact(997)보다 큰 수를 계산할 수 없다. 게다가 1000!는 2,568 자리의 수이기 때문에 일반적인 부동 소수점 범위를 벗어난다. 부동 소수점 수는 보통 10^{300} 정도의 범위다. 실용적으로 볼 때 이를 `log gamma` 함수로 바꾸는 것이 더 일반적이다. 이 경우 큰 부동 소수점 값에 대해서도 잘 작동할 것이다.

이 함수는 전형적인 꼬리재귀함수다. 함수가 마지막으로 수행하는 식은 함수 자신에 새로운 값을 지정하여 호출하는 것 뿐이다. 최적화 컴파일러는 함수 호출 스택 관리를 실행 속도가 매우 빠른 루프로 바꿀 수 있다.

파이썬이 그러한 최적화를 제공하지 않기 때문에 우리가 꼬리재귀를 보고 이를 최적화할 방향을 알아볼 수 있는 눈을 가질 필요가 있다. 여기서는 함수의 인자가

---

1 syra(1) = 1이고, n % 2 == 0인 경우(즉, n이 짝수인 경우) syra(n) = n + syra(n/2)이며, 그렇지 않은 경우 syra(n) = syra((n*3)+1)인 함수다. – 옮긴이

n에서 $n-1$로 점진적으로 변하는 과정이 계속된다. 이는 우리가 수의 시퀀스를 만들어 내고, 각 값의 곱을 계산하는 축약을 수행함을 의미한다.

순수 함수에서 한 걸음 밖으로 나오면, 명령형 `facti()`를 다음과 같이 정의할 수 있다.

```
def facti(n):
    if n == 0: return 1
    f= 1
    for i in range(2,n):
        f= f*i
    return f
```

이 계승 함수는 1000!을 넘어서는 값도 계산할 수 있다(예를 들어 2000!는 5733자리의 수다). 이는 순수한 함수형 함수가 아니다. 우리는 꼬리재귀를 i 변수의 값에 의존하면서 계산 상태를 유지하는 루프로 최적화했다.

일반적으로 파이썬이 자동으로 꼬리재귀 최적화를 해주지 않기 때문에 우리가 파이썬 대신 이러한 최적화를 수행해야 한다. 하지만 이러한 종류의 최적화가 실제로 별 도움이 되지 않는 경우도 있다. 그러한 경우를 몇 가지 살펴보자.

재귀를 그대로 남겨두기

경우에 따라, 재귀적 정의가 실제로도 최적일 수 있다. 일부 재귀는 작업의 복잡도를 $O(n)$에서 $O(\log_2 n)$으로 바꿔주는 분할 정복divide and conquer 전략을 따른다. 이러한 경우의 한 예는 임의의 제곱수 계산을 2의 거듭제곱을 사용해 계산하는 알고리즘이다. 이를 다음과 같이 기술할 수 있다.

$$a^n = \begin{cases} 1 & n = 0 \text{인 경우} \\ a \times a^{n-1} & n \text{이 홀수인 경우} \\ \left(a^{n/2}\right)^2 & n \text{이 짝수인 경우} \end{cases}$$

계산 가정을 세 가지 경우로 나눴다. 파이썬에서도 재귀를 사용해 이를 쉽게 구현할 수 있다. 다음 코드를 살펴보자.

```python
def fastexp(a, n):
    if n == 0: return 1
    elif n % 2 == 1: return a*fastexp(a,n-1)
    else:
        t= fastexp(a,n//2)
        return t*t
```

이 함수에는 세 가지 경우가 들어 있다. 기본적인 경우 fastexp(a, 0) 메서드는 1로 정의된다. 다른 두 경우는 서로 다른 접근 방법을 선택한다. 홀수의 경우 fastexp() 메서드는 재귀적으로 지수 n을 1 감소시켜 자신을 호출한다. 이 경우에는 간단한 꼬리재귀로 처리할 수 있다.

하지만 짝수의 경우 fastexp()는 n/2를 사용해 문제를 원래 크기의 절반으로 줄여버린다. 문제 크기가 2배 줄었기 때문에 이 경우 처리 속도가 엄청나게 빨라진다.

이러한 함수는 쉽게 꼬리재귀 루프로 바꿀 수 없다. 이미 이 알고리즘이 최적이기 때문에 실제 이를 더 최적화할 필요도 없다. 파이썬의 재귀 깊이 제한인 $n \leq 2^{1000}$ 도 상당히 큰 범위의 계산을 허용한다고 볼 수 있다.

처리하기 어려운 꼬리재귀 다루기

재귀적으로 피보나치Fibonacci 수열을 정의한 것을 볼 수 있다. 다음은 n번째 피보나치 수를 정의할 때 흔히 사용하는 표기다.

$$F_n = \begin{cases} 0 & n = 0 \text{인 경우} \\ 1 & n = 1 \text{인 경우} \\ F_{n-1} + F_{n-2} & n \geq 2 \text{인 경우} \end{cases}$$

어떤 피보나치 수 F_n은 그보다 앞의 두 피보나치 수의 합 $F_{n-1} + F_{n-2}$으로 정의된다. 이는 다중 재귀의 일종이다. 이를 단순한 꼬리재귀로 최적화할 수는 없다. 하지만 이 함수를 꼬리재귀로 최적화하지 않으면, 너무 느려서 쓸모가 없다는 사실을 알게 된다.

다음은 정의를 직접 따라한 구현이다.

```
def fib(n):
    if n == 0: return 0
    if n == 1: return 1
    return fib(n-1) + fib(n-2)
```

이 코드를 실행하면 다중 재귀의 문제를 볼 수 있다. fib(n) 메서드를 계산하려면 fib(n-1)과 fib(n-2)를 계산해야 한다. fib(n-1) 메서드를 계산하려면 fib(n-2)를 또 한 번 중복 계산해야 한다. 두 가지의 피보나치 함수를 재귀적으로 사용하기 때문에 처리 시 이러한 중복이 발생한다.

파이썬이 식을 왼쪽에서 오른쪽으로 계산하기 때문에 우리는 fib(1000)까지의 값을 계산할 수 있다. 하지만 결과를 보기 위해서는 많은 인내심이 필요하다.

다음은 단순한 재귀 대신 상태가 있는 변수를 사용해 전체 알고리즘을 재작성한 것이다.

```
def fibi(n):
    if n == 0: return 0
    if n == 1: return 1
    f_n2, f_n1 = 1, 1
    for i in range(3, n+1):
        f_n2, f_n1 = f_n1, f_n2+f_n1
    return f_n1
```

 우리가 만든, 상태가 있는 함수는 n부터 더 작은 수로 내려가는 재귀 버전과 달리 0부터 더 큰 수로 올라간다. 그리고 F_n을 계산할 때 사용해야 할 필요가 있는 F_{n-1}와 F_{n-2}의 값을 저장해둔다. 이렇게 하면 재귀적 버전보다 훨씬 속도가 빨라진다.

여기서 중요한 것은 뻔하게 재작성하는 방법으로는 재귀를 쉽게 최적화할 수는 없다는 사실이다. 재귀를 명령형 버전으로 대치하려면 알고리즘을 자세히 살펴보고 얼마나 많은 상태 정보를 유지해야 할 것인지 결정해야 한다.

재귀를 사용해 컬렉션 처리하기

컬렉션을 다루는 경우에도 처리를 재귀적으로 정의할 수 있다. 예를 들어, map() 함수를 재귀로 정의할 수 있다. 이를 형식화하면 다음과 같다.

$$map(f,C) = \begin{cases} [] & \textbf{len}(C) = 0 \text{인 경우} \\ map(f,C[:-1]) \, append\big(f\big(C[-1]\big)\big) & \textbf{len}(C) \neq 0 \text{인 경우} \end{cases}$$

빈 컬렉션에 대한 매핑은 빈 시퀀스로 정의한다. 또한 어떤 컬렉션에 함수 f를 매핑하는 것은 3단계를 거치는 재귀를 사용한 식으로 정의할 수 있다. 첫째, 함수 f를 시퀀스의 마지막 원소를 제외한 나머지 컬렉션에 매핑하여 새로운 컬렉션을 만든다. 둘째, 함수를 마지막 원소에 적용해 결과 값을 얻는다. 마지막으로, 첫 단계에 만들어 낸 컬렉션의 뒤에 둘째 단계에서 얻은 값을 덧붙인다.

다음은 map() 함수를 순수하게 함수적인 재귀 버전으로 작성한 것이다.

```
def mapr(f, collection):
    if len(collection) == 0: return []
    return mapr(f, collection[:-1]) + [f(collection[-1])]
```

mapr(f, []) 메서드의 값은 빈 list 객체로 정의된다. mapr() 함수에 원소가 있는 리스트를 적용한 값은 함수 f를 list1의 마지막 원소에 대해 호출한 결과를 mapr()을 리스트의 앞부분에 호출해 얻은 리스트 뒤에 붙인 것이다.

mapr() 함수도 파이썬의 옛 map() 함수처럼 list 객체를 만들어 낸다. 파이썬 3의 map() 함수는 반복 가능 객체를 반환하며, 이는 꼬리재귀 최적화의 좋은 예가 아니다.

비록 이러한 정의가 우아하기는 하지만, 꼬리재귀를 최적화하지 않았다는 단점이 있다. 꼬리재귀를 최적화하면 1,000개 이상의 원소를 처리할 수 있고, 단순한 재귀 버전보다 실행 성능도 훨씬 좋아진다.

컬렉션에 대한 꼬리 호출 최적화

컬렉션을 처리하는 일반적인 방법에는 두 가지가 있다. 첫째는 제네레이터 식을 반환하는 고차 함수를 사용하는 것이고, 둘째는 각 원소를 처리하는 for 루프를 사용하는 함수를 만드는 것이다. 이 두 가지 필수적인 패턴은 서로 비슷하다.

다음은 내장 map() 함수처럼 작동하는 고차 함수다.

```
def mapf(f, C):
    return (f(x) for x in C)
```

원하는 매핑을 만들어 내는 제네레이터 식을 반환했다. 명시적으로 for 루프를 사용해 꼬리재귀를 최적화했다.

다음은 같은 결과를 내놓는 제네레이터 함수다.

```
def mapg(f, C):
    for x in C:
        yield f(x)
```

이 코드는 최적화를 위해 완전한 for문을 사용했다.

두 경우 모두 결과는 반복 가능 객체다. 다음과 같이 해야 이를 시퀀스 객체로 실체화할 수 있다.

```
>>> list(mapg(lambda x:2**x, [0, 1, 2, 3, 4]))
[1, 2, 4, 8, 16]
```

성능이나 규모 확장성을 생각해보자. 이러한 종류의 꼬리재귀 최적화는 파이썬 프로그램에서 필수적이다. 하지만 코드를 덜 순수한 함수형 프로그램으로 만든다. 또한 최적화로 얻는 이점이 순수성을 잃는 대가보다 더욱 크다. 간결하면서 알아보기 쉬운 함수형 설계의 이점을 살리기 위해서는 이러한 방식으로 덜 순수한 함수들이 마치 완전한 재귀함수인 것처럼 다루는 것이 도움이 될 수 있다.

실용적인 관점에서 이것이 의미하는 바는 컬렉션을 처리하는 함수에 추가로 상태의 처리를 넣는 것을 피해야 한다는 것이다. 함수형 프로그래밍의 핵심 교리는 우리가 만든 프로그램의 일부분이 함수적으로 덜 순수하다 하더라도 여전히 유효하다는 것이다.

축약과 겹치기 – 많은 값을 한 가지 값으로 줄이기

sum() 함수에 대해 다음과 같은 정의를 생각할 수 있다.

빈 컬렉션의 합계는 0이라고 말할 수 있다. 비어 있지 않은 컬렉션의 합계는 첫 원소의 값에 첫 원소를 제외한 나머지 원소들의 합계를 더한 것이다.

$$\text{sum}(C) = \begin{cases} 0 & \textbf{len}(C) = 0 \text{인 경우} \\ C[0] + \text{sum}(C[1:]) & \textbf{len}(C) > 0 \text{인 경우} \end{cases}$$

마찬가지로, 컬렉션에 속한 수의 곱을 다음과 같이 재귀적으로 정의할 수 있다.

$$\text{prod}(C) = \begin{cases} 1 & \textbf{len}(C) = 0 \text{인 경우} \\ C[0] \times \text{prod}(C[1:]) & \textbf{len}(C) > 0 \text{인 경우} \end{cases}$$

기본적인 경우는 빈 시퀀스의 곱이 1이라고 정의하고, 재귀적인 경우는 전체 곱이 첫 원소에 첫 원소를 제외한 나머지 원소들을 곱한 것이라고 정의한다.

이 둘은 결과적으로 시퀀스의 각 원소 사이에 ×나 + 연산자를 겹친 것과 같다. 더 나아가 이를 처리하는 과정이 오른쪽에서 왼쪽으로 진행되도록 원소를 묶었다. 이 경우, 컬렉션을 한 가지 값으로 축약하기 위해 오른쪽으로 접기fold-right 방식을 사용했다고 말할 수 있다.

파이썬에서는 prod 함수를 다음과 같이 재귀적으로 정의할 수 있다.

```
def prodrc(collection):
    if len(collection) == 0: return 1
    return collection[0] * prodrc(collection[1:])
```

기술적으로는 이 정의가 맞다. 수학적 표기를 파이썬으로 다시 쓰는 것은 쉽다. 하지만 중간에 너무 많은 list 객체를 만들어 내기 때문에 이 함수는 최적과는 거리가 멀다. 또 명시적인 컬렉션만 처리할 수 있다는 단점도 있다. 이 함수를 반복 가능 객체에 직접 사용할 수는 없다.

이를 약간 바꿔 반복 가능 객체에 적용할 수 있게 만들면, 중간중간 생기는 컬렉션 객체를 없앨 수 있다. 다음은 반복 가능 객체를 사용하면서 재귀적으로 곱셈을 계산하는 함수다.

```python
def prodri(iterable):
    try:
        head= next(iterable)
    except StopIteration:
        return 1
    return head*prodri(iterable)
```

반복 가능 객체의 원소 개수를 알아내기 위해 `len()`을 호출할 수는 없다. 우리가 할 수 있는 것은 반복 가능 객체의 다음 원소를 가져오는 것뿐이다. 그 객체에 원소가 없다면 다음 원소를 가져오려는 시도는 `StopIteration` 예외를 발생시킨다. 원소가 있다면 그 원소와 반복 가능 객체의 나머지 원소의 곱을 서로 곱한다. 이 함수를 시험해보기 위해서는 반드시 `iter()` 함수를 사용해 실체화된 시퀀스 객체로부터 반복 가능 객체를 만들어야 한다. 사용 가능한 반복 가능 객체가 있는 경우라면 그냥 그 객체를 쓰면 된다. 다음 예를 살펴보자.

```python
>>> prodri(iter([1,2,3,4,5,6,7]))
5040
```

여기에 있는 재귀적 정의는 눈에 보이는 상태나 파이썬의 다른 명령형 기능에 의존하지 않는다. 이 함수가 좀 더 순수 함수이기는 하지만, 이 역시 원소가 1,000개 이하인 경우에만 처리할 수 있다. 실용성을 위해 다음과 같이 명령형의 축약 함수를 사용할 수 있다.

```python
def prodi(iterable):
    p= 1
    for n in iterable:
        p *= n
    return p
```

이렇게 하면 재귀 깊이의 제한에 영향을 받지 않는다. 이 함수에는 필요한 꼬리재귀 최적화가 들어 있다. 더 나아가 대상 객체가 시퀀스냐, 반복 가능 객체이냐와 관계 없이 잘 작동할 것이다.

다른 함수형 언어에서는 이러한 함수를 'fold1 연산'이라 부른다. 연산자가 반복 가능 컬렉션의 값을 왼쪽에서 오른쪽으로 겹쳐 나간다. 이는 계산을 오른쪽에서 왼쪽으로 진행해 나가는, foldr이라 불리는 재귀 정의와는 차이가 있다.

최적화 컴파일러와 지연 계산이 있는 언어에서 오른쪽 접기와 왼쪽 접기는 중간 결과가 만들어지는 순서를 결정한다. 경우에 따라 둘 사이에 심각한 성능상 차이가 나타날 수도 있지만, 그러한 차이가 항상 분명한 것은 아니다. 예를 들어, 왼쪽 접기는 시퀀스의 첫 번째 원소를 즉시 가져와서 처리한다. 하지만 오른쪽 접기는 시퀀스의 첫 번째 원소를 즉시 가져오기는 하지만, 모든 원소를 다 가져와 처리한 후에야 첫 번째 원소를 처리한다.

그룹 만들기 축약 – 많은 값을 좀 더 적은 값으로 줄이기

우리가 자주 사용하는 연산 중에는 여러 값을 특정 키나 어떤 지표에 따라 그룹으로 나누는 연산이 있다. SQL에서는 이를 종종 SELECT GROUP BY 연산이라 부른다. 원데이터를 컬럼들의 값에 따라 그룹으로 나눈 후, 특정 컬럼 값이나 축약 값(때로 aggregate function이라 부른다)을 계산한다. SQL의 aggregate function에는 SUM, COUNT, MAX, MIN 등이 있다.

모드^{mode}라는 통계 지표는 독립 변수에 따라 그룹으로 나눠 개수를 센 것이다. 파이썬은 값에 축약을 수행하기 전에 그룹화를 진행할 수 있는 여러 가지 방식을 제공한다. 먼저 그룹화한 데이터의 개수를 셀 수 있는 간단한 방법을 살펴본다. 그 후 그룹화한 데이터에 대한 다른 요약 정보를 계산하는 방법을 살펴본다.

'4장 컬렉션으로 작업하기'에서 이 여행 정보를 사용할 것이다. 이 정보는 위도와 경도로 된 지점 값의 시퀀스다. 이를 시작, 끝, 거리의 3-튜플로 이뤄진 구간 정보로 재구성했다. 데이터는 다음과 같다.

```
(((37.5490162, -76.330295), (37.840832, -76.273834), 17.7246),
((37.840832, -76.273834), (38.331501, -76.459503), 30.7382),
((38.331501, -76.459503), (38.845501, -76.537331), 31.0756), ...
((38.330166, -76.458504), (38.976334, -76.473503), 38.8019))
```

일반적인 접근 방법은 상태가 있는 맵을 사용하거나 객체를 실체화해 정렬한 후 데이터 집합의 모드 값을 계산하는 것이다. 위 여행 정보를 살펴보면, 변수들은 모두 연속적이다. 모드를 계산하려면 거리를 양자화^{quantize}해야 한다. 데이터를 서로 다른 통에 담아 그룹화하기 때문에 이를 비닝^{binning}이라 한다. 데이터를 시각화하는 경우, 비닝을 하는 일이 흔히 있다. 여기서는 5해리를 기준으로 각 그룹을 나눈다.

양자화한 거리는 제네레이터 식을 사용해 만들어 낼 수 있다.

```
quantized= (5*(dist//5) for start,stop,dist in trip)
```

이 식은 각 거리를 5로 나누고, 소수 부분을 무시하고, 5를 곱하여 가장 가까운 5해리 단위로 거리 값을 내림한다.

Counter로 매핑 만들기

collection.Counter와 같은 매핑을 사용하면 컬렉션에 있는 원소들을 특정 값에 의해 그룹화하여 개수(또는 합계)를 계산하는 축약을 수행할 때 상당한 최적화를 달성할 수 있다. 데이터를 그룹화할 때 더 함수적인 접근 방법은 원래의 컬렉션을 정렬하고, 재귀적 루프를 사용하여 각 그룹의 시작 부분을 식별하는 것이다. 이렇게 하려면 원데이터를 실체화해야 하고, 정렬에 $O(n\log n)$이 들고, 그 후 각 키에 따른 합계나 개수를 계산하기 위한 축약에도 비용이 든다.

다음 제네레이터를 사용해 그룹을 나눌 기준 거리의 시퀀스를 만들 수 있다.

```
quantized= (5*(dist//5) for start,stop,dist in trip)
```

각 거리를 5로 나누고, 정수 나눗셈으로 소수점 이하를 버림한 후 다시 5를 곱하여 가장 가까운 5해리 단위로 거리를 내림했다.

다음 식은 거리와 빈도를 연결하는 매핑을 만든다.

```
from collections import Counter
Counter(quantized)
```

이 객체에는 상태가 있다. 이 객체는 -기술적으로는- 명령형 객체지향 프로그래밍에 의해 만들어진 것이다. 하지만 이 객체를 함수처럼 사용할 수 있기 때문에 함수형 프로그래밍의 아이디어를 살린 설계에도 잘 들어맞는다.

`Counter(quantized).most_common()`를 출력한다면, 다음과 같은 결과를 볼 수 있다.

```
[(30.0, 15), (15.0, 9), (35.0, 5), (5.0, 5), (10.0, 5), (20.0, 5),
(25.0, 5), (0.0, 4), (40.0, 3), (45.0, 3), (50.0, 3), (60.0, 3),
(70.0, 2), (65.0, 1), (80.0, 1), (115.0, 1), (85.0, 1), (55.0, 1),
(125.0, 1)]
```

가장 흔한 거리는 대략 30해리다. 가장 짧은 구간은 0(즉, 0~5해리)으로, 4건이 있다. 가장 긴 구간은 125해리다.

여러분이 실행한 결과는 이와 조금 다를 수도 있다. `most_common()` 함수는 빈도별로 그룹을 표시한다. 하지만 빈도가 같은 그룹의 순서는 바뀔 수 있다. 따라서 다음 다섯 가지 빈도는 순서가 달라질 수 있다.

```
(35.0, 5), (5.0, 5), (10.0, 5), (20.0, 5), (25.0, 5)
```

정렬을 사용해 매핑 만들기

`Counter` 클래스가 없이 같은 문제의 해법을 구현하고 싶다면, 정렬한 후 그룹을 만드는 더 함수적인 방식을 사용할 수 있다. 다음은 일반적인 알고리즘을 보여준다.

```
def group_sort(trip):
    def group(data):
        previous, count = None, 0
        for d in sorted(data):
            if d == previous:
                count += 1
```

```
        elif previous is not None: # and d != previous
            yield previous, count
            previous, count = d, 1
        elif previous is None:
            previous, count = d, 1
        else:
            raise Exception("Bad bad design problem.")
    yield previous, count
    quantized= (5*(dist//5) for start,stop,dist in trip)
    return dict(group(quantized))
```

내부의 group() 함수는 정렬한 데이터에 대해 루프를 수행한다. 어떤 원소를 이미 살펴봤다면(즉, 원소 값이 previous와 같은 값인 경우) count 값을 1 증가시킨다. 어떤 원소가 앞에서 살펴본 previous와 다르고, previous가 None도 아니라면, 그룹이 바뀐 것이므로 previous 값과 빈도수 count 값을 내보내고, 새로운 count 값을 누적하기 시작한다. 세 번째 조건은 오직 한 번만 일어난다. privious가 설정되지 않은 경우라면 현재 처리 중인 값이 최초의 값이기 때문에 그 정보를 저장해야 한다.

함수의 마지막 줄은 그룹화한 원소들로부터 딕셔너리를 만든다. 이 딕셔너리는 Counter의 딕셔너리와 비슷하다. 가장 큰 차이는 Counter() 함수에는 기본 딕셔너리가 제공하지 않는 most_commin()이라는 메서드 함수가 있다는 점이다.

elif previous is None이라는 조건은 조금 눈에 거슬리며, 약간의 부가 비용도 발생한다. 이 elif절을 없애는 것(그리고 성능을 약간이나마 향상시키는 것)은 그리 어렵지 않다.

이 elif절을 없애기 위해서는 내부 group() 함수를 초기화할 때 약간의 처리를 추가해야 한다.

```
def group(data):
    sorted_data= iter(sorted(data))
    previous, count = next(sorted_data), 1
    for d in sorted_data:
        if d == previous:
            count += 1
```

```
            elif previous is not None: # and d != previous
                yield previous, count
                previous, count = d, 1
            else:
                raise Exception("Bad bad design problem.")
        yield previous, count
```

여기서는 previous 값을 초기화하기 위해 정렬한 데이터의 첫 번째 원소를 사용한다. 그 후 나머지 원소를 루프 안에서 처리한다. 이 설계는 재귀를 설계할 때 최초 원소를 사용해 재귀를 초기화하고, 각 재귀호출에서는 다음 원소를 가져오거나 처리에 필요한 원소가 더 이상 없는 경우 None을 사용하는 것과 비슷하다.

여기서 본 작업에 itertools.groupby()를 사용할 수도 있다. 이에 대해서는 '8장 itertools 모듈'에서 좀 더 자세히 살펴본다.

키 값에 따라 데이터를 그룹화하거나 분할하기

그룹화한 데이터에 우리가 적용할 수 있는 축약의 종류는 무한하다. 여러 독립 변수와 종속 변수로 이뤄진 데이터가 있다면, 그 데이터를 독립 변수별로 분할하고, 각 분할에 속한 값들의 최대, 최소, 평균, 표준편차 등을 계산할 수 있다.

좀 더 복잡한 축약을 수행하기 위해 필수적인 것은 모든 데이터 값을 각 그룹에 넣는 기능이다. Counter() 함수는 단순히 동일한 원소의 개수를 셀 뿐이다. 우리는 키 값에 따라 원래 객체를 열거한 시퀀스를 만들고 싶다.

각 5마일 단위의 그룹에는 단순히 개수만 들어 있는 것이 아니라, 해당 거리 그룹에 속하는 모든 구간의 컬렉션이 들어 있다. 이러한 분할을 재귀로 생각할 수도 있고, defaultdict(list) 객체를 응용한 것으로 생각할 수도 있다. 상대적으로 좀 더 쉽기 때문에 groupby() 함수의 재귀적 정의를 먼저 살펴본다.

groupby(C, key) 메서드를 빈 컬렉션 C에 적용하면 빈 딕셔너리 dict()가 나온다. 빈 defaultdict(list) 객체가 나오면 좀 더 유용할 것이다.

비어 있지 않은 컬렉션의 경우, 머리(첫 번째) 원소인 C[0]을 처리하고, 재귀적으로 꼬리인 C[1:]을 처리해야 한다. 컬렉션을 이렇게 나누기 위해 head, *tail = C 를 사용할 수 있다. 다음을 살펴보자.

```
>>> C= [1,2,3,4,5]
>>> head, *tail= C
>>> head
1
>>> tail
[2, 3, 4, 5]
```

`dict[key(head)].append(key(head)]` 메서드를 사용하여 결과 딕셔너리에 머리 원소를 포함시켜야 한다. 그 후 `groupby(tail, key)`를 사용해 나머지 원소를 처리한다.

이렇게 만든 함수는 다음과 같다.

```python
def group_by(key, data):
    def group_into(key, collection, dictionary):
        if len(collection) == 0:
            return dictionary
        head, *tail= collection
        dictionary[key(head)].append(head)
        return group_into(key, tail, dictionary)
    return group_into(key, data, defaultdict(list))
```

내부 함수는 우리가 앞에서 설명한 재귀를 정의한다. 빈 컬렉션의 경우 제공 받은 딕셔너리를 반환한다. 비어 있지 않은 컬렉션의 경우 머리와 꼬리를 나눈다. 머리를 사용해 딕셔너리를 갱신하고, 꼬리를 재귀적으로 사용해 나머지 모든 원소에 대해 딕셔너리를 갱신한다.

파이썬의 기본 값 기능을 사용해도 쉽게 전체를 한 함수 정의에 넣을 수는 없다. 즉, 다음과 같은 코드를 사용할 수 없다.

```python
def group_by(key, data, dictionary=defaultdict(list)):
```

이렇게 한다면 group_by() 함수를 사용하는 모든 호출에서 동일한 defaultdict (list) 객체를 공유할 것이다. 파이썬은 기본 값을 한 번만 만든다. 변경 가능한 객체를 기본 값으로 쓰는 경우는 드물다. 변경 불가능한 기본 값(예: None)을 처리하기 위해 복잡한 의사 결정을 코드에 넣는 것보다 함수 정의를 내포시키는 것이 낫다. 내포 함수를 감싸고 있는 함수는 내포된 함수에게 적절한 인자를 초기화해 제공한다.

데이터는 거리에 따라 다음과 같이 그룹화할 수 있다.

```
binned_distance = lambda leg: 5*(leg[2]//5)
by_distance= group_by(binned_distance, trip)
```

거리를 5해리 단위로 나누는 간단한 람다 함수를 정의했다. 그 후 데이터를 그 람다를 활용해 그룹화했다.

그룹화한 데이터를 다음과 같이 살펴볼 수 있다.

```
import pprint
for distance in sorted(by_distance):
    print(distance)
    pprint.pprint(by_distance[distance])
```

다음은 이 코드를 출력한 것이다.

```
0.0
[((35.505665, -76.653664), (35.508335, -76.654999), 0.1731),
((35.028175, -76.682495), (35.031334, -76.682663), 0.1898),
((25.4095, -77.910164), (25.425833, -77.832664), 4.3155),
((25.0765, -77.308167), (25.080334, -77.334), 1.4235)]
5.0
[((38.845501, -76.537331), (38.992832, -76.451332), 9.7151),
((34.972332, -76.585167), (35.028175, -76.682495), 5.8441),
((30.717167, -81.552498), (30.766333, -81.471832), 5.103),
((25.471333, -78.408165), (25.504833, -78.232834), 9.7128),
((23.9555, -76.31633), (24.099667, -76.401833), 9.844)] ...
125.0
[((27.154167, -80.195663), (29.195168, -81.002998), 129.7748)]
```

루프를 사용해 다음과 같이 만들 수도 있다.

```
def partition(key, data):
    dictionary= defaultdict(list)
    for head in data:
        dictionary[key(head)].append(head)
    return dictionary
```

꼬리재귀호출 최적화를 수행할 때 명령형 버전의 코드 중 핵심적인 부분은 재귀적인 정의에 부합해야 한다. 여기서 재작성한 것이 원래 함수와 같게 만들기 위한 것임을 보여주기 위해 코드에서 해당되는 부분을 강조했다. 코드의 나머지 부분은 파이썬의 제한을 넘어서기 위해 우리가 채택한 꼬리재귀 최적화를 보여준다.

더 일반적인 그룹화 축약 작성하기

원데이터를 분할하고 나면, 각 분할에 속한 컬렉션에 대해 여러 가지 축약을 수행할 수 있다. 예를 들어, 각 그룹에 속한 구간의 시작점 중에서 가장 북쪽에 있는 것을 찾을 수도 있을 것이다.

튜플을 분해하기 위한 도우미 함수는 다음과 같이 정의할 수 있다.

```
start = lambda s, e, d: s
end = lambda s, e, d: e
dist = lambda s, e, d: d
latitude = lambda lat, lon: lat
longitude = lambda lat, lon: lon
```

이러한 도우미 함수의 인자로는 튜플에 * 연산자를 사용하여 튜플의 각 원소를 람다의 인자로 전달해야 한다. 튜플을 s, e, p 매개변수로 분해하고 나면 이름에 따라 적절한 인자를 반환하는 것은 간단한 일이다. 이렇게 하는 것이 tuple_arg[2]와 같은 메서드를 사용하는 것보다 훨씬 더 깔끔하다.

다음은 이 함수들을 어떻게 사용하는지 보여준다.

```
>>> point = ((35.505665, -76.653664), (35.508335, -76.654999),
0.1731)
>>> start(*point)
```

```
(35.505665, -76.653664)
>>> end(*point)
(35.508335, -76.654999)
>>> dist(*point)
0.1731
>>> latitude(*start(*point))
35.505665
```

원래의 point 객체에는 시작 위치(0번 원소), 끝 위치(1번 원소), 거리(2번 원소)가 들어 있다. 앞에서 만든 도우미 함수를 사용해 여러 필드를 뽑아냈다.

이러한 함수가 있다면, 각 그룹별로 가장 북쪽에 있는 시작점을 찾을 수 있다.

```
for distance in sorted(by_distance):
    print(distance, max(by_distance[distance],
    key=lambda pt: latitude(*start(*pt))))
```

거리별로 그룹화한 데이터에는 주어진 거리에 따른 구간들이 들어 있다. 각 그룹의 모든 구간을 max() 함수에 전달한다. 이때 max()에 key로 넘긴 함수는 어떤 구간의 시작점의 위도를 반환한다.

이를 사용하면 거리별 최북단 좌표를 다음과 같이 얻을 수 있다.

```
0.0 ((35.505665, -76.653664), (35.508335, -76.654999), 0.1731)
5.0 ((38.845501, -76.537331), (38.992832, -76.451332), 9.7151)
10.0 ((36.444168, -76.3265), (36.297501, -76.217834), 10.2537)
...
125.0 ((27.154167, -80.195663), (29.195168, -81.002998), 129.7748)
```

고차 축약 함수 작성하기

여기서는 고차 축약 알고리즘의 예제를 다룰 것이다. 이 주제는 조금 복잡하다. 가장 간단한 축약은 컬렉션으로부터 한 가지 값을 만들어 낸다. 파이썬은 any(), all(), max(), min(), sum(), len() 등의 내장 축약 함수를 제공한다.

'4장 컬렉션으로 작업하기'에서 언급한 것처럼 다음과 같은 몇 가지 단순한 축약 함수를 사용해 상당히 많은 통계적 계산을 수행할 수 있다.

```
def s0(data):
    return sum(1 for x in data) # 또는 len(data)
def s1(data):
    return sum(x for x in data) # 또는 sum(data)
def s2(data):
    return sum(x*x for x in data)
```

이를 사용하면 평균, 표준편차, 정규화한 값, 상관계수 외에 심지어 최소 제곱 선형 회기 등도 계산할 수 있다.

앞의 축약 중 마지막에 있는 s2()는 우리가 기존의 축약을 사용해 고차 함수를 만들어 낼 수 있다는 사실을 보여준다. 우리의 접근 방법을 다음과 같이 바꿀 수도 있을 것이다.

```
def sum_f(function, data):
    return sum(function(x) for x in data)
```

데이터를 변환할 때 사용할 function 함수를 추가하고, 변환한 값의 합계를 계산한다.

이제 이 함수를 세 가지 다른 방식으로 활용하여 꼭 필요한 합계를 다음과 같이 구할 수 있다.

```
N= sum_f(lambda x: 1, data) # x**0
S= sum_f(lambda x: x, data) # x**1
S2= sum_f( lambda x: x*x, data ) # x**2
```

작은 람다를 끼워 넣어 개수인 $\sum_{x \in X}(x^0) = \sum_{x \in X}1$ 과 합계인 $\sum_{x \in X}(x^1) = \sum_{x \in X}x$, 그리고 제곱의 합계인 $\sum_{x \in X}x^2$ 를 계산한다. 제곱의 합계는 표준 편차를 계산할 때 사용한다.

이를 일반적으로 확장한 것 중 하나로, 원데이터에서 적합하지 않거나 알려져 있지 않은 값을 걸러버리기 위한 함수를 추가할 수 있다. 나쁜 데이터를 거절하기 위해 다음과 같은 명령을 사용할 수 있을 것이다.

```
def sum_filter_f(filter, function, data):
    return sum(function(x) for x in data if filter(x))
```

다음 코드를 사용하면 None과 같은 것을 좀 더 간단하게 걸러낼 수 있다.

```
count_ = lambda x: 1
sum_ = lambda x: x
valid = lambda x: x is not None
N = sum_filter_f(valid, count_, data)
```

이 코드는 우리가 만든 sum_filter_f()에 두 가지 다른 람다를 제공할 수 있다는 것을 보여준다. filter 인자는 None 값을 없애기 위한 람다다. 그 의미를 강조하기 위해 그 람다에 valid라는 이름을 붙였다. function 인자는 count나 sum 메서드를 구현하기 위한 람다다. 제곱의 합을 계산하기 위한 람다도 쉽게 추가할 수 있다.

이 함수는 실제로 값이 아니라 함수를 반환한다는 점에서 다른 예제와 비슷하다는 것을 알아두는 것이 중요하다. 이는 고차 함수를 정의해주는 특징 중 하나이며, 파이썬에서 그러한 기능을 구현하는 것은 매우 쉽다.

파일 구문 분석기 작성하기

종종 파일 구문 분석을 축약의 일종으로 생각할 수도 있다. 여러 언어에는 그 언어를 이루는 하위 수준의 토큰^{token}과 그러한 토큰이 이루는 상위 수준의 구조가 있다. XML 파일의 태그, 태그 이름, 애트리뷰트 이름 등은 하위 수준의 문법을 구성하며, XML이 표현하는 구조는 상위 수준의 문법을 이룬다.

하위 수준의 어휘 스캐닝은 개별 문자를 받아 토큰으로 그룹화해주는 축약이라 할 수 있다. 이 구조는 파이썬의 제네레이터 함수 디자인 패턴에 잘 들어맞는다. 가끔은 다음과 같은 함수를 작성할 수 있다.

```
def lexical_scan( some_source ):
    for char in some_source:
        if some_pattern completed: yield token
        else: accumulate token
```

우리는 이러한 처리를 해주는 하위 수준 파일 구문 분석기에 의존할 것이다. 이러한 구문 분석의 세부 사항은 CSV, JSON, XML 등의 패키지가 제공하는 기능에 의존할 것이다. 우리는 그러한 패키지를 바탕으로 상위 수준의 구문 분석기를 작성할 것이다.

우리는 여전히 두 가지 수준을 사용하는 디자인 패턴에 의존할 것이다. 하위 수준의 구문 분석은 원데이터에 대한 표준적인 표현을 만들어 낼 것이다. 그 표현은 텍스트의 튜플에 대한 반복자다. 이러한 표현을 데이터 파일의 종류와 무관하게 사용할 수 있다. 상위 수준 구문 분석기는 구체적인 애플리케이션에 필요한 객체를 만들어 낼 것이다. 이러한 객체는 수의 튜플, 이름을 붙인 튜플, 또는 변경 불가능한 파이썬 객체로 이뤄진 클래스 등이 될 수 있다.

하위 수준 구문 분석의 예 하나를 '4장 컬렉션으로 작업하기'에서 살펴봤다. 입력은 KML 파일이었다. KML은 지리 정보를 XML로 표현한 것이다. 구문 분석의 핵심은 다음과 같은 부분이다.

```
def comma_split(text):
    return text.split(",")

def row_iter_kml(file_obj):
    ns_map={
        "ns0": "http://www.opengis.net/kml/2.2",
        "ns1": "http://www.google.com/kml/ext/2.2"}
    doc= XML.parse(file_obj)

    return (comma_split(coordinates.text)
        for coordinates in
        doc.findall("./ns0:Document/ns0:Folder/ns0:Placemark
        /ns0:Point/ns0:coordinates", ns_map)
```

row_iter_kml() 함수는 doc.findall() 함수가 문서의 <ns0:coordinates> 태그를 처리할 수 있도록 해주는 XML 구문 분석기다. comma_split()라는 함수를 사용해 해당 태그를 3-튜플로 만든다.

이 함수는 정규화한 XML 구조를 다루는 것에 초점이 맞춰져 있다. 이 문서는 데이터베이스 설계자가 **1차 정규화**first normal form라고 하는 것에 잘 들어맞는다. 1차 정규화에서는 각 애트리뷰트가 원자적이고 단일 값만을 가진다. XML 데이터의 각 행은 일관성 있는 유형으로 된 같은 열로 이루어진다. 데이터 값은 원자적이지는 않다. ','로 지점 정보를 분리하여 위도, 경도, 고도라는 원자적인 문자열 값으로 분해해야만 한다.

상당한 양의 데이터를 -XML 태그, 애트리뷰트, 다른 기호 등- 부동 소수점 수인 위도와 경도 정보로 줄일 수 있다. 이러한 이유 때문에 구문 분석을 축약의 일종으로 생각할 수 있다.

텍스트의 튜플을 부동 소수점 수로 변환하기 위해 고수준의 변환이 몇 가지 필요하다. 또한 고도를 제거하고, 위도와 경도의 순서를 재배열하고 싶다. 이렇게 하면 우리가 애플리케이션에서 필요로 하는 튜플을 만들 수 있다. 다음과 같은 함수로 이러한 변환이 가능하다.

```
def pick_lat_lon(lon, lat, alt):
    return lat, lon
def float_lat_lon(row_iter):
    return (tuple(map(float, pick_lat_lon(*row)))
        for row in row_iter)
```

필수 도구는 float_lat_lon() 함수다. 이 함수는 제네레이터 식을 반환하는 고차 함수다. 제네레이터는 map() 함수를 사용해 float() 변환 함수를 pick_lat_lon() 클래스의 결과에 적용한다. *row 매개변수를 사용하여 row 튜플의 원소들을 pick_lat_lon() 함수의 여러 매개변수에 나눠 넣었다. pick_lat_lon() 함수는 우리에게 필요한 원소를 정해진 순서대로 바꿔 반환한다.

이 구문 분석을 다음과 같이 사용할 수 있다.

```
with urllib.request.urlopen("file:./Winter%202012-2013.kml") as
source:
    trip = tuple(float_lat_lon(row_iter_kml(source)))
```

이렇게 하면 원래의 KML 파일에 있는 경로상의 지점에 대한 튜플의 튜플 형식의 표현을 만들 수 있다. 하위 수준 구문 분석을 사용해 원래의 XML 표현에서 여러 텍스트 데이터 행을 가져온다. 상위 수준 구문 분석을 사용해 각 텍스트 행을 더 유용한 부동 소수점 값의 튜플로 변환한다. 여기서는 아무런 검증 기능도 구현하지 않았다.

CSV 파일 구문 분석하기

'3장 함수, 반복자, 제네레이터'에서는 정규화하지 않은 CSV 파일을 구문 분석하는 예제를 살펴봤다. 정규화되지 않았기 때문에 머리글 행을 버려야 데이터를 유용하게 써먹을 수 있다. 이를 위해 머리글 행을 뽑아내는 간단한 함수를 만들고, 나머지 행들에 대한 반복자를 반환했다.

데이터는 다음과 같다.

```
Anscombe's quartet
I II III IV
x y x y x y x y
10.0 8.04 10.0 9.14 10.0 7.46 8.0 6.58
8.0 6.95 8.0 8.14 8.0 6.77 8.0 5.76
...
5.0 5.68 5.0 4.74 5.0 5.73 8.0 6.89
```

각 열은 탭 문자로 구분된다. 그리고 3개의 머리글 행을 버려야 한다.

또 다른 CSV 기반의 구문 분석에 대해 설명할 것이다. 이를 세 가지 함수로 나눴다. 첫 번째 함수 row_iter()는 탭으로 구분한 파일의 여러 줄에 대한 반복자를 반환한다. 그 함수는 다음과 같다.

```
def row_iter_csv(source):
    rdr= csv.reader(source, delimiter="\t")
    return rdr
```

이 함수는 CSV 구문 분석 처리를 감싸준다. 앞에서 본 XML이나 일반 텍스트 구문 분석에는 이러한 부분이 없었다. 행의 튜플에 대해 반복 가능 객체를 만들어 내는 것은 정규화한 데이터를 구문 분석하는 경우에 일반적으로 사용할 수 있는 기능이다.

튜플의 행을 만들고 나면, 그중에서 유용한 정보가 있는 행은 남기고, 다른 메타 정보가 들어 있는 행은 버려야 한다. 이러한 분석을 담당하는 도우미 함수를 만들고, 데이터 행을 검증하는 filter() 함수를 만들 수 있다.

다음은 변환 함수다.

```
def float_none(data):
    try:
        data_f= float(data)
        return data_f
    except ValueError:
        return None
```

이 함수는 단일 문자열을 부동 소수점 값으로 변환하되, 잘못된 데이터는 None으로 바꾼다. 이 함수를 매핑에 포함시켜 한 행의 모든 열을 부동 소수점 수나 None으로 변환한다. 이러한 일을 하는 람다는 다음과 같다.

```
float_row = lambda row: list(map(float_none, row))
```

다음은 모든 값이 부동 소수점 수인지(또는 None인 열이 전혀 없는지) all() 함수를 사용해 행을 검증해주는 함수다.

```
all_numeric = lambda row: all(row) and len(row) == 8
```

다음은 행 수준의 변환과 걸러내기를 조합한 고차 함수다.

```
def head_filter_map(validator, converter, validator, row_iter):
    return filter(all_validator, map(converter, row_iter))
```

이 함수는 입력 파일을 구문 분석하는 데 있어 좀 더 완전한 패턴을 보여준다. 맨 바닥에는 텍스트의 튜플에 대해 반복하는 저수준 함수가 있다. 그 함수를 감싸 데이터를 변환하고, 변환한 데이터가 올바른지 검증한다. 파일이 일차 정규화된 경우(모든 열이 같은 경우)이거나 간단한 검증 함수가 올바르지 않은 행을 걸러낼 수 있는 경우에는 이러한 설계가 매우 잘 작동한다.

하지만 모든 구문 분석 문제가 이렇게 단순하지는 않다. 일부 파일에는 꼭 보존해야 하는 머리글 행이나 꼬리글 행이 있기도 하고, 그러한 행들이 파일의 나머지 부분과 형식이 일치하지 않는 경우도 자주 있다. 이러한 정규화되지 않은 파일을 처리하려면, 좀 더 복잡한 구문 분석 설계가 필요하다.

헤더가 있는 일반 텍스트 파일 구문 분석하기

'3장 함수, 반복자, 제네레이터'에서 구문 분석기를 보여주지 않고 Crayola.GPL 파일을 소개했다. 파일은 다음과 같다.

```
GIMP Palette
Name: Crayola
Columns: 16
#               Almond
239 222 205    Antique Brass
205 149 117
```

텍스트 파일을 정규식regular expression을 사용해 구문 분석할 수 있다. 머리글 행을 읽으려면(그리고 구문 분석하려면) 필터를 사용해야 한다. 또한 데이터 행의 반복 가능한 시퀀스도 반환하고 싶다. 이렇게 조금 복잡한 두 가지 종류의 결과를 내놓는 구문 분석이 필요한 것은 전적으로 원래의 파일이 두 가지 부분(머리글 행과 나머지)으로 이뤄진 것 때문이다.

다음은 머리글 부분과 나머지를 처리하는 하위 수준 파서다.

```
def row_iter_gpl(file_obj):
    header_pat= re.compile(r"GIMP
    Palette\nName:\s*(.*?)\nColumns:\s*(.*?)\n#\n", re.M)
    def read_head(file_obj):
        match= header_pat.match("".join( file_obj.readline() for _ in
        range(4)))
        return (match.group(1), match.group(2)), file_obj
    def read_tail(headers, file_obj):
        return headers, (next_line.split() for next_line in file_obj)
    return read_tail(*read_head(file_obj))
```

우리는 머리글 네 줄을 분석하는 정규식을 정의하여 header_pat라는 변수에 대입했다. 파일의 서로 다른 부분을 구문 분석하기 위해 두 가지 내부 함수를 사용한다. read_head() 함수는 머리글 행을 구문 분석한다. 그 함수는 네 줄을 읽어 하나의 긴 문자열을 만든 후 정규식을 사용해 구문 분석한다. 전체 결과는 머리글 행에서 가져온 두 가지 데이터 원소와 나머지 줄을 처리할 때 사용할 반복자다.

read_tail() 함수는 read_head() 함수의 출력을 받아 나머지 줄에 대한 반복자를 구문 분석한다. 머리글 행을 구문 분석하여 받은 정보는 2-튜플로 파일의 나머지와 함께 read_tail()에 전달된다. 나머지 줄은 GPL 파일 형식에 맞춰 그냥 공백을 기준으로 분리한다.

 더 자세한 정보가 필요하면 다음 링크를 방문하라.
https://code.google.com/p/grafx2/issues/detail?id=518

일단 파일의 각 줄을 표준적인 문자열의 튜플 형식으로 변환하고 나면, 상위 수준의 구문 분석을 그 데이터에 적용할 수 있다. 이 과정에는 변환과 (필요하다면) 검증이 포함된다.

다음은 상위 수준 구문 분석 코드다.

```python
def color_palette(headers, row_iter):
    name, columns = headers
    colors = tuple(Color(int(r), int(g), int(b), " ".join(name))
        for r,g,b,*name in row_iter)
    return name, columns, colors
```

이 함수는 하위 수준의 row_iter_gpl() 구문 분석의 출력에 작용한다. 이 함수는 헤더 정보와 반복자가 필요하다. 이 함수는 다중 대입문을 사용해 네 변수 r, g, b, name을 분리한다. *name 매개변수는 나머지 모든 값이 name에 튜플로 저장되도록 보장한다. " ".join(name) 메서드는 name에 모은 여러 문자열을 공백으로 구분하여 하나의 문자열로 합친다.

다음은 이렇게 만든 2 단계 구문 분석을 사용하는 방법이다.

```python
with open("crayola.gpl") as source:
    name, columns, colors = color_palette(*row_iter_gpl(source))
    print(name, columns, colors)
```

상위 수준 구문 분석을 하위 수준 구문 분석의 결과에 적용했다. 이렇게 하면 머리글 정보와 `Color` 객체의 시퀀스로 이뤄진 튜플을 반환할 것이다.

요약

이번 장에서는 두 가지 중요한 함수형 프로그래밍 관련 주제를 다뤘다. 우리는 재귀를 좀 더 자세히 살펴봤다. 여러 함수형 언어 컴파일러는 재귀함수를 최적화하여 꼬리재귀호출을 루프로 바꾼다. 파이썬에서는 꼬리재귀호출을 순수한 재귀함수 대신 명시적인 `for` 루프를 사용해 직접 최적화해야 한다.

또한 `sum()`, `count()`, `max()`, `min()` 등의 축약 함수도 살펴봤다. `collections.Counter()` 함수와 그와 관계 있는 `groupby()` 축약도 살펴봤다.

토큰의 시퀀스(또는 문자의 시퀀스)를 더 복잡한 특성을 가지는 고차 컬렉션으로 바꿔주기 때문에 구문 분석(그리고 어휘 스캐닝)이 축약과 비슷하다는 사실을 살펴봤다. 우리는 구문 분석을 원문자열의 튜플을 만들어 내는 하위 수준과 그로부터 애플리케이션에서 더 유용한 객체를 만들어 내는 상위 수준으로 나눠 구현하는 디자인 패턴에 대해 설명했다.

다음 장에서는 이름 있는 튜플이나 다른 변경 불가능한 데이터 구조를 다룰 때 적합한 기법을 몇 가지 살펴본다. 우리는 상태가 있는 객체를 불필요하게 만들 수 있는 기법을 살펴본다. 상태가 있는 객체가 순수하게 함수적이지는 않지만, 클래스 계층 구조를 관련이 있는 메서드 함수 정의를 한데 묶는 데 사용할 수 있다.

7
튜플을 사용하는 다른 기법

우리가 지금까지 살펴본 예제는 스칼라 함수이거나 작은 튜플로 만든 상대적으로 단순한 구조를 만들어 내는 함수였다. 때로 파이썬의 변경 불가능한 이름 있는 튜플인 namedtuple을 사용해 복잡한 데이터 구조를 만들 수도 있다. 어떻게 이름 있는 튜플을 사용하고, 어떻게 그것을 만들 수 있는지에 대해 배울 것이다. 또한 상태가 있는 객체 클래스 대신 변경 불가능한 이름 있는 튜플을 사용하는 방법을 살펴본다.

객체지향 프로그래밍의 이점 중 하나는 복잡한 데이터를 점진적으로 만들어 낼 수 있는 능력이다. 어떤 측면에서 객체는 함수의 결과를 캐시해둔 것이라 할 수 있다. 그래서 객체가 함수형 디자인 패턴에도 잘 들어맞는 경우가 자주 있다. 다른 경우에 객체 패러다임은 복잡한 계산을 포함하는 프로퍼티 메서드를 제공한다. 이 또한 함수형 설계 아이디어와 잘 들어맞는다.

하지만 어떤 경우에는 객체 클래스 정의가 복잡한 객체를 만들기 위해 상태를 활용하는 경우가 있다. 비슷한 기능을 상태가 있는 객체를 활용하지 않고 제공하는 대안에 대해 살펴본다. 우리는 상태가 있는 클래스 정의를 식별하여, 적절하거나 바른 순서로 메서드 함수 호출을 수행할 수 있도록 메타 프로퍼티를 포함시킬 것이다. X.p()가 X.q()보다 먼저 호출되는 경우, '결과가 정해져 있지 않다'와 같은 문장은 언어의 표현을 벗어나며, 클래스의 메타 프로퍼티다. 때로 상태가 있는 클래스에는 메서드들이 올바른 순서대로 사용되는지 확신하기 위해 단언문을 실행하거나 오류를 검사해야 하는 부가 비용이 들기도 한다. 상태가 있는 클래스를 피할 수 있다면 이러한 종류의 부가 비용을 피할 수 있다.

다형성polymorphic 클래스 정의 바깥에서 제네릭generic 함수를 작성할 수 있는 몇 가지 기법도 살펴본다. 우리는 Callable 클래스를 활용해 다형성 클래스 계층 구조를 만들 수 있다. 이러한 구조는 함수형 설계에서 불필요한 부가 비용일 수도 있다.

변경 불가능한 이름 있는 튜플을 레코드로 사용하기

'3장 함수, 반복자, 제네레이터'에서 우리는 튜플을 사용하는 두 가지 기법을 보여 줬다. 우리는 또한 복잡한 구조를 처리하는 세 번째 방법에 대해서도 약간의 힌트를 제공했다. 상황에 따라 다음 세 가지 방식 중 어느 것이든 활용할 수 있다.

- 인덱스를 사용해 이름이 붙은 원소를 선택하는 람다(또는 함수)
- *매개변수를 사용해 인덱스에 매핑되는 매개변수 이름에 따라 원소를 선택하는 람다
- 애트리뷰트 이름이나 인덱스를 사용해 원소를 선택하는 이름 있는 튜플

'4장 컬렉션으로 작업하기'에서 소개한 여행 정보는 약간 복잡한 구조다. 데이터는 일반적인 위치 정보의 시계열로 시작한다. 이동한 거리를 계산하려면, 데이터를 시작 지점, 끝 지점, 거리로 이뤄진 구간으로 바꿔야 한다.

구간의 시퀀스에 속한 각 원소는 다음과 같은 구조의 3-튜플이다.

```
first_leg= ((37.54901619777347, -76.33029518659048), (37.840832,
-76.273834), 17.7246)
```

이 구간은 체사피크 만$^{Chesapeake\ Bay}$의 두 지점 사이를 이동한 것이다.

튜플에 튜플을 내포한 것은 가독성이 좋지 않다. 예를 들어 first_leg[0][0]라는 식은 그리 많은 정보를 제공하지 않는다.

튜플에서 값을 선택할 때 사용할 수 있는 세 가지 방법을 살펴보자. 첫 번째 기법은 튜플에서 인덱스를 가지고 원소를 선택하는 간단한 함수를 정의하는 것이다.

```
start= lambda leg: leg[0]
end= lambda leg: leg[1]
distance= lambda leg: leg[2]
latitude= lambda pt: pt[0]
longitude= lambda pt: pt[1]
```

이러한 정의가 있다면 latitude(start(first_leg))를 사용해 원하는 데이터를 참조할 수 있다.

이러한 정의는 대상 데이터 타입에 대한 정보를 그리 많이 제공하지 않는다. 이를 좀 더 분명히 하기 위해 간단한 명명 규칙을 사용할 수 있다. 다음은 이름에 접두사를 붙인 선택 함수를 보여준다.

```
start_point = lambda leg: leg[0]
distance_nm= lambda leg: leg[2]
latitude_value= lambda point: point[0]
```

이를 주의깊게 활용하면, 이러한 명명법이 도움이 될 것이다. 이러한 방식을 너무 추구하면 각 변수 이름마다 접두사(또는 접미사)를 붙이는 헝가리 표기법^{Hungarian} ^{notation}처럼 복잡해질 수도 있다.

두 번째 기법은 *매개변수 표기를 사용해 인덱스에 대한 세부 정보를 드러내는 것이다. 다음은 * 표기를 사용하는 선택 함수를 보여준다.

```
start= lambda start, end, distance: start
end= lambda start, end, distance: end
distance= lambda start, end, distance: distance
latitude= lambda lat, lon: lat
longitude= lambda lat, lon: lon
```

이러한 정의가 있다면, latitude(*start(*first_leg))를 사용해 데이터에서 원하는 부분을 참조할 수 있다. 이 코드는 좀 더 명확하다는 장점이 있다. 하지만 함수에 튜플을 제공하면서 *를 앞에 붙여야만 한다는 사실이 조금 이상해 보일 수 있다.

세 번째 기법은 이름 있는 튜플을 만드는 namedtuple 함수를 사용하는 것이다. 이 경우, 다음과 같이 이름 있는 튜플을 내포시켜 사용할 수 있다.

```
Leg = namedtuple("Leg", ("start", "end", "distance"))
Point = namedtuple("Point", ("latitude", "longitude"))
```

이렇게 하면 first_leg.start.latitude를 사용해 데이터의 특정 부분을 가져올 수 있다. 전위 형식의 함수가 후위 형식의 애트리뷰트로 바뀐 것이 이름 있는 튜플로 쓰였다는 것을 알아챌 수 있도록 해준다. 반면, 구분이 바뀌는 것이 혼동을 초래할 수도 있다.

또한 원데이터를 처리하는 과정에서 tuple() 함수를 적당한 Leg()나 Point() 함수 호출로 변경할 것이다. 암시적으로 튜플을 만들어 내는 return이나 yield문도 찾아 바꿔줘야 한다.

예를 들어 다음 코드를 살펴보자.

```
def float_lat_lon(row_iter):
    return (tuple(map(float, pick_lat_lon(*row)))
        for row in row_iter)
```

앞의 코드를 다음과 같이 바꿔야 한다.

```
def float_lat_lon(row_iter):
    return (Point(*map(float, pick_lat_lon(*row)))
        for row in row_iter)
```

이렇게 하면 float로 이뤄진 무명 튜플 대신 Point를 만든다.

이와 마찬가지로 다음과 같은 것을 사용해 Leg 객체로 이뤄진 완전한 여행 경로를 만들 수 있다.

```
with urllib.request.urlopen("file:./Winter%202012-2013.kml") as
source:
    path_iter = float_lat_lon(row_iter_kml(source))
    pair_iter = legs(path_iter)
    trip_iter = (Leg(start, end, round(haversine(start, end),4))
    for start,end in pair_iter)
    trip= tuple(trip_iter)
```

이 코드는 지점으로 이뤄진 기본 경로를 방문하면서 각 지점을 묶어 각 Leg 객체의 start와 end로 만든다. 이러한 두 지점을 '4장 컬렉션으로 작업하기'에서 소개한 haversine() 함수에 적용하여 얻은 거리도 Leg에 들어간다.

trip 객체를 출력하면 다음과 비슷할 것이다.

```
(Leg(start=Point(latitude=37.54901619777347, longitude=
-76.33029518659048), end=Point(latitude=37.840832, longitude=
-76.273834), distance=17.7246),
Leg(start=Point(latitude=37.840832, longitude=-76.273834),
end=Point(latitude=38.331501, longitude=-76.459503),
distance=30.7382),
...
Leg(start=Point(latitude=38.330166, longitude=-76.458504),
end=Point(latitude=38.976334, longitude=-76.473503),
distance=38.8019))
```

 haversine() 함수가 단순한 튜플을 사용하는 함수로 만들어졌다는 것이 중요하다. 이 함수를 이름 있는 튜플에 대해 재사용했다. 인자의 순서를 주의깊게 유지했기 때문에 이러한 식으로 표현 방법을 조금 바꾸더라도 파이썬이 코드를 제대로 처리할 수 있다.

경우에 따라 namedtuple 함수를 사용하면 코드가 더 명확해지기도 한다. 반면, namedtuple을 사용함으로써 전위 함수에서 후위 프로퍼티로 문법만 바꾸고, 다른 실익이 없는 경우도 있다.

함수형 생성자로 이름 있는 튜플 만들기

namedtuple의 인스턴스를 만드는 방법은 세 가지다. 어떤 기법을 선택할 것인지는 객체를 생성할 때 얼마나 많은 정보가 있느냐에 따라 달라진다.

세 기법 중 두 가지를 앞 절에서 살펴봤다. 여기서는 설계 시 고려할 점을 강조할 것이다. 설계 시에는 다음과 같은 선택 사항이 있다.

- 매개변수 값을 위치에 따라 제공할 수 있다. 평가할 식이 하나 이상 있다면 이러한 방식이 잘 작동할 것이다. Leg 객체를 만들면서 start, end에 haversine() 함수를 적용할 때 이러한 방법을 사용했다.

  ```
  Leg(start, end, round(haversine(start, end),4))
  ```

- * 매개변수 구문을 사용해 튜플 안에서의 위치에 따라 매개변수를 대입한다. 인자를 기존 튜플이나 반복 가능 객체로부터 지정할 경우, 이러한 방식이 잘 작동한다. map()을 사용해 float() 함수를 latitude와 longtude 값에 적용할 때 이를 사용했다.

  ```
  Point(map(float, pick_lat_lon(row)))
  ```

- 키워드 대입을 활용할 수 있다. 지금까지 다룬 예제에서는 사용한 적이 없지만, 다음과 같은 형식을 사용하면, 각각의 관계를 좀 더 명확하게 보여줄 수 있다.

  ```
  Point(longitude=float(row[0]), latitude=float(row[1]))
  ```

namedtuple 인스턴스를 만들 때 여러 가지 방법을 사용할 수 있는 유연성이 있다는 것은 도움이 된다. 이를 활용하면 데이터의 구조를 더 쉽게 변환할 수 있다. 애플리케이션을 읽고 이해하기 위해 필요한 데이터 구조를 강조할 수 있는 방법을 활용할 수 있다. 때로, 0이나 1과 같은 인덱스 번호가 강조해야 할 대상일 수도 있다. 이와 다른 경우에는, start, end, distance의 순서가 중요할 수도 있다.

상태가 있는 클래스 사용을 피하기 위해 튜플 사용하기

지금까지 살펴본 예제에서 감싸기-풀기 디자인 패턴을 사용해 변경 불가능한 튜플이나 이름 있는 튜플을 사용할 수 있다는 것을 살펴봤다. 이러한 류의 설계에 있어 중요한 점은 변경 가능한 인스턴스 변수 대신 변경 불가능한 객체를 사용해 다른 변경 불가능한 객체를 감싸야 한다는 것이다.

두 집합의 상관관계를 측정하는 일반적인 지표 중 하나는 스피어맨 순위 상관계수^{Spearman rank correlation}다. 이는 두 변수의 순위를 비교한다. 규모가 서로 다를 수 있는 값을 상호 비교하는 대신, 상대적인 순서를 비교할 것이다. 이에 대해서는 http://en.wikipedia.org/wiki/Spearman%27s_rank_correlation_coefficient를 살펴보라.

스피어맨 순위 상관계수를 계산하려면 각 관찰 값의 순위 값이 필요하다. 이를 위해서는 enumerate(sorted())를 사용할 수 있어야 할 것 같다. 서로 상관관계가 있을지도 모르는 두 집합이 있다면, 각 집합을 순위의 시퀀스로 바꾸고, 상관관계의 정도를 계산한다.

이를 위해 감싸고-풀기 디자인 패턴을 적용할 수 있다. 상관계수를 계산하기 위해 데이터 원소를 각각의 순위로 감쌀 것이다. '3장 함수, 반복자, 제네레이터'에서 우리는 간단한 데이터 집합을 구문 분석하는 방법을 살펴봤다. 데이터 집합에서 네 가지 표본을 다음과 같이 추출했다.

```
(from ch03_ex5 import series, head_map_filter, row_iter
with open("Anscombe.txt") as source:
    data = tuple(head_map_filter(row_iter(source)))
    series_I= tuple(series(0,data))
    series_II= tuple(series(1,data))
    series_III= tuple(series(2,data))
    series_IV= tuple(series(3,data))
```

각각의 시리즈는 튜플이나 Pair 객체들이다. 각 Pair 객체에는 x와 y 애트리뷰트가 있다. 데이터는 다음과 같다.

```
(Pair(x=10.0, y=8.04), Pair(x=8.0, y=6.95), …, Pair(x=5.0, y=5.68))
```

enumerate() 함수를 사용해 다음과 같이 값의 시퀀스를 만들 수 있다.

```
y_rank= tuple(enumerate(sorted(series_I, key=lambda p: p.y)))
xy_rank= tuple(enumerate(sorted(y_rank, key=lambda rank: rank[1].x)))
```

첫 번째 단계는 간단한 0번 원소로 순위, 1번 원소로 원래의 Pair 객체를 포함하는 2-튜플을 만드는 것이다. 데이터는 각 Pair의 y 좌표를 기준으로 정렬되기 때문에 순위도 y 좌표상의 순서를 표현한다.

시퀀스는 다음과 같을 것이다.

```
((0, Pair(x=8.0, y=5.25)), (1, Pair(x=8.0, y=5.56)), ...,
(10, Pair(x=19.0, y=12.5)))
```

두 번째 단계는 이 2-튜플들을 한 번 더 감싸는 것이다. 원래 데이터상의 x 값을 기준으로 정렬할 것이다. 두 번째 열거는 각 쌍의 x 값을 기준으로 이뤄질 것이다.

다음과 같이 좀 더 깊이 내포된 객체들을 만들 것이다.

```
((0, (0, Pair(x=4.0, y=4.26))), (1, (2, Pair(x=5.0, y=5.68))), ...,
(10, (9, Pair(x=14.0, y=9.96))))
```

원칙적으로는 x와 y의 순위를 사용해 이제 두 변수 사이의 순위-순서 상관관계를 계산할 수 있다. 하지만 추출하는 식이 약간 이상해 보인다. 데이터 집합 r에 있는 순위가 붙은 표본에 대해 r[0]을 r[1][0]과 비교해야 한다.

이러한 이상한 참조를 피하기 위해 다음과 같은 선택 함수를 만든다.

```
x_rank = lambda ranked: ranked[0]
y_rank= lambda ranked: ranked[1][0]
raw = lambda ranked: ranked[1][1]
```

이렇게 하면 x_rank(r)과 y_rank(r)을 사용해 상관계수를 계산할 수 있고, 변수 참조를 조금 덜 이상하게 만들 수 있다.

우리는 원래의 Pair 객체를 두 번 감싸 순위가 들어간 새로운 튜플을 만들었다. 복잡한 데이터 구조를 점진적으로 만들기 위해 상태가 있는 클래스 정의를 사용하는 것을 피했다.

왜 내포 깊이가 깊은 튜플을 만드는 것일까? 대답은 간단하다. 그 이유는 지연 계산을 위해서다. 튜플을 분해하여 새로운 평면적인 튜플을 만드는 데는 많은 시간이 걸린다. 기존 튜플을 감싸기만 하면 처리하는 시간이 덜 걸린다. 깊이 내포된 구조를 포기해야 할 설득력이 있는 이유도 약간 있다.

다음과 같이 우리가 적용할 만한 개선사항은 두 가지다.

첫째, 좀 더 평면적인 데이터 구조가 좋다. (x rank, (y rank, Pair()))와 같이 내포된 튜플을 사용하는 것은 간결하지도 않고, 이해하기도 어렵다.

둘째, enumerate() 함수는 동률을 잘 처리하지 못한다. 두 관찰 결과가 같은 값이라면, 순위가 동일해야 한다. 일반적인 규칙은 동일한 관찰 결과의 위치의 평균을 내는 것이다. [0.8, 1.2, 1.2, 2.3, 18]이라는 시퀀스의 순위는 1, 2.5, 2.5, 4여야 한다. 두 번째와 세 번째가 동률이기 때문에 평균인 2.5를 두 값의 순위로 지정한다.

통계적인 순위 할당하기

순위를 결정하는 문제를 두 부분으로 나눌 것이다. 첫째, 우리는 Pair 객체의 x나 y 값 중 하나에 순위를 부여하기 위한 제네릭한 고차 함수를 살펴본다. 그런 다음 그 함수를 사용해 Pair를 x와 y의 순위로 감싸는 함수를 만들 것이다. 이렇게 하면 내포 깊이가 깊어지는 것을 막을 수 있다.

다음은 데이터 집합의 각 관찰 결과에 순위를 부여하는 함수다.

```
from collections import defaultdict
def rank(data, key=lambda obj:obj):
    def rank_output(duplicates, key_iter, base=0):
        for k in key_iter:
            dups= len(duplicates[k])
            for value in duplicates[k]:
                yield (base+1+base+dups)/2, value
            base += dups
    def build_duplicates(duplicates, data_iter, key):
        for item in data_iter:
```

```
        duplicates[key(item)].append(item)
    return duplicates
    duplicates= build_duplicates(defaultdict(list), iter(data), key)
    return rank_output(duplicates, iter(sorted(duplicates)), 0)
```

순위를 만드는 함수는 Counter와 비슷한 객체를 만들어 중복 값을 찾는다. Counter 함수는 컬렉션을 만들기 위해 객체 전체를 사용하기 때문에 이 경우에 사용할 수는 없다. 우리는 각 함수에 대해 키 함수만을 사용하기 바란다. 그렇게 해야만 Pair 객체의 x나 y 값 중 하나를 선택해 순위를 매길 수 있다.

이 예제의 duplicates 컬렉션은 상태가 있는 객체다. 따라서 완전한 재귀함수를 만들어야 한다. 이와 같은 경우에는 데이터 집합을 나타내는 컬렉션이 큰 경우에 대비해 꼬리재귀호출 최적화를 해야만 한다. 여기에서 보여주는 것은 재귀를 최적화한 결과다.

이 재귀가 어떻게 생겼는지 이해하는 데 도움을 주기 위해 build_duplicates()에 인자를 넘겨 상태를 인자 값으로 노출하게 만들었다. 이 재귀의 기본은 data_iter가 비어 있는 경우다. data_iter에 원소가 있다면, 새로운 컬렉션을 오래된 컬렉션과 next(data_iter)로부터 만든다. build_duplicates()를 재귀적으로 평가하면 data_iter의 꼬리 부분에 있는 모든 원소를 처리할 것이다.

이와 마찬가지로 순위를 할당한 컬렉션을 내놓는 재귀적인 함수를 두 가지 작성해야 한다. 여기서도 재귀를 내포된 for 루프로 최적화한 결과를 보였다. 순위를 어떻게 계산하는지 분명히 알기 위해 범위의 최솟값(base+1)과 범위의 최댓값(base+dups)을 포함시키고, 이 두 값의 중간 값을 취했다. 중복이 하나밖에 없다면, (2*base+2)/2를 계산한다. 따라서 이 계산이 일반적인 해법이 될 수 있다는 이점이 있다.

다음은 이 함수가 제대로 작동하는지 어떻게 테스트할 수 있는지 보여준다.

```
>>> list(rank([0.8, 1.2, 1.2, 2.3, 18]))
[(1.0, 0.8), (2.5, 1.2), (2.5, 1.2), (4.0, 2.3), (5.0, 18)]
>>> data= ((2, 0.8), (3, 1.2), (5, 1.2), (7, 2.3), (11, 18))
>>> list(rank(data, key=lambda x:x[1]))
```

```
[(1.0, (2, 0.8)), (2.5, (3, 1.2)), (2.5, (5, 1.2)), (4.0, (7, 2.3)),
(5.0, (11, 18))]
```

표본 데이터에는 같은 값이 2개 들어 있다. 결과에서 두 번째와 세 번째 위치에 있는 표본에 2.5라는 순위를 부여한다. 이러한 식으로 순위를 부여하는 것은 두 집합 사이의 스피어맨 순위 상관계수를 계산할 때 일반적으로 사용되는 통계적인 방식이다.

 rank() 함수는 중복 값을 찾는 과정에서 입력 값을 재배치한다. 각 Pair의 x와 y에 대한 순위가 모두 필요하다면 데이터를 두 번 재배치할 필요가 있다.

상태를 바꾸는 대신 감싸기

어떤 데이터를 감싸는 데에는 두 가지 일반적인 전략이 있다.

- **병렬성**: 데이터의 복사본을 두 가지 만들어 각각의 순위를 계산한다. 그 후 두 복사본을 양쪽 결과를 모두 포함하는 최종 결과로 다시 합친다. 순서가 다를 수도 있는 두 시퀀스를 병합해야 하기 때문에 이렇게 하는 것이 약간 이상할 수 있다.

- **직렬성**: 한 변수에 대한 순위를 계산한 결과로 원래의 데이터를 감싼다. 그 후 이렇게 감싼 데이터를 다른 변수에 대한 순위로 부여할 수 있다. 이렇게 하면 좀 더 복잡한 구조가 생긴다. 하지만 마지막 결과를 감쌀 때 정보를 평면적으로 펼치도록 하는 방식으로 어느 정도 최적화할 수 있다.

다음은 Pair를 y 값의 순위로 감싸는 객체를 어떻게 만드는지 보여준다.

```
Ranked_Y= namedtuple("Ranked_Y", ("r_y", "raw",))
def rank_y(pairs):
    return (Ranked_Y(*row)
    for row in rank(pairs, lambda pair: pair.y))
```

y 값의 순위와 원래의 값을 포함하는 `namedtuple` 함수를 정의했다. `rank_y()` 함수는 `Pair` 객체에서 y를 선택하는 람다를 `rank()` 함수에 적용하여 이러한 이름 있는 튜플을 만든다. 그 결과 2-튜플의 인스턴스를 만든다.

여기서 알아둘 것은 다음과 같은 입력을 제공하는 경우,

```
>>> data = (Pair(x=10.0, y=8.04), Pair(x=8.0, y=6.95), ...,
Pair(x=5.0, y=5.68))
```

다음과 같은 출력을 얻을 수 있다는 것이다.

```
>>> list(rank_y(data))
[Ranked_Y(r_y=1.0, raw=Pair(x=4.0, y=4.26)),
Ranked_Y(r_y=2.0, raw=Pair(x=7.0, y=4.82)), ...
Ranked_Y(r_y=11.0, raw=Pair(x=12.0, y=10.84))]
```

원래의 `Pair` 객체를 순위를 포함하는 새로운 객체가 감싼다. 이것이 우리가 필요로 하는 전부는 아니다. 이 데이터를 한 번 더 감싸 x와 y의 순위 정보를 모두 포함하는 객체를 만들어야 한다.

상태를 바꾸는 대신 다시 감싸기

`r_x`와 `ranked_y`라는 애트리뷰트를 가진 `Ranked_X`라는 이름의 `namedtuple`을 사용할 수 있다. `ranked_y`는 `Ranked_Y`의 인스턴스로, `r_y`와 `raw`라는 애트리뷰트를 가진다. 이러한 구조가 단순해 보이기는 하지만, `r_x`와 `r_y`가 평면적인 구조에서 서로 이웃한 애트리뷰트가 아니기 때문에 이를 가지고 작업하려면 번거롭다. 우리는 조금 복잡한 감싸기 과정을 도입하여 좀 더 단순한 결과를 만들어 낼 것이다.

우리는 다음과 같은 출력을 원한다.

```
Ranked_XY= namedtuple("Ranked_XY", ("r_x", "r_y", "raw",))
```

여러 이웃 애트리뷰트가 들어 있는 `namedtuple`을 만들 것이다. 이러한 식으로 확장하는 것이 내포가 깊은 구조로 작업하는 것보다 쉬운 경우가 많다. 애플리케이션에 따라 거쳐야 하는 변환이 많을 수도 있다. 하지만 우리가 다루고 있는 예제에서는 x 순위와 y 순위를 구하는 두 가지 변환밖에 없다. 이를 두 단계로 나눌 것이

다. 첫째, 앞에서 보여준 단순한 감싸기 함수를 보여주고, 그 후 더 복잡한 풀고-다시 감싸는 함수를 보여줄 것이다.

다음은 Ranked_Y로부터 Ranked_XY를 만드는 함수다.

```
def rank_xy(pairs):
    return (Ranked_XY(r_x=r_x, r_y=rank_y_raw[0],
    raw=rank_y_raw[1])
        for r_x, rank_y_raw in rank(rank_y(pairs),
        lambda r: r.raw.x))
```

rank_y() 함수를 사용해 Ranked_Y 객체를 만들었다. 그 후 rank() 함수를 사용하여 원래의 x 값을 기준으로 순위를 부여했다. 이렇게 두 번째로 호출한 rank() 함수의 결과는 x의 순위가 0번째 원소이고, Ranked_Y 객체가 1번째 원소인 2-튜플이다. x 순위 (r_x)와 y 순위(rank_y_raw[0]), 그리고 원래의 객체(rank_y_raw[1])로부터 Ranked_XY 객체를 만든다.

이 두 번째 함수에서 보여준 것은 튜플에 데이터를 추가하기 위한 일반적인 방법이다. Ranked_XY 객체를 만드는 것은 데이터의 값을 어떻게 풀고, 더 완전한 두 번째 구조를 만들기 위해 이를 어떻게 다시 감싸는지 보여준다. 이러한 접근 방법은 튜플에 새로운 값을 추가하기 위해 일반적으로 사용될 수 있다.

다음은 몇 가지 표본 데이터다.

```
>>> data = (Pair(x=10.0, y=8.04), Pair(x=8.0, y=6.95), ...,
Pair(x=5.0, y=5.68))
```

이를 사용해 다음과 같은 순위 객체를 만들 수 있다.

```
>>> list(rank_xy(data))
[Ranked_XY(r_x=1.0, r_y=1.0, raw=Pair(x=4.0, y=4.26)),
Ranked_XY(r_x=2.0, r_y=3.0, raw=Pair(x=5.0, y=5.68)), ...,
Ranked_XY(r_x=11.0, r_y=10.0, raw=Pair(x=14.0, y=9.96))]
```

x와 y 순위가 있는 이러한 데이터가 있으면, 이를 사용해 스피어맨 순위 상관계수를 계산할 수 있다. 원데이터로부터는 피어슨 상관계수를 계산할 수 있다.

우리가 채택한 다중 순위 처리 방식은 튜플을 분해하여 우리에게 필요한 애트리뷰트를 추가한 새로운 평면적인 튜플을 만드는 과정을 포함한다. 원데이터로부터 여러 가지 파생 값을 계산해야 하는 경우에는 이러한 식의 설계를 사용해야 할 필요가 종종 있다.

스피어맨 순위 상관계수 계산하기

스피어맨 순위 상관계수는 두 변수의 순위를 비교하는 것이다. 이 상관계수는 각 값의 규모를 깔끔하게 우회할 수 있고, 종종 두 변수 간의 관계가 선형이 아닌 경우의 상관관계를 찾아낼 수도 있다. 공식은 다음과 같다.

$$\rho = 1 - \frac{6\sum\left(r_x - r_y\right)^2}{n\left(n^2 - 1\right)}$$

이 공식은 우리가 모든 관찰 값의 쌍 사이에 x_i와 y_i의 순위 차이에 대한 합계를 계산해야 한다는 것을 보여준다. 파이썬으로 sum()과 len() 함수를 사용해 이를 작성하면 다음과 같다.

```
def rank_corr(pairs):
    ranked= rank_xy(pairs)
    sum_d_2 = sum((r.r_x - r.r_y)**2 for r in ranked)
    n = len(pairs)
    return 1-6*sum_d_2/(n*(n**2-1))
```

각 쌍에 대해 Ranked_XY 객체를 만들었다. 이렇게 만든 각 값에서 r_x와 r_y 값을 빼서 차이를 구한다. 그런 다음, 그 차이의 합계와 제곱을 계산한다.

통계에 대한 좋은 글이라면 이 상관계수의 의미를 잘 설명해줄 것이다. 이 계수가 0 근처에 있다면 두 데이터 계열 사이에 상관관계가 없다는 의미다. 산점도^{scatter plot}를 보면 점이 임의로 분포한 것을 볼 수 있다. 값이 +1이나 -1 근처에 있다면 두 변수 사이에 강력한 상관관계가 있다는 것을 의미한다. 그래프를 보면 깔끔한 선이나 곡선을 볼 수 있다.

다음은 안스콤의 쿼텟의 첫 번째 계열을 기반으로 한 예제다.

```
>>> data = (Pair(x=10.0, y=8.04), Pair(x=8.0, y=6.95), …,
Pair(x=5.0, y=5.68))
>>> round(rank_corr( data ), 3)
0.818
```

이 데이터 집합의 경우 상관관계가 상당히 강하다.

'4장 컬렉션으로 작업하기'에서는 피어슨 상관계수에 대해 살펴봤다. 우리가 봤던 corr() 함수는 두 가지 별도의 시퀀스에 작용했다. 이를 다음과 같이 Pair 객체의 시퀀스에 대해 사용할 수 있다.

```
import ch04_ex4
def pearson_corr(pairs):
    X = tuple(p.x for p in pairs)
    Y = tuple(p.y for p in pairs)
    return ch04_ex4.corr(X, Y)
```

Pair 객체를 풀어 기존 corr() 함수에서 사용할 원래의 값을 얻었다. 이렇게 계산하면 다른 상관계수를 얻을 수 있다. 피어슨 상관계수는 두 시퀀스에서 정규화한 값을 비교한다. 수많은 데이터 집합의 경우, 피어슨 상관계수와 스피어맨 상관계수의 차이가 상대적으로 작은 편이다. 하지만 일부 데이터 집합의 경우, 차이가 상당히 클 수도 있다.

탐색적 자료 분석에 있어서 다양한 통계 도구를 갖추는 것의 중요성을 보고 싶다면, 안스콤의 쿼텟의 네 번째 계열을 가지고 스피어맨과 피어슨 상관계수를 구하여 비교해보라.

다형성과 파이썬다운 패턴 매치

일부 함수형 언어는 정적으로 타입을 지정하는 함수 정의에 대해 작업할 수 있는 멋진 접근 방법을 제공한다. 문제가 되는 것은 우리가 작성하려는 많은 함수가 데이터 타입을 기준으로 볼 때 완전히 제네릭한 경우다. 예를 들어, 우리가 사용하는 통계 함수는 나눗셈이 numbers.Real의 하위 클래스(예를 들어, Decimal, Fraction, float)인 값을 반환하는 한, int나 float에 대해 모두 동일하다. 단 하나의 제네릭한 정의를 여러 데이터 타입에 사용할 수 있게 만들기 위해 정적 타입 지정 언어의 컴파일러는 복잡한 타입 시스템이나 패턴 매치 규칙을 사용한다.

정적 타입 함수형 언어의 (어쩌면) 복잡한 기능을 사용하는 대신, 파이썬은 같은 문제를 사용 중인 데이터의 타입에 기반해 연산자의 구현을 동적으로 선택하는 문제로 바꿨다. 이는 우리가 만든 함수가 제대로 된 데이터 타입을 요구하거나 만들어 내는지에 대해 컴파일러가 인증해주지 않는다는 뜻이다. 보통 우리는 이를 단위 테스트에 의존한다.

파이썬에서는 코드가 특정 데이터 타입에 한정되지 않기 때문에 사실상 제네릭 정의를 작성하는 것이나 마찬가지다. 파이썬 런타임이 단순한 규칙을 사용해 적절한 연산자를 선택해준다. 파이썬 언어 참조 매뉴얼의 3.4.9 타입 변환 규칙^{Coercion rule}이나 라이브러리의 numbers 모듈은 연산과 특별한 메서드 이름 사이의 연결이 어떻게 이뤄지는지 설명해준다.[1]

데이터 원소의 타입에 따라 동작이 달라져야 하는 경우도 있다. 이러한 경우를 처리하는 데에는 다음과 같은 방법이 있다.

- isinstance() 함수를 사용해 여러 가지 다른 경우를 구분한다.
- tuple이나 numbers.Number의 하위 클래스를 만들고, 적절한 다형성 특수 메서드를 구현한다.

경우에 따라서는 데이터 형 변환을 제대로 하기 위해 두 가지 방법을 모두 사용해야 할 수도 있다.

앞 절에서 살펴본 순위 문제를 다시 생각해보자. 우리는 간단한 Pair에 대해 순위를 가한다는 아이디어를 고수했다. 이러한 방식으로 스피어맨 상관계수를 정의했지만, 우리가 다변량 데이터 집합을 다룬다면 모든 변수 사이의 순위 상관계수를

구해야 할 수도 있다.

이 경우 우리가 해야 할 첫 번째 일은 순위 정보라는 아이디어를 일반화하는 것이다. 다음은 순위의 튜플과 원데이터의 튜플을 포함하는 namedtuple이다.

```
Rank_Data = namedtuple("Rank_Data", ("rank_seq", "raw"))
```

Rank_Data인 r이 있다면, r.rank_seq[0]과 같은 식을 사용해 특정 순위를 얻을 수 있고, r.raw를 사용해 원래의 관찰 데이터를 얻을 수 있다.

우리가 만든 순위 함수에 몇 가지 구문상 편의syntactic sugar를 추가해보자. 앞에서 다룬 예의 상당수는 반복 가능 객체나 컬렉션을 필요로 했다. for문을 사용하면 두 가지 모두를 잘 다룰 수 있다. 하지만 항상 for문을 사용하지 않으며, 일부 함수에서는 iter()를 사용해 컬렉션으로부터 반복 가능 객체를 만들어야 한다. 이러한 상황을 단순한 isinstance() 검사를 사용해 다음과 같이 처리할 수 있다.

```
def some_function(seq_or_iter):
    if not isinstance(seq_or_iter,collections.abc.Iterator):
        yield from some_function(iter(seq_or_iter), key)
        return
    # 반복 가능 객체를 사용해 함수가 실제로 하려는 작업을 수행한다.
```

next()를 사용할 수 없는 컬렉션과 next()를 지원하는 iterable 사이의 작은 차이를 처리하기 위해 타입 검사를 추가했다.

순위 매기기 함수에서는 다음과 같은 변형을 사용할 수 있다.

```
def rank_data(seq_or_iter, key=lambda obj:obj):
    # 시퀀스가 아닌가? 시퀀스 객체를 실체화하자.
    if isinstance(seq_or_iter, collections.abc.Iterator):
        yield from rank_data(tuple(seq_or_iter), key)
    data = seq_or_iter
    head= seq_or_iter[0]
    # Rank_Data로 변환하고 처리하자.
    if not isinstance(head, Rank_Data):
        ranked= tuple(Rank_Data((),d) for d in data)
        for r, rd in rerank(ranked, key):
            yield Rank_Data(rd.rank_seq+(r,), rd.raw)
```

```
        return
    # Rank_Data의 컬렉션을 더 선호한다.
    for r, rd in rerank(data, key):
        yield Rank_Data(rd.rank_seq+(r,), rd.raw)
```

세 가지 다른 타입의 데이터에 대해 세 가지 경우로 순위를 나눴다. 데이터가 공통의 상위 클래스를 가지는 다형적인 하위 클래스가 아니라면 이렇게 할 수밖에 없다. 다음은 세 가지 경우다.

- iterable이 주어졌다면(__getitem()__ 메서드를 사용할 수 있음), 이를 우리가 다룰 수 있는 튜플로 실체화한다.
- 타입을 알지 못하는 데이터의 컬렉션이 주어졌다면, 알 수 없는 타입의 객체를 Rank_Data 튜플로 감싼다.
- 마지막으로, Rank_Data의 튜플이 주어졌다면, 각 Rank_Data 컨테이너 안에 있는 순위의 튜플에 새로운 순위를 덧붙인다.

이러한 작업은 Rank_Data에 새로운 순위를 추가하는 rerank() 함수에 의존한다. 이렇게 하면 원데이터 값을 표현하는 복잡한 레코드로부터 개별적인 순위의 컬렉션을 만들어 나갈 수 있다. rerank() 함수는 앞에서 봤던 rank() 함수 예제와는 조금 다른 설계를 따른다.

여기서 사용하는 알고리즘은 Counter와 같이 객체의 그룹을 만드는 대신 정렬을 사용한다.

```
def rerank(rank_data_collection, key):
    sorted_iter= iter(sorted( rank_data_collection, key=lambda
    obj: key(obj.raw)))
    head = next(sorted_iter)
    yield from ranker(sorted_iter, 0, [head], key)
```

머리 원소와 나머지 데이터에 대한 반복자로부터 정렬된 단일 컬렉션을 재구축한다. 이 함수를 사용하는 맥락에서 살펴본다면, 이러한 방식이 나쁜 생각이라고 주장할 수도 있다.

이 함수는 다른 두 함수에 의존한다. 그 두 함수는 rerank의 본문 안에 정의되어 있지만, 여기서는 각각 따로 살펴본다. 다음은 반복 가능 객체, 기본 순위, 동일한 순위에 속하는 값의 컬렉션, 그리고 키를 받아들여 순위를 매기는 ranker다.

```python
def ranker(sorted_iter, base, same_rank_seq, key):
    """Rank values from a sorted_iter using a base rank value.
    If the next value's key matches same_rank_seq, accumulate those.
    If the next value's key is different, accumulate same rank values
    and start accumulating a new sequence.
    """
    try:
        value= next(sorted_iter)
    except StopIteration:
        dups= len(same_rank_seq)
        yield from yield_sequence((base+1+base+dups)/2,
        iter(same_rank_seq))
        return
    if key(value.raw) == key(same_rank_seq[0].raw):
        yield from ranker(sorted_iter, base, same_rank_seq+[value],
        key)
    else:
        dups= len(same_rank_seq)
        yield from yield_sequence( (base+1+base+dups)/2,
        iter(same_rank_seq))
        yield from ranker(sorted_iter, base+dups, [value], key)
```

다음 원소를 sorted_iter에 있는 정렬된 값의 반복 가능한 컬렉션에서 가져온다. 이 연산이 실패하면 다음 원소가 없는 것이다. 따라서 same_rank_seq에 있는 같은 순위의 원소들을 내보낸다. 만약, 다음 원소를 가져올 수 있다면, key() 함수를 사용하여 다음 원소가 동순위 원소들의 컬렉션과 같은 키를 가졌는지 검사한다. 키가 같다면, 정렬된 컬렉션의 나머지 부분과 기본 순위, 원소를 하나 더 추가한 동순위 원소들의 컬렉션, 그리고 동일한 key() 함수를 가지고 재귀적으로 전체 값을 정의한다.

다음 원소의 키가 동순위 원소들의 키와 다르다면, 결과는 동순위 원소들로 이뤄진 컬렉션이다. 그 후 정렬된 컬렉션의 나머지 원소의 순위를 매기되, 기본 순위 값은 동순위 원소의 개수만큼 더 증가시키고, 동쉰위 원소의 컬렉션은 방금 가져왔던 다음 원소로 설정하고, key 함수는 계속 같은 함수를 유지한다.

이 함수는 `yield_sequence()`에 의존한다. 그 함수는 다음과 같다.

```python
def yield_sequence(rank, same_rank_iter):
    head= next(same_rank_iter)
    yield rank, head
    yield from yield_sequence(rank, same_rank_iter)
```

이를 재귀적 정의를 강조하는 방향으로 작성했다. 실제로 머리를 가져와서 내보낸 후 다시 나머지 원소를 재귀적으로 내보내야 할 필요는 없다. for문을 하나 사용하는 편이 더 짧겠지만, 때로는 for 루프로 최적화했던 재귀적인 구조를 강조하는 것이 더 명확한 경우도 있다.

다음은 이 함수를 순위가 매기기 위해(그리고 순위를 또 매기 위혜) 활용하는 방법을 보여준다. 여기서는 스칼라 값의 컬렉션을 가지고 시작한다.

```python
>>> scalars= [0.8, 1.2, 1.2, 2.3, 18]
>>> list(ranker(scalars))
[Rank_Data(rank_seq=(1.0,), raw=0.8), Rank_Data(rank_seq=(2.5,),
raw=1.2), Rank_Data(rank_seq=(2.5,), raw=1.2), Rank_Data(rank_seq=(4.0,),
raw=2.3), Rank_Data(rank_seq=(5.0,),
raw=18)]
```

각 값은 `Rank_Data` 객체의 `raw` 애트리뷰트가 된다.

좀 더 복잡한 객체를 사용하는 경우, 여러 가지 순위를 정할 수 있다. 다음은 2-튜플의 시퀀스다.

```python
>>> pairs= ((2, 0.8), (3, 1.2), (5, 1.2), (7, 2.3), (11, 18))
>>> rank_x= tuple(ranker(pairs, key=lambda x:x[0] ))
>>> rank_x
(Rank_Data(rank_seq=(1.0,), raw=(2, 0.8)), Rank_Data(rank_seq=(2.0,),
raw=(3, 1.2)), Rank_Data(rank_seq=(3.0,), raw=(5, 1.2)),
Rank_Data(rank_seq=(4.0,), raw=(7, 2.3)), Rank_Data(rank_seq=(5.0,),
```

```
raw=(11, 18)))
>>> rank_xy= (ranker(rank_x, key=lambda x:x[1] ))
>>> tuple(rank_xy)
(Rank_Data(rank_seq=(1.0, 1.0), raw=(2, 0.8)),
 Rank_Data(rank_seq=(2.0, 2.5), raw=(3, 1.2)),
Rank_Data(rank_seq=(3.0, 2.5), raw=(5, 1.2)),
Rank_Data(rank_seq=(4.0, 4.0), raw=(7, 2.3)), Rank_Data(rank_seq=(5.0,
5.0), raw=(11, 18)))
```

여기서 우리는 쌍의 컬렉션을 만들었다. 그 후 2-튜플의 순위를 매긴 Rank_Data 객체의 시퀀스를 rank_x에 대입했다. 그런 후 이 Rank_Data 객체의 컬렉션의 순위를 메겨 두 번째 순위 값을 추가하고, 결과를 rank_xy 변수에 대입했다.

rank_corr() 함수를 살짝 바꿔 결과 시퀀스에 적용하면, Rank_Data 객체 안에 있는 rank_seq안의 순위 상관계수를 계산할 수 있다. 이렇게 rank_corr()를 변경하는 것은 독자들에게 연습문제로 남겨둔다.

요약

이번 장에서는 namedtuple 객체를 사용해 복잡한 데이터 구조를 구현하는 여러 방법을 살펴봤다. namedtuple의 핵심 기능은 함수적인 설계에 잘 들어맞는다. 이를 활용해 튜플 안에서의 원소의 위치뿐만 아니라 이름을 사용할 수 있는 생성 함수를 만들 수도 있다.

변경 불가능한 namedtuple을 상태가 있는 객체 정의 대신 사용하는 방법을 살펴봤다. 핵심 기법은 객체를 변경 불가능한 tuple로 감싸 추가 애트리뷰트 값을 제공하는 것이다.

또한 파이썬의 여러 데이터 타입을 다루는 몇 가지 방법을 살펴봤다. 대부분의 산술적인 계산의 경우, 파이썬의 내부 메서드 디스패치는 타입에 따라 적절한 메서드 구현을 찾아준다. 하지만 컬렉션과 함께 이를 사용하려면 반복자와 시퀀스를 조금 다르게 처리해야 한다.

다음 두 장에서는 itertools 모듈을 살펴본다. 이 라이브러리 모듈은 반복자를 복잡한 방식으로 활용할 때 도움이 되는 함수를 여럿 제공한다. 이러한 도구 중 상당수는 고차 함수다. 이들은 함수형 설계를 간결하고 이해하기 쉽게 만드는 데 도움이 된다.

8

itertools 모듈

함수형 프로그래밍은 상태가 없는 프로그래밍을 강조한다. 파이썬에서 그러한 원칙은 제네레이터 식, 제네레이터 함수, 그리고 반복 가능 객체를 가지고 작업하는 것으로 연결된다. 이번 장에서는 반복 가능한 컬렉션을 가지고 작업할 때 도움을 줄 수 있는 함수를 여럿 제공하는 itertools 라이브러리를 살펴본다.

'3장 함수, 반복자, 제네레이터'에서 반복자 함수에 대해 소개했다. 이번 장에서는 3장에서 피상적으로 다뤘던 것을 확장할 것이다. '5장 고차 함수'에서도 몇 가지 관련 함수를 다뤘다.

 함수 중 일부는 단지 제대로 된 지연 계산의 파이썬 반복 가능 객체처럼 작동한다. 이러한 함수의 세부 구현을 살펴보는 것이 중요하다. 그러한 함수 중 일부는 내부의 객체를 만들어 내며, 상당한 양의 메모리를 소모할 가능성이 있다. 일부 구현은 파이썬 배포 버전에 따라 달라질 수 있다. 여기서는 함수마다 안내를 제공하기는 어렵다. 성능이나 메모리 문제가 있다면 구현이 어떻게 되어 있는지 반드시 살펴봐야 한다.

이 모듈에는 수많은 반복자 함수가 있다. 그 함수 중 일부는 다음 장에서 살펴본다. 이번 장에서는 반복자 함수를 넓은 범주에서 세 가지로 나눠 살펴본다. 각 범주는 다음과 같다.

- 무한 반복자를 다룰 수 있는 함수들. 이러한 함수를 반복 가능 객체나 컬렉션에 대한 반복자에 적용할 수 있다. 이러한 함수는 대상 반복 가능 객체를 모두 소비할 것이다.

- 유한한 반복자를 다룰 수 있는 함수들. 이러한 함수들은 대상 반복자를 여러 번 누적하거나 대상 반복자를 축약한다.

- 반복자를 복제하여 독립적으로 사용할 수 있는 반복자를 여럿 만드는 tee 반복자. 이를 사용하면 한 번밖에 순회할 수 없다는 파이썬 반복자의 약점을 극복할 수 있다.

다른 곳에서도 설명한 적이 있지만, 여기서 반복 가능 객체의 약점을 다시 한 번 강조한다.

 반복 가능 객체는 오직 한 번만 사용할 수 있다. 다른 오류를 발생시키지 않기 때문에 이 사실이 여러분을 놀라게 할 수도 있다. 일단 한 번 사용하고 나면 반복 가능 객체에는 아무 원소도 없는 것처럼 보이며, 매번 호출할 때마다 StopIteration 예외를 발생시킬 것이다.

그리 심각한 제한이라 할 수는 없지만, 반복자에는 다음과 같은 다른 성질도 있다.

- 반복 가능 객체에는 len() 함수가 없다. 이를 제외한 다른 대부분의 관점에서 볼 때 반복 가능 객체는 컨테이너처럼 보인다.

- 반복 가능 객체는 컨테이너와 달리, next() 연산을 지원한다.

- for문은 반복 가능 객체와 컨테이너 사이의 차이를 없애준다. 컨테이너는 iter() 함수를 통해 반복 가능 객체를 만들어 낼 것이다. 반복 가능 객체는 자기 자신을 반환할 수 있다.

이것이 이번 장을 다루는 데 필요한 배경 지식이다. `itertools` 모듈의 아이디어는 반복 가능 객체를 사용해 간결하고 이해하기 쉬운 애플리케이션을 만들되, 반복 가능 객체를 관리하는 것과 관련 있는 세부 사항을 처리하는 데 따른 복잡해보이는 부가 비용을 줄여주는 것이다.

무한 반복자로 작업하기

`itertools` 모듈은 반복 가능한 원데이터를 좀 더 확장하고 향상시킬 수 있는 몇 가지 함수를 제공한다. 다음 세 가지 함수를 살펴본다.

- `count()`: 이는 `range()` 함수에서 한계를 없앤 버전이다.
- `cycle()`: 이는 어떤 값들을 순환하면서 반복할 수 있게 해준다.
- `repeat()`: 이를 사용하면 단일 값을 원하는 회수만큼 반복할 수 있다.

우리의 목표는 이러한 여러 반복자 함수들을 제네레이터 함수나 제네레이터 식 안에서 어떻게 사용할 수 있는지 살펴보는 것이다.

count()로 개수 세기

내장 `range()` 함수를 정의하려면 최댓값이 있어야 한다. 최솟값이나 증분 값은 생략할 수도 있다. `count()` 함수에는 시작 값과 생략 가능한 증분 값이 있지만, 최댓값은 없다.

이 함수를 `enumerate()`와 같은 함수의 기본적인 바탕이라고 생각할 수도 있다. `zip()`과 `count()`를 가지고 `enumerate()`를 다음과 같이 정의할 수 있다.

```
enumerate = lambda x, start=0: zip(count(start),x)
```

`enumerate()` 함수는 마치 `zip()` 함수를 어떤 반복 가능 객체와 `count()` 함수에 적용한 것처럼 작동한다.

따라서 다음 두 명령은 서로 같다.

```
zip(count(), some_iterator)
enumerate(some_iterator)
```

두 가지 모두 반복자에서 가져온 원소와 일련의 순서를 짝지은 튜플을 내놓는다.

zip() 함수를 count() 함수와 함께 사용하면, 다음과 같이 좀 더 단순하게 쓸 수 있다.

```
zip(count(1,3), some_iterator)
```

이렇게 하면 1, 4, 7, 10 등의 수를 반복자의 각 값에 대한 식별자로 제공할 수 있다. enumerate()는 증분 값을 바꿀 수 없기 때문에 이러한 작업을 하기가 조금 어렵다.

다음은 enumerate() 함수를 사용해 이러한 일을 하는 방법을 보여준다.

```
((1+3*e, x) for e,x in enumerate(a))
```

 count() 함수에는 정수가 아닌 값도 전달할 수 있다. count(0.5, 0.1)과 같은 방법을 사용해 부동 소수점 수 값을 제공할 수 있다. 증분 값을 2진 부동 소수점수로 정확히 표현할 수 없다면, 이러한 식으로 만든 수의 시퀀스에는 상당한 오류가 누적되기 마련이다. 일반적으로 (0.5+x*.1 for x in count())와 같은 방법을 사용하여 표현 방식에 따른 오류를 누적시키지 않는 것이 더 좋다.

다음은 누적에 따른 오류를 관찰하는 방법을 보여준다. 우리는 특정 조건을 만족할 때까지 원소를 반복자로부터 평가하는 함수를 정의할 것이다. 다음은 그러한 일을 하는 until() 함수다.

```
def until(terminate, iterator):
    i = next(iterator)
    if terminate(*i): return i
    return until(terminate, iterator)
```

반복자에서 다음 값을 가져올 것이다. 그 값이 주어진 검사를 통과하면, 그 값을 채택한다. 그렇지 않다면 이 함수를 재귀적으로 호출하여 검사를 통과하는 수를 검색한다.

원본 반복 가능 객체와 비교 함수를 다음과 같이 제공할 수 있다.

```
source = zip(count(0, .1), (.1*c for c in count()))
neq = lambda x, y: abs(x-y) > 1.0E-12
```

`until(neq, source)`를 실행하면 다음과 같은 결과를 볼 수 있다.

```
(92.799999999999, 92.80000000000001)
```

928번 반복하면 오류를 누적한 합계가 1012에 이른다. 어떤 값도 정확한 이진 표현을 가지지 않는다.

 count() 함수는 파이썬의 재귀 한계에 가깝다. 우리는 until() 함수가 꼬리재귀를 써서 더 큰 누적 오류를 가지는 카운트를 찾아내도록 다시 작성할 필요가 있을 것이다.

알아낼 수 있는 가장 작은 차이를 다음과 같이 계산할 수 있다.

```
>>> until(lambda x, y: x != y, source)
(0.6, 0.6000000000000001)
```

단지 6번 값을 증가시켰을 뿐인데도 count(0, 0.1) 메서드가 10^{-16}의 오류를 누적시켰다는 것을 볼 수 있다. 그리 큰 오류는 아니지만, 1000번 정도 증가시키고 나면 누적된 오류 값이 상당히 커질 것이다.

cycle()을 사용해 순환되는 원소를 계속 반복하기

cycle() 함수는 주어진 값 시퀀스를 반복한다. 이를 간단한 피즈버즈[fizz-buzz] 문제를 푸는 데 사용할 수 있다.

http://rosettacode.org/wiki/FizzBuzz에서 이 단순한 프로그래밍 문제에 대한 여러 답을 볼 수 있다. 또한 https://projecteuler.net/problem=1에서 이 주제를 변형한 재미있는 문제들을 볼 수 있다.

cycle() 함수를 사용해 다음과 같이 True와 False의 시퀀스를 내보낼 수 있다.

```
m3= (i == 0 for i in cycle(range(3)))
```

```
m5= (i == 0 for i in cycle(range(5)))
```

이를 유한한 개수의 수 컬렉션과 zip() 한다면 어떤 수와 해당 수가 3의 배수인지와 5의 배수인지의 여부를 표시하는 두 불린 값으로 이뤄진 3-튜플을 얻을 수 있다. 만들어질 데이터의 크기를 제한하려면 유한한 반복 가능 객체를 사용해야 한다. 다음은 값의 시퀀스와 각각의 배수 여부를 표현하는 시퀀스다.

```
multipliers = zip(range(10), m3, m5)
```

이제 이 3-튜플을 분해하고 필터를 적용하여 배수인 것은 남기고, 나머지는 없앨 수 있다.

```
sum(i for i, *multipliers in multipliers if any(multipliers))
```

탐색적 데이터 분석에는 이 함수를 더 가치 있게 쓸 수 있는 다른 사용 방법이 있다.

때로는 규모가 큰 표본 데이터 집합을 다뤄야 할 경우도 있다. 초기 데이터 정리 및 모델 개발 단계는 작은 규모의 데이터 집합을 사용해 가장 잘 진행될 수 있고, 더 큰 데이터 집합을 사용해 테스트할 수도 있다. cycle() 함수를 사용해 어떤 커다란 집합에서 일부 행을 공평하게 선택할 수 있다. 모집단의 크기가 N_P라면, 원하는 표본 크기 N_s를 가지고 우리가 cycle()에서 필요로 하는 반복의 길이를 정할 수 있다.

$$c = \frac{N_P}{N_S}$$

우리는 구문 분석할 데이터를 csv 모듈로 처리한다고 가정했다. 이를 사용하면 부분 집합을 우아하게 만들 수 있다. 다음 명령을 사용해 부분 집합을 만들 수 있다.

```
chooser = (x == 0 for x in cycle(range(c)))
rdr= csv.reader(source_file)
wtr= csv.writer(target_file)
wtr.writerows(row for pick, row in zip(chooser, rdr) if pick)
```

앞에서 정한 선택 계수 c를 사용해 cycle() 함수를 만든다. 예를 들어, 모집단의 규모가 100만 레코드라면, 1,000개의 원소를 가지는 부분 집합을 만들려면 전체 레코드의 1/10,000를 선택해야 한다. 위에 있는 코드를 파일을 여는 with문 안에 내포해 사용한다고 가정한다. 또한 CSV 형식의 파일을 다룰 때 파생될 수 있는 다른 문제에 대해서는 자세히 설명하지 않을 것이다.

단순한 제네레이터 식을 통해 cycle() 함수와 CSV를 읽는 모듈을 통해 얻은 원본 데이터에서 얻은 정보를 걸러낼 수 있다. chooser 식과 각 행을 기록하기 위해 사용한 for식이 모두 엄격하지 않기 때문에 이러한 종류의 처리에 드는 메모리 소비량은 그리 많지 않다.

약간만 변경하면, cycle(c) 대신 random.randrange(c) 메서드를 사용하여 비슷한 크기의 집합을 임의로 선택할 수도 있다.

또한 이 메서드가 compress(), filter(), islice() 함수를 사용하게 바꿀 수도 있다. 그에 대해서는 이번 장의 뒷부분에서 설명한다.

이 설계는 표준이 아닌 CSV와 비슷한 형식을 표준화한 CSV 형식으로 바꿔준다. 일관성이 있는 튜플을 반환하는 구문 분석 함수를 정의하고, 그 튜플을 소비하면서 대상 파일에 기록하는 함수를 작성했다면, 데이터 정리 작업을 상대적으로 짧고 단순한 스크립트로 수행할 수 있다.

repeat()로 단일 값 반복하기

repeat() 함수는 조금 이상한 기능처럼 보인다. 그 함수는 한 가지 값을 계속 반복적으로 발생시킨다. 이를 cycle() 함수 대신 사용할 수 있다. 앞 절에서 봤던 데이터 선택 문제에서 (x==0 for x in 어떤_함수) 부분의 어떤_함수를 cycle(range(100)) 대신 repeate(0)로 바꿀 수 있다.

다음 명령을 생각할 수 있다.

```
all = repeat(0)
subset= cycle(range(100))
chooser = (x == 0 for x in either_all_or_subset)
```

매개변수를 바꾸면 전체 데이터를 선택하거나 일부 데이터만을 선택할 수 있다.

이를 내포시킨 루프 안에 넣어 좀 더 복잡한 구조를 만들 수도 있다. 다음은 이에 관한 간단한 예다.

```
>>> list(tuple(repeat(i, times=i)) for i in range(10))
[(), (1,), (2, 2), (3, 3, 3), (4, 4, 4, 4), (5, 5, 5, 5, 5),
(6, 6, 6, 6, 6, 6), (7, 7, 7, 7, 7, 7, 7), (8, 8, 8, 8, 8, 8, 8, 8),
(9, 9, 9, 9, 9, 9, 9, 9, 9)]
>>> list(sum(repeat(i, times=i)) for i in range(10))
[0, 1, 4, 9, 16, 25, 36, 49, 64, 81]
```

repeat() 함수에 대해 times 매개변수를 사용하여 수를 반복하는 시퀀스를 만들었다.

유한한 반복자 사용하기

itertools 모듈에는 유한한 값의 시퀀스를 만들어 내기 위해 사용할 수 있는 몇 가지 함수가 들어 있다. 그중 열 가지 함수를 살펴보고, 그와 관련 있는 몇 가지 내장 함수도 설명할 것이다.

- enumerate(): 이 함수는 실제로 __builtins__ 패키지의 일부지만, 반복자에 사용할 수 있고, itertools의 다른 함수와 매우 비슷하다.
- accumulate(): 이 함수는 입력 반복 가능 객체의 축약의 시퀀스를 반환한다. 이 함수는 고차 함수이며, 다양한 계산을 교묘하게 처리할 수 있다.
- chain(): 이 함수는 여러 반복 가능 객체를 순차적으로 결합해준다.

- groupby(): 이 함수는 인자로 받은 함수를 사용해 단일 반복 가능 객체가 제공하는 입력 데이터에 대한 여러 부분 집합인 반복 가능 객체의 시퀀스로 분해한다.

- zip_longest(): 이 함수는 여러 반복 가능 객체의 원소를 조합한다. 내장 zip() 함수는 시퀀스의 길이를 인자로 들어온 반복 가능 객체 중 원소가 가장 적은 것에 맞춰 나머지 원소를 버리지만, zip_longest()는 가장 긴 반복 가능 객체에 맞춰 주어진 fillvalue 인자 값을 사용해 패딩을 넣는다(fillvalue를 지정하지 않으면 None을 채워넣는다).

- compress(): 이 함수는 한 반복 가능 객체의 원소를 불린 값이 들어 있는 다른 반복 가능 객체의 값을 기준으로 걸러낸다.

- islice(): 이 함수를 반복 가능 객체에 적용하는 것은 시퀀스의 slice() 함수와 같은 역할을 한다.

- dropwhile()과 takewhile(): 이 두 함수는 모두 불린 함수를 사용해 반복 가능 객체의 원소를 거른다. filter()나 filterfalse()와 달리, 이 두 함수는 인자로 받은 술어 함수가 계속 True이거나 False인 동안만 원소를 거른다.

- filterfalse(): 이 함수는 걸러내기 위한 함수를 반복 가능 객체에 적용한다. 이 함수는 내장 filter() 함수의 반대 역할을 한다.

- starmap(): 이 함수는 여러 반복 가능 객체의 튜플에 함수를 매핑한다. 이때 함수는 *args를 사용해 여러 반복 가능 객체의 원소를 전달 받는다. map() 함수는 여러 반복 가능 객체를 병렬로 사용해 비슷한 작업을 수행할 수 있다.

이러한 함수를 대략적인 범주로 나눴다. 각 범주는 대략 반복 가능 객체의 구조를 재구축하는 것, 걸러내기, 그리고 매핑이다.

enumerate()로 수 할당하기

'7장 튜플을 사용하는 다른 기법'에서 enumerate() 함수를 사용해 정렬한 데이터에 순위를 부여했다. 다음과 같이 하면 원래의 시퀀스와 그 위치를 짝지을 수 있다.

```
pairs = tuple(enumerate(sorted(raw_values)))
```

이 코드는 raw_values의 원소를 정렬한 후 오름차순으로 순위를 포함한 2-튜플을 만들고, 이를 향후에 사용할 수 있도록 실체화한다. 이 명령과 결과는 다음과 같다.

```
>>> raw_values= [1.2, .8, 1.2, 2.3, 11, 18]
>>> tuple(enumerate( sorted(raw_values)))
((0, 0.8), (1, 1.2), (2, 1.2), (3, 2.3), (4, 11), (5, 18))
```

'7장 튜플을 사용하는 다른 기법'에서 우리는 통계 처리에 유용하도록 같은 순위를 처리하는 다른 형태의 enumerate() 함수인 rank() 함수를 만들었다.

구문 분석에 원데이터의 행 번호를 기록하는 기능을 추가하는 경우도 일반적이다. 많은 경우, 일종의 row_iter() 함수를 만들어 원파일에서 문자열 값을 뽑아낸다. 그러한 과정의 예로는 XML 파일에 있는 태그에 들어 있는 문자열에 대해 루프를 돌거나 CSV 파일의 각 열에 대해 루프를 도는 등의 작업을 들 수 있다. 경우에 따라서는 뷰티플 스프^{Beautiful Soup}를 사용해 HTML 파일을 구문 분석한 데이터를 분석해야 할 수도 있다.

'4장 컬렉션으로 작업하기'에서 우리는 XML을 구문 분석하여 위치 튜플의 시퀀스를 만들었다. 그 후 시작 지점, 끝 지점, 거리로 이뤄진 구간 정보를 만들었다. 하지만 각 구간에 번호를 붙이지는 않았다. 따라서 여행 정보 컬렉션을 정렬하면, 구간의 원래 순서를 결정할 수 없을 것이다.

'7장 튜플을 사용하는 다른 기법'에서 우리는 기본적인 구문 분석을 확장하여 여행의 각 구간을 이름 있는 튜플로 만들게 했다. 이 구문 분석의 출력은 다음과 같다.

```
(Leg(start=Point(latitude=37.54901619777347, longitude=
-76.33029518659048), end=Point(latitude=37.840832, longitude=
-76.273834), distance=17.7246),
```

```
Leg(start=Point(latitude=37.840832, longitude=-76.273834),
end=Point(latitude=38.331501, longitude=-76.459503),
distance=30.7382),
Leg(start=Point(latitude=38.331501, longitude=-76.459503),
end=Point(latitude=38.845501, longitude=-76.537331),
distance=31.0756),...,
Leg(start=Point(latitude=38.330166, longitude=-76.458504),
end=Point(latitude=38.976334, longitude=-76.473503),
distance=38.8019))
```

첫 번째 구간은 제사피크 만 안의 두 지점을 이동한 것이다.

이 튜플에 입력 정보에서의 순서를 넣은 더 복잡한 튜플을 만들기 위한 함수를 추가할 수도 있다. 먼저, Leg 클래스를 좀 더 복잡하게 만들어야 한다.

```
Leg = namedtuple("Leg", ("order", "start", "end", "distance"))
```

이는 '7장 튜플을 사용하는 다른 기법'에서 본 Leg와 비슷하다. 하지만 순서뿐만 아니라 다른 애트리뷰트를 더 포함한다. 쌍을 분해하여 Leg 인스턴스를 만드는 함수를 다음과 같이 정의할 수 있다.

```
def ordered_leg_iter(pair_iter):
    for order, pair in enumerate(pair_iter):
        start, end = pair
        yield Leg(order, start, end, round(haversine(start, end),4))
```

이 함수를 사용해 시작과 끝 지점의 쌍에 번호를 붙일 수 있다. 쌍을 분해하여, order, start, end 매개변수와 haversine(start,end)의 값을 한 Leg 인스턴스에 넣는다. 이 제네레이터 함수는 쌍의 반복 가능한 시퀀스에 대해 작동한다.

앞의 설명과 같은 환경에서는 다음과 같이 이 함수를 사용할 수 있다.

```
with urllib.request.urlopen("file:./Winter%202012-2013.kml") as
source:
    path_iter = float_lat_lon(row_iter_kml(source))
    pair_iter = legs(path_iter)
    trip_iter = ordered_leg_iter(pair_iter)
    trip= tuple(trip_iter)
```

우리는 원래의 파일을 경로 지점으로 구문 분석하고, 시작-끝 위치의 쌍을 만든 후 여러 Leg 객체로 이뤄진 trip을 만든다. enumerate() 함수는 반복 가능한 시퀀스의 각 원소에 기본 초깃값인 0부터 증가하는 유일한 번호를 할당한다. 원하면 기본이 아닌 다른 시작 값을 지정하는 두 번째 인자를 추가할 수도 있다.

accumulate()로 현재까지의 합계 구하기

accumulate() 함수는 주어진 함수를 반복 가능 객체에 겹쳐, 일련의 축약 값을 누적시킨다. 이 함수의 함수 인자의 기본 값이 operator.add()이기 때문에 다른 반복자의 처음부터 현재까지의 합계를 얻을 수 있다. 하지만 다른 함수를 전달하면 합계가 아니라 처음부터 현재까지의 모든 수를 곱한 값을 구하도록 바꿀 수도 있다. 파이썬 라이브러리 문서에는 max() 함수를 교묘하게 사용하여 지금까지의 최댓값을 구하는 예제가 있다.

구간별 합계의 응용 중 하나로는 데이터의 4분위 수^{quartile}를 구하는 것이 있다. 우리는 각 표본의 누적 합계를 구하고, int(4*value/total)를 계산해 이를 네 구간으로 나눌 수 있다.

바로 앞의 'enumerate()로 수 할당하기' 절에서, 우리는 여행 구간을 위도와 경도로 표시하는 시퀀스를 다뤘다. 거리를 경로의 사분위를 구하기 위한 기초 자료로 사용할 수 있다. 이렇게 하면 여행 경로의 중간 지점을 구할 수 있다.

trip 변수 값은 다음과 같다.

```
(Leg(start=Point(latitude=37.54901619777347, longitude=
-76.33029518659048), end=Point(latitude=37.840832, longitude=
-76.273834), distance=17.7246),
Leg(start=Point(latitude=37.840832, longitude=-76.273834),
end=Point(latitude=38.331501, longitude=-76.459503),
distance=30.7382), ...,
Leg(start=Point(latitude=38.330166, longitude=-76.458504),
end=Point(latitude=38.976334, longitude=-76.473503),
distance=38.8019))
```

각 Leg 객체에는 시작점, 끝점, 거리가 들어 있다. 4분위 수를 계산하는 것은 다음 예와 같다.

```
distances= (leg.distance for leg in trip)
distance_accum= tuple(accumulate(distances))
total= distance_accum[-1]+1.0
quartiles= tuple(int(4*d/total) for d in distance_accum)
```

거리값을 뽑아내서 각 구간의 누적 거리를 구했다. 최종 누적 거리는 총 거리다. 1.0을 total에 더하여 4*d/total이 3.9983이 되도록 보장한다. 이 값의 소수점 이하를 버리면 3이다. +1.0이 없으면, 최종 원소의 값이 4가 될 수 있고, 이는 있을 수 없는 다섯 번째 4분위 값이다. 일부 데이터의 경우(값이 매우 큰 경우), 더 큰 값을 더해야 할 수도 있다.

quartiles 변수의 값은 다음과 같다.

```
(0, 0, 0, 0, 0, 0, 0, 0, 0, 0, 0, 0, 0, 0, 0, 0, 0, 0, 0, 0, 0, 0, 0,
 1, 1, 1, 1, 1, 1, 1, 1, 1, 1, 1, 1, 1, 1, 2, 2, 2, 2, 2, 2, 2, 2, 2,
 2, 2, 2, 2, 2, 2, 2, 2, 2, 3, 3, 3, 3, 3, 3, 3, 3, 3, 3, 3, 3, 3, 3,
 3, 3, 3, 3)
```

zip()을 사용해 이 4분위 수의 시퀀스를 원래의 데이터 지점과 결합시킬 수 있다. 또는 groupby()와 같은 함수를 사용해 각 4분위에 속하는 구간의 컬렉션을 만들 수도 있다.

chain()으로 반복자 조합하기

chain() 함수를 사용해 반복자의 컬렉션을 단일 반복자로 합칠 수 있다. 이러한 기능은 groupby() 함수로 분할한 데이터를 다시 하나로 합칠 때 유용하다. 이 함수를 사용해 여러 컬렉션이 마치 한 컬렉션인 것처럼 다룰 수 있다.

특히, chain() 함수를 contextlib.ExitStack() 메서드와 함께 사용하면 여러 파일의 컬렉션을 하나의 반복 가능한 시퀀스처럼 다룰 수 있다. 다음과 비슷한 일을 할 수 있다.

```
from contextlib import ExitStack
import csv
def row_iter_csv_tab(*filenames):
    with ExitStack() as stack:
        files = [stack.enter_context(open(name, 'r', newline=''))
                for name in filenames]
        readers = [csv.reader(f, delimiter='\t') for f in files]
        readers = map(lambda f: csv.reader(f, delimiter='\t'), files)
        yield from chain(*readers)
```

몇 개의 열린 컨텍스트를 포함하는 ExitStack 객체를 만들었다. with문이 끝나면 ExitStack 객체 안의 모든 원소는 적절히 닫힌다. 여기서 모든 파일은 탭으로 구분한 형식을 따른다. 따라서 모든 파일을 열어 파일의 시퀀스를 일관성 있게 처리할 수 있는 단일 함수로 제공하면 처리하기 매우 편리할 것이다.

다음 명령을 사용해 파일을 열 수도 있을 것이다.

```
readers = map(lambda f: csv.reader(f, delimiter='\t'), files)
```

마지막으로, chain(*readers)를 사용해 모든 파일 리더 객체들을 하나로 연결할 수 있다. 이를 사용해 모든 파일의 행의 시퀀스를 만들어 낼 수 있다.

우리가 chain(*readers) 객체를 반환할 수는 없다는 사실을 알아둬야만 한다. 만약 그렇게 한다면, with문의 컨텍스트를 벗어나기 때문에 모든 원본 파일이 닫힐 것이다. 따라서 with문의 컨텍스트를 살려둔 채 각 행을 yield해야만 한다.

groupby()로 반복자 분할하기

groupby() 함수를 사용해 반복자를 더 작은 반복자들로 나눌 수 있다. 인자로 넘기는 key() 함수를 반복자의 각 원소에 적용하여 그룹을 정한다. 현재 원소의 키 값이 직전 원소의 키와 일치한다면 두 원소는 같은 그룹에 들어간다. 만약, 현재 원소의 키가 직전 원소의 키와 다르다면, 직전 원소가 들어간 그룹을 닫고, 새로운 그룹을 시작한다.

groupby() 함수의 출력은 2-튜플의 시퀀스다. 각 튜플에는 그룹의 키 값과 그룹 내의 원소에 대한 반복 가능 객체가 들어간다. 각 그룹의 반복자를 튜플로 만들어

보관하거나 특정 요약 값을 만들어 내기 위해 처리할 수 있다. 그룹의 반복자가 만들어진 방식으로 인해 각 반복자를 보존할 수는 없다.

accumulate()로 현재까지의 합계 구하기에서 우리는 입력 시퀀스의 4분위 값을 계산하는 방법을 살펴봤다.

원데이터가 들어 있는 trip 변수와 할당된 4분위 값이 있다면, 다음과 같은 명령으로 데이터를 그룹화할 수 있다.

```
group_iter= groupby(zip(quartile, trip), key=lambda q_raw:
    q_raw[0])


for group_key, group_iter in group_iter:
    print(group_key, tuple(group_iter))
```

먼저 4분위 수와 원 trip 정보를 zip한다. groupby() 함수는 주어진 lambda를 사용해 4분위 수를 기준으로 그룹을 만든다. groupby() 함수가 만들어 낸 결과를 for 루프를 사용해 관찰했다. 이때 그룹의 키 값과 그룹 내의 모든 원소를 출력했다.

groupby() 함수의 입력은 키 값에 의해 정렬된 상태여야 한다. 그렇게 해야 같은 그룹에 속하는 모든 원소가 원 반복자 내에서 서로 이웃할 수 있다.

다음과 같이 defaultdict(list) 메서드를 사용해 그룹을 만들 수도 있다는 것을 알아두자.

```
def groupby_2(iterable, key):
    groups = defaultdict(list)
    for item in iterable:
        groups[key(item)].append(item)
    for g in groups:
        yield iter(groups[g])
```

list 객체를 각 키와 연관된 값으로 하는 defaultdict을 만들었다. 각 원소에 주어진 key() 함수를 적용하여 키 값을 만든다. 그리고 defaultdict 클래스에서 key에 해당하는 리스트의 끝에 원소를 추가한다.

모든 원소를 분할하고 나면, 공통 키를 공유하는 원소에 대한 반복자 형태로 각각의 분할을 반환할 수 있다. 이는 groupby() 함수와 비슷하지만, 이 함수에 대한 입력 반복자는 꼭 키 값을 기준으로 정렬될 필요가 없다는 것이 다르다. 또한 각 그룹에 속한 원소는 같더라도 원소들의 순서는 달라질 수 있다.

zip_longest(), zip()을 사용해 반복 가능 객체 합치기

zip() 함수에 대해서는 '4장 컬렉션으로 작업하기'에서 살펴봤다. zip_longest() 함수가 zip() 함수와 다른 중요한 차이점은, zip() 함수는 가장 짧은 반복자가 끝나면 실행이 끝나지만, zip_longest()는 짧은 반복자가 끝나면 값을 채워넣고, 가장 긴 반복자가 끝나야 실행을 마친다는 것이다.

fillvalue 키워드 매개변수는 zip_longest()가 기본 값인 None 외의 다른 값으로 모자란 원소를 채워넣게 한다.

대부분의 탐색적 데이터 분석 애플리케이션에서, 기본 값인 None을 사용해 채워넣은 경우를 정당화하기는 쉽지 않다. **파이썬 표준 라이브러리** 문서에는 zip_longest() 함수를 사용한 교묘한 예제가 몇 가지 들어 있다. 하지만 데이터 분석에 초점을 맞추는 이 책의 목적과는 거리가 멀다.

compress()로 걸러내기

내장 filter() 함수는 술어 함수를 사용해 어떤 원소를 통과시킬지, 거부할 것인지를 결정한다. 값을 계산하는 함수 대신, 데이터를 포함하는 반복 가능 객체와 나란히 어떤 원소를 통과시킬 것인지, 거부할 것인지를 지정하는 불린 값이 들어 있는 반복자를 사용할 수도 있다.

filter() 함수의 정의가 다음과 같다고 생각할 수도 있다.

```
def filter(iterable, function):
    i1, i2 = tee(iterable, 2)
    return compress(i1, (function(x) for x in i2))
```

반복자를 tee로 복제했다(나중에 이 함수를 자세히 살펴볼 것이다). 그 후 각 값에 대해 function()을 평가한다. 그 후 원래의 반복 가능 객체와 함수를 각 값에 적용해 얻은 반복 가능 객체를 compress에 적용하여 값을 걸러낸다. 이러한 방식으로 filter() 함수를 compress() 함수를 사용해 만들 수 있다.

이번 장의 cycle()을 사용해 순환되는 원소를 계속 반복하기에서 단순한 제네레이터 식을 사용한 데이터 선택을 살펴봤다. 핵심은 다음과 같다.

```
chooser = (x == 0 for x in cycle(range(c)))
keep= (row for pick, row in zip(chooser, some_source) if pick)
```

1을 내놓고, 그 뒤에 c-1개의 0을 내놓는 함수를 정의했다. 이러한 순환을 계속 반복하면서 원본 데이터의 $1/c$만큼의 행을 선택할 수 있다.

cycle(range(c)) 함수를 repeat(0)으로 바꿔 모든 행을 선택하도록 만들 수 있다. 또한 같은 부분을 random.randrange(c)로 바꾸면 임의의 행을 선택할 수 있다.

keep 식은 실제로 compress(some_source, chooser) 메서드와 같다. 그러한 식으로 바꾸면 처리를 단순화할 수 있다.

```
all = repeat(0)
subset = cycle(range(c))
randomized = random.randrange(c)
selection_rule = one of all, subset, or randomized
chooser = (x == 0 for x in selection_rule)
keep = compress(some_source, chooser)
```

세 가지 선택 규칙으로 all, subset, randomized를 정의했다. subset과 randomized는 원본의 $1/c$만을 선택한다. chooser 식은 선택 규칙에 따라 True와 False로 이뤄진 반복 가능 객체를 만든다. 그 반복 가능 객체와 원본 데이터를 표현하는 반복 가능 객체를 compress에 적용하여 원하는 행만 골라낼 수 있다.

모든 계산은 엄격하지 않기 때문에 각 행을 실제로 사용하기 전까지는 원본 반복자를 소비하지 않는다. 따라서 크기가 매우 큰 데이터도 매우 효율적으로 처리할 수 있다. 또한 파이썬 코드가 상대적으로 단순하기 때문에 복잡한 설정 파일이나 선택 규칙을 처리하기 위한 구문 분석을 만들 필요도 없다. 큰 데이터를 표본 추출하는 애플리케이션의 설정에 이러한 식으로 파이썬 코드를 활용하는 방법도 가능하다.

islice()로 부분 집합 선택하기

'4장 컬렉션으로 작업하기'에서 컬렉션의 부분 집합을 선택하기 위해 슬라이스를 사용하는 것을 살펴봤다. 한 가지 예제는 list 객체에서 슬라이스한 원소들을 짝 짓는 것이었다. 다음의 간단한 리스트를 살펴보자.

```
flat= ['2', '3', '5', '7', '11', '13', '17', '19', '23', '29', '31',
'37', '41', '43', '47', '53', '59', '61', '67', '71',... ]
```

리스트 슬라이스를 사용하면 다음과 같은 튜플을 만들 수 있다.

```
zip(flat[0::2], flat[1::2])
```

islice() 함수는 list 객체를 실체화하지 않고도 비슷한 연산을 수행할 수 있게 해준다. 다음과 같이 사용할 수 있다.

```
flat_iter_1= iter(flat)
flat_iter_2= iter(flat)
zip(islice(flat_iter_1, 0, None, 2), islice(flat_iter_2, 1, None, 2))
```

데이터 지점의 평면적인 목록에 대해 두 가지 독립적인 반복자를 만들었다. 이들이 데이터베이스 결과 집합이나 열린 파일에 대한 두 가지 별도의 반복자일 수도 있다. 두 반복자는 서로 독립적이어야 한다. 그래야만 islice() 함수와 다른 islice() 함수 사이에 간섭이 없어진다.

islice()의 두 인자는 flat[0::2], flat[1::2]와 비슷하다. 이를 슬라이스와 비슷하게 짧게 쓸 수 있는 방법은 없다. 따라서 시작 값과 종료 값도 지정해야 한다. 증분 값은 생략 가능하며, 기본 값은 1이다. 위 코드는 원래의 시퀀스로부터 다음과 같은 튜플을 만들어 낸다.

```
[(2, 3), (5, 7), (11, 13), (17, 19), (23, 29), ... (7883, 7901),
(7907, 7919)]
```

islice()는 반복 가능 객체에 작용할 수 있기 때문에 이러한 설계는 매우 큰 데이터 집합에 대해서도 잘 작동한다. 이를 사용해 큰 데이터 집합의 부분 집합을 선택할 수 있다. 예전에 봤던 filter()나 compress() 함수를 사용하는 방법과 더불어, islice(source, 0, None, c) 메서드를 사용하면 원래의 큰 데이터 집합의 $1/c$ 만큼의 원소를 선택할 수 있다.

dropwhile()과 takewhile()로 상태를 사용해 걸러내기

dropwhile()과 takewhile() 함수는 상태가 있는 걸러내기 함수다. 이들은 한 가지 모드로 시작한다. 이때 주어진 predicate 함수는 해당 모드를 변경할 수 있는 플립플롭flip-flop 역할을 한다. dropwhile() 함수는 거부 모드로 시작한다. 술어 함수가 False가 되면 통과 모드로 바뀐다. takewhile() 함수는 통과 모드로 시작하고, 주어진 술어 함수가 False가 되면 거부 모드로 바뀐다.

이 두 함수는 걸러내는 함수다. 따라서 두 함수 모두 전체 반복 가능 객체를 소비한다. count()와 같은 무한 반복자를 입력으로 받은 경우에는 끊임없이 실행할 것이다. 파이썬에는 정수 오버플로overflow가 없기 때문에 dropwhile()이나 takewhile()을 잘못 사용하면 수십억 번의 루프를 돌더라도 오버플로로 실행이 끝나는 일이 없다. 실제로 매우 오랜 시간 동안 실행을 계속할 수도 있다.

이 두 함수를 파일 구문 분석에서 파일의 머리글이나 꼬리글을 잘라내는 데 쓸 수 있다. dropwhile() 함수를 사용해 머리글 행을 버리고 나머지 정보를 남길 수 있다. takewhile()을 사용해 데이터 부분을 남기고 꼬리글 부분을 버릴 수 있다. 3장 함수, 반복자, 제네레이터에서 살펴본 간단한 GPL 파일 형식을 다시 살펴보자. 다음은 머리글 부분이다.

```
GIMP Palette
Name: Crayola
Columns: 16
#
```

다음은 머리글 다음에 오는 행의 모습이다.

```
255 73 108 Radical Red
```

머리글의 마지막 줄을 쉽게 판단할 수 있다. '#'만 있는 줄을 찾으면 된다. 이를
dropwhile()을 사용해 구문 분석하면 다음과 같다.

```
with open("crayola.gpl") as source:
    rdr = csv.reader(source, delimiter='\t')
    rows = dropwhile(lambda row: row[0] != '#', rdr)
```

탭으로 구분한 줄을 구문 분석하기 위해 CSV 리더를 만들었다. 이를 사용하면 색
을 표현하는 color 튜플을 색의 이름으로부터 깔끔하게 분리할 수 있다. 3-튜플
에는 구문 분석이 더 필요하다. 이러한 작업은 # 줄부터 시작하여 파일의 나머지
부분에 대해 계속될 수 있다.

islice() 함수를 사용해 반복 가능 객체의 첫 번째 원소를 버릴 수 있다. 그 후 다
음과 같이 자세한 색 정보를 분석할 수 있다.

```
color_rows = islice(rows, 1, None)
colors = ((color.split(), name) for color, name in color_rows)
print(list(colors))
```

islice(rows, 1, None) 식은 rows[1:] 슬라이스를 요청하는 것과 비슷하다. 즉,
첫 번째 원소를 조용히 버린다. 머리글 행의 나머지를 모두 버리고 나면, 색을 표
현하는 3-튜플을 분석하여 더 유용한 color 객체를 만들 수 있다.

이 파일의 경우, CSV 리더 함수가 제공하는 열 개수를 활용할 수도 있다.
dropwhile(lambda row: len(row) == 1, rdr)라는 방법을 사용하여 머리글
행들을 제거할 수 있다. 하지만 이를 일반적으로 활용할 수 있는 것은 아니다. 머
리글의 마지막 줄을 찾는 것이 파일에서 의미가 있는 부분과 그렇지 않은 부분(머
리글이나 꼬리글)을 구별하는 다른 특징을 찾는 것보다 쉬운 경우가 자주 있다.

걸러내기 위한 두 가지 접근 방법인 filterfalse()와 filter()

'5장 고차 함수'에서 내장 filter() 함수를 살펴봤다. itertools가 제공하는 filterfalse() 함수는 다음과 같이 filter()를 사용해 정의할 수도 있다.

```
filterfalse = lambda pred, iterable:
        filter(lambda x: not pred(x), iterable)
```

filter() 함수와 마찬가지로, 술어 함수는 None일 수도 있다. filter(None, iterable)의 값은 해당 반복 가능 객체의 모든 True 값들이다. filterfalse (None, iterable)의 값은 해당 반복 가능 객체의 모든 False 값들이다.

```
>>> filter(None, [0, False, 1, 2])
<filter object at 0x101b43a50>
>>> list(_)
[1, 2]
>>> filterfalse(None, [0, False, 1, 2])
<itertools.filterfalse object at 0x101b43a50>
>>> list(_)
[0, False]
```

filterfalse() 함수를 사용하는 것의 요점은 재사용성을 키우는 데 있다. 걸러내기 위한 결정을 수행하는 간결한 함수가 있다면, 해당 함수의 논리를 반전시키기 위해 노력할 필요 없이 입력 반복 가능 객체의 일부분을 선택하거나 거부할 수 있어야 한다.

이러한 아이디어는 다음과 같은 명령을 실행하기 위한 것이다.

```
iter_1, iter_2 = iter(some_source), iter(some_source)
good = filter(test, iter_1)
bad = filterfalse(test, iter_2)
```

good과 bad에는 분명 원본 데이터의 모든 원소가 나뉘어 들어갈 것이다. test() 함수는 바뀌지 않았다. 그리고 이러한 방식을 사용하면 ()를 잘못 사용하여 심각한 논리적인 버그를 만드는 실수를 줄일 수 있다.

starmap()과 map()을 사용해 함수를 데이터에 적용하기

내장 map() 함수는 인자로 받은 함수를 반복 가능 객체의 모든 원소에 적용하는 고차 함수다. map() 함수를 단순화한 버전을 다음과 같이 생각할 수 있다.

```
map(function, arg_iter) == (function(a) for a in arg_iter)
```

이는 arg_iter 매개변수가 개별적인 값으로 이뤄진 리스트라면 잘 작동할 것이다. starmap() 함수는 이 map() 함수에서 다음과 같이 *a를 사용하는 버전이다.

```
starmap(function, arg_iter) == (function(*a) for a in arg_iter)
```

이는 map() 함수가 튜플의 튜플 구조를 제대로 처리할 수 있도록 의미를 약간 바꾼 것이다.

map() 함수는 여러 반복 가능 객체를 받을 수도 있다. 이러한 경우, 여러 반복 가능 객체가 만들어 내는 값을 묶은 후 starmap() 함수처럼 사용한다. 여러 원본 반복 가능 객체에서 가져와 묶은 값들은 주어진 함수의 여러 인자가 된다.

map(function, iter1, iter2, ..., itern)과 같은 방식을 다음 두 명령을 정의하는 것으로 생각할 수도 있다.

```
(function(*args) for args in zip(iter1, iter2, ..., itern))
starmap(function, zip(iter1, iter2, ..., itern))
```

여러 반복자의 값은 *args를 통해 인자의 튜플을 만드는 데 사용된다. 결과적으로, starmap() 함수는 이를 더 일반화시킨 것과 같다. 간단한 map() 함수를 더 일반적인 starmap() 함수를 사용해 만들 수도 있다.

앞의 예제에서 다뤘던 여행 정보 처리 과정에서 Leg 객체를 만드는 과정을 starmap() 함수를 사용해 재정의할 수 있다. Leg 객체를 만들기 전에, 각 지점의 쌍을 만들었다. 각 쌍은 다음과 같다.

```
((Point(latitude=37.54901619777347, longitude=-76.33029518659048),
Point(latitude=37.840832, longitude=-76.273834)), ...,
(Point(latitude=38.330166, longitude=-76.458504),
Point(latitude=38.976334, longitude=-76.473503)))
```

starmap() 함수를 사용하면 다음과 같이 Leg 객체를 모을 수도 있다.

```
with urllib.request.urlopen(url) as source:
    path_iter = float_lat_lon(row_iter_kml(source))
    pair_iter = legs(path_iter)
    make_leg = lambda start, end: Leg(start, end,
    haversine(start,end))
    trip = list(starmap(make_leg, pair_iter))
```

legs() 함수는 이동 구간의 시작과 끝 점을 반영하는 point 객체의 쌍을 만든다. 이 쌍이 있다면, Point 객체의 쌍을 받아 시작 지점, 끝 지점, 두 지점 사이의 거리로 이뤄진 Leg 객체를 반환하는 make_leg라는 간단한 함수를 정의할 수 있다.

starmap(function, some_list)를 사용하는 것의 이점은 길고 복잡해질 수 있는 (function(*args) for args in some_list) 제네레이터 식을 대치할 수 있다는 점에 있다.

tee()를 사용해 반복자 복제하기

tee() 함수는 반복 가능 객체를 사용할 때 파이썬에 존재하는 규칙을 우회하는 방법을 제공한다. 이 규칙은 매우 중요하다. 따라서 한 번 더 반복한다.

 반복자는 오직 한 번만 사용할 수 있다.

tee() 함수를 사용하면 어떤 반복자를 복제할 수 있다. 이는 데이터를 여러 번 사용하는 경우, 반복자를 실체화하여 시퀀스로 만들어야 하는 부담으로부터 우리를 해방시켜준다. 예를 들어 엄청난 크기의 데이터 집합에 대한 평균을 다음과 같이 구할 수 있다.

```
def mean(iterator):
    it0, it1= tee(iterator,2)
    s0= sum(1 for x in it0)
```

```
s1= sum(x for x in it1)
return s0/s1
```

이 함수는 전체 데이터 집합을 어떤 형태로든 메모리에서 실체화할 필요 없이 평균을 계산하는 것처럼 보인다.

원칙적으로는 흥미롭지만, `tee()` 함수의 구현에는 심각한 제약이 존재한다. 대부분의 파이썬 구현에서 복제 작업은 시퀀스를 실체화하는 과정을 통해 이뤄진다. 따라서 대상 컬렉션이 작은 경우에는 "한 번만 사용하기"라는 제약을 효과적으로 피할 수 있지만, 거대한 데이터 집합에 대해서는 잘 작동하지 않을 것이다.

또한 현재의 `tee()` 함수 구현은 원본 반복자를 소비한다. 반복자의 사용을 제약하지 않는 구문적인 편의를 제공하도록 만드는 편이 더욱 멋질 것이다. 하지만 실전에서 그러한 구조를 관리하는 것은 어렵다. 그래서 파이썬은 우리가 `tee()` 함수를 주의깊게 최적화하도록 강제한다.

itertools 요리법

파이썬 라이브러리 문서의 itertools에 대한 부분에 대한 장인 Itertools 요리법*은 너무나 훌륭하다. 기본적인 정의 뒤에 매우 큰 도움이 되는 명확한 요리법이 들어 있다. 그 내용을 여기에 되풀이할 이유는 없다. 따라서 그 문서를 언급하고 넘어갈 것이다. 파이썬에서 함수형 프로그래밍을 하려는 독자라면 해당 내용을 필수적으로 읽어봐야 한다.

 파이썬 표준 라이브러리의 10.1.2절 Itertools 요리법은 너무나 훌륭한 글이다. https://docs.python.org/3/library/itertools.html#itertools-recipes를 살펴보라.

이 요리법에 있는 함수들이 itertools 모듈에서 임포트할 수 있는 함수들이 아니라는 점을 알아둬야 한다. 요리법을 읽고 이해한 후에는 아마도 애플리케이션에 포함시키기 위해 내용을 복사하거나 알맞게 변경해야 할 것이다.

다음 표는 itertools의 도구를 사용해 만들 수 있는 함수형 프로그래밍 알고리즘의 일부를 보여준다.

함수 이름	인자	결과
take	(n, iterable)	이 함수는 반복 가능 객체의 첫 n개의 원소를 리스트로 반환한다. 이 함수는 islice()의 사용법 중 한 가지를 더 알아보기 쉬운 이름으로 감싼 것이다.
tabulate	(function, start=0)	이 함수는 function(0), function(1), ...을 반환한다. 이 함수는 map(function, count())에 기반한 것이다.
consume	(iterator, n)	이 함수는 반복자를 n 단계 전진시킨다. n이 None이라면 반복자를 모두 소모한다.
nth	(iterable, n, default=None)	이 함수는 n번째 원소를 반환하거나 default로 지정한 값을 반환한다. 이 함수는 islice()의 사용법 중 한 가지를 더 알아보기 쉬운 이름으로 감싼 것이다.
quantify	(iterable, pred=bool)	이 함수는 해당 술어 함수가 참을 반환하는 회수를 반환한다. 이 함수는 sum()과 map()을 사용하며, 파이썬의 Boolean의 True를 정수로 변환하면 1이라는 사실에 의존한다.
padnone	(iterable)	이 함수는 반복 가능 객체의 원소를 모두 돌려주고, 그 다음부터는 None을 계속 돌려준다. 이를 사용해 zip_longest()나 map()과 같이 동작하는 함수를 정의할 수 있다.
ncycles	(iterable, n)	반복 가능 객체의 원소를 n번 반복한다.
dotproduct	(vec1, vec2)	벡터의 내적을 계산한다. 두 벡터에서 같은 위치에 있는 원소를 서로 곱한 후, 그 곱의 전체 합계를 구한다.
flatten	(listOfLists)	리스트 안에 리스트가 들어 있는 내포 구조를 한 단계 평평하게 만든다. 여러 리스트를 단일 리스트로 합친다.
repeatfunc	(func, times=None, *args)	func를 지정한 인자를 사용해 반복 호출한다.
pairwise	(iterable)	s → (s0,s1), (s1,s2), (s2, s3), ...
grouper	(iterable, n, fillvalue=None)	데이터를 지정한 길이의 블록으로 나눈다.
roundrobin	(*iterables)	roundrobin('ABC', 'D', 'EF') → A D E B F C

함수 이름	인자	결과
partition	(pred, iterable)	술어가 참을 반환하는 원소와 거짓을 반환하는 원소로 반복 가능 객체를 분할한다.
unique_everseen	(iterable, key=None)	순서를 보존하면서 유일한 원소들을 나열한다. 이때 지금까지 살펴본 모든 원소를 기억하면서 유일성을 판단한다. unique_justseen('AAAABBBCCDAABBB') → A B C D A B이다.
unique_justseen	(iterable, key=None)	순서를 보존하면서 유일한 원소들을 나열한다. 이때 마지막으로 봤던 원소만을 기억하면서 유일성을 판단한다. unique_everseen('AAAABBBCCDAABBB') → A B C D이다.
iter_except	(func, exception, first=None)	함수를 예외가 발생할 때까지 반복 호출한다. 이를 사용해 KeyError나 IndexError가 발생할 때까지 함수를 반복 실행할 수 있다.

요약

이번 장에서는 `itertools` 모듈이 제공하는 여러 함수를 살펴봤다. 이 라이브러리 모듈은 반복자를 복잡하게 활용할 때 도움이 되는 여러 가지 함수를 제공한다.

무한 반복자를 살펴봤다. 이들은 끝나지 않고 계속 원소를 내놓는다. 이러한 반복자에는 `count()`, `cycle()`, `repeat()` 함수 등이 있다. 이들은 결코 끝나지 않기 때문에 이를 소비하는 함수가 언제 반복을 중단할 것인지 결정해야만 한다.

또한 유한 반복자를 몇 가지 살펴봤다. 이 중 일부는 내장 함수이고, 나머지는 `itertools`의 일부분이다. 이러한 함수들은 원본 반복 가능 객체에 작용하기 때문에 원본 반복 가능 객체를 모두 사용하고 나면 실행이 끝난다. 이러한 함수에는 `enumerate()`, `accumulate()`, `chain()`, `groupby()`, `zip_longest()`, `zip()`, `compress()`, `islice()`, `dropwhile()`, `takewhile()`, `filterfalse()`, `filter()`, `starmap()`, `map()`이 있다. 이러한 함수를 사용하여 복잡한 제네레이터 식을 더 간단해 보이는 함수로 바꿀 수 있다.

추가로 파이썬 문서에서 요리법을 살펴봤다. 그 안에는 우리가 애플리케이션에 복사해 사용하거나 응용할 수 있는 더 많은 함수가 들어 있다. 이러한 요리법 목록은 제네레이터에 대한 일반적인 디자인 패턴이 다양하다는 사실을 보여준다.

'9장 더 많은 itertools 사용 기법'에서 itertools에 대한 공부를 계속할 것이다. 순열permutation과 조합combination에 초점을 맞춰 반복자를 살펴본다. 이러한 내용을 큰 데이터 집합에 적용할 수는 없다. 따라서 이들은 반복자를 기반으로 하는 또 다른 종류의 도구라 할 수 있다.

9

더 많은 itertools 사용 기법

함수형 프로그래밍은 상태가 없는 프로그래밍을 강조한다. 파이썬에서, 이는 제네레이터 식, 제네레이터 함수, 반복 가능 객체를 사용한 프로그래밍으로 귀결된다. 이번 장에서는 반복 가능한 컬렉션에 대한 작업을 도와주는 다양한 함수를 제공하는 itertools 라이브러리에 대한 공부를 계속할 것이다.

앞 장에서는 반복자 함수를 다음과 같이 세 가지로 구분했다.

- 무한 반복자를 다룰 수 있는 함수들. 이러한 함수를 반복 가능 객체나 컬렉션에 대한 반복자에 적용할 수 있다. 이러한 함수는 대상 반복 가능 객체를 모두 소비할 것이다.

- 유한한 반복자를 다룰 수 있는 함수들. 이러한 함수들은 대상 반복자를 여러 번 누적하거나 대상 반복자를 축약한다.

- 반복자를 복제하여 독립적으로 사용할 수 있는 반복자를 여럿 만드는 tee 반복자. 이를 사용하면 한 번밖에 순회할 수 없다는 파이썬 반복자의 약점을 극복할 수 있다.

이번 장에서는 순열과 조합을 다루는 `iertools` 함수를 살펴본다. 그리고 그러한 함수를 사용하는 몇 가지 요리법과 함수들을 살펴본다. 다음과 같은 함수가 이러한 범주에 들어간다.

- `product()`: 이 함수는 내포된 `for` 루프를 사용해 만들어 내는 것과 같은 데카르트 곱^{Cartesian product}을 생성한다.
- `permutations()`: 이 함수는 *p*개의 원소가 있는 원집합으로부터 순서를 감안해 만들어 낼 수 있는 길이가 r인 튜플을 모두 생성한다.
- `combinations()`: 이 함수는 *p*개의 원소가 있는 원집합으로부터, 정렬한 순서로 길이가 r인 튜플을 모두 생성한다. 이때 중복된 원소가 없어야 한다.
- `combinations_with_replacement()`: 이 함수는 *p*개의 원소가 있는 원집합으로부터, 정렬한 순서로 길이가 r인 튜플을 모두 생성한다. 이때 원소의 중복을 허용한다.

이러한 함수들은 작은 입력 데이터로부터 매우 큰 결과 집합을 만들어 낼 가능성이 있는 알고리즘을 구현한다. 문제의 종류에 따라서는 엄청나게 커질 수 있는 순열의 집합을 일일히 열거하면서 정확한 해법을 찾을 수 있는 경우도 있다. 여기에 있는 함수들은 큰 순열을 만드는 작업을 매우 쉽게 해준다. 하지만 그 단순성으로 인해 실제로는 최적이 아닌 경우도 있다.

데카르트 곱 열거하기

데카르트 곱이라는 용어는 몇 개의 집합에서 가능한 모든 원소의 조합을 열거한다는 아이디어에서 비롯된 것이다.

수학적으로, 두 집합의 곱인 {1, 2, 3, ..., 13}×{C, D, H, S}에는 다음과 같은 52개의 원소쌍이 들어간다.

```
{(1, C), (1, D), (1, H), (1, S), (2, C), (2, D), (2, H), (2, S), ...,
(13, C), (13, D), (13, H), (13, S)}
```

앞의 결과를 다음과 같은 명령으로 만들어 낼 수 있다.

```
>>> list(product(range(1, 14), '♣♦♥♠'))
[(1, '♣'), (1, '♦'), (1, '♥'), (1, '♠'),(2, '♣'), (2, '♦'), (2, '♥'),
(2, '♠'),… (13, '♣'), (13, '♦'), (13, '♥'), (13, '♠')]
```

이러한 곱의 계산을 임의의 개수의 반복 가능 컬렉션으로 확장할 수 있다. 컬렉션의 수가 많아지면 결과 집합도 커진다.

곱을 축약하기

관계형 데이터베이스 이론에서 두 테이블의 조인^{join} 연산은 곱에 대한 필터링으로 생각할 수 있다. SQL에서 WHERE절이 없는 SELECT문은 여러 테이블의 각 행의 데카르트 곱을 만들어 낸다. 이 상황을 가장 최악의 경우, 즉 필요한 결과를 걸러내기 위한 아무런 필터가 없이 테이블 사이의 곱을 구하는 경우에 대한 알고리즘이라 생각할 수 있다.

join() 함수를 사용해 두 테이블을 다음과 같이 결합할 수 있다.

```
def join(t1, t2, where):):
    return filter(where, product(t1, t2)))))
```

두 반복 가능 객체 t1과 t2의 모든 조합을 계산한다. filter() 함수는 조합한 결과에 where 함수를 적용하여 적당한 행을 선택할 것이다. where 함수가 단순한 불린 값을 반환한다면 이 방식이 잘 작동한다.

단순히 열의 참 거짓에 따라 일치시키는 것과는 다른 일을 해야 할 경우도 있다. 그 대신 원소 사이의 최댓값과 최솟값을 검색하는 경우를 생각해보자.

다음과 같이 Color 객체의 테이블이 있다고 가정하자.

```
[Color(rgb=(239, 222, 205), name='Almond'),
Color(rgb=(255, 255, 153), name='Canary'),
Color(rgb=(28, 172, 120), name='Green'),...
Color(rgb=(255, 174, 66), name='Yellow Orange')]
```

좀 더 자세한 정보가 필요하다면, '6장 재귀와 축약'에서 색 정보가 들어 있는 파일을 구문 분석하여 namedtuple 객체를 만들어 내는 방법을 찾아보라. 여기서는 RGB를 각각의 필드로 분해하는 대신 3-튜플로 남겨뒀다.

어떤 이미지는 픽셀의 컬렉션을 가질 것이다.

```
pixels= [((([(r, g, b), (r, g, b), (r, g, b), ...)
```

실용적인 문제 때문에 파이썬 이미지 라이브러리^{Python Image Library, PIL} 패키지는 픽셀을 몇 가지 형태로 표현한다. 그러한 형태 중 하나는 (x, y) 좌표를 RGB 3-튜플로 매핑하는 것이다. 더 많은 정보는 필로^{Pillow} 프로젝트 문서인 https://pypi.python.org/pypi/Pillow에서 살펴볼 수 있다.

PIL.Image 객체가 있다면, 픽셀의 컬렉션에 대해 다음과 같은 명령을 사용해 루프를 돌 수 있다.

```
def pixel_iter(image):
    w, h = img.size
    return ((c, img.getpixel(c)) for c in product(range(w),
range(h)))
```

이미지 크기를 사용해 각 좌표의 범위를 결정했다. product(range(w), range(h))를 계산하는 것은 모든 가능한 좌표의 조합을 만들어 낸다. 이는 결과적으로 for 루프를 2개 중첩시킨 것과 같다.

이렇게 하면 각 픽셀과 좌표를 제공할 수 있다는 장점이 있다. 그 후 이 픽셀 정보를 특별한 순서로 보존하지 않고 처리하더라도 원이미지를 재구성할 수 있다. 부하를 여러 코어나 프로세서에 분산시키기 위해 다중프로세스나 다중 스레드를 사용하는 경우에는 이러한 방식이 좀 더 유용하다. concurrent.futures 모듈은 부하를 여러 코어나 프로세서에 쉽게 분산할 수 있도록 도와준다.

거리 계산하기

의사 결정을 위해 가장 가까운 답을 찾아야 하는 경우가 많다. 이러한 경우에는 단순한 동등성 검사를 사용할 수는 없다. 그 대신 거리 지표를 사용하여 목적과 거리가 가장 가까운 원소를 찾아야 한다. 텍스트의 경우 레벤스타인 거리Levenshtein distance를 사용할 수 있다. 이 거리는 어떤 텍스트를 대상 텍스트로 바꾸기 위해 얼마나 많은 변경이 필요한지를 측정한다.

여기서는 좀 더 단순한 예제를 사용할 것이다. 이 계산에는 매우 단순한 수학이 들어간다. 하지만 그 단순성에도 불구하고, 주의깊게 구현하지 않으면 제대로 동작하지 않는다.

색에 대한 매치를 수행하는 경우, 간단한 동등성 검사를 사용할 수 없을 것이다. 픽셀의 색이 정확히 일치하는지가 검사로 충분한 경우는 별로 많지 않다. 두 색의 R, G, B 값이 모두 같지 않더라도 충분히 가까운지 판단해야만 하는 경우가 있다. 유클리드Euclidean 거리, 맨해튼Manhattan 거리, 그 밖의 시각적인 선호도에 따라 복잡한 가중치를 부여하여 판다는 방식 등 몇 가지 일반적인 접근 방법이 있다.

다음은 유클리드와 맨해튼 거리 함수다.

```python
def euclidean(pixel, color):
    return math.sqrt(sum(map(lambda x, y: (x-y)**2, pixel,
    color.rgb)))))))
```

```python
def manhattan(pixel, color):
    return sum(map(lambda x, y: abs(x-y), pixel, color.rgb)))))
```

유클리드 거리는 RGB 공간에서 세 점 사이의 직각삼각형의 빗변의 길이를 측정한다. 맨해튼 거리는 세 점 사이의 직각 삼각형의 각 변의 합을 구한다. 유클리드 거리는 더 정확한 값을 제공하며, 맨해튼 거리는 더 빠른 계산 속도를 제공한다.

앞으로 할 일을 생각해본다면, 우리의 목표는 다음과 같은 구조를 만드는 것이다. 개별 픽셀에 대해 각 픽셀의 색과 정해진 색 집합의 가용 색 사이의 거리를 계산할 수 있다. 어떤 한 픽셀에 대해 이러한 계산을 수행한 결과는 다음과 같다.

```
(((0, 0), (92, 139, 195), Color(rgb=(239, 222, 205), name='Almond'),
169.10943202553784), ((0, 0), (92, 139, 195),
Color(rgb=(255, 255, 153), name='Canary'), 204.42357985320578),
((0, 0), (92, 139, 195), Color(rgb=(28, 172, 120), name='Green'),
103.97114984456024), ((0, 0), (92, 139, 195),
Color(rgb=(48, 186, 143), name='Mountain Meadow'),
82.75868534480233), ((0, 0), (92, 139, 195),
Color(rgb=(255, 73, 108), name='Radical Red'), 196.19887869200477),
((0, 0), (92, 139, 195), Color(rgb=(253, 94, 83),
name='Sunset Orange'), 201.2212712413874), ((0, 0), (92, 139, 195),
Color(rgb=(255, 174, 66), name='Yellow Orange'), 210.7961100210343))
```

몇 개의 4-튜플로 구성된 튜플 전체를 보고 있다. 각 4-튜플에는 다음과 같은 내용이 들어 있다.

● 픽셀의 좌표. 예를 들면 (0,0)

● 픽셀의 원래 색. 예를 들면 (92, 139, 195)

● 일곱 가지 색 집합에서 선택한 Color 객체. 예를 들면 Color(rgb=(239, 222, 205), name='Almond')

● 원래 색과 일곱 가지 색 집합에서 선택한 앞의 Color 객체 사이의 유클리드 거리

가장 유클리드 거리가 작은 색이 가장 가까운 색임을 알 수 있다. 이러한 종류의 축약은 min() 함수를 사용하면 쉽다. 모든 튜플이 변수 이름 choices에 들어 있다면, 픽셀 수준의 축약은 다음과 같을 것이다.

```
min(choices, key=lambda xypcd: xypcd[3]))])
```

xy 좌표, 픽셀pixel, 색color, 거리distance를 줄여 xypcd라는 이름을 붙였다. 이 람다를 사용해 최솟값을 계산하면 원래의 픽셀 색과 가장 가까운 값이 있는 4-튜플을 얻을 수 있을 것이다.

모든 픽셀과 모든 색 얻기

어떻게 하면 모든 픽셀과 모든 색을 포함하는 구조를 얻을 수 있을까? 그에 대한 답은 간단하지만 최적은 아니다.

픽셀을 색으로 매핑하는 한 가지 방법은 다음과 같이 product() 함수를 사용해 모든 픽셀과 색을 열거하는 것이다.

```
xy = lambda xyp_c: xyp_c[0][0]
p = lambda xyp_c: xyp_c[0][1]
c = lambda xyp_c: xyp_c[1]
distances= (( = ((xy(item), p(item), c(item), euclidean(p(item),
c(item)))
    for item in product(pixel_iter(img), colors)))))
```

이 코드의 핵심은 모든 픽셀과 모든 색의 조합을 만들어 내는 product(pixel_iter(img), colors)이다. 이때 데이터를 펼쳐 다시 구성했다. euclidean() 함수를 적용하여 픽셀의 색과 Color 객체 사이의 거리를 구했다.

마지막으로 색을 선택하는 과정에서는 다음과 같이 groupby() 함수와 min(choices, ...) 식을 사용한다.

```
for _, choices in groupby(distances, key=lambda xy_p_c_d:
    xy_p_c_d[0]):
        print(min(choices, key=lambda xypcd: xypcd[3])))]))
```

픽셀과 색의 곱 전체는 길고 평면적인 반복 가능 객체다. 이 반복 가능 객체를 좌표를 기준으로 좀 더 작은 컬렉션으로 묶었다. 이렇게 하면 큰 반복 가능 객체를 단일 픽셀에 대한 색으로만 이뤄진 더 작은 반복 가능 객체로 나눌 수 있다. 그 후 각 색의 거리 중 최솟값을 찾는다.

3,648×2,736 크기의 133크레욜라^{Crayola} 색이 있는 그림의 경우, 반복 가능 객체에서 평가해야 할 원소의 수는 1,327,463,424개다. 이 distances 식이 만들어 내는 조합은 십억 개 이상이다. 이 수가 그렇게 비실용적이지는 않다. 파이썬은 이 정도 크기의 데이터를 처리할 수 있다. 하지만 이 예제는 product() 함수를 안이하게 사용하는 경우에 생길 수 있는 중요한 단점을 보여준다.

전체 크기를 대략적으로 분석하지 않고 이러한 종류의 대규모 분석을 무작정 수행할 수는 없다. 다음은 이러한 계산을 1,000,000번 수행하는 것을 `timeit`으로 측정한 결과다.

- 유클리드 거리 2.8
- 맨해튼 거리 1.8

1백만을 1십억 크기로 키운다면 맨해튼 거리의 경우 1,800초, 즉 반 시간이 걸린다는 뜻이다. 유클리드 거리의 경우에는 46분이다. 이러한 종류의 처리에 사용하기에는 파이썬의 기본 수학 연산이 너무 느린 것 같다.

더 중요한 점 하나는, 우리가 이를 잘못 처리하고 있다는 것이다. 이러한 식으로 너비×높이×색을 모두 조합한 경우를 처리하는 것은 그냥 나쁜 설계라고밖에 말할 수 없다. 대부분의 경우, 이보다 훨씬 잘 할 수 있는 여지가 많다.

성능 분석

거대한 데이터를 처리하는 알고리즘의 핵심은 일종의 분할 정복 전략을 실행하는 방법을 찾는 데 있다. 이는 함수형 설계뿐 아니라 명령형 설계에서도 마찬가지다.

앞 절에서 본 처리를 더 빠르게 만드는 방법이 세 가지 있다.

- 병렬성을 사용해 대부분의 계산을 동시에 처리할 수 있다. 4코어 프로세서의 경우, 실행 시간이 $\frac{1}{4}$로 줄어들 수 있다. 그렇다면 맨해튼 거리의 경우 8분이 걸린다는 뜻이다.
- 중간 결과를 캐시에 넣어 중복 계산을 줄일 수 있다. 성능 향상은 얼마나 색이 많이 있느냐와 얼마나 많은 픽셀의 색이 유일하냐에 따라 달라진다.
- 알고리즘을 급진적으로 바꿀 수도 있다.

우리는 마지막 두 방법을 조합하여 원래 색과 대상 색 사이의 모든 비교를 계산할 것이다. 많은 경우가 그렇듯, 이 경우에도 쉽게 전체 매핑을 열거할 수 있기 때문에 한 픽셀씩 계산할 때 하게 되는 불필요한 중복 계산을 피할 수 있다. 또한 일련의 비교를 수행하는 알고리즘을 매핑 객체에서의 단순 검색으로 바꿀 것이다.

이러한 식으로 원래의 색에서 대상 색으로의 모든 변환을 미리 계산해두는 아이디어를 생각할 때에는 임의의 이미지에 대한 전체 통계가 필요하다. 이 책의 예제 코드에는 IMG_2705.jpg라는 파일이 들어 있다. 다음은 그로부터 몇몇 정보를 수집하는 코드다.

```
from collections import defaultdict, Counter
palette = defaultdict(list)
for xy_p in pixel_iter(img):
    xy, p = xy_p
    palette[p].append(xy)
w, h = img.size
print("")("Total pixels", w*h)
print("")("Total colors", len(palette)))))
```

주어진 색의 모든 픽셀을 모아 색으로 구분한 리스트에 넣었다. 이로부터 다음과 같은 사실을 알 수 있다.

- 전체 픽셀 개수는 9,980,928개다. 10메가픽셀 이미지는 그리 놀랄 만한 것도 아니다.

- 전체 색 개수는 210,303개다. 실제 색과 133개의 색 사이의 유클리드 거리를 계산하려 시도한다면, 단지 27,970,299번만 계산하면 된다. 이 과정에는 단지 76초만 소요된다.

- 3비트 마스크^{mask}인 0b11100000을 사용하는 경우, 가능한 512가지 색 중에서 214 색만 사용된다는 것을 알 수 있다.

- 4비트 마스크인 0b11110000을 사용하면, 전체 4,096가지 색 중에서 1,150 색만 사용된다는 것을 알 수 있다.

- 5비트 마스크인 0b11111000을 사용하면, 전체 32,768가지 색 중에서 5,845 색만 사용된다는 것을 알 수 있다.

- 6비트 마스크인 0b11111100을 사용하면, 전체 262,144가지 색 중에서 27,726 색만 사용된다는 것을 알 수 있다.

이러한 통계는 수십억 번의 계산 없이 데이터 구조를 어떻게 재배열하고, 매치하는 색을 빠르게 계산하고, 다시 이미지를 재구축할 수 있는지를 생각해낼 때 몇 가지 착안점을 제공한다.

다음과 같은 명령을 사용하면 마스크 값을 RGB 바이트에 적용할 수 있다.

```
masked_color= tuple(map(lambda x: x&0b11100000, c))
```

이렇게 하면 적, 녹, 청색 값 중 MSB 3비트만을 얻을 수 있다. 원래의 색 대신 이 값을 사용해 Counter 객체를 만든다면 214개의 서로 다른 값을 볼 수 있을 것이다.

문제를 다시 배열하기

product() 함수를 사용해 모든 픽셀과 모든 색을 비교한다는 단순한 생각은 좋지 않다. 픽셀은 1천만 개가 있지만, 유일한 색은 200,000개뿐이다. 원래의 색을 대상 색으로 매핑하는 방법을 선택한다면, 오직 200,000개의 값을 단순한 맵에 넣으면 된다.

우리는 다음과 같은 접근 방식을 취할 것이다.

- 원래 색으로부터 대상 색으로의 매핑을 계산한다. 여기서는 3비트 색의 값을 출력으로 사용할 것이다. 각각의 R, G, B 값은 range(0, 256, 32)를 사용해 생성할 수 있다. 다음 식을 사용해 모든 대상 색을 열거할 것이다.

  ```
  product(range(0,256,32), range(0,256,32), range(0,256,32))
  ```

- 그 후 원본 팔레트로부터 가장 가까운 색까지의 유클리드 거리를 계산할 수 있다. 단지 68,096번만 계산하면 된다. 이 계산에 0.14초가 걸린다. 거리는 오직 한 번만 계산하면 되고, 그 후 200,000개의 매핑을 계산한다.

- 이미지 전체를 한 번 훑어 나가면서 갱신한 색깔 표를 사용해 새 이미지를 만든다. 경우에 따라 정수 값의 내림 성질을 이용할 수도 있다. (0b11100000&r,

`0b11100000&g`, `0b11100000&b`) 와 같은 식을 사용하여 이미지의 색으로부터 하위 비트들을 없앨 수 있다. 계산 시 이렇게 추가로 데이터를 축약하는 부분은 나중에 살펴본다.

이렇게 하면 십억 개 수준의 유클리드 거리 계산을 천만 개의 수준의 딕셔너리 검색으로 바꿀 수 있다. 실행에 걸리는 시간은 30분에서 30초 정도로 바뀐다.

모든 픽셀의 색을 매핑하는 대신, 입력 값으로부터 출력 값으로의 정적 맵을 만들 것이다. 새 이미지는 원래의 색으로부터 새로운 색으로의 매핑을 단순 검색하여 구축할 수 있다.

200,000색의 모든 팔레트를 만들고 나면, 더 빠른 맨해튼 거리를 사용해 크레욜라 색과 같은 출력 색에서 가장 가까운 색을 찾을 수 있다. 이 과정에서 앞에서 보여줬던 색 매치 알고리즘을 전체 이미지를 계산하지 않고 팔레트에 있는 색의 매핑을 계산하도록 바꿀 수 있다. `pixel_iter()` 함수 대신 `palette.keys()`를 사용하게 만드는 것이 핵심이다.

또 다른 최적화로 색 정보의 일부를 잘라낼 수 있다. 이를 적용하면 훨씬 더 빠른 알고리즘을 만들 수 있다.

두 가지 변환 조합하기

여러 변환을 조합하는 경우, 원본에서 중간 결과를 거쳐 최종 결과로 가는 좀 더 복잡한 매핑을 만들 수 있다. 이를 보여주기 위해 매핑을 적용할 뿐만 아니라 색 정보의 일부를 잘라 크기를 줄일 수도 있다.

문제에 따라서 잘라내는 게 어려울 수도 있지만 종종 매우 쉽게 데이터의 일부를 잘라낼 수 있기도 하다. 예를 들어 미국 우편번호를 아홉 자에서 다섯 자로 줄이는 경우가 자주 있다. 더 나아가 광범위한 지역을 표시하는 세 자리 코드로 잘라낼 수도 있다.

색의 경우, 앞에서 보여준 비트 마스크를 사용하여 세 8비트 값(24비트, 1600만 가지 색)을 세 3비트 값(9비트, 512가지 색)으로 줄일 수 있다.

다음은 주어진 색 집합과의 거리를 계산하면서 원래의 색을 잘라내어 색의 맵을 구축하는 방법을 보여준다.

```
bit3 = range(0, 256, 0b100000)
best = (min(((((euclidean(rgb, c), rgb, c) for c in colors)
        for rgb in product(bit3, bit3, bit3)))))
color_map = dict(((((b[1], b[2].rgb) for b in best))
```

우리는 3비트의 모든 경우(여덟 가지)에 대해 루프를 수행할 bit3이라는 range 객체를 만들었다.

 range 객체는 일반적인 반복자와는 다르다. 이 객체를 여러 번 사용해도 문제가 없다. 따라서 product(bit3, bit3, bit3)는 우리가 출력 색에 사용할 모든 512가지 조합을 만들어 낼수 있다.

각각의 3비트 RGB 색에 대해 3-튜플을 만든다. 0번 원소는 모든 크레욜라 색에 대한 거리, 1번 원소는 RGB 색, 2번 원소는 해당 크레욜라 색의 Color 객체다. 이 3-튜플 컬렉션에 대한 최솟값을 구한다. 따라서 3비트 RGB 색과 가장 가까운 크레욜라 Color 객체를 얻는다.

3비트 RGB 색을 가장 가까운 크레욜라 색으로 매핑하는 딕셔너리를 만들었다. 이 매핑을 사용하려면 원본의 색을 3비트 색으로 바꿔야 한다. 이렇게 잘라내는 작업을 미리 계산한 매핑과 조합하는 것은 우리가 매핑 기법을 조합할 때 어떤 방식을 따라야 하는지를 보여주는 예다.

다음은 이미지 픽셀을 갱신하는 코드다.

```
clone = img.copy()
for xy, p in pixel_iter(img):
    r, g, b = p
    repl = color_map[((([(0b11100000&r, 0b11100000&g,
    0b11100000&b)]))]
    clone.putpixel(xy, repl)
clone.show()
```

이 코드는 몇 가지 PIL 기능을 사용해 그림의 모든 픽셀을 다른 색으로 변경하는 것에 지나지 않는다.

여기서 살펴본 것은 함수형 프로그래밍 도구를 부주의하게 사용하는 경우, 간결하고 이해하기는 쉽지만, 비효율적인 알고리즘을 만들 수 있다는 사실을 보여준다. 계산의 복잡도를 계산할 때 필수적인 도구-때로 빅오$^{Big\ O}$라고 불린다-는 명령형 프로그래밍에서 중요한 것 만큼이나 함수형 프로그래밍에서도 중요하다.

여기서 문제는 product()가 비효율적이라는 점에 있지 않다. 진정한 문제는 product() 함수를 비효율적인 알고리즘에 사용했다는 점에 있다.

값의 컬렉션 순열 구하기

값의 컬렉션의 순열을 만들어 내는 것은 모든 아이템으로 이뤄진 모든 순서를 열거하는 것이다. n개의 원소의 순열은 n!개가 있다. 순열을 여러 다양한 최적화 문제에 대한 단순한 해법으로 활용할 수 있다.

http://en.wikipedia.org/wiki/Combinatorial_optimization를 살펴보면 모든 순열을 전부 나열하는 것이 큰 문제를 해결하는 데 적당한 방법이 아니라는 것을 알 수 있다. itertools.permutations() 함수를 사용하는 것은 매우 작은 문제의 해법을 탐색해볼 경우, 손쉽게 사용할 수 있는 도구일 뿐이다.

이러한 조합적 최적화 문제의 가장 유명한 예는 할당 문제다. n명의 직원과 m개의 작업이 있는데, 각 직원이 어떤 작업을 수행하는 비용이 모두 같지 않다고 가정해보자. 몇몇 직원이 아직 일부 작업의 세부 사항을 숙지하지 못한 반면, 나머지 직원들은 매우 뛰어난 경우를 상상하면 된다. 우리가 작업을 직원들에게 적절히 분배한다면, 비용을 최소화할 수 있다.

간단한 표를 만들면 어떤 직원이 어떤 작업을 얼마나 잘 수행하는지 볼 수 있다. 작업과 직원의 수가 각각 6인 경우, 이 표에는 36개의 칸이 있다. 각 칸은 0번부터 5번까지의 직원이 A부터 F까지의 작업을 수행하는 비용을 보여준다.

모든 가능한 순열을 쉽게 열거할 수 있다. 하지만 문제 규모가 커지면 이러한 방식은 쉽게 성능이 나빠진다. 10!은 3,628,800이다. 따라서 `list(permutations(range(10)))`을 하면 300만 개의 시퀀스를 볼 수 있다.

그 정도 크기의 문제는 몇 초 안에 풀 수 있을지도 모르겠다. 하지만 문제의 크기를 2배로 키우면 순열은 20!이 되고, 약간의 규모 확장성의 문제가 생긴다. 왜냐하면 20!은 2,432,902,008,176,640,000이기 때문이다. 10!의 순열을 열거하는 데 0.56초가 걸린다면 20!의 순열을 열거하는 데는 12,000년이 걸린다.

6명의 직원과 여섯 가지 작업을 조합한 36가지 값을 가지는 비용 행렬이 있는 경우, 이 문제를 다음과 같이 코딩할 수 있다.

```
perms = permutations(range(6)))))
alt= [((([(sum(cost[x][y] for y, x in enumerate(perm)), perm) for perm
in perms]
m = min(alt)[0]
print([[([ans for s, ans in alt if s == m)))])
```

우리는 6명의 직원에 대해 작업을 배정하는 모든 순열을 만들었다. 그 후 비용 행렬을 사용해 각 순열의 비용 합계를 계산했다. 최소의 비용을 찾으면 그것이 바로 최적 해다. 대부분의 경우 최적 해가 둘 이상 있을 수 있다. 우리는 모든 최적 해를 나열했다.

교과서에서 다루기 위한 작은 예제의 경우, 이러한 알고리즘도 매우 빠르다. 하지만 규모가 큰 예제의 경우에는 근사치를 구하는 알고리즘이 훨씬 적합하다.

모든 조합 구하기

itertools 모듈은 값의 집합에 대한 모든 조합을 계산하는 것도 지원한다. 조합을 살펴볼 때는 원소의 순서는 중요하지 않다. 따라서 순열보다 조합의 개수가 더 적다. 조합의 개수를 $\binom{p}{r} = \dfrac{p!}{r!(p-r)!}$ 이라고 쓰곤 한다. 이는 p개의 원소가 있는 전체 집합에서 한 번에 r개의 원소를 취하는 경우의 수를 의미한다.

예를 들어, 5카드 포커의 경우 손에 들어올 수 있는 카드의 조합은 2,598,960가지다. 다음 명령을 실행하면 실제로 250만 여 개의 조합을 모두 볼 수 있다.

```
hands = list(combinations(tuple(product(range(13), '♠♥♦♣')), 5))
```

더 실용적으로 몇 가지 변수가 있는 데이터 집합이 있다고 가정해보자. 일반적인 탐색 기법은 데이터 집합의 모든 변수 쌍 사이의 상관관계를 살펴보는 것이다. 만약 v개의 변수가 있다면, 다음과 같은 명령을 사용해 비교해봐야 하는 모든 변수의 조합을 열거할 수 있다.

```
combinations(range(v), 2)
```

http://www.tylervigen.com에서 몇 가지 예제 데이터를 가져와 이 방법이 어떻게 작동하는지 살펴보자. 같은 시간 범위에 있는 7, 43, 3890의 세 가지 데이터 집합을 선택할 것이다. 단순히 데이터를 격자에 넣고, 연도 부분을 반복할 것이다.

다음은 연간 데이터의 첫 행과 나머지 행의 모양을 보여준다.

```
[('year', 'Per capita consumption of cheese (US)Pounds (USDA)',
'Number of people who died by becoming tangled in their
bedsheetsDeaths (US) (CDC)',
'year', 'Per capita consumption of mozzarella cheese (US)Pounds
(USDA)', 'Civil engineering doctorates awarded (US)Degrees awarded
(National Science Foundation)',
'year', 'US crude oil imports from VenezuelaMillions of barrels
(Dept. of Energy)', 'Per capita consumption of high fructose corn
syrup (US)Pounds (USDA)'),
(2000, 29.8, 327, 2000, 9.3, 480, 2000, 446, 62.6),
(2001, 30.1, 456, 2001, 9.7, 501, 2001, 471, 62.5),
(2002, 30.5, 509, 2002, 9.7, 540, 2002, 438, 62.8),
(2003, 30.6, 497, 2003, 9.7, 552, 2003, 436, 60.9),
(2004, 31.3, 596, 2004, 9.9, 547, 2004, 473, 59.8),
(2005, 31.7, 573, 2005, 10.2, 622, 2005, 449, 59.1),
(2006, 32.6, 661, 2006, 10.5, 655, 2006, 416, 58.2),
(2007, 33.1, 741, 2007, 11, 701, 2007, 420, 56.1),
(2008, 32.7, 809, 2008, 10.6, 712, 2008, 381, 53),
(2009, 32.8, 717, 2009, 10.6, 708, 2009, 352, 50.1)]
```

다음은 이 데이터 집합에 있는 9개의 변수에서 두 가지를 선택할 때 생길 수 있는 모든 조합을 만들기 위해 combinations()를 사용하는 방법이다.

```
combinations(range(9), 2)
```

36가지의 조합이 가능하다. 연도와 연도가 들어간 조합은 제외할 것이다. 왜냐하면 무조건 상관관계가 1이기 때문이다.

다음은 데이터 집합에서 데이터가 있는 열을 선택하는 함수다.

```
def column(source, x):
    for row in source:
        yield row[x]
```

이 함수가 있으면 '4장 컬렉션으로 작업하기'에서 살펴본 corr() 함수를 사용해 두 데이터 열 사이의 상관계수를 계산할 수 있다.

다음은 모든 조합에 대한 상관계수를 계산하는 프로그램이다.

```
from itertools import *
from Chapter_4.ch04_ex4 import corr
for p, q in combinations(range(9), 2):
    header_p, *data_p = list(column(source, p))
    header_q, *data_q = list(column(source, q))
    if header_p == header_q: continue
    r_pq = corr(data_p, data_q)
    print("{"{("{2: 4.2f}: {0} vs {1}".
        format(header_p, header_q, r_pq)))))
```

열의 조합 각각에 대해 우리는 데이터 집합에서 두 열을 가져와 다중 할당을 사용해 머리글 부분과 나머지 데이터 열 부분을 분리했다. 두 머리글이 같다면 어떤 변수를 자기 자신과 비교하고 있는 것이다. 또한 중복된 year에 대한 세 열을 조합하는 경우에도 머리글과 머리글을 비교한 결과가 True가 된다.

열의 조합이 있다면, 상관계수를 계산하여 두 열의 머리글과 상관계수를 출력한다. 의도적으로, 가짜 상관관계를 보여주는 서로 같은 패턴을 따르지 않는 데이터 집합을 골랐다. 그럼에도 불구하고, 상관계수는 굉장히 높다.

결과는 다음과 같다.

```
0.96: year vs Per capita consumption of cheese (US) Pounds (USDA)
0.95: year vs Number of people who died by becoming tangled in their
bedsheetsDeaths (US) (CDC)
0.92: year vs Per capita consumption of mozzarella cheese (US) Pounds
(USDA)
0.98: year vs Civil engineering doctorates awarded (US) Degrees
awarded (National Science Foundation)
-0.80: year vs US crude oil imports from VenezuelaMillions of barrels
(Dept. of Energy)
-0.95: year vs Per capita consumption of high fructose corn syrup
(US) Pounds (USDA)
0.95: Per capita consumption of cheese (US) Pounds (USDA) vs Number of
people who died by becoming tangled in their bedsheetsDeaths (US)
(CDC)
0.96: Per capita consumption of cheese (US) Pounds (USDA) vs year
0.98: Per capita consumption of cheese (US) Pounds (USDA) vs Per
capita consumption of mozzarella cheese (US) Pounds (USDA)
...
0.88: US crude oil imports from VenezuelaMillions of barrels
(Dept. of Energy) vs Per capita consumption of high fructose corn
syrup (US) Pounds (USDA)
```

이러한 패턴의 의미가 무엇인지가 완전히 명확하지는 않다. 우리는 단순한 combinations(range(9), 2)를 사용해 모든 가능한 조합을 열거했다. 이렇게 간결하면서 표현력이 좋은 기법은 조합적인 알고리즘을 고민하느라 고생하는 대신, 데이터 분석과 관련된 문제에만 초점을 맞추도록 도와준다.

요리법

파이썬 라이브러리 문서의 *itertools에 대한 부분에 대한 장은 너무 훌륭하다. 기본적인 정의 뒤에 매우 큰 도움이 되는 명확한 요리법이 들어 있다. 그 내용을 여기에 되풀이할 이유는 없다. 따라서 그 문서를 언급하고 넘어갈 것이다. 파이썬에서 함수형 프로그래밍을 하려는 독자라면 해당 내용을 필수적으로 읽어봐야 한다.

파이썬 표준 라이브러리의 10.1.2절 Itertools 요리법은 훌륭한 자료다. https://
docs.python.org/3/library/itertools.html#itertools-recipes를 살펴보라.

이 요리법에 있는 함수들이 itertools 모듈에서 임포트할 수 있는 것이 아니라는
점을 알아둬야 한다. 요리법을 읽고 이해한 후에는, 아마도 애플리케이션에 포함
시키기 위해 내용을 복사하거나 알맞게 변경해야 할 것이다.

다음 표는 itertools의 도구를 사용해 만들 수 있는 함수형 프로그래밍 알고리즘
의 일부를 보여준다.

함수 이름	인자	결과
Powerset	(iterable)	이 함수는 반복 가능 객체의 모든 부분 집합을 생성한다. 다만, 각 부분 집합은 set의 인스턴스가 아니고 튜플이다.
random_product	(*args,repeat=1)	이 함수는 itertools.product(*args, **kwds)로부터 임의의 데카르트 곱을 하나 선택한다.
random_permutation	(iterable,r=None)	이 함수는 itertools.premutations (iterable,r)로부터 임의의 순열을 하나 선택한다.
random_combination	(iterable,r)	이 함수는 itertools.combinations (iterable, r)로부터 임의의 조합을 하나 선택한다.

요약

이번 장에서는 itertools 모듈이 제공하는 몇 가지 함수를 살펴봤다. 이 라이브
러리 모듈은 반복자를 복잡한 방법으로 활용할 때 도움이 될 수 있는 많은 함수를
제공한다.

우리는 둘 이상의 컬렉션으로부터 원소를 하나씩 선택할 때 가능한 모든 조합을
계산하는 product() 함수를 살펴봤다. permutations(iterable, r) 함수는 주

어진 값의 집합 iterable에서 r개의 원소를 열거하는 여러 가지 방법을 만들어 낸다. combinations(iterable, r) 함수는 주어진 값의 집합 iterable의 부분 집합 중에서 길이가 r인 것을 모두 돌려준다.

또한 product()나 permutations() 함수를 부주의하게 사용하는 경우, 엄청나게 결과 집합이 커진다는 사실을 배웠다. 이 부분은 매우 조심해야 할 내용이다. 간결하고 이해하기도 쉬운 알고리즘이 엄청나게 많은 계산을 유발하는 경우도 있다. 어떤 코드가 수긍할 만한 시간 안에 동작을 마친다는 사실을 확인하기 위해 기본적인 복잡도 분석을 반드시 수행해야 한다.

다음 장에서는, functools 모듈을 살펴본다. 이 모듈에는 함수를 1급 계층 객체로 다루기 위한 몇 가지 도구가 들어 있다. 이 내용은 '2장 함수형 기능 소개'와 '5장 고차 함수'에서 살펴봤던 몇 가지 주제를 더 보충해준다.

10
functools 모듈

함수형 프로그래밍은 일급 계층 객체로서의 함수를 강조한다. 우리는 함수를 인자로 받거나 함수를 결과 값으로 반환하는 많은 고차 함수를 살펴봤다. 이번 장에서는 함수의 생성과 변경을 돕는 여러 함수가 들어 있는 functools 라이브러리를 살펴본다.

이번 장에서도 몇 가지 고차 함수를 살펴본다. '5장 고차 함수'에서 이미 고차 함수에 대해 살펴봤다. 그리고 '11장 데커레이터 설계 기법'에서 다른 고차 함수와 관련 있는 기법을 계속 살펴본다.

여기서는 functools 모듈에 있는 함수 중 다음과 같은 것을 살펴본다.

- @lru_cache: 애플리케이션 유형에 따라 이 데커레이터를 사용하면 상당한 성능 향상을 얻을 수 있다.
- @total_ordering: 이 데커레이터는 다양한 비교 연산자를 만들 수 있도록 돕는다. 우리는 이를 통해 객체지향 설계와 함수형 프로그래밍을 어떻게 혼합할 수 있는지에 대한 좀 더 일반적인 질문을 살펴본다.

- partial(): 어떤 기존 함수의 인자 중 일부만을 적용한 새로운 함수를 만든다.
- reduce(): sum()과 같은 축약을 만드는 것을 일반화한 고차 함수다.

이 라이브러리의 멤버 중 update_wrapper()와 wraps() 함수는 '11장 데커레이터 설계 기법'에서 살펴본다. 다음 장에서는 직접 데커레이터를 작성하는 방법에 대해서도 좀 더 자세히 다룰 것이다.

cmp_to_key() 함수는 완전히 무시한다. 그 함수의 목적은 비교를 사용하는 파이썬 2 코드를 키 추출 함수를 사용하는 파이썬 3 코드로 변환하는 것을 돕는 것이다. 이 책에서는 파이썬 3만을 다루기 때문에 적절한 키 함수를 작성해 전달해야 한다.

함수 도구

'5장 고차 함수'에서 몇 가지 고차 함수를 살펴봤다. 이러한 함수는 함수를 인자로 받거나 함수(또는 제네레이터 식)를 결과로 반환했다. 이러한 모든 고차 함수는 근본적으로 다른 함수를 주입하면 동작이 바뀌는 알고리즘이라고 할 수 있다. max(), min(), sorted()와 같은 함수는 자신의 동작을 변화시킬 수 있도록 key= 함수를 받는다. map(), filter() 등의 함수는 함수와 반복 가능 객체를 받아 함수를 반복 가능 객체의 원소에 적용한다. map() 함수의 경우에는 함수의 결과를 보존한다. filter() 함수의 경우에는 함수가 반환하는 Boolean 값을 사용해 반복 가능 객체에 있는 값을 통과시키거나 거부한다.

'5장 고차 함수'에서 살펴본 모든 함수는 파이썬의 __builtins__ 패키지의 일부다. 이들은 따로 임포트하지 않아도 사용할 수 있다. 그 함수들은 거의 모든 분야에 쓸모가 있기 때문에 언제나 사용할 수 있다. 이번 장에서 소개하는 함수들은 언제나 쓸모 있는 것이 아니기 때문에 임포트를 통해 가져와야 한다.

reduce() 함수는 이 둘 사이의 경계에 걸쳐 있다. 그 함수는 원래는 내장 함수다. 하지만 상당한 논의를 거쳐 잘못 사용할 가능성이 있기 때문에 __builtins__ 패키지에서 제외되었다. 일부 단순해 보이는 연산의 성능이 심각할 정도로 나쁠 수 있다.

lru_cache로 결과 캐시하기

lru_cache 데커레이터는 주어진 함수를 더 빨리 작동할 수 있는 함수로 바꿔준다. LRU는 **최소 최근 사용**$^{\text{Least Recently Used}}$이라는 뜻의 약자다. 이러한 방식에서는 최근에 사용한 원소를 풀^{pool}에 일정하게 유지하다가 풀이 가득찬 경우, 최근에 가장 덜 자주 사용한 원소를 버려 풀이 넘치는 것을 방지한다.

이 함수는 데커레이터다. 따라서 계산 결과를 캐시에 남겨 성능이 향상될 가능성이 있는 모든 함수에 이를 적용할 수 있다. 사용법은 다음과 같다.

```
from functools import lru_cache
@lru_cache(128)
def fibc(n):
    """Fibonacci numbers with naive recursion and caching
    >>> fibc(20)
    6765
    >>> fibc(1)
    1
    """
    if n == 0: return 0
    if n == 1: return 1
    return fibc(n-1) + fibc(n-2)
```

이 코드는 '6장 재귀와 축약'의 예제를 기반으로 한다. 우리는 @lru_cache 데커레이터를 피보나치 수열을 계산하는 함수에 추가했다. 이렇게 데커레이션하고 나면, fibc(n) 함수에 대한 모든 호출을 데커레이터가 유지하는 캐시와 비교하게 된다. 인자 n이 캐시에 있다면, 비용이 많이 들 수도 있는 계산을 다시 하지 않고, 캐시에 있는 예전에 계산했던 결과를 반환한다. 각 반환 값은 캐시에 추가된다. 캐시가 가득차면, 가장 오래된 값을 없애 새로운 값이 들어갈 공간을 만든다.

이 예제를 강조하는 이유는 피보나치의 경우 재귀를 조심성 없이 구현하면, 비용이 꽤 많이 들기 때문이다. 어떤 피보나치 수 F_n을 계산하는 데 드는 복잡도에는 F_{n-1}을 계산하는 비용과 더불어 F_{n-2}를 계산하는 비용도 들어 있다. 따라서 이 계산 과정은 트리를 이루며, 전체 복잡도는 $O(2^n)$이다.

캐시의 이점을 timeit 모듈을 사용해 실험적으로 검증할 수 있다. 두 구현을 수천 번 실행하여 각각에 걸리는 시간을 비교할 수 있다. fib(20)과 fibc(20)을 사용하면 이 계산에 캐시를 사용하지 않은 경우의 비용이 얼마나 큰지 보여준다. 부주의한 버전이 너무 느리기 때문에 느린 버전을 timeit할 때는 시도 회수를 1,000배 줄였다. 결과는 다음과 같다.

- 부주의한 버전: 3.23
- 캐시: 0.0779

fibc() 함수에 timeit 모듈을 그냥 사용할 수는 없다는 사실에 유의하라. 캐시에 있는 값이 그대로 남아 있을 것이다. 따라서 fibc(20)을 한 번만 호출해도 그 값이 캐시에 들어가서, 그 이후 999번의 반복 실행은 그냥 캐시를 읽는 것밖에 안 된다. 실제로는 fibc() 함수를 호출하기 전에 캐시를 지워야 하며, 그렇게 하지 않으면 시간이 거의 0에 가까워진다. 캐시를 지우려면 데커레이터가 내장시켜주는 fibc.cache_clear() 함수를 호출해야 한다.

이렇게 메모이제이션memoization이라는 개념은 강력하다. 결과를 메모이제이션하면 성능이 향상되는 알고리즘도 많다. 하지만 일부 알고리즘은 그리 큰 이득을 보지 못하기도 한다.

p 가지 대상에서 r개로 이뤄진 그룹을 취하는 조합의 개수는 다음과 같이 기술할 수 있다.

$$\binom{p}{r} = \frac{p!}{r!(p-r)!}$$

이 이항 함수binomial function에는 세 가지 계승 계산이 들어간다. 계승 계산에 @lru_cache를 적용하는 것이 타당해 보일 것이다. 몇 가지 이항 계수 값을 계산하는 프로그램이라면 이러한 계승을 모두 계산해야 할 필요가 없어질 것이다. 비슷한 값을 여러 번 계산하는 프로그램이라면 성능을 안정적으로 향상시킬 수 있다. 하지만 캐시에 넣은 값을 재활용하는 일이 적다면, 캐시를 유지하는 데 드는 비용이 성능 향상보다 더 커져 버린다.

비슷한 값을 반복 계산한다면 다음과 같은 결과를 볼 수 있다.

- 단순한 계승 계산: 0.174
- 캐시를 사용한 계승 계산: 0.046
- 캐시를 초기화한 계승 계산: 1.335

timeit 모듈로 같은 이항 함수를 반복 계산하면, 실제로는 계산을 한 번만 하고 나머지는 이미 계산한 값을 반환하기만 한다. 캐시를 초기화하고 다시 계산하는 것을 반복한 경우를 보면 캐시 초기화의 영향을 알 수 있다. 캐시를 초기화하는 연산(cache_clear() 함수)에 따른 비용이 더 들어가 실제보다 성능이 더 나쁘게 나타난다. 이 예제에서 주는 교훈은 lru_cache 데커레이터를 추가하는 것은 매우 쉽지만, 그 결과는 심오할 수도 있고 실제 데이터의 분포와 알고리즘에 따라서는 아무런 영향이 없을 수도 있다는 것이다.

따라서 캐시가 상태가 있는 객체라는 사실을 알아두는 것이 중요하다. 이 설계는 순수 함수형 프로그래밍의 한계를 넘어선다. 이상적인 것은 대입문을 없애고 그에 따른 상태 변화를 피하는 것이다. 이렇게 상태가 있는 변수를 피하는 것의 전형적인 예가 바로 재귀함수다. 재귀함수에서는 현재 상태가 함수의 인자 값에 들어 있지, 어떤 변수에 들어 있지 않다. 하지만 이렇게 이상화한 재귀가 실제 프로세서 하드웨어와 메모리의 제약하에서 효율적으로 작동하려면 꼬리재귀호출 최적화가 필수적이라는 것을 살펴봤다. 파이썬에서는 꼬리재귀를 for 루프로 바꿔 수동으로 최적화할 수 있다. 캐시도 우리가 필요할 때마다 수동으로 도입할 수 있는 비슷한 종류의 최적화다.

이론적으로, LRU 캐시가 있는 어떤 함수에 대한 호출은 함수의 결과와 향후 계산에 사용해야 할 캐시라는 두 가지 결과를 내놓는다고 볼 수 있다. 실용적으로는 이 새 캐시 객체를 fibc() 함수를 데커레이션한 버전 안에 캡슐화한다.

캐시를 사용하는 것이 만병통치약은 아니다. float를 사용하는 애플리케이션은 부동 소수점 수가 가지는 오차로 인해 메모이제이션에서 큰 이익을 얻을 수 없다. 때때로 부동 소수점 수의 최하위 비트에는 잡음이 섞여 있기 때문에 lru_cache 데커레이터가 제대로 작동하기 위해 필요한 정확한 동등성 계산이 불가능할 수도 있다.

이 문제는 '16장 최적화와 개선'에서 다시 다룰 것이다. 이를 구현하는 몇 가지 다른 방법을 추가로 살펴본다.

완전한 순서가 정해져 있는 클래스 정의하기

total_ordering 데커레이터는 다양한 비교 연산자를 제공하는 새로운 클래스를 정의할 때 도움이 된다. 이 데커레이터를 numbers.Number의 하위 클래스인 수를 표현하는 클래스에 적용할 수 있다. 또한 절반 정도의 수와 비슷한 클래스에도 적용할 수 있다.

수와 비슷한 클래스의 예를 살펴보기 위해 트럼프 카드를 생각해보자. 카드에는 끝 수와 슈트가 있다. 몇몇 게임을 시뮬레이션하는 경우, 끝 수만 문제가 된다. 특히 카지노 블랙잭과 같은 게임에서는 끝 수가 특히 중요하다. 수와 마찬가지로 카드에도 순서가 정해져 있다. 때로 각 카드를 마치 수인 것처럼 다루면서, 점수의 합계를 계산하곤 한다. 하지만 카드×카드와 같은 곱셈은 실제로는 아무런 의미가 없다.

다음과 같이 이름 있는 튜플을 사용해 트럼프 카드를 에뮬레이션할 수 있다.

```
Card1 = namedtuple("Card1", ("rank", "suit"))
```

이 구현에는 심각한 한계가 있다. 모든 비교는 끝수와 슈트를 함께 고려한다. 이에 따라 다음과 같이 이상한 결과를 볼 수 있다.

```
>>> c2s= Card1(2, '\u2660')      # 스페이드
>>> c2h= Card1(2, '\u2665')      # 하트
>>> c2h == c2s
False
```

블랙잭에서는 이렇지 않다. 또한 일부 포커에서도 이러한 비교는 적당하지 않다.

실제로는 카드를 끝 수만으로 비교하는 편이 더 낫다. 다음은 훨씬 유용한 클래스 정의다. 이 정의를 두 가지 부분으로 나눠 설명할 것이다. 첫 번째 부분에는 필수적인 애트리뷰트들이 들어 있다.

```
@total_ordering
class Card(tuple):
    __slots__ = ()
    def __new__( class_, rank, suit ):
        obj= tuple.__new__(Card, (rank, suit))
        return obj
    def __repr__(self):
        return "{0.rank}{0.suit}".format(self)
    @property
    def rank(self):
        return self[0]
    @property
    def suit(self):
        return self[1]
```

이 클래스는 tuple을 확장한다. 아무런 슬롯도 추가하지 않기 때문에 이 클래스도 변경 불가능한 클래스다. __new__() 메서드를 재정의^{override}하여 끝 수와 슈트를 지정할 수 있게 한다. 또한 __repr__() 메서드를 통해 Card 객체의 문자열 표현을 제공한다. 또한 끝 수와 슈트를 애트리뷰트 이름을 사용해 얻을 수 있도록 두 가지 프로퍼티를 추가했다.

이 클래스 정의의 나머지 부분은 단지 두 가지 비교 연산만을 정의하는 것을 보여준다.

```
def __eq__(self, other):
    if isinstance(other,Card):
        return self.rank == other.rank
```

```
            elif isinstance(other,Number):
                return self.rank == other
        def __lt__(self, other):
            if isinstance(other,Card):
                return self.rank < other.rank
            elif isinstance(other,Number):
                return self.rank < other
```

__eq__()와 __lt__() 함수를 정의했다. @total_ordering 데커레이터가 나머지
모든 비교 연산을 만들어준다. 두 함수 모두 카드와 카드의 비교나 카드와 수의 비
교가 가능하다.

우선, 다음과 같이 끝수만을 사용하여 비교를 제대로 수행할 수 있다.

```
>>> c2s= Card(2, '\u2660')
>>> c2h= Card(2, '\u2665')
>>> c2h == c2s
True
>>> c2h == 2
True
```

이 클래스를 사용하면, 여러 시뮬레이션에서 카드의 끝 수를 비교하는 구문을 단
순화할 수 있다. 더 나아가 다음과 같이 다양한 비교 연산을 사용할 수 있다.

```
>>> c2s= Card(2, '\u2660') # 스페이드
>>> c3h= Card(3, '\u2665') # 하트
>>> c4c= Card(4, '\u2663') # 클럽, \u2666: 다이아몬드
>>> c2s <= c3h < c4c
True
>>> c3h >= c3h
True
>>> c3h > c2s
True
>>> c4c != c2s
True
```

모든 비교 함수를 직접 작성할 필요가 없고, 데커레이터가 이 함수들을 만들어준
다. 데커레이터가 만들어주는 연산자들이 완벽하지는 않다. 우리는 정수와의 비교
와 Card 인스턴스와의 비교를 모두 사용하도록 요구했다. 그에 따라 몇 가지 문제

가 드러난다.

c4c > 3나 3 < c4c 같은 식은 TypeError 예외를 발생시킬 것이다. 이는 total_ordering 데커레이터가 할 수 있는 일의 한계다. 이러한 식으로 다른 클래스 간의 암시적 형 변환을 사용하는 경우는 흔하지 않기 때문에 이러한 문제는 실제로는 드물게 일어난다.

객체지향 프로그램이 함수형 프로그래밍과 상반된 것은 아니다. 두 기법이 상호보완적인 부분이 있다. 파이썬의 변경 불가능한 객체를 만들 수 있는 기능은 함수형 프로그래밍 기법과 매우 잘 어울린다. 이를 통해 상태가 있는 객체의 복잡성을 쉽게 피할 수 있다. 하지만 캡슐화를 사용해 관련이 있는 함수들을 한군데로 몰아 유지할 수 있다. 이러한 기능은 특히 복잡한 계산이 포함된 클래스 프로퍼티를 정의하는 경우에 유용하다. 그러한 복잡한 계산을 클래스 정의와 밀접하게 묶어둘 수 있다면, 애플리케이션을 더 쉽게 이해할 수 있게 만들 수 있기 때문이다.

수 클래스 정의하기

어떤 경우에는 파이썬으로 사용할 수 있는 수 타입의 탑을 확장하고 싶을 때가 있다. numbers.Number의 하위 클래스를 사용하면 함수형 프로그램을 단순하게 만들 수 있는 경우가 있다. 예를 들어, 복잡한 알고리즘의 일부를 Number의 하위 클래스 정의에 포함시킴으로써, 애플리케이션의 다른 부분을 좀 더 깔끔하고 단순하게 만들 수 있다.

파이썬은 이미 다양한 수 타입을 제공하고 있다. int와 float 내장타입을 다양한 문제에 활용할 수 있다. decimal.Decimal 패키지는 금전을 다루는 경우를 잘 지원할 수 있다. 어떤 경우에는 float 변수보다 fractions.Fraction 클래스가 더 쓸모 있다는 것을 알게 될 수도 있다.

예를 들어, 지리 정보를 다루는 경우 위도와 경도의 각도를 라디안으로 변환하는 추가 애트리뷰트가 있는 float의 하위 클래스를 만드는 것을 고려할 수 있다. 이 하위 클래스의 산술 연산은 $mod(2\pi)$를 사용해 적도나 그리니치 본초자오선을 지나는 계산을 간단하게 처리할 수도 있다.

파이썬의 Number 클래스는 변경 불가능한 객체로 사용하려는 의도로 만들어졌으며, 일반적인 함수형 설계를 모든 메서드 함수에 적용할 수 있다. 예외적인 파이썬 내부 특별 메서드(예: __iadd__() 함수)는 그냥 무시하면 된다.

Number의 하위 클래스를 사용하는 경우, 다음과 같이 설계 시 고려해야 할 내용이 매우 많다.

- 등등성 검사와 해시 값 계산. 수에 대한 해시 계산에 있어 핵심적인 특징은 파이썬 표준 라이브러리의 9.1.2절 타입을 구현하는 사람을 위한 주의사항^{Notes} for type implementors을 보면 정리되어 있다.

- 다른 비교 연산자들(종종 @total_ordering 데커레이터로 구현하곤 함).

- 산술 연산자인 +, -, *, /, //, %, **. 일반적인 연산자에 대한 특별 메서드뿐만 아니라 역방향 타입 일치를 위한 추가 메서드도 존재한다. 예를 들어 a - b와 같은 식이 있다면 파이썬은 a의 타입을 사용해 __sub__() 메서드 함수의 구현을 찾는다. 결과적으로, a.__sub__(b) 메서드를 호출한다. 만약, 좌항인 a의 클래스에 해당 메서드가 없거나 NotImplemented 예외가 발생한다면 우항의 값에서 결과를 만들어 낼 수 있는 b.__rsub__(a)라는 메서드를 찾을 수 있는지도 살펴본다. b의 클래스가 a의 클래스의 하위 클래스인 경우를 처리하는 특별한 규칙도 존재한다. 이 규칙을 사용하면 하위 클래스가 상위 클래스의 좌항 연산자 처리 규칙을 마음대로 바꿀 수 있다.

- 비트 처리 연산자인 &, |, ^, >>, <<, ~. 이러한 연산자는 부동 소수점 수의 경우 의미가 없다. 따라서 그러한 경우에는 이러한 연산에 대한 특별 메서드를 제외하는 게 가장 좋은 설계일 것이다.

- round(), pow(), divmod()와 같은 추가 함수도 수에 대한 특별 메서드 이름을 사용해 정의할 수 있다. 이들은 각 하위 클래스 따라 적절한 구현을 제공해야 한다.

객체지향 파이썬 마스터하기^{Mastering Object-Oriented Python}의 7장은 새로운 수 타입을 만드는 자세한 예제를 보여준다. https://www.packtpub.com/application-development/mastering-object-oriented-python에서 좀 더 자세한 정보를 살펴보라.

앞에서 이야기한 것과 같이, 함수형 프로그래밍과 객체지향 프로그래밍이 서로를 보완할 수 있다. 우리는 함수형 프로그래밍 디자인 패턴을 따르는 클래스를 쉽게 정의할 수 있다. 파이썬의 객체지향 기능은 더 읽기 쉬운 함수형 프로그램을 작성할 수 있게 해준다.

partial()로 인자 중 일부만 적용하기

partial() 함수는 부분 적용^{partial application}이라고 부르는 동작을 가능하게 한다. 부분 적용한 함수는 기존 함수와 그 함수가 요구하는 인자 중 일부분을 가지고 만든 새로운 함수다. 이는 커링^{currying}과 밀접한 관계가 있다. 파이썬의 함수 구현 방식에는 커링을 적용할 수 없기 때문에 여기서는 이론적인 배경 지식 중 대부분은 그리 중요하지 않다. 하지만 커링이라는 개념 자체는 우리에게 몇 가지 편리한 단순화 방법을 제공한다.

다음과 같은 간단한 예제를 살펴보자.

```
>>> exp2= partial(pow, 2)
>>> exp2(12)
4096
>>> exp2(17)-1
131071
```

우리는 pow(2,y)를 호출하는 exp2(y)라는 함수를 만들었다. partial() 함수는 첫 번째 위치에 있는 매개변수를 pow() 함수에 연결시켜준다. 이렇게 만든 epx2() 함수를 호출하면, partial() 함수로 연결한 인자와 exp2() 함수를 통해 받은 인자를 함께 pow2()에 전달한 결과를 돌려받는다.

위치 매개변수를 연결하는 것은 엄격하게 왼쪽에서 오른쪽 순서를 따른다. 키워드 매개변수를 받는 함수의 경우, 부분 적용한 함수를 만들 때 키워드를 넘길 수도 있다.

이러한 종류의 부분 적용 함수는 람다를 사용해 다음과 같은 방식으로도 만들 수 있다.

```
exp2= lambda y: pow(2,y)
```

어느 쪽도 확실히 더 나은 방법은 없다. 성능을 비교해보면 다음과 같이 partial() 함수가 람다 버전보다 종이 한 장만큼 더 빠르다.

- partial: 0.37
- lambda: 0.42

1,000,000번의 반복에 대해 0.05초의 차이를 보인다. 따라서 그리 큰 성능 향상은 없다.

람다가 partial()의 모든 기능을 제공하는 것 같기 때문에 이 함수를 그리 유용하지 않다고 생각하고 무시한다고 해도 안전해 보인다. 이 함수에 대해서는 '14장 PyMonad 라이브러리'에서 다시 살펴본다. 그때 커링을 사용해 부분 적용 함수를 만드는 방법에 대해서도 알아본다.

데이터 집합을 reduce()를 사용해 축약하기

sum(), len(), min() 함수는 모두 reduce() 함수로 표현할 수 있는 좀 더 일반적인 알고리즘을 구체화시킨 것들이다. reduce() 함수는 반복 가능 객체의 원소 쌍에 대해 함수를 겹쳐 적용하는 고차 함수다.

다음과 같은 시퀀스 객체가 있다고 가정하자.

```
d = [2, 4, 4, 4, 5, 5, 7, 9]
```

reduce(lambda x,y: x+y, d)는 + 연산자를 리스트에 다음과 같이 겹쳐 적용한다.

2+4+4+4+5+5+7+9

()를 사용해 연산 순서를 명확히 하면 다음과 같다.

((((((2+4)+4)+4)+5)+5)+7)+9

파이썬의 식은 왼쪽에서 오른쪽 순서로 연산자를 적용한다. 따라서 이렇게 왼쪽에서 오른쪽으로 겹쳐 나가는 것은 의미에 큰 변화를 주지 않는다.

다음과 같이 초깃값을 지정할 수도 있다.

```
reduce(lambda x,y: x+y**2, iterable, 0)
```

초깃값을 지정하지 않는다면, 해당 시퀀스의 첫 값을 초깃값으로 사용한다. (반복 가능 객체의 원소를 전달 받는) 두 번째 매개변수의 값을 다른 값으로 변경하는 reduce()에서는 초깃값을 지정하는 것이 필수적이다. 다음은 0을 초깃값으로 지정한 경우의 제대로 된 결과 값을 보여준다.

0+ 2**2+ 4**2+ 4**2+ 4**2+ 5**2+ 5**2+ 7**2+ 9**2

초깃값 0을 생략하면, reduce() 함수는 첫 번째 원소를 초깃값으로 사용한다. 따라서 다음과 같이 잘못된 결과를 얻는다.

2+ 4**2+ 4**2+ 4**2+ 5**2+ 5**2+ 7**2+ 9**2

여러 내장 축약 함수를 reduce()를 사용해 다음과 같이 정의할 수 있다.

```
sum2= lambda iterable: reduce(lambda x,y: x+y**2, iterable, 0)
sum= lambda iterable: reduce(lambda x, y: x+y, iterable)
count= lambda iterable: reduce(lambda x, y: x+1, iterable, 0)
min= lambda iterable: reduce(lambda x, y: x if x < y else y,
iterable)
max= lambda iterable: reduce(lambda x, y: x if x > y else y,
iterable)
```

sum2() 축약 함수는 제곱의 합으로, 여러 표본의 표준편차를 계산할 때 유용하다. sum() 축약 함수는 내장 sum() 함수를 흉내 낸다. count() 축약 함수는 len() 함수와 비슷하지만, len() 함수를 실체화한 컬렉션 객체에만 사용할 수 있는데 반해 count()는 반복 가능 객체에만 사용할 수 있다.

min()과 max() 함수는 각각의 내장 함수를 흉내 낸다. 반복 가능 객체의 첫 번째 원소를 초깃값으로 사용하기 때문에 이 두 함수 모두 제대로 작동한다. 이 두 가지 reduce() 함수에 어떤 다른 값을 초깃값으로 지정한다면, 원래의 반복 가능 객체에 들어 있지 않은 잘못된 값을 최댓값이나 최솟값으로 반환할 수도 있다.

map()과 reduce() 조합하기

이러한 간단한 정의를 통해 고차 함수를 정의하는 방법을 알 수 있다. map()과 reduce()를 조합한 간단한 맵-축약 함수를 다음과 같이 정의할 수 있다.

```
def map_reduce(map_fun, reduce_fun, iterable):
    return reduce(reduce_fun, map(map_fun, iterable))
```

map()과 reduce 함수로부터 매핑, 축약 연산, 처리할 대상 반복 가능 객체(또는 시퀀스)의 세 인자를 받는 합성 함수를 만들었다.

map()과 reduce()를 사용해 제곱의 합을 계산하는 축약을 다음과 같이 정의할 수 있다.

```
def sum2_mr(iterable):
    return map_reduce(lambda y: y**2, lambda x,y: x+y, iterable)
```

이 경우, lambda y: y**2를 사용해 각각의 값을 제곱한 값으로 매핑했다. 축약은 매개변수에 넘긴 단순한 함수 lambda x,y: x+y을 사용한다. 매핑 함수를 적용하고 나면 반복 가능 객체의 첫 번째 원소의 제곱을 얻을 수 있고, 그 값을 초깃값으로 해도 되기 때문에 따로 초깃값을 지정할 필요는 없다.

lambda x,y: x+y 매개변수는 단순히 + 연산자다. 파이썬에서는 operator 모듈을 사용해 산술 연산자를 함수처럼 사용할 수 있다. 다음은 그 기능을 사용해 앞에서 본 맵-축약 연산을 좀 더 단순화한 것이다.

```
import operator
def sum2_mr2(iterable):
    return map_reduce(lambda y: y**2, operator.add, iterable)
```

`operator.add` 메서드를 사용해 좀 더 긴 람다 형식을 사용하지 않고도 값의 합계를 계산할 수 있다.

다음은 반복 가능 객체의 원소 개수를 세는 프로그램이다.

```
def count_mr(iterable):
    return map_reduce(lambda y: 1, operator.add, iterable)
```

여기서는 `lambda y: 1`를 사용해 각 값을 1로 매핑했다. 그 후 이 값을 `operator.add` 함수를 사용해 축약하면 전체 개수가 된다.

이렇게 일반적인 `reduce()` 함수를 사용하면 원하는 대규모 데이터 집합을 단일 값으로 축약하는 연산을 원하는 대로 지정할 수 있다. 하지만 이 `reduce()` 함수로 수행할 수 있는 것에는 몇 가지 제약이 존재한다.

다음과 같은 명령을 가급적 피해야 한다.

```
reduce(operator.add, ["1", ",", "2", ",", "3"], "")
```

이 코드는 잘 작동한다. 하지만 `"".join(["1", ",", "2", ",", "3"])`과 같은 식으로 하는 것이 좀 더 효율적이다. 시간을 측정해보면 100만 번 처리하는 데 `"".join()` 함수는 0.23초가 걸리는 반면, `reduce()`는 0.69초가 걸린다.

reduce()와 partial() 사용하기

 sum() 함수를 partial(reduce, operator.add)처럼 생각할 수도 있다. 이러한 표현 방식에서 다른 매핑이나 축약을 만드는 방법을 생각해낼 수도 있다. 실제로, 일반적으로 사용하는 모든 축약을 람다 대신 부분 적용 함수를 사용해 정의할 수 있다.

다음 두 예제를 살펴보자.

```
sum2= partial(reduce, lambda x,y: x+y**2)
count= partial(reduce, lambda x,y: x+1)
```

우리는 이 두 함수를 sum2(some_data)나 count(some_iter)처럼 사용할 수 있다. 앞에서 설명한 것처럼, 이러한 방식이 얼마나 더 이로운지는 분명하지 않다. 하지만 일부 매우 복잡한 계산을 이러한 방식을 사용해 쉽게 설명할 수 있는 경우가 있다.

원데이터를 정리하기 위해 map()과 reduce() 사용하기

데이터를 정리하는 경우, 여러 가지 복잡도의 필터를 정의하여 잘못된 값을 제거해야 하는 경우가 많다. 또한 매핑을 사용해 올바른 값이기는 하지만 형식이 잘못된 값을 올바른 형식의 값으로 바꿔야 할 때도 있다.

다음을 살펴보자.

```
def comma_fix(data):
    try:
        return float(data)
    except ValueError:
        return float(data.replace(",", ""))

def clean_sum(cleaner, data):
    return reduce(operator.add, map(cleaner, data))
```

간단한 매핑으로 comma_fix() 클래스를 정의했다. 이 클래스는 데이터를 부동 소수점 수로 사용할 수 있는 대부분 올바른 형식으로 변환한다.

또한 operator.add 메서드를 통해 대상을 축약하기 전에, 주어진 cleaner 함수를 적용하는 맵-축약 함수를 정의했다. 이 경우 comma_fix()를 cleaner로 사용할 것이다.

앞에서 정의한 함수를 다음과 같이 적용할 수 있다.

```
>>> d = ('1,196', '1,176', '1,269', '1,240', '1,307',
... '1,435', '1,601', '1,654', '1,803', '1,734')
>>> clean_sum(comma_fix, d)
14415.0
```

콤마를 수정해 데이터를 정리하고, 합계를 구했다. 이러한 구문은 이러한 두 가지 연산을 조합하는 경우에 유용하다.

하지만 정리 함수를 한 번 이상 적용할 경우에는 더 조심해야 한다. 제곱의 합을 구하는 경우, 다음과 같은 명령을 수행해서는 안 된다.

```
comma_fix_squared = lambda x: comma_fix(x)**2
```

표준편차를 구하면서 clean_sum(comma_fix_squared, d)를 사용하면, 콤마를 수정하는 연산을 데이터에 두 번(한 번은 합계를 구하면서, 또 한 번은 제곱의 합계를 구하면서) 적용하게 된다. 이러한 설계는 좋지 않다. 결과를 lru_cache 데커레이터로 캐시하면 도움이 될 수도 있다. 한 번 정리한 데이터를 tuple로 실체화하는 편이 아마 더 나은 성능을 보일 것이다.

groupby()와 reduce() 사용하기

데이터를 분할해 여러 그룹으로 나눈 다음 각각을 요약하는 경우도 자주 있다. defaultdict(list) 방식을 사용해 데이터를 분할할 수 있다. 그 후 각각의 그룹을 따로따로 처리할 수 있다. '4장 컬렉션으로 작업하기'에서 몇 가지 그룹화와 분할을 살펴봤다. '8장 itertools 모듈'에서 다른 그룹화와 분할도 살펴봤다.

다음은 분석 대상인 간단한 표본 데이터다.

```
>>> data = [('4', 6.1), ('1', 4.0), ('2', 8.3), ('2', 6.5),
... ('1', 4.6), ('2', 6.8), ('3', 9.3), ('2', 7.8), ('2', 9.2),
... ('4', 5.6), ('3', 10.5), ('1', 5.8), ('4', 3.8), ('3', 8.1),
... ('3', 8.0), ('1', 6.9), ('3', 6.9), ('4', 6.2), ('1', 5.4),
... ('4', 5.8)]
```

이 데이터는 키와 각 키에 대해 측정한 값으로 이뤄진 데이터의 시퀀스다.

이 데이터에서 쓸모 있는 그룹을 만드는 한 가지 방법은, 다음과 같은 방법으로 키에서 그 키에 따른 각 그룹으로의 매핑을 만드는 것이다.

```python
from collections import defaultdict
def partition(iterable, key=lambda x:x):
    """Sort not required."""
    pd = defaultdict(list)
    for row in iterable:
        pd[key(row)].append(row)
    for k in sorted(pd):
        yield k, iter(pd[k])
```

이렇게 하면 반복 가능 객체에 속한 각 원소를 개별 그룹에 분리해 넣는다. key() 함수는 각 원소에서 키 값을 뽑아낸다. 이 키를 사용해 pd 딕셔너리의 각 아이템의 뒤에 원소를 추가한다. 이 함수의 결과 값은 itertools.groupby() 함수의 결과와 일치한다. 결과는 (그룹 키, 반복자) 쌍으로 이뤄진 반복 가능한 시퀀스다.

다음은 같은 기능을 itertools.groupby()로 구현한 것이다.

```python
def partition_s(iterable, key= lambda x:x):
    """Sort required"""
    return groupby(iterable, key)
```

차이점은 groupby() 함수에서 사용할 반복 가능 객체는 미리 키를 기준으로 정렬돼 있어야 하는 반면, defaultdict을 사용하는 경우에는 정렬하지 않아도 된다는 점에 있다. 데이터 집합이 매우 크다면 정렬에 걸리는 시간이나 공간 비용도 커진다. 앞의 partition의 마지막 부분에 있는 키를 기준으로 하는 정렬도 중간 결과 데이터를 만들어 내긴 하지만, 그 크기는 원래의 데이터 집합에 비하면 매우 작다 (물론 키 집합의 크기에 따라 달라진다).

그룹화한 데이터를 다음과 같이 요약할 수 있다.

```python
mean= lambda seq: sum(seq)/len(seq)
var= lambda mean, seq: sum( (x-mean)**2/mean for x in seq)
def summarize( key_iter ):
    key, item_iter= key_iter
```

```
values= tuple((v for k,v in item_iter))
μ= mean(values)
return key, μ, var(μ, values)
```

partition() 함수의 결과는 (키, 반복자)의 시퀀스다. 키를 원소의 반복자와 분리한다. 원소 반복자의 각 원소는 원본 데이터에 있던 원래의 객체와 같기 때문에 (키, 값) 쌍이다. 우리가 필요한 것은 값뿐이다. 따라서 간단한 제네레이터 식을 사용해 원본의 키와 값을 분리한다.

다음 명령을 사용해 각 2-튜플의 두 번째 원소를 골라낼 수 있다.

map(snd, item_iter)

snd는 예전에 snd= lambda x: x[1]로 정의했다.

다음 명령을 사용해 summarize() 함수를 각 그룹에 적용할 수 있다.

```
>>> partition1= partition(list(data), key=lambda x:x[0])
>>> groups= map(summarize, partition1)
```

다른 방법을 사용하면, 다음과 같이 할 수 있다.

```
>>> partition2= partition_s(sorted(data), key=lambda x:x[0])
>>> groups= map(summarize, partition2)
```

두 가지 방법 모두 각 그룹에 대한 요약 값을 보여준다. 결과는 다음과 같다.

```
1 5.34 0.93
2 7.72 0.63
3 8.56 0.89
4 5.5 0.7
```

분산을 χ^2 검사의 일부분으로 사용하여, 어떤 귀무가설[null hypothesis]이 그 데이터에 대해 성립하는지 알아볼 수 있다. 귀무가설은 데이터에 특이한 점이 없다는 것이다. 즉, 이 데이터의 분산이 근본적으로는 임의적이라는 것이다. 또한 네 그룹의 데이터를 비교하여 여러 평균이 귀무가설에 부합하는지, 다른 통계적으로 유의미한 분산이 존재하는지를 살펴볼 수 있다.

요약

이번 장에서는 functools 모듈의 여러 함수를 살펴봤다. 이 라이브러리 모듈은 복잡한 함수나 클래스를 만들 때 도움이 되는 여러 함수를 제공한다.

@lru_cache 함수를 사용해 같은 값을 자주 재계산하는 일이 없도록 만들면, 특정 유형의 애플리케이션 성능을 향상시킬 수 있다는 것을 살펴봤다. 이 데커레이터는 정수나 문자열 인자를 받는 일부 함수의 경우, 엄청난 개선을 가져올 수 있다. 이 데커레이터는 메모이제이션을 구현하는 것만으로도 필요한 작업량을 감소시킬 수 있다.

@total_ordering 함수를 데커레이터로 사용해 다양한 순서 비교를 지원하는 객체를 만들 수 있다는 사실도 살펴봤다. 이 기능은 함수형 프로그래밍과 객체지향의 경계쯤에 속하는 기능이지만, 새로운 수 타입을 만드는 경우에 매우 유용하다.

partial() 함수는 인자 값을 부분적용한 새로운 함수를 만든다. 이에 대한 대안으로, 람다를 사용해 비슷한 기능을 만들 수도 있다. 이 두 가지 방식은 대동소이하다.

또한 고차 함수인 reduce() 함수를 살펴봤다. 이 함수는 sum()과 같은 축약 함수를 일반화한 것이다. 앞으로 볼 여러 장에서 이 함수를 사용할 것이다. 이 함수는 filter()와 map() 함수와 더불어 중요한 고차 함수의 범주에 들어간다.

이제부터는 데커레이터를 사용해 고차 함수를 만드는 방법을 본다. 이러한 고차 함수는 더 간결하고 명확한 구문을 가능하게 해준다. 또한 데커레이터를 사용해, 수나 다른 함수 또는 클래스에 혼합할 수 있는 애스팩트aspect를 독립적으로 정의할 수도 있다.

11

데커레이터 설계 기법

파이썬은 고차 함수를 만들 수 있는 다양한 방법을 제공한다. '5장 고차 함수'에서는 두 가지 기법을 살펴봤다. 한 가지 방법은 함수를 인자로 받는 함수를 정의하는 것이었고, 다른 한 가지는 함수를 사용해 초기화하거나 함수를 인자로 받는 `Callable`의 하위 클래스를 정의하는 것이었다.

이번 장에서는 데커레이터를 사용해, 이미 존재하는 함수를 기반으로 새로운 함수를 만드는 방법을 살펴본다. 또한 `functools` 모듈에 있는 두 가지 함수를 좀 더 살펴본다. 그 둘은 `update_wrapper()`와 `wrap()`으로 데커레이터를 만드는 것을 도와준다.

데커레이터 함수의 이점 중 하나는 합성 함수를 만들 수 있다는 것이다. 이 함수는 여러 근원으로부터 기능을 가져올 수 있다. 합성 함수인 $f \circ g(x)$는 $f(g(x))$보다 복잡한 알고리즘을 표현할 때 좀 더 이해하기 쉽다. 복잡한 처리를 표현하는 경우 여러 가지 구문적인 대안이 존재하는 것이 도움이 되는 경우가 자주 있다.

고차 함수로서의 데커레이터

데커레이터의 핵심 아이디어는 기존의 함수를 다른 형태로 변환하는 것이다. 데커레이터는 데커레이터 자신과 데커레이션 대상이 되는 원래의 함수를 가지고 일종의 합성 함수를 만들어 낸다.

데커레이터 함수를 사용하는 방법은 다음 두 가지 중 하나다.

- 다음과 같이 함수 앞에 접두사로 사용하면 기반 함수와 같은 이름의 새로운 함수를 정의할 수 있다.

    ```
    @decorator def original_function():
        pass
    ```

- 새로운 함수를 반환하는 연산으로 명시적으로 사용할 수 있다. 이 경우 만들어지는 함수에 새로운 이름을 부여할 수도 있다.

    ```
    def original_function():
        pass
    original_function= decorator(original_function)
    ```

이 둘은 같은 연산을 두 가지 다른 구문으로 사용한 것이다. 접두사 표기법의 장점은 간결하고 깔끔하다는 것이다. 일부 독자들은 접두사로 사용할 때 이를 더 잘 인식한다. 두 번째 방식은 명시적이며 더 유연하다. 접두사 방식을 더 많이 사용하지만 두 번째 방식을 사용해야만 하는 경우도 있다. 새로운 함수가 원래의 함수를 대치하는 것을 원하지 않는 경우가 그러하다. 다음과 같은 명령을 사용하면 원래 함수와 데커레이션한 결과 함수를 함께 사용할 수 있을 것이다.

```
new_function = decorator(original_function)
```

파이썬 함수들은 일급 계층 객체다. 함수를 인자로 받거나 함수를 결과로 반환하는 함수는 분명 파이썬 언어에 내장된 기능이다. 이때 열린 질문 하나는 "어떻게 어떤 함수의 내부 코드 구조를 갱신하거나 조정할 수 있는가?"라는 것이다.

그에 대한 답은 "그렇게 하지 않는다"이다.

코드의 내부를 더럽히는 대신, 원래의 함수를 둘러싸는 새 함수를 정의하는 것이 훨씬 깔끔하다. 데커레이터를 정의하는 경우, 다음과 같은 두 단계의 고차 함수가 관련된다.

- 데커레이터 함수는 래퍼^{wrapper} 함수를 기반 함수에 적용하여 새로운 래퍼 함수를 반환한다. 이 함수는 데커레이션된 함수를 만들어 내는 과정에서 단 한 번 실행되는 계산을 수행할 수 있다.

- 래퍼 함수는 기반 함수를 평가할 수 있다(그리고 보통은 그렇게 한다). 이 함수는 데커레이션된 함수가 평가될 때마다 평가될 것이다.

다음은 간단한 데커레이터 예제다.

```python
from functools import wraps
def nullable(function):
    @wraps(function)
    def null_wrapper(arg):
        return None if arg is None else function(arg)
    return null_wrapper
```

거의 대부분의 경우 `functools.wraps()` 함수를 사용해 데커레이션된 함수가 원래 함수의 애트리뷰트를 유지하도록 보장한다. 예를 들어 `__name__`과 `__doc__` 애트리뷰트를 복사하면 데커레이션된 함수가 원래 함수와 같은 문서화 문자열 ^{docstring}과 이름을 가지게 할 수 있다.

결과로 만들어지는 함성 함수는(이 예에서는 이름이 `null_wrapper()`임) 원래의 함수인 `function()`을 None 값을 테스트하여 보존해주는 식 안에 넣는다. 원래의 함수는 이 함수의 명시적인 인자가 아니다. 그 함수는 자유 변수^{free variable}이며, 그 값은 이 래퍼 함수가 정의된 문맥(결국은 `nullable()` 함수의 인자)에서 가져오게 된다.

데커레이터 함수의 반환 값은 새로 만들어진 함수가 될 것이다(`return null_wrapper`). 여기서는 데커레이터가 오직 함수만을 반환하며, 데이터를 처리하지는 않는다는 사실이 중요하다. 데커레이터는 메타 프로그래밍^{meta-programming}, 즉 코드를 만들어 내는 코드다. 하지만 실제 데이터를 처리할 때는 데커레이터가 반환한 래퍼 함수(위 예제에서는 `null_wrapper()`)를 사용할 것이다.

우리가 만든 `@nullable` 데커레이터를 다음과 같이 적용해 합성 함수를 만들 수 있다.

```
nlog = nullable(math.log)
```

이제 `math.log()` 함수가 널을 인식하고 처리하도록 만든 `nlog()` 함수가 생겼다. 이 `nlog()` 합성 함수를 다음과 같이 사용할 수 있다.

```
>>> some_data = [10, 100, None, 50, 60]
>>> scaled = map(nlog, some_data)
>>> list(scaled)
[2.302585092994046, 4.605170185988092, None, 3.912023005428146,
4.0943445622221]
```

함수를 데이터 값의 컬렉션에 적용했다. None인 원소도 문제 없이 None이라는 결과를 내놓는다. 이 과정에서 예외 처리 등을 사용하지 않았다.

 사실 이 예제는 단위 테스트에 적합하지 않다. 부동 소수점 수를 테스트하려면 값을 반올림할 필요가 있을 것이다. 이를 위해서는 널을 인식하는 round() 함수를 만들 필요가 있다.

다음은 데커레이터 표기법을 사용해 널을 인식하는 `round()` 함수를 만드는 방법을 보여준다.

```
@nullable
def nround4(x):
    return round(x,4)
```

이 함수는 `round()` 함수를 부분 적용한 후 널을 인식하도록 감싼 것이다. 어떤 측면에서 이 함수는 파이썬이 프로그래머들에게 이미 제공 중인 함수형 프로그래밍 기능 중에서 상대적으로 복잡한 부분이라 할 수 있다.

다음과 같이 널을 인식하는 round() 함수를 만들 수도 있다.

```
nround4= nullable(lambda x: round(x,4))
```

이렇게 해도 마찬가지 효과가 있다. 하지만 이 방법보다는 앞의 방법이 좀 더 깔끔하다.

다음과 같이 round4() 함수를 사용하면, nlog() 함수를 좀 더 잘 테스트할 수 있다.

```
>>> some_data = [10, 100, None, 50, 60]
>>> scaled = map(nlog, some_data)
>>> [nround4(v) for v in scaled]
[2.3026, 4.6052, None, 3.912, 4.0943]
```

이 결과는 파이썬이 실행되는 플랫폼과는 무관하다.

이 데커레이터는 데커레이션할 대상 함수가 단항 함수라는 가정을 하고 있다. 함수의 인자의 개수와 관계 없이 널을 인식하는 함수를 만들어 낼 수 있는 더 일반적인 데커레이터를 만들기 위해 나중에 이 설계를 다시 살펴본다.

'14장 PyMonad 라이브러리'에서는 None 값을 허용하기 위해 사용할 수 있는 다른 방법을 알아본다. PyMonad 라이브러리에는 None이거나 제대로 된 값을 가질 수 있는 경우를 표현하기 위한 Maybe라는 클래스가 들어 있다.

functools의 update_wrapper() 함수 사용하기

@wraps 데커레이터는 update_wrapper() 함수를 사용해 감싸인 함수의 애트리뷰트를 보존한다. 일반적으로, 우리의 기본적인 필요에는 그 데커레이터만으로 충분하다. 이 함수는 원래의 함수에서 특정 애트리뷰트 목록을 복사해 데커레이터가 만들어 내는 함수에 집어넣는다. 어떤 구체적인 애트리뷰트들을 복사할까? 그러한 정의는 모듈 전역 변수에 있다.

update_wrapper() 함수는 모듈 전역 변수를 사용해 어떤 애트리뷰트를 보존할 것인지를 결정한다. WRAPPER_ASSIGNMENTS 변수는 기본적으로 복사해야 할 애트리뷰트들을 정의한다. 그 변수의 디폴트 값은 다음과 같다.

```
('__module__', '__name__', '__qualname__', '__doc__',
'__annotations__')
```

이 목록을 쓸모 있게 변경하는 것은 쉽지 않다. 애트리뷰트를 추가로 복사하려면 우리가 사용할 함수들이 그러한 추가 애튜리뷰트를 가지고 있다는 것을 확신할 수 있어야 한다. 하지만 이를 보장하는 것은 간단한 문제가 아니다. def문의 내부가 일반 프로그래머들이 쉽게 변경할 수 있게 열려 있지 않기 때문이다.

새 애트리뷰트를 구겨 넣는 것이 쉽지 않기 때문에 함수를 감싸는 동작을 정당하게 확장하거나 변경해야 하는 것은 쉽지 않다. 따라서 보통은 WRAPPER_ASSIGNMENTS 변수를 참조 목적으로만 사용하곤 한다.

하지만 Callable 객체를 사용하려면 호출 가능 클래스의 정의에 특정 애트리뷰트를 추가할 수 있다. 그러한 경우 데커레이터가 원래의 Callable 객체를 감싸면서 그러한 애트리뷰트를 복사해야 하는 상황이 생길 수도 있다. 하지만 그러한 경우에도 복잡한 데커레이터 기법을 사용하기보다는 클래스 정의 자체를 변경하여 같은 목적을 달성하는 편이 좀 더 간단해 보인다.

이 밖에도 더 많은 기법이 있기는 있지만, 그중 대부분은 일반적인 애플리케이션 개발에 도움이 되지 않는다.

횡단 관심사

데커레이터 뒤에 숨겨진 한 가지 일반적인 원칙은, 데커레이터를 적용할 대상 함수와 데커레이터로부터 합성 함수를 만들 수 있다는 것이다. 이 아이디어는 프로그램의 여러 부분에 대해 일반적인 관심사를 구현할 수 있는 공통 데커레이터 라이브러리를 만드는 것이다.

여러 함수에 걸쳐 적용할 수 있기 때문에 이러한 관심사를 횡단 관심사cross-cutting concern라고 부르기도 한다. 이들은 데커레이터 형태로 설계하여 구현한 후 애플리케이션이나 프레임워크 전반에 걸쳐 관심의 대상이 되는 모든 클래스에 적용할 수 있는 요소들이다.

앞에서 설명한 것처럼 집중화하면 좋은 관심사에는 다음과 같은 것들이 있다.

- 로그^{logging}

- 감사^{auditing}

- 보안^{security}

- 불완전한 데이터 처리

예를 들어, 로깅 데커레이터가 있다면 표준화한 메시지를 시스템의 로그 파일에 기록할 수 있을 것이다. 감사를 위한 데커레이터는 데이터베이스 갱신과 관련 있는 자세한 사항을 기술할 수 있을 것이다. 보안 데커레이터는 실행 시점의 맥락을 검토해 로그인한 사용자에게 필요한 권한이 있는지 확인할 수 있다.

우리가 살펴본, 어떤 함수가 널을 인식하게 만드는 래퍼도 횡단 관심사를 다룬다. 이 경우, 우리는 일부 함수가 None을 인자로 받는 경우, 예외를 발생시키는 대신 None을 반환하게 만들고 싶다. 데이터가 불완전한 애플리케이션의 경우, 각 데이터 행을 단순하고 일관성 있게 처리하기를 원하지, 불완전한 데이터를 처리하기 위한 if 조건문들이 코드 이해를 방해하는 것을 원치 않는다.

합성 설계

합성 함수에 대한 일반적인 수학 표기법은 다음과 같다.

$$f \circ g(x) = f\big(g(x)\big)$$

아이디어는 두 가지 다른 함수 $f(y)$와 $g(x)$를 합성한 새로운 함수 $f \circ g(x)$를 정의할 수 있다는 것이다.

파이썬에서 이와 같은 경우를 여러 줄로 표현하면 다음과 같다.

```
@f
def g(x):
    something
```

위 코드는 $f \circ g(x)$와 동등하지 않다. 동등성이 정확히 성립하지 않는 이유는 @f 가 $f(y)$와 $g(x)$를 합성하는 수학적인 추상화와 같지 않기 때문이다. 함수의 합성을 기술하려는 목적에서 살펴볼 때 앞으로는 $f(y)$에 대한 추상화와 @f 데커레이터의 구현상의 차이는 무시할 것이다.

데커레이터가 다른 함수를 감싸기 때문에 파이썬에서는 좀 더 일반적인 합성을 제공한다. 파이썬의 설계를 다음과 같이 생각할 수 있다.

$$w_\beta \bullet g \bullet w_\alpha (x) = w_\beta \big(g \big(w_\alpha (x) \big) \big)$$

어떤 함수 적용 $g(x)$에 대해 데커레이터를 적용하는 과정에는 래퍼 함수가 들어간다. 그 래퍼 함수의 한 부분인 $w_\alpha(x)$는 래핑 대상 함수보다 더 먼저 적용되며, 다른 부분인 $w_\beta(x)$는 래핑 대상 함수를 적용한 후에 적용된다.

래퍼 함수는 보통 다음과 같은 모양을 띠고 있다.

```
@wraps(argument_function)
def something_wrapper(*args, **kw):
    # "먼저 적용"하는 부분인 w_α로, *args나 **kw에 적용된다.
    result= argument_function(*args, **kw)
    # "나중 적용"하는 부분인 w_β, 대상 함수가 만들어 낸 결과 값에 적용된다.
```

$f(g(x))$와 비슷한 부류의 함수형 프로그래밍 구성 요소가 매우 많다. 함수를 합성 함수인 $f \circ g(x)$로 요약한다고 하더라도 실질적인 이익이 별로 없기 때문에 굳이 합성 함수를 따로 정의하지 않는 경우도 자주 있다. 하지만 어떤 경우에는 합성한 함수를 map(), filter(), reduce() 등의 고차 함수에 사용하고 싶을 때도 있다.

언제나 map(f, map(g x))라는 방법을 사용할 수 있다. 이렇게 하는 것이 map(f_g, x)를 사용하여 합성 함수를 컬렉션에 적용하는 것보다 좀 더 명확할 것이다. 하지만 두 방식 사이에 근본적인 성능 차이는 없다는 것을 알아둘 필요가 있다. map() 함수는 지연 계산을 하기 때문에 map() 함수를 두 번 적용한 경우, 원소를 x에서 하나 가져와 g()를 적용한 후 그 결과를 f() 함수로 처리할 것이다. map() 함수를 한 번만 사용하는 경우, 원소를 x에서 가져와 f_g() 합성 함수를 사용해 처리한다.

'14장 PyMonad 라이브러리'에서는 각각의 커리화한 함수로부터 합성 함수를 만들어 내는 방식을 살펴본다.

잘못된 데이터 처리하기

탐색적 자료 분석의 횡단 관심사 중 하나는 데이터가 없거나 구문 분석할 수 없는 수치 값을 어떻게 처리할 것인지다. 종종 float, int, Decimal 통화 값을 일관된 방법으로 처리하고 싶을 때가 있다.

또 다른 예로는 "적용 불가능"이나 "값 없음"을 표시하는 특별한 값이 있지만, 그러한 값이 계산을 수행하는 주 스레드에 문제를 발생시키면 안 되는 경우를 들 수 있다. "적용 불가능"한 값을 예외를 발생시키지 않고 다른 식에 전달하는 것이 더 편한 경우가 자주 있다. 우리는 세 가지 잘못된 데이터 변환 함수인 bd_int(), bd_float(), bd_decimal()를 살펴본다. 우리가 추가할 합성 기능은 내장 변환 함수의 앞 단에 들어갈 것이다.

```
import decimal
def bad_data(function):
    @wraps(function)
    def wrap_bad_data(text, *args, **kw):
        try:
            return function(text, *args, **kw)
        except (ValueError, decimal.InvalidOperation):
            cleaned= text.replace(",", "")
            return function(cleaned, *args, **kw)
    return wrap_bad_data
```

이 함수는 주어진 변환 함수를 감싸 잘못된 값이 있는 경우 두 번째 변환을 시도하도록 만든다. None 값을 "적용 불가능"을 표현하는 코드로 사용하는 경우라면, 예외 처리 시 None을 반환하면 될 것이다.

여기서는 파이썬의 *args와 **kw 매개변수를 사용했다. 이렇게 하면 감싸는 대상함수에 추가 인자 값이 들어가도록 보장할 수 있다.

이 래퍼는 다음과 같이 사용할 수 있다.

```
bd_int= bad_data(int)
bd_float= bad_data(float)
bd_decimal= bad_data(Decimal)
```

이렇게 하면 정상적인 데이터를 처리할 뿐만 아니라 한계는 있지만 잘못된 데이터 중 일부도 정리하여 정상적으로 처리할 수 있다.

다음은 bd_int() 함수를 사용하는 예제다.

```
>>> bd_int("13")
13
>>> bd_int("1,371")
1371
>>> bd_int("1,371", base=16)
4977
```

bd_int() 함수를 정상적으로 변환할 수 있는 문자열에 적용한 후 우리가 허용할 수 있는 기호(",")가 들어간 문자열에도 적용했다. 또한 변환 함수에 추가 인자를 지정하는 경우에도 그 인자가 제대로 전달된다는 사실을 알 수 있다.

좀 더 유연한 데커레이터가 필요할 때도 있을 것이다. 여러 가지 데이터 정리 기법을 처리하는 기능을 넣으면 더 좋을 것이다. 단지 콤마(,)만 제거하는 것으로는 충분하지 않을 수 있다. 경우에 따라 \$나 ° 등의 기호를 정리해야 할 수도 있다. 다음 절에서는 좀 더 복잡한, 매개변수화한 데커레이터를 살펴본다.

매개변수를 데커레이터에 추가하기

데커레이터에 매개변수를 추가하여 원하는 대로 설정할 수 있게 만드는 요구사항이 흔히 존재한다. 이러한 경우, 단순히 $f \circ g(x)$라는 합성 함수를 만드는 대신 좀 더 복잡한 처리를 하는 것이다. 즉, c라는 매개변수를 래퍼를 생성할 때 지정하여 $(f(c) \cdot g)(x)$라는 합성 함수를 만든다. 그 후 매개변수화한 합성 함수인 $f(c) \circ g$를 실제 데이터 x에 적용할 수 있다.

파이썬에서는 이를 다음과 같이 쓸 수 있다.

```
@deco(arg)
def func( ):
    something
```

이렇게 하면 deco(arg)라는 매개변수화한 함수를 대상 함수 정의에 적용한다.

그 효과는 다음과 같다.

```
def func( ):
    something
```

```
func= deco(arg)(func)
```

우리가 작업한 것은 다음과 같은 세 가지다.

1. 함수 func를 정의한다.

2. 추상화한 데커레이터 deco()에 인자 arg를 전달하여 구체적인 데커레이터 deco(arg)를 만든다.

3. 구체적인 데커레이터 deco(arg)를 기반 함수 func() 정의에 적용하여, 기반 함수의 데커레이션된 버전인 deco(arg)(func)를 만든다.

인자가 있는 데커레이터는 마지막 함수를 만들어 낼 때 간접적으로 작용한다. 이 경우, 고차 함수를 좀 더 추상화한 어떤 것-즉, 어떤 고차 함수를 만들어 내는 고차 함수-으로 만든 것처럼 보인다.

우리가 살펴봤던 잘못된 데이터 처리 데커레이터를 확장하여 좀 더 유연하게 데이터 변환을 처리하도록 만들 수 있다. 우리는 제거할 문자들을 매개변수로 받는 데커레이터를 정의할 것이다. 다음은 그렇게 매개변수화한 데커레이터다.

```
import decimal
def bad_char_remove(*char_list):
    def cr_decorator(function):
        @wraps(function)
        def wrap_char_remove(text, *args, **kw):
            try:
```

```
            return function(text, *args, **kw)
        except (ValueError, decimal.InvalidOperation):
            cleaned= clean_list(text, char_list)
            return function(cleaned, *args, **kw)
    return wrap_char_remove

    return cr_decorator
```

매개변수화한 데커레이터에는 다음과 같이 세 가지 부분이 존재한다.

- 전체 데커레이터. 이 부분은 추상적인 데커레이터를 정의하여 반환한다. 이 예제에서는 cr_decorator가 추성적인 데커레이터다. 이 추상적인 데커레이터 안에서는 자유 변수인 char_list를 사용한다. 그 변수 정의는 전체 데커레이터(bad_char_remove)에 있다.

- 추상적인 데커레이터. 여기서는 cr_decorator 데커레이터가 그것이다. 이 안에 있는 char_list라는 자유 변수는 전체 데커레이터를 통해 연결되어 함수에 적용된다.

- 데커레이션을 수행하는 래퍼 함수. 이 예제에서는 wrap_char_remove 함수가 대상 함수를 대치할 것이다. @wraps 데커레이터가 있기 때문에 __name__(그리고 다른 애트리뷰트들)의 값을 대상 함수의 이름으로 덮어쓴다.

이 데커레이터를 사용해 다음과 같은 변환 함수를 만들 수 있다.

```
@bad_char_remove("$", ",")
def currency(text, **kw):
    return Decimal(text, **kw)
```

데커레이터를 사용해 currency() 함수를 감쌌다. currency() 함수의 핵심 기능은 decimal.Decimal 생성자를 호출하는 것이다.

이 currency() 함수는 여러 가지 데이터를 처리할 수 있다.

```
>>> currency("13")
Decimal('13')
>>> currency("$3.14")
```

```
Decimal('3.14')
>>> currency("$1,701.00")
Decimal('1701.00')
```

이제는 입력 데이터를 처리할 때 상대적으로 단순한 map(currency, row)를 사용해 문자열로 이뤄진 원본 데이터를 사용 가능한 Decimal 값으로 변환할 수 있다. try:/except: 오류 처리 부분은 합성 변환 함수를 만들 때 우리가 사용한 데커레이터 안에만 들어간다.

비슷한 설계를 활용하여 널을 처리할 수 있는 함수를 만들 수도 있다. 널 값을 처리하기 위해 try:/except:를 사용할 수도 있겠지만, 그냥 None을 반환할 수도 있다.

좀 더 복잡한 데커레이터 구현하기

쉽게 다음과 같은 프로그램을 작성할 수 있다.

```
@f_wrap
@g_wrap
def h(x):
    something
```

파이썬은 우리가 이러한 일을 하는 것을 막지 않는다. 이 코드는 $f \circ g \circ h(x)$와 어느 정도 비슷한 의미다. 하지만 이름은 그냥 $h(x)$이다. 이로 인해 혼동의 여지가 있기 때문에 데커레이터를 여러 단계로 내포시키는 경우에는 주의를 기울여야 한다. 우리의 의도가 단순히 횡단 관심사를 처리하는 경우라면, 크게 혼란을 야기하지 않으면서 각 데커레이터가 관심사를 처리할 수 있을 것이다.

데커레이터를 사용해 합성 함수를 만드는 경우라면, 다음과 같은 명령을 사용하는 편이 더 낫다.

```
f_g_h= f_wrap(g_wrap(h))
```

이렇게 하면 어떤 일이 벌어지고 있는지를 좀 더 정확하게 보여준다. 데커레이터 함수는 함수를 합성하는 수학적인 추상화와 정확하게 일치하지 않는다. 데커레이터 함수는 실제로 합성할 함수를 포함하는 래퍼 함수다. 함수로부터 합성 함수를 만들어 내는 데커레이터와 함수 사이의 차이는 어떤 함수 적용을 이해하려고 시도하는 경우에 문제가 될 수도 있다.

다른 함수형 프로그래밍의 관점에서 볼 때 간결하고 이해하기 쉬운 프로그램을 만드는 것이 목표다. 이해하기 쉬운 데커레이터는 얼마든지 환영이다. 적용할 때 약간의 커스텀화를 통해 거의 모든 것을 처리할 수 있는 최고로-메타적인-수퍼-호출 가능 객체를 만드는 것이 간결할지는 몰라도 이해하기 쉬운 경우는 별로 없다.

설계의 한계를 인식하기

데이터를 정리하는 경우, 이상한 문자를 단순히 제거하는 것만으로는 충분치 않을 수도 있다. 지리적인 위치 정보를 다루는 경우를 예로 들면, 간단한 도 단위의 값(37.549016197)이나 도/분(37° 32.94097′), 도/분/초(37° 32′ 56.46″) 등의 형식이 있을 수 있다. 물론 더 결정적인 문제도 있다. 몇몇 장치는 유니코드 U+00B0인 ° 대신 그와 비슷한 유니코드 U+00BA인 º 를 사용하기도 한다.

그로 인해, 때로 변환 함수와 함께 사용할 수 있는 별도의 정리 함수를 제공해야 하는 경우도 있다. 이 함수는 위도나 경도를 표현할 때 쓰일 수 있는 여러 가지 비일관적인 입력을 변환하는 좀 더 복잡한 경우를 처리할 것이다.

이를 어떻게 구현할 수 있을까? 몇 가지 방법이 가능하다. 간단한 고치 함수도 좋은 생각이다. 반면, 데커레이터는 이러한 경우 끔찍할 정도로 제대로 작동하지 않는다. 우리는 데커레이터가 의미가 있도록 해주는 몇 가지 제약 사항을 살펴보기 위해 데커레이터를 기반으로 하는 설계를 살펴본다.

설계 요구사항에는 다음과 같이 서로 직교적인orthogonal 두 가지 선택 사항이 있다.

1. 출력 변환(int, float, Decimal)

2. 입력 정리(이상한 문자 없애기, 좌표 형식 표준화하기)

이상적인 경우, 이 두 가지 관심사 중 하나는 감싸야 할 대상인 필수적인 함수여야 하고, 다른 하나는 래퍼를 통해 포함시켜야 하는 어떤 것이 되어야 할 것이다. 어떤 것이 필수적인 함수이고, 어떤 것이 래퍼에 들어가야 하는 것인지는 분명하지 않다. 그러한 구분이 불분명한 이유 중 한 가지는 앞에서 살펴본 예제가 단순히 두 가지 부분으로 이뤄진 함수 합성보다 좀 더 복잡하기 때문이다.

앞의 예제는 실제로 세 가지 부분의 합성을 만들어 낸다.

- 출력 변환(int, float, Decimal)
- 입력 정리(단순히 한 문자만을 다른 문자로 바꾸거나 여러 문자를 좀 더 복잡하게 바꿈)
- 변환을 시도하는 함수. 이 함수는 예외가 발생하면 입력을 정리한 후에 다시 변환을 시도한다.

세 번째 부분-변환을 시도한 후 문제가 발생하면 재시도-은 합성 함수의 일부분을 이루는 실제 래퍼 함수다. 앞에서 말한 것처럼, 래퍼에는 먼저 적용하는 $w_\alpha(x)$ 부분과 더 나중에 적용하는 $w_\beta(x)$ 부분이 있다.

이 래퍼를 사용해 두 가지 함수를 합성하고 싶다. 이를 표현하는 방법은 두 가지가 있을 것이다. 다음과 같이 변환 함수에 대한 데커레이터의 인자로 정리 함수를 포함시킬 수 있을 것이다.

```
@cleanse_before(cleanser)
def convert(text):
    something
```

다음과 같이 변환 함수를 정리 함수에 대한 데커레이터의 인자로 포함시킬 수도 있을 것이다.

```
@then_convert(converter)
def clean(text):
    something
```

여기서는 대부분의 경우 내장 변환 함수를 활용하기 때문에 @then_convert
(converter) 스타일의 데커레이터를 사용할 수 있을 것이다. 하지만 어떤 방식을
선택할 것인지는 명확하지 않다.

데커레이터는 다음과 같을 것이다.

```python
def then_convert(convert_function):
    def clean_convert_decorator(clean_function):
        @wraps(clean_function)
        def cc_wrapper(text, *args, **kw):
            try:
                return convert_function(text, *args, **kw)
            except (ValueError, decimal.InvalidOperation):
                cleaned= clean_function(text)
                return convert_function(cleaned, *args, **kw)
        return cc_wrapper
    return clean_convert_decorator
```

세 가지 계층으로 이뤄진 데커레이터를 만들었다. 가장 중심에는 convert_
function을 적용하는 cc_wrapper() 함수가 있다. 변환에 실패하는 경우에는
clean_function()을 호출한 후 다시 convert_function을 호출한다. 이 함수
(cc_wrapper)는 clean_convert_decorator()라는 구체적인 데커레이터를 통해
clean_function을 감싼다. 다시 그 구체적인 데커레이터에는 convert_function
이라는 자유 변수가 있다. 구체적인 데커레이터는 데커레이터 인터페이스인
then_convert()에 변환 함수를 전달하여 만들어진다.

이제 좀 더 유연한 변환 및 정리 함수를 다음과 같이 만들 수 있다.

```python
@then_convert(int)
def drop_punct(text):
    return text.replace(",", "").replace("$", "")
```

이 정수 변환은 주어진 정리 함수(drop_punct)에 데커레이터를 적용한 것이다. 여기
서 정리 함수는 $와 . 문자를 제거한다. 정수 변환은 이렇게 정리한 결과를 감싼다.

이 정수 변환은 다음과 같이 활용할 수 있다.

```
>>> drop_punct("1,701")
1701
>>> drop_punct("97")
97
```

이러한 방식을 통해 복잡한 정리 함수와 변환을 매우 깔끔하게 한데 엮을 수 있지만, 결과는 혼란스러울 수도 있다. 함수의 이름은 내부 핵심 정리 알고리즘의 이름이 된다. 전체 합성 함수에 기여하는 다른 함수들의 존재는 이름에 드러나지 않는다.

이에 대한 대안으로, 다음과 같이 정수 변환을 정의할 수 있다.

```
def drop_punct(text):
    return text.replace(",", "").replace("$", "")
```

```
drop_punct_int = then_convert(int)(drop_punct)
```

이렇게 하면 데커레이션한 정리 함수에 새로운 이름을 부여할 수 있다. 이름과 관련된 문제도 해결해준다. 하지만 마지막에 함수를 `then_convert(int)(drop_punct)`와 같은 방식으로 만드는 부분에서 내부를 너무 노출한다고 할 수 있다.

여기서 한계에 도달했다고 할 수 있다. 데커레이터는 이러한 종류의 설계에 적합하지 않다. 일반적으로, 어떤 함수(또는 클래스)에 고정적이고 단순한 관심사를 몇 가지 추가하려 하는 경우에는 데커레이터가 잘 작동한다. 또한 데커레이터는 추가하려는 관심사를 애플리케이션 코드의 의미에 있어 핵심적인 부분이 아니라 하부 구조나 지원 기능으로 생각할 수 있는 경우에도 중요하다.

여러 가지 직교적인 차원이 관련된 문제의 경우, 최종 결과물인 호출 가능한 객체(또는 함수)는 여러 가지 종류의 전략 객체를 끼워넣을 수 있는 것이어야 한다. 그래야 더 만족스러운 결과를 얻을 수 있다. 고차 함수를 만드는 부분을 더 자세히 살펴봐야 할 것이다. 그 후 고차 함수를 위한 매개변수의 다양한 조합을 사용한 부분 적용 함수를 만들 수 있을 것이다.

로그를 남기거나 보안 검사를 수행하는 것은 문제와 직접적인 관련이 없는 백그라운드 작업의 전형적인 예라 할 수 있다. 우리가 작성하는 코드 전체에 편재해야 하는 처리가 있는 경우라면, 데커레이터가 좀 더 적합하다.

요약

이번 장에서는 인자가 없는 간단한 데커레이터와 매개변수화한 데커레이터를 살펴봤다. 그리고 데커레이터가 여러 함수를 간접적으로 합성하는 것과 관련 있다는 사실을 살펴봤다. 데커레이터는 어떤 함수를 다른 함수(데커레이터 내부에 정의한 함수)로 둘러싼다.

`functools.wraps()` 데커레이터를 사용하면 데커레이터가 대상 함수의 애트리뷰트를 제대로 복사하게 만들 수 있다. 새로운 데커레이터를 만드는 경우, 이 데커레이터를 반드시 사용해야 한다.

다음 장에서는 다중 프로세스와 다중 스레드 기법을 살펴본다. 이와 관련한 패키지는 함수형 프로그래밍 환경에서 특히 더 유용하다. 복잡한 공유 상태를 없애고 엄격하지 않은 처리를 위주로 소프트웨어를 설계하는 경우에는 성능을 향상시키기 위해 병렬성을 활용할 수 있다.

12

다중 프로세스와
스레드 모듈

복잡한 공유한 상태를 없애고 엄격하지 않은 처리를 위주로 설계를 진행한다면, 성능을 향상시키기 위해 병렬성을 활용할 수 있다. 이번 장에서는 우리가 사용 가능한 다중 프로세스와 다중 스레드 기법에 대해 살펴본다. 특히, 지연 계산을 허용하는 알고리즘을 적용하는 경우, 파이썬 라이브러리 패키지가 도움이 된다.

핵심 아이디어는 함수형 프로그램을 한 프로세스 안의 여러 스레드나 여러 프로세스에 분배하는 것이다. 제대로된 함수형 설계를 만들었다면 애플리케이션의 각 부분 사이에 복잡한 상호 작용이 없을 것이다. 단지 인자 값을 받고 결과를 만들어 내는 여러 함수들만 존재한다. 프로세스나 스레드의 경우 이러한 (함수와 비슷한) 구조가 가장 이상적이다.

우리는 multiprocessing과 concurrent.futures 모듈에 집중할 것이다. 이 두 모듈은 몇 가지 병렬 처리 기법을 제공한다.

또한 다중 스레드 대신 프로세스 수준의 병렬성에 집중할 것이다. 프로세스 수준의 병렬성에 집중한다면 파이썬의 전역 인터프리터 록^{Global Interpreter Lock, GIL}을 신경 쓰지 않고 상당한 성능 향상을 달성할 수 있다.

파이썬 GIL에 대해 자세히 알고 싶다면 https://docs.python.org/3.3/c-api/init.html#thread-state-and-the-global-interpreter-lock를 살펴보라.

threading 모듈의 여러 기능은 강조하지 않을 것이다. 이 모듈을 사용해 병렬 처리를 하는 경우도 종종 있다. 함수형 프로그래밍 설계를 제대로 했다면, 여러 스레드에서 같은 메모리를 쓰기 때문에 생기는 문제를 최소화할 수 있다. 하지만 GIL이 있기 때문에 C 파이썬^{CPython}에서 다중 스레드를 사용하는 애플리케이션에는 몇 가지 제한이 있다. I/O를 기다리는 경우에는 GIL에 걸리지 않기 때문에 I/O 위주의 프로그램은 다중 스레드를 사용해도 상당히 좋은 결과를 얻을 수 있다.

수행하는 작업 사이에 의존 관계가 없다면 가장 효율적인 병렬 처리가 가능하다. 충분히 주의 깊게 설계한다면, 병렬 프로그래밍을 이상적인 처리 기법으로 활용할 수 있다. 병렬 프로그램을 작성할 때 가장 어려운 부분은 공유 자원의 갱신을 조정하는 것이다.

함수형 설계 패턴을 따르고 상태가 있는 프로그램을 피한다면, 공유한 객체를 동시에 갱신하는 것도 최소화할 수 있다. 엄격하지 않은 지연 계산을 위주로 하는 소프트웨어를 설계할 수 있다면, 동시 계산이 가능한 소프트웨어도 설계할 수 있다.

프로그램에서 연산의 순서가 문제가 되는 경우라면 언제나 엄격한 의존 관계가 존재한다. 예를 들어, 2*(3+a) 라는 식에서는 (3+a) 라는 하위 식을 먼저 계산해야 한다. 하지만 컬렉션을 다루는 경우라면, 컬렉션 내의 각 원소를 처리하는 순서가 중요하지 않은 상황과 자주 마주칠 수 있다.

다음 두 예제를 생각해보자.

```
x = list(func(item) for item in y)
x = list(reversed([func(item) for item in y[::-1]]))
```

두 명령에서 원소를 평가하는 순서는 서로 반대지만, 결과는 동일하다.

심지어는 다음과 같은 명령도 같은 결과를 만들 수 있다.

```
import random
indices= list(range(len(y)))
random.shuffle(indices)
x = [None]*len(y)
for k in indices:
    x[k] = func(y[k])
```

임의의 순서로 원소를 평가했다. 각 원소를 평가하는 것이 서로 독립적이기 때문에 그 순서는 문제가 되지 않는다. 엄격하지 않은 계산을 허용하는 많은 알고리즘도 이와 비슷한 경우다.

동시성의 진정한 의미는 무엇인가?

단일 코어 프로세서가 하나만 있는 작은 컴퓨터에서는 모든 계산이 그 유일한 프로세서 코어에 의해 직렬화된다. 운영체제는 시간을 영리하게 분할해 할당함으로써 여러 프로세스나 여러 스레드를 서로 뒤섞어 처리해준다.

CPU가 여러 개 있거나, CPU는 하나지만 코어가 여럿인 컴퓨터의 경우에는 진짜로 동시에 CPU 명령을 처리할 수 있다. 다른 모든 동시성은 OS 수준의 시분할을 통해 시뮬레이션되는 것이다. 맥 OS X 데스크톱에는 CPU를 공유하는 프로세스가 200개 있을 수 있다. 이는 사용 가능한 코어 개수를 훨씬 넘어선다. 이를 생각해볼 때 겉으로는 동시적인 것처럼 보이는 동작의 대부분은 OS 수준의 시분할에서 비롯된 것임을 알 수 있다.

경계 조건

$O(n^2)$ 복잡도의 알고리즘이 있다고 가정해보자. 1,000바이트의 파이썬 코드로 이뤄진 내부 루프가 있다고 하자. 10,000개의 객체를 처리한다면 100조 바이트의 파이썬 연산을 실행해야 한다. 이것이 예상 처리 비용이다. 도움이 되리라 생각하는 스레드나 프로세스를 얼마든지 할당할 수는 있지만, 전체 예상 처리 비용은 변하지 않는다.

C파이썬 바이트코드 각각의 실행 시간은 간단하지 않다. 하지만 맥 OS X 노트북에서 장시간에 걸쳐 평균을 내 본 결과로는 초당 60MB정도의 바이트코드를 실행할 것으로 예상할 수 있다. 이는 앞에서 예로 든 100조 바이트의 파이썬 연산을 처리하려면 1,666초 또는 28분이 걸릴 것이라는 의미다.

코어가 4개인 듀얼 프로세서 컴퓨터가 있다면 예상 시간을 25퍼센트, 즉 7분으로 줄일 수 있다. 이 계산에는 우리가 작업을 4개(또는 그 이상)의 독립적인 OS 프로세스로 나눌 수 있다는 가정이 들어 있다.

여기서 중요하게 고려해야 할 점은 100조 바이트의 바이트코드라는 예상 처리 비용은 달라지지 않았다는 점이다. 병렬화가 무슨 마법처럼 부하를 줄여주지는 못한다. 다만 전체 실행 시간을 줄여줄 수 있도록 처리를 스케줄링해줄 뿐이다.

$O(n\log n)$ 복잡도의 더 좋은 알고리즘을 채택한다면 예상 처리 비용을 132MB의 바이트코드 연산으로 바꿀 수 있다. 60MB/s로 실행한다면, 이 정도의 부하는 상당히 작은 것이다. 병렬화는 알고리즘의 개선이 가져오는 것만큼 극적인 향상을 가져오지는 못한다.

프로세스나 스레드 사이에 자원 공유하기

운영체제는 프로세스 간의 상호작용이 없거나 거의 없다고 확신한다. 상호작용하는 두 프로세스가 있다면, 몇 가지 일반적인 OS 자원을 명시적으로 공유해야만 한다. 그러한 자원에는 공통의 파일이나 특정 공유 메모리 객체, 또는 프로세스 사이에 상태를 공유하는 세마포어semaphore 등이 있다. 프로세스는 근본적으로 독립적인 존재들이며, 프로세스 간의 상호 작용은 예외적인 상황이다.

반면, 다중 스레드는 단일 프로세스의 일부다. 한 프로세스에 속한 모든 스레드는 같은 OS 자원을 공유한다. 다른 스레드에 영향을 주지 않고 자유롭게 쓸 수 있는 스레드-지역thread-local 변수는 이러한 공유의 예다. 스레드-지역 메모리를 벗어난 메모리에 대한 쓰기 연산을 수행하면 프로세스의 내부 상태를 예측할 수 없는 순서로 메모리가 변경될 수도 있다. 이렇게 상태 변경을 수행할 때 생기는 문제를 피하려면 록^{lock}을 명시적으로 사용해야 한다. 앞에서 설명한 것처럼, 명령어 실행 시퀀스가 모두 동시에 이뤄지는 경우는 극히 드물다. 동시에 실행되는 여러 스레드나 프로세스의 명령어들은 일반적으로 미리 예측할 수 없는 순서로 서로 뒤섞인다. 스레드를 사용하는 경우, 공유 변수의 내용을 덮어 쓸 가능성이 있기 때문에 록을 주의깊게 사용해야 한다. 병렬 프로세스를 사용하는 경우, 운영체제 수준의 프로세스 스케줄링이라는 부가 비용이 든다.

실제로는, 심지어 하드웨어 수준에서도 복잡한 메모리 쓰기 상황이 발생한다. 이러한 메모리 쓰기 상황에 대해서는 http://en.wikipedia.org/wiki/Memory_disambiguation를 참조하라.

동시에 객체를 갱신하는 경우가 있기 때문에 다중 스레드 애플리케이션을 설계하려고 할 때 혼란이 생긴다. 록을 사용하는 것은 공유 객체에 대한 동시 쓰기를 방지하는 한 가지 방법이다. 공유 객체를 피하는 것도 실현 가능성이 있는 설계 기법 중 하나이다. 이러한 기법은 함수형 프로그래밍에 더 적용하기 쉽다.

C 파이썬은 GIL을 사용해 OS 스레드 스케줄링이 파이썬 데이터 구조 갱신에 영향을 끼치지 못하도록 보장한다. 그 결과, GIL이 기계가 제공하는 명령어 수준에서 파이썬 가상 머신의 명령어 수준으로 스케줄링의 기본 단위를 바꿔준다. GIL이 없다면 서로 경쟁 관계에 있는 여러 스레드가 서로 뒤섞여 실행되면서 파이썬의 내부 데이터 구조를 오염시킬 가능성이 있다.

어디서 이익이 누적되는가?

수행하는 계산량이 많은 반면, 상대적으로 I/O가 적은 프로그램은 동시 프로세싱을 채택해도 그리 큰 이익을 볼 수가 없다. 예상 처리 비용이 28분인 계산이 있다면, 연산을 다른 방식으로 배열한다고 해도 결과에 그렇게 큰 영향이 없을 것이다. 100조 바이트의 코드를 엄격한 계산에서 엄격하지 않은 계산으로 바꾼다고 해도 전체 실행 시간이 줄어들지는 않을 것이다.

하지만 계산에 I/O가 많이 들어가거나 CPU 처리와 I/O 요청을 서로 엇갈려 배치하면 성능이 좋아질 수 있다. 이상적인 경우, 프로그램이 데이터를 처리하는 동안 운영 체제가 다음 번 데이터를 기다릴 수 있다면 좋을 것이다.

계산과 I/O를 서로 섞어 진행하는 데는 두 가지 접근 방식이 있다. 각각은 다음과 같다.

- I/O와 문제에 대한 계산을 전체적으로 엇갈려 진행할 수 있다. 읽기, 처리, 쓰기를 수행하는 처리 파이프라인을 만들 수 있을 것이다. 데이터 객체가 그 파이프의 한 단계에서 다음 단계로 계속 흘러가게 만드는 것이 아이디어다. 각 단계는 병렬적으로 진행할 수 있다.

- 문제를 각각 시작부터 끝까지 처리할 수 있는 별도의 독립적인 단위로 더 작게 분할할 수도 있다.

이러한 두 가지 접근 방식의 경계가 명확한 것은 아니다. 두 방식의 중간에 겹친 영역이 존재한다. 예를 들어, 여러 병렬 파이프라인을 사용하는 것은 두 설계를 혼합한 기법이다. 동시성 프로그램 설계를 어느 정도 쉽게 만들어주는 형식화 기법이 존재한다. 순차 프로세스Communicating Sequential Process, CSP라는 패러다임은 메시지 전달 애플리케이션의 설계에 도움이 된다. pycsp와 같은 패키지를 사용하면 파이썬에 CSP 기법을 도입할 수 있다.

I/O 위주의 프로그램은 동시 프로세싱에서 이익을 얻을 수 있다. 핵심은 I/O와 처리를 교대로 수행하는 것이다. CPU 위주의 프로그램은 동시 프로세싱을 사용하여 이익을 보는 경우가 드물다.

다중 프로세싱 풀과 작업 사용하기

엄격하지 않은 평가를 더 큰 맥락에서 사용하기 위해 multiprocessing 패키지에 Pool 객체라는 개념을 도입했다. 우리는 동시 작업 프로세스로 이뤄진 Pool 객체를 만들고, 작업을 각 프로세스에 할당한 후 작업이 동시에 실행될 것을 기대할 수 있다. 앞에서 설명한 것처럼, 이렇게 생성했다고 하여 Pool 안의 모든 객체가 한꺼번에 만들어지는 것은 아니다. 이는 운영체제의 스케줄링이 여러 프로세스의 실행을 서로 뒤섞을 수 있기 때문에 실행 순서를 예측하기는 어렵다는 의미이기도 하다. 일부 애플리케이션은 이런 방법을 사용하여 더 빠른 시간에 더 많은 작업을 수행할 수 있는 경우도 있다.

이러한 기능을 가장 잘 활용하려면 애플리케이션을 엄격하지 않은 동시 실행에서 이익을 얻을 수 있는 여러 부분으로 나눠야 한다. 임의의 순서로 실행될 수 있는 여러 작업을 별도로 정의할 수 있으면 좋다.

인터넷에서 웹을 긁어와 데이터를 얻는 애플리케이션을 병렬 처리를 사용해 쉽게 최적화할 수 있다. 우리는 동일한 웹 사이트 수집기가 여러 개 들어 있는 Pool 객체를 만들 수 있다. 풀에 있는 프로세스들이 처리할 작업은 URL에서 데이터를 가져와 분석하는 것이다.

여러 로그 파일을 분석하는 애플리케이션도 병렬화하면 좋은 대상일 것이다. 분석 프로세스로 이뤄진 Pool을 만들 수 있다. 분석기마다 각각의 로그 파일을 할당하면, 풀에 있는 여러 작업 프로세스가 실행하는 각 분석기가 동시에 파일을 읽고 분석할 수 있다. 각각의 작업 프로세스는 직렬화한 I/O와 계산으로 이뤄진다. 하지만 한 작업 프로세스가 I/O 완료를 기다리는 동안 다른 작업 프로세스는 분석 계산을 수행할 수 있다.

여러 큰 파일 처리하기

다중 프로세스 애플리케이션의 예를 살펴보자. 우리는 웹 로그 파일에 있는 일반 로그 형식Common Log Format, CLF 데이터를 분석할 것이다. 이 형식은 접근 로그access log에 일반적으로 사용하는 양식이다. 다음의 예제 항목에서는 각 줄의 길이가 길기 때문에 이 책의 폭에 맞게 줄바꿈을 넣어 표시했다.

```
99.49.32.197 - - [01/Jun/2012:22:17:54 -0400] "GET /favicon.ico HTTP/1.1"
200 894 "-" "Mozilla/5.0 (Windows NT 6.0) AppleWebKit/536.5 (KHTML, like
Gecko) Chrome/19.0.1084.52 Safari/536.5"
```

때로 매우 크기가 큰 로그 파일을 매우 많이 분석해야 할 수도 있다. 독립적인 파일이 많이 존재한다는 것은 동시성을 활용하면 상당한 성능 향상을 얻을 수 있다는 의미다.

분석을 넓게 볼 때 두 가지 기능으로 나눌 수 있다. 모든 처리의 첫 단계는 로그 파일을 구문 분석하여 관심 대상 정보를 가져오는 것이다. 이를 다시 네 단계로 나눌 수 있다. 각각은 다음과 같다.

1. 여러 로그 파일의 모든 줄을 읽는다.

2. 파일의 컬렉션에 있는 각 줄의 로그 항목으로부터 이름 있는 튜플을 만든다.

3. 날짜나 URL과 같이 더 복잡한 필드를 자세히 분석한다.

4. 로그에서 관심의 대상이 아닌 경로를 제거한다. 이를 관심 대상인 경로만을 받아들이는 것으로 생각할 수도 있다.

이러한 구문 분석 단계를 거치고 나면, 다양한 분석이 가능하다. multiprocessing 모듈의 기능을 보여주기 위해 특정 경로에 대한 요청이 들어온 회수를 세는 단순한 분석을 살펴본다.

대부분의 입력 처리는 원본 파일을 읽어오는 첫 번째 부분으로 이뤄진다. 파이썬에서 파일 반복자를 사용하면 저수준의 운영체제 요청으로 바뀐다. 각 운영체제 요청이 의미하는 것은 데이터가 사용할 수 있을 때까지 프로세스가 기다려야만 한다는 것이다.

분명히 그러한 경우 다른 연산을 끼워 넣어 I/O가 완료될 때까지 기다리지 않고 처리하기를 원할 것이다. 개발 행부터 전체 파일에 이르기까지 다양한 범위의 연산을 I/O 사이에 끼워넣을 수 있다. 상대적으로 구현하기 쉽기 때문에 전체 파일을 대상으로 하는 연산을 끼워넣는 것을 먼저 살펴본다.

아파치 CLF 파일을 구문 분석하는 것을 함수형으로 설계하면 다음과 같다.

```
data = path_filter(access_detail_iter(access_iter(local_gzip
(filename))))
```

큰 구문 분석 문제를 각각의 단계를 처리하는 작은 함수를 여러 개 사용해 해결했다. `local_gzip()` 함수는 지역적으로 캐시된 GZIP 파일의 각 줄을 읽는다. `access_iter()` 함수는 접근 로그의 각 줄을 가지고 이름 있는 튜플을 만든다. `access_detail_iter()` 함수는 분석하기 어려운 필드를 확장한다. 마지막으로, `path_filter()` 함수는 분석 시 가치가 적은 일부 경로와 파일 확장자를 제거한다.

로그 파일 구문 분석하기 – 행 수집하기

각 파일을 읽어 행의 시퀀스를 만들어 내는 것은 여러 파일을 구문 분석하는 첫 번째 단계다. 로그 파일이 .gzip 형식이기 때문에 각 파일을 `__builtins__`.open() 함수나 io.open() 함수가 아니라 gzip.open() 함수를 사용해 열어야 한다.

`local_gzip()` 함수는 지역적으로 캐시한 파일의 각 줄을 읽는다. 다음 코드를 살펴보자.

```
def local_gzip(pattern):
    zip_logs= glob.glob(pattern)
    for zip_file in zip_logs:
        with gzip.open(zip_file, "rb") as log:
            yield (line.decode('us-ascii').rstrip() for line in log)
```

앞의 함수는 모든 파일에 대해 루프를 수행한다. 각 파일에 대해 만들어지는 값은 각 파일에 들어 있는 각 줄에 대해 반복할 수 있는 제네레이터 함수다. 여기서 우리는 와일드카드를 사용한 파일 찾거나 .zip으로 압축된 로그 파일을 열거나 파일을 여러 줄로 나누면서 각 줄 끝의 \n 문자들을 삭제하는 등의 몇 가지 요소를 캡슐화했다.

여기서 필수적인 디자인 패턴은 각 파일에 대한 제네레이터 식을 값으로 만들어 내는 것이다. 앞의 함수를 함수 하나와 그 함수를 각 파일에 적용하는 매핑으로 다시 표현할 수 있다.

비슷한 출력을 만드는 방법이 몇 가지 더 있다. 예를 들어, 다음은 앞에서 본 예제의 내부 for 루프를 대치할 수 있는 다른 버전이다. `line_iter()` 함수는 주어진 파일의 각 줄을 내보낼 것이다.

```
def line_iter(zip_file):
    log= gzip.open(zip_file, "rb")
    return (line.decode('us-ascii').rstrip() for line in log)
```

line_iter() 함수는 gzip.open() 함수를 적용한 후 각 줄을 정리한다. 특정 패턴과 일치하는 파일에 대해 line_iter() 함수를 적용하는 매핑을 다음과 같이 사용할 수 있다.

map(line_iter, glob.glob(pattern))

이러한 방식의 매핑이 더 간결하기는 하지만 더 이상 참조하는 변수가 없어서 쓰레기 수집이 될 때까지 열린 파일 객체를 남겨두게 된다는 단점이 있다. 처리할 파일의 개수가 많다면 이러한 부분도 무시못할 부가 비용이 된다. 따라서 우리는 앞에서 본 local_gzip() 함수에 초점을 맞출 것이다.

앞에서 본 매핑 방식에는 multiprocessing 모듈의 작동 방식에 잘 들어맞는다는 장점이 있다. 작업자 풀을 만들고 작업(파일 읽기 등)을 프로세스의 풀에 매핑할 수 있다. 그렇게 하면 파일을 병렬로 읽게 된다. 이때 열린 파일은 별도의 프로세스에 속할 것이다.

이러한 설계의 확장으로는 FTP를 사용해 웹 호스트로부터 파일을 가져오는 두 번째 함수를 포함시키는 것이 있다. 파일을 웹 서버에서 가져오기 때문에 local_gzip() 함수를 사용해 분석할 수 있다.

access_iter() 함수는 local_gzip() 함수의 결과를 사용해 원본 파일의 각 줄에 있는 파일 접근을 표현하는 항목으로부터 이름 있는 튜플을 만든다.

로그 항목을 이름 있는 튜플로 만들기

각 로그파일의 각 줄을 모두 읽었다면, 각 줄이 표현하는 세부 사항을 뽑아올 수 있다. 정규식을 사용하면 각 줄을 분해할 수 있다. 그리고 그 결과를 사용해 namedtuple 객체를 만들 수 있다.

다음은 CLF 파일의 각 줄을 구문 분석하는 정규식이다.

```
format_pat= re.compile(
    r"(?P<host>[\d\.]+)\s+"
    r"(?P<identity>\S+)\s+"
    r"(?P<user>\S+)\s+"
    r"\[(?P<time>.+?)\]\s+"
    r'"(?P<request>.+?)"\s+'
    r"(?P<status>\d+)\s+"
    r"(?P<bytes>\S+)\s+"
    r'"(?P<referer>.*?)"\s+' # [SIC]
    r'"(?P<user_agent>.+?)"\s*'
)
```

이 정규식을 사용해 각 줄을 아홉 가지 데이터 요소로 분해할 수 있다. []와 "를 사용하여 time, request, referer, user_agent와 같은 복잡한 요소를 쉽게 이름 있는 튜플로 만들 수 있다.

각각의 접근 정보는 다음과 같이 namedtuple() 함수를 사용해 요약할 수 있다.

```
Access = namedtuple('Access', ['host', 'identity', 'user', 'time',
'request', 'status', 'bytes', 'referrer', 'user_agent'])
```

 namedtuple 함수의 필드 이름과 정규식의 (?P⟨이름⟩) 부분의 그룹 이름이 일치하도록 노력을 기울였다. 이렇게 하면, 구문 분석한 딕셔너리를 처리에 사용할 튜플로 쉽게 바꿀 수 있다.

다음은 각 파일에서 각 줄을 돌려주는 반복자를 인자로 받는 access_iter() 함수다.

```
def access_iter(source_iter):
    for log in source_iter:
        for line in log:
            match= format_pat.match(line)
            if match:
                yield Access(**match.groupdict())
```

`local_gzip()` 함수의 출력은 시퀀스의 시퀀스다. 바깥쪽 시퀀스는 각각의 로그 파일들로 이뤄져 있다. 각 파일에 대해, 그 파일에 있는 여러 줄을 돌려주는 반복 가능한 시퀀스가 존재한다. 어떤 줄이 패턴과 일치한다면, 그 줄은 파일에 대한 접근 정보다. 따라서 `match` 딕셔너리로부터 이름이 붙은 튜플인 Access를 만들 수 있다.

여기서 핵심 디자인 패턴은 구문 분석 함수로부터 정적인 객체를 만들어 내는 것이다. 이 예제에서 구문 분석 함수는 정규식 매처^{matcher}다.

이 작업을 수행하는 방식도 여러 가지가 있다. 예를 들어, `map()` 함수를 다음과 같이 사용할 수도 있다.

```
def access_builder(line):
    match= format_pat.match(line)
    if match:
        return Access(**match.groupdict())
```

이 함수는 꼭 필요한 구문 분석만을 수행하고 Access 객체를 만들어 낸다. 이 함수는 Access 객체를 반환하거나 None을 반환할 것이다. 이 부분이 정규식과 일치하지 않는 줄을 모두 제거하는 것은 앞에서 본 예제와 다른 점이다.

다음은 이 함수를 사용해 여러 로그파일을 Access 객체의 단일 스트림으로 만드는 방법을 보여준다.

```
map(access_builder, (line for log in source_iter for line in
log))
```

이 코드는 `local_gzip()` 함수의 출력을 Access 인스턴스의 시퀀스로 변환한다. 여러 파일로 이뤄진 컬렉션으로부터 읽어온 결과인 반복 가능 객체에 내포된 반복자에 대해 `access_builder()` 함수를 적용했다.

이번 절의 목적은 파일을 함수형 프로그래밍을 사용해 구문 분석하는 방식에도 여러 가지가 있다는 것을 보여주는 것이다. 우리는 '4장 컬렉션으로 작업하기'에서 매우 단순한 구문 분석에 대해 살펴봤다. 여기서는 다양한 기법을 활용해 더 복잡한 구문 분석을 수행한다.

Access 객체의 추가 필드 구문 분석하기

앞에서 만들어 낸 Access 객체는 접근 로그의 각 줄에 있는 아홉 가지 필드의 내부 요소를 분석하지 않은 상태다. 각각의 필드를 더 고수준의 필드들로 분해할 것이다. 그러한 작업을 더 간단한 구문 분석 연산으로 나눈다면 좀 더 단순한 정규식을 사용할 수 있다.

결과 객체는 원래의 Access 튜플을 감싸는 namedtuple 객체다. 그 안에는 자세한 내용을 별도로 구문 분석한 필드가 들어간다.

```
AccessDetails = namedtuple('AccessDetails', ['access', 'time',
'method', 'url', 'protocol', 'referrer', 'agent'])
```

access 애트리뷰트는 원래의 Access 객체다. time 애트리뷰트는 access.time 문자열을 분석한 것이다. method, url, protocol 애트리뷰트는 access.request 필드를 분석해 만들어진다. referrer 애트리뷰트는 구문 분석한 URL이다. agent 애트리뷰트는 더 자세한 필드들로 나뉜다. 다음은 에이전트(브라우저) 상세 정보를 표현하는 필드다.

```
AgentDetails= namedtuple('AgentDetails', ['product', 'system',
'platform_details_extensions'])
```

이러한 필드는 대부분의 에이전트 설명이 따르는 가장 일반적인 문법을 반영한다. 이 부분에는 여러 가지 다양한 변형이 존재하지만, 여기서 보여준 필드 정도가 합리적이라 할 수 있다.

세 가지 자세한 구문 분석 함수를 전체를 분석하는 한 함수 안에 넣을 것이다. 다음은 자세한 구문 분석 함수가 들어 있는 앞 부분을 보여준다.

```
def access_detail_iter(iterable):
    def parse_request(request):
        words = request.split()
        return words[0], ' '.join(words[1:-1]), words[-1]
    def parse_time(ts):
        return datetime.datetime.strptime(ts, "%d/%b/%Y:%H:%M:%S %z")
    agent_pat= re.compile(r"(?P<product>\S*?)\s+"
        r"\((?P<system>.*?)\)\s*")
```

```
        r"(?P<platform_details_extensions>.*)")
def parse_agent(user_agent):
    agent_match= agent_pat.match(user_agent)
    if agent_match:
        return AgentDetails(**agent_match.groupdict())
```

HTTP 요청, 타임 스탬프, 사용자 에이전트 정보를 처리하기 위한 세 가지 구문 분석을 만들었다. 요청은 보통 "GET /어떤/경로 HTTP/1.1"과 같은 문자열이다. parse_request() 함수는 공백으로 구분한 세 가지 부분을 추출한다. 공백이 들어가는 극히 희박한 경우를 대비하여, 공백으로 구분한 단어들 중 첫 번째 것을 메서드^{HTTP method}, 마지막 것을 프로토콜^{protocol}로 정하고, 나머지 단어들을 경로로 만들었다.

시간을 분석하는 것은 datetime 모듈에게 위임한다. 이때 단지 parse_time() 함수에게 적당한 형식 지정 문자열을 넘기기만 하면 된다.

사용자 에이전트를 구문 분석하는 것은 어렵다. 여러 가지 변형이 있기 때문에 parse_agent() 함수에서는 일반적인 유형을 하나 선택해 처리했다. 사용자 에이전트가 이 정규식과 일치한다면, AgentDetails라는 namedtuple 객체에 관련 애트리뷰트가 들어갈 것이다. 하지만 사용자 에이전트 정보가 정규식과 일치하지 않으면, 단순히 None 값을 사용할 것이다.

이 세 가지 구문 분석을 사용하여 Access 객체로부터 AccessDetails 인스턴스를 만든다. access_detail_iter() 함수의 본문은 다음과 같다.

```
for access in iterable:
    try:
        meth, uri, protocol = parse_request(access.request)
        yield AccessDetails(
            access= access,
            time= parse_time(access.time),
            method= meth,
            url= urllib.parse.urlparse(uri),
            protocol= protocol,
            referrer = urllib.parse.urlparse(access.referer),
            agent= parse_agent(access.user_agent)
```

```
        )
    except ValueError as e:
        print(e, repr(access))
```

비슷한 디자인 패턴을 앞의 `access_iter()` 함수에서도 사용했다. 입력 객체를 구문 분석한 결과로부터 새로운 객체를 만들었다. 새로 만든 AccessDetails 객체는 원래의 Access 객체를 감싼다. 이러한 기법을 사용하면 변경 불가능한 객체를 사용하는 동시에, 더 자세한 정보를 추가할 수 있다.

이 함수는 기본적으로 Access 객체에서 AccessDetails 객체로 가는 매핑이다. map()을 사용하면 다음과 같이 설계를 바꿀 수 있다는 것을 상상할 수 있다.

```
def access_detail_iter2(iterable):
    def access_detail_builder(access):
        try:
            meth, uri, protocol = parse_request(access.request)
            return AccessDetails(
                access= access,
                time= parse_time(access.time),
                method= meth,
                url= urllib.parse.urlparse(uri),
                protocol= protocol,
                referrer = urllib.parse.urlparse(access.referer),
                agent= parse_agent(access.user_agent)
                )
        except ValueError as e:
            print(e, repr(access))
    return filter(None, map(access_detail_builder, iterable))
```

AccessDetails 객체 생성을 단일 값을 반환하는 함수로 바꿨다. 그렇게 바꾼 함수를 Access 객체의 반복 가능한 입력 스트림에 적용할 수 있다. 이 구조 또한 multiprocessing 모듈의 작동 방식과 잘 들어맞는다.

객체지향 프로그래밍 환경에서 이러한 추가 구문 분석기는 클래스 정의의 메서드 함수이거나 프로퍼티여야 한다. 함수형 방식으로 설계할 때의 장점은, 실제 객체가 필요할 때까지 각 원소를 구문 분석하지 않는다는 것이다. 하지만 여기 보여준 함수형 설계에서는 분석한 결과를 나중에 사용할 것을 전제로 모든 것을 구문 분석 해둔다.

다른 함수 설계에서는 앞에서 본 세 가지 함수를 사용해 Access에서 필요할 때마다 여러 가지 정보를 뽑아낼 수도 있다. details.time 애트리뷰트를 사용하는 대신, parse_time(access.time)을 사용할 수 있을 것이다. 비록 프로그램 구문은 더 길어지지만, 필요할 때만 애트리뷰트를 구문 분석하게 된다.

자세한 접근 정보 걸러내기

AccessDetails 객체를 걸러내는 필터를 몇 가지 살펴본다. 첫 번째는 관심의 대상이 아닌 수많은 부수적인 파일들을 제외시키는 필터의 모음이다. 두 번째 필터는 분석 함수의 일부이며, 이에 대해서는 다음에 살펴본다.

path_filter() 함수는 세 가지 함수의 조합이다.

1. 빈 경로를 제외한다.
2. 특정 파일 이름들을 제외한다.
3. 주어진 확장자를 가진 파일들을 제외한다.

path_filter()를 최적화한 버전은 다음과 같다.

```python
def path_filter(access_details_iter):
    name_exclude = {
        'favicon.ico', 'robots.txt', 'humans.txt',
        'crossdomain.xml' ,
        '_images', 'search.html', 'genindex.html',
        'searchindex.js', 'modindex.html', 'py-modindex.html',
    }
    ext_exclude = {
        '.png', '.js', '.css',
    }
    for detail in access_details_iter:
        path = detail.url.path.split('/')
        if not any(path):
            continue
```

```
    if any(p in name_exclude for p in path):
        continue
    final= path[-1]
    if any(final.endswith(ext) for ext in ext_exclude):
        continue
    yield detail
```

각각의 `AccessDetails` 객체에 대해 세 가지 필터를 적용한다. 경로가 비어 있거나 제외해야 하는 이름이 경로에 들어 있거나 확장자가 제외 대상인 경우에는 해당 원소를 조용히 무시한다. 경로가 이러한 기준에 부합하지 않으면 관심의 대상이 될 가능성이 있기 때문에 path_filter() 함수가 내보내는 결과에 들어가야 한다.

이 함수는 모든 검사를 명령형 스타일의 for 루프를 사용해 진행하기 때문에 일종의 최적화라고 할 수 있다.

각각의 검사를 별도의 일급 계층 필터 함수로 정의하는 형태로 설계를 시작할 수도 있다. 예를 들어, 빈 경로를 처리하는 다음과 같은 함수로부터 시작할 수 있을 것이다.

```
def non_empty_path(detail):
    path = detail.url.path.split('/')
    return any(path)
```

이 함수는 오직 경로에 이름이 들어 있는 것만을 보장한다. filter() 함수를 다음과 같이 사용할 수 있다.

```
filter(non_empty_path, access_details_iter)
```

non_excluded_names()나 non_excluded_ext() 검사도 비슷하게 작성할 수 있다. 이 세 가지 검사는 다음과 같이 filter()를 연쇄적으로 호출하는 방식으로 활용할 수 있다.

```
filter(non_excluded_ext,
    filter(non_excluded_names,
        filter(non_empty_path, access_details_iter)))
```

이렇게 하면 직전에 호출했던 filter() 함수의 결과에 대해 filter() 함수를 호출할 수 있다. 빈 경로를 제외하고, 남은 결과 집합에서 제외 대상인 이름이 들어간 경로를 제외하고, 제외 대상 확장자로 끝나는 경로를 제외시킨다. 앞의 예제를 일련의 대입문을 사용해 다음과 같이 작성할 수도 있다.

```
ne= filter(non_empty_path, access_details_iter)
nx_name= filter(non_excluded_names, ne)
nx_ext= filter(non_excluded_ext, nx_name)
return nx_ext
```

이 버전은 새로운 필터를 적용해야 할 경우, 확장하기가 약간 더 쉽다는 장점이 있다.

 제네레이터 함수를 사용(예를 들어 filter()와 같은 함수)한다는 것은 중간 결과로 큰 객체를 만들지 않아도 된다는 의미다. ne, nx_name, nx_ext 등의 중간 결과 값들은 각각 적당한 지연 계산 함수들이다. 따라서 최종 처리 프로세스에서 실제로 데이터를 사용하기 전에는 아무런 처리가 이뤄지지 않는다.

우아하기는 하지만 이 설계에는 각각의 함수가 AccessDetails 객체에 있는 경로를 따로따로 구문 분석해야 한다는 약간의 비효율성이 존재한다. 이를 더 효율적으로 만들려면 path.split('/') 함수를 lru_cache 데커레이터로 감싸야 할 것이다.

자세한 접근 정보 분석하기

각각의 AccessDetails 객체를 걸러내고 분석할 때 사용할 수 있는 분석 함수를 두 가지 살펴본다. 첫 번째 함수로, 특정 경로만을 통과시키는 걸러내기 함수를 정의할 것이다. 두 번째 함수는 각각의 경로에 대한 접근 회수를 정리할 것이다.

작은 걸러내기 함수를 만들고, 이를 내장 filter() 함수로 조합하여 AccessDetails에 적용할 것이다. 다음은 이렇게 합성한 걸러내기 함수다.

```
def book_filter(access_details_iter):
    def book_in_path(detail):
        path = tuple(l for l in detail.url.path.split('/') if l)
        return path[0] == 'book' and len(path) > 1
    return filter(book_in_path, access_details_iter)
```

book_in_path() 애트리뷰트에 규칙을 하나 정의했다. 그 후 각각의 AccessDetails 객체에 그 규칙을 적용했다. 해당 경로가 비어 있지 않고, 그 경로의 첫 번째 단계가 book인 경우에 해당 객체를 처리 대상으로 한다. 다른 모든 AccessDetails 객체는 조용히 무시한다.

다음은 관심 대상 객체의 개수를 세는 최종 축약 함수다.

```
from collections import Counter
def reduce_book_total(access_details_iter):
    counts= Counter()
    for detail in access_details_iter:
        counts[detail.url.path] += 1
    return counts
```

이 함수는 Counter() 객체를 만들어 AccessDetails 객체에 있는 각 경로의 빈도를 센다. 특정 경로 집합에 집중하기 위해 reduce_total(book_filter(details))라는 방식을 사용할 것이다. 이렇게 하면 주어진 필터를 통과한 원소에 대한 요약 정보만을 제공한다.

완전한 분석 프로세스

다음은 로그 파일의 컬렉션을 분석하는 analysis() 함수다.

```
def analysis(filename):
    details= path_filter(access_detail_iter(access_iter(local_gzip
    (filename))))
    books= book_filter(details)
    totals= reduce_book_total(books)
    return totals
```

앞의 코드 조각은 단일 파일 이름이나 파일 패턴에 대해 작동한다. 그 함수는 파일 이름이나 패턴에 대해 표준 구문 분석 함수인 path_filter(), access_detail_iter(), access_iter(), local_gzip()을 적용하여 AccessDetails 객체의 반복 가능한 시퀀스를 반환한다. 그 AccessDetails 객체의 시퀀스에 대해 분석 필터와 축약 함수를 적용한다. 결과는 구체적인 경로별 빈도를 보여주는 Counter 객체가 된다.

우리가 사용한 .gzip으로 압축한 로그 파일들은 51 MB이다. 이 파일들을 처리하는 데 걸린 시간은 140초였다. 동시 프로그래밍을 사용해 이를 더 잘 처리할 수는 없을까?

동시 처리에 다중 프로세스 풀을 사용하기

multiprocessing 모듈을 활용하는 좋은 방법은 처리를 위한 Pool 객체를 만들고, 그 풀 안에 있는 여러 프로세스에게 작업을 할당하는 것이다. 그렇게 하면 OS가 다양한 프로세스의 실행을 서로 뒤섞어줄 것이다. 각각의 프로세스에 I/O와 계산이 섞여 있다면, 시스템의 프로세서들이 계속 바쁘게 작업을 수행하도록 보장할 수 있어야 할 것이다. 프로세스가 I/O의 완료를 기다리고 있다면, 다른 프로세스가 계산을 수행할 수 있다. I/O가 완료되면, 그 I/O를 기다리던 프로세스는 실행 가능한 상태가 되어 다른 프로세스와 함께 프로세서 시간을 경쟁하게 된다.

작업을 각각의 프로세스에 할당하는 매핑은 다음과 같다.

```
import multiprocessing
with multiprocessing.Pool(4) as workers:
    workers.map(analysis, glob.glob(pattern))
```

여러 프로세스가 들어 있는 Pool 객체를 만들고, 그 객체를 workers라는 변수에 대입했다. 그 후 analysis라는 함수를 처리할 대상이 들어 있는 반복 가능한 객체인 큐에 적용하되, workers 프로세스 풀을 사용했다. 큐에 있는 작업에는 workers 풀에 있는 각 프로세스가 할당된다. 여기서 큐는 glob.glob(pattern)의 결과로, 파일 이름의 시퀀스다.

analysis() 함수는 결과를 반환한다. Pool을 만든 부모 프로세스는 그 결과를 수집할 수 있다. 이를 위해서는 동시적으로 여러 Counter 객체를 만들고, 그 객체들을 한 합성 객체에 병합해야 한다.

풀을 p개의 프로세스로 시작 다면, 전체 애플리케이션에는 $p+1$개의 프로세스가 존재한다. 1개의 부모와 p개의 자식 프로세스가 존재하기 때문이다. 자식 프로세스로 이뤄진 풀이 시작된 후 부모 프로세스가 해야 할 일이 거의 없기 때문에 이러한 구조가 잘 작동하곤 한다. 일반적으로, 작업 프로세스의 개수는 CPU(또는 코어)의 개수와 같으며, 부모 프로세스는 풀에 있는 자식 프로세스 중 하나와 CPU를 공유하게 된다.

 multiprocessing 모듈에 만들어 내는 자식 프로세스에 대해서는 일반적인 리눅스의 부모/자식 프로세스 관련 규칙을 적용한다. 부모가 자식 프로세스의 마지막 종료 상태를 적절하게 처리하지 않고 죽어버리면, 실행 상태인 "좀비(zombie)" 프로세스가 생길 수 있다. 이로 인해 프로세스 풀 객체는 컨텍스트 관리자여야 한다. 풀을 with문을 통해 사용한다면, 해당 컨텍스트가 끝나는 시점에 자식 프로세스도 제대로 종료시켜준다.

기본적으로 Pool 객체에는 multiprocessing.cpu_count() 함수의 값에 따른 작업 프로세스가 만들어진다. 이 숫자가 최적인 경우가 자주 있기 때문에 보통은 multiprocessing.Pool() as workers:라고만 해도 충분할 것이다.

경우에 따라 CPU 개수보다 더 많은 작업 프로세스를 할당하는 것이 도움이 될 수 있다. 각 프로세스가 I/O 위주의 처리를 수행해야 하는 경우가 이에 해당할 것이다. 여러 작업 프로세스가 I/O의 완료를 기다릴 수 있다면, 애플리케이션의 실행 시간이 줄어들 수도 있다.

어쩐 풀 객체에 p개의 작업 프로세스가 있다면, 이 매핑은 모든 로그를 순차적으로 처리하는 것에 비해 처리 시간을 $\frac{1}{p}$로 줄여준다. 실제로는 풀 객체 내부의 자식 프로세스들과 부모 프로세스 사이의 통신에 드는 부가 비용이 약간 들어간다. 따라서 4-코어 프로세서를 사용해도 처리 시간이 절반 정도만 줄어들 것이다.

다중 프로세스 풀 객체에는 작업을 할당할 수 있는 맵과 비슷한 함수가 네 가지 있다. 각각은 map(), imap(), imap_unordered(), starmap()이다. 이들은 모두 함수를 프로세스의 풀에 적용하는 매핑을 사용하는 일반적인 경우를 약간 변형한 것들이다. 각각의 차이는 자세한 작업 할당 방식이나 결과 수집 방식에 있다.

map(function, iterable) 방식은 반복 가능 객체의 원소를 풀의 각 작업 프로세스에 할당한다. 완료된 결과가 풀 객체에 할당된 순서대로 할당되기 때문에 순서가 유지된다.

imap(function, iterable) 방식은 map보다 더 "게으르다". 기본적으로 이 방식에서는 반복 가능 객체에 있는 각각의 원소를 다음으로 사용 가능해진 작업 프로세스에게 전달한다. 이 과정에서 더 많은 통신 비용이 들 수 있다. 이로 인해 크기가 1보다 큰 청크 값을 추천한다.

imap_unordered(function, iterable) 방식은 imap() 방식과 비슷하지만, 결과의 순서를 유지하지 않는다. 매핑을 순서와 관계 없이 처리할 수 있다는 것은 각 프로세스가 완료되자마자 결과를 수집할 수 있다는 뜻이다. 그렇지 않다면, 결과를 순서에 따라 수집해야만 한다.

starmap(function, iterable) 방식은 itertools.starmap() 함수와 비슷하다. 반복 가능 객체의 각 원소가 튜플이어야 한다. 그 튜플을 function에게 *를 사용해 전달하여 튜플의 각 값이 function의 위치 인자가 되게 만든다. 결과적으로, function(*iterable[0]), function(*iterable[1]) 등을 계산하게 된다.

다음은 앞에서 보여준 매핑 방식을 변형한 프로그램이다.

```
import multiprocessing
pattern = "*.gz"
combined= Counter()
with multiprocessing.Pool() as workers:
    for result in workers.imap_unordered(analysis,
    glob.glob(pattern)):
        combined.update(result)
```

풀에 있는 각 작업 프로세스의 결과를 모두 모으기 위한 Counter() 함수를 만든다. CPU 코어 개수 만큼의 자식 프로세스로 이뤄진 풀을 만들고 그 풀 객체를 컨텍스트 관리자로 사용한다. 그 후 파일 이름 패턴과 일치하는 각각의 파일에 대해 analysis() 함수를 매핑한다. 각 작업 프로세스가 만들어 내는 결과 Counter() 객체를 결과 카운터에 모은다.

전체 작업에 68초가 걸린다. 몇 가지 동시 프로세스를 사용하여 로그를 분석하는 시간을 절반 정도 줄일 수 있었다.

multiprocessing 모듈의 Pool.map() 함수를 사용하는 2-단계의 맵-축약 과정을 만들었다. 첫 번째 단계는 analysis() 함수로 단일 로그파일에 대한 맵-축약을 수행한다. 그 후 각각의 파일에 대한 축약 결과를 더 수준이 높은 축약 연산을 사용해 통합했다.

apply()를 사용해 단일 요청 만들기

map() 함수의 여러 변종과 더불어, 풀에는 작업자 프로세스 하나에게 작업을 할당할 수 있는 apply(function, *args, **kw) 메서드도 있다. map() 메서드는 실제로 apply() 메서드를 반복 실행하는 for 루프라는 사실을 알 수 있다. 예를 들어, 다음과 같은 명령을 사용할 수도 있다.

```
list(workers.apply(analysis, f) for f in glob.glob(pattern))
```

우리의 목적에 있어 이렇게 하는 것이 더 이로운지는 분명치 않다. 우리가 원하는 대부분의 작업은 map() 함수를 사용해 표현할 수 있다.

map_async(), starmap_async(), apply_async() 사용하기

map(), starmap(), apply()의 동작은 Pool 객체에 있는 자식 프로세스에게 작업을 할당하고, 결과가 준비되면 그 결과를 수집하는 것이다. 이로 인해 자식 프로세스가 부모 프로세스가 자신의 결과를 수집할 때까지 기다리는 경우가 생길 수 있다. _async()가 붙은 함수들은 자식의 완료를 기다리지 않는다. 이 함수들이 반환하는 객체를 사용해 자식 프로세스가 생성하는 결과를 질의할 수 있다.

다음은 map_async() 메서드를 사용하는 버전이다.

```
import multiprocessing
pattern = "*.gz"
combined= Counter()
with multiprocessing.Pool() as workers:
    results = workers.map_async(analysis, glob.glob(pattern))
    data= results.get()
    for c in data:
        combined.update(c)
```

풀에 있는 각 작업 프로세스의 결과를 모두 모으기 위한 Counter() 함수를 만든다. CPU 코어 개수 만큼의 자식 프로세스로 이뤄진 풀을 만들고 그 풀 객체를 컨텍스트 관리자로 사용한다. 그 후 파일 이름 패턴과 일치하는 각각의 파일에 대해 analysis() 함수를 매핑한다. map_async() 함수가 반환하는 값은 MapResult 객체다. 작업 프로세스의 풀에 대한 상태나 결과에 대한 질의를 이 객체에 보낼 수 있다. 여기서 우리는 get() 메서드를 사용해 Counter() 객체의 시퀀스를 받아왔다.

각 작업 프로세스가 만들어 낸 결과 Counter() 객체를 결과 카운터에 모았다. 이렇게 병합한 결과에서 여러 로그 파일에 대한 전체 요약 정보를 얻을 수 있다. 이 프로그램은 앞의 예제보다 전혀 더 빠르지 않다. 다만, map_async() 함수를 사용하면 부모 프로세스가 자식 프로세스의 작업 완료를 기다리는 동안 다른 작업을 수행할 수 있다.

더 복잡한 다중 프로세스 구조

multiprocessing 패키지는 다양한 구조를 지원한다. 여러 서버에 걸쳐 있는 다중 프로세스 구조를 쉽게 만들 수 있고, 적절한 수준의 보안을 제공하기 위한 인증 기법을 제공할 수도 있다. 또한 큐나 파이프를 사용해 프로세스에서 다른 프로세스로 객체를 전달할 수도 있다. 프로세스 사이에 공유 메모리를 사용할 수도 있다. 또한 저수준의 록을 공유하여 파일과 같은 공유 자원에 대한 접근을 동기화할 수도 있다.

이러한 구조의 대부분에는 여러 작업 프로세스 사이에 공유된 상태를 명시적으로 관리하는 부분이 들어간다. 특히, 록이나 공유 메모리를 사용하는 것은 원래부터 명령형 방식이고, 함수형 프로그래밍 접근 방법과는 잘 어울리지 않는다.

약간의 주의를 기울이면, 큐나 파이프를 함수적인 방법으로 다룰 수 있다. 우리의 목적은 설계를 생산자와 소비자 함수로 분리하는 것이다. 생산자는 객체를 만들어 큐에 넣는다. 소비자는 큐에서 객체를 가져와 처리한다. 그리고 아마도 중간 결과를 다른 큐에 넣을 것이다. 이러한 식으로 진행하면 동시에 실행 중인 프로세스의 네트워크가 생기고, 부하는 이러한 여러 프로세스 사이에 분산될 것이다. pycsp 패키지를 사용하면 프로세스 사이에 큐를 기반으로 메시지를 교환하는 과정을 단순화할 수 있다. 이에 대해서는 https://pypi.python.org/pypi/pycsp를 살펴보라.

이러한 설계 기법은 복잡한 애플리케이션 서버를 설계하는 경우 상당한 이점이 있다. 서버가 켜져 있는 동안, 다양한 하위 프로세스가 존재하면서 개별 요청을 동시에 처리할 수 있다.

concurrent.futures 모듈 사용하기

multiprocessing 패키지와 더불어 concurrent.futures 모듈을 사용할 수도 있다. 이 모듈도 데이터를 동시에 실행되는 프로세스나 스레드 풀에 할당하는 방법을 제공한다. 이 모듈의 API는 상대적으로 간단하며, multiprocessing.Pool() 함수의 인터페이스와 여러 가지 측면에서 비슷하다.

다음은 단지 둘 사이의 유사성을 보여주기 위한 예제다.

```
import concurrent.futures
pool_size= 4
pattern = "*.gz"
combined= Counter()
with concurrent.futures.ProcessPoolExecutor
(max_workers=pool_size) as workers:
    for result in workers.map(analysis, glob.glob(pattern)):
        combined.update(result)
```

앞에서 봤던 예와 이 예제의 가장 큰 차이는 `multiprocessing.Pool`의 메서드 대신 `concurrent.futures.ProcessPoolExecutor` 객체를 사용한다는 것에 있다. 핵심 설계 패턴은 사용 가능한 작업 프로세스의 풀을 사용하여 파일 이름의 리스트에 `analysis()` 함수를 매핑하는 것이다. 여러 결과 `Counter()` 객체를 모두 모아 최종 결과를 만든다.

`concurrent.futures` 모듈의 성능은 거의 `multiprocessing` 모듈과 비슷하다.

concurrent.futures 스레드 풀 사용하기

`concurrent.futures` 모듈은 애플리케이션에서 사용할 수 있는 또 다른 실행기를 제공한다. `concurrent.futures.ProcessPoolExecutor` 객체 대신 `ThreadPoolExecutor`를 사용할 수 있다. 이렇게 하면 단일 프로세스 안에 스레드의 풀을 만든다.

그 부분을 제외하면 나머지 구문은 `ProcessPoolExecutor` 객체를 사용할 때와 동일하다. 하지만 성능은 엄청나게 다르다. 로그 파일 처리는 I/O 위주의 작업이다. 프로세스의 모든 스레드가 동일한 운영체제 스케줄링 제약 사항을 따른다. 이로 인해 다중 스레드를 사용하는 로그 파일 처리의 성능은 로그 파일을 순차적으로 처리하는 경우와 거의 비슷하다.

맥 OS X를 실행 중인 쿼드코어 노트북에서 예제 로그 파일을 사용하는 경우, 다음과 같은 결과가 I/O 자원을 공유하는 여러 스레드와 프로세스 사이의 차이를 어느 정도 나타내준다.

- `concurrent.futures`의 스레드 풀을 사용한 경우, 총 168초가 걸린다.

- 프로세스 풀을 사용하는 경우, 68초가 걸린다.

두 경우 모두 풀의 크기는 4였다. 다중 스레드를 사용하면 어떤 애플리케이션에서 성능상 이득을 얻을 수 있는지는 분명치 않다. 일반적으로, 다중 프로세스를 사용하는 것이 파이썬 애플리케이션에게 가장 적합해 보인다.

스레드와 큐 모듈 사용하기

파이썬의 threading 패키지는 명령형 애플리케이션을 만들 때 도움이 되는 몇 가지 구성 요소를 제공한다. 이 모듈은 함수형 애플리케이션을 작성하는 데 초점이 맞춰져 있지는 않다. queue 모듈에 들어 있는 스레드 안전한 큐를 스레드 사이에 객체를 전달하는 데 사용할 수 있다.

threading 모듈에는 여러 스레드에 작업을 배분할 수 있는 기능은 들어 있지 않다. 이 모듈의 API는 함수형 프로그래밍에 잘 들어맞지 않는다.

multiprocessing 모듈의 더 기본적인 기능과 함께 사용하면, 상태가 존재하고 명령형이라는 록이나 큐의 특징을 감추려고 노력해볼 수는 있다. 하지만 concurrent.futures 모듈의 ThreadPoolExecutor의 메서드를 사용하는 것이 더 쉬워 보인다. ProcessPoolExecutor.map() 메서드는 컬렉션의 원소에 대해 동시 처리를 적용하기 위해 매우 편하게 사용할 수 있는 인터페이스를 제공한다.

작업을 할당하기 위해 map() 함수를 사용하는 것은 함수형 프로그래밍에서 우리가 바라는 것과 잘 들어맞는다. 이에 따라, 동시성 함수형 프로그래밍을 작성하려는 경우 concurrent.futures 모듈을 가장 사용하기 좋은 방식으로 생각하고, 초점을 맞추는 것이 최선이다.

동시 처리 설계하기

함수형 프로그래밍의 관점에서 볼 때 map() 함수의 개념을 데이터 원소들에게 동시에 적용하는 데에는 세 가지 방법이 있다. 다음 세 가지 방식 중 하나를 사용할 수 있다.

- multiprocessing.Pool
- concurrent.futures.ProcessPoolExecutor
- concurrent.futures.ThreadPoolExecutor

이들과의 상호작용은 거의 비슷하다. 세 가지 모두 반복 가능 컬렉션의 원소에 대해 함수를 적용할 수 있는 map() 메서드를 제공한다. 이 메서드는 다른 함수형 프로그래밍 기법과 잘 들어맞는다. 하지만 동시 스레드와 동시 프로세스의 특성에 따라 각각의 성능에는 차이가 있다.

설계를 진행함에 따라 우리가 예제로 삼은 로그 분석 애플리케이션을 두 가지 분야로 나눌 수 있다.

- 저수준 구문 분석: 이 부분은 거의 대부분의 로그 분석 애플리케이션이 사용할 수 있는 일반적인 구문 분석 기능이다.

- 고수준 분석 애플리케이션: 이 부분은 애플리케이션의 필요에 따라 구체적인 데이터를 걸러내고, 축약을 수행한다.

저수준 구문 분석은 네 가지 단계로 나눌 수 있다.

- 여러 원본 로그파일에서 각 줄을 읽는다. `local_gzip()` 함수가 파일 이름을 줄의 시퀀스로 매핑했다.

- 파일의 컬렉션에 있는 각 줄의 로그 항목으로부터 간단한 `namedtuple`을 만든다. `access_iter()` 함수가 텍스트 줄들을 `Access` 객체들로 매핑했다.

- 날짜나 URL등의 더 복잡한 필드의 자세한 내용을 구문 분석한다. `access_detail_iter()`가 `Access` 객체를 `AccessDetails` 객체로 매핑했다.

- 관심의 대상이 아닌 경로를 로그에서 제외시킨다. 이를 관심 대상만 통과시키는 것으로 생각해도 좋다. 이 과정은 매핑이라기보다는 걸러내기 연산이다. `path_filter()` 함수 안에 있는 여러 필터의 모음을 가지고 이 작업을 수행했다.

주어진 로그파일을 구문 분석한 후 분석하는 전체 `analysis()` 함수를 정의했다. 그 함수는 저수준 구문 분석의 결과에 대해 고수준 필터와 축약을 적용했다. 그 함수를 와일드 카드로 지정한 파일의 컬렉션에 대해 사용할 수도 있다.

관련 다양한 매핑이 존재하기 때문에 이 문제를 스레드나 프로세스의 풀에 매핑할 수 있도록 분할하는 방법도 여러 가지가 있다. 다음은 설계 시 대안으로 고려할 수 있는 여러 가지 매핑 방법이다.

- `analysis()` 함수를 개별 파일에 매핑한다. 이러한 구성을 이번 장에서 사용한 예제에서 계속 활용했다.

- `logal_gzip()` 함수를 `analysis()` 함수에서 빼낸다. 이제 이렇게 바꾼 `analysis()` 함수를 `local_gzip()` 함수의 결과에 적용할 수 있다.

- `access_iter(local_gzip(pattern))` 함수를 `analysis()` 함수에서 빼낸다. 이렇게 바꾼 `analysis()` 함수를 Access 객체의 반복 가능한 시퀀스에 적용할 수 있다.

- `access_detail_iter(access-iter(local_gzip(pattern)))`를 별도의 반복 가능 객체로 빼낸다. 이 AccessDetail 객체들에 대해 `path_filter()` 함수와 고수준 필터를 적용하고 축약한다.

- 저수준 구문 분석을 고수준 분석과 별도의 함수로 분리할 수도 있다. 그렇게 하고 난 후 분석 필터와 축약을 저수준 구문 분석의 결과에 매핑한다.

이러한 모든 방법은 예제 애플리케이션을 상대적으로 간단하게 재구성하는 것이다. 함수형 프로그래밍 기법을 사용하는 경우의 이점은 전체 처리 과정의 각 부분을 매핑으로 정의할 수 있다는 것이다. 이로 인해 최적의 설계를 위해 여러 가지 다른 구조를 고려하는 데 드는 비용이 실용적일 수 있다.

하지만 이번 장에서 다룬 예제의 경우, I/O 처리를 가능한 한 많은 CPU나 코어에 분배해야 한다. 앞에서 본 여러 가지 리팩터링 방식의 대부분은 I/O를 모두 부모 프로세스에서 처리하고, 단지 계산만을 여러 동시 프로세스에 배분한다. 그에 따라 얻을 수 있는 이익이 그리 크지 않다. 그렇다면 우리는 매핑에 초점을 맞춰야 한다. 왜냐하면 매핑이 I/O를 가능한 한 더 많은 코어에 분배할 수 있기 때문이다.

한 프로세스에서 다른 프로세스로 전달되는 데이터의 양을 최소화하는 것이 중요한 경우가 많다. 이 장의 예제에서는 매우 짧은 파일 이름 문자열을 각 작업 프로세스에 넘겼다. 그 결과 만들어지는 Counter 객체는 각 압축된 로그 파일의 10MB 정도의 크기에 비하면 상당히 작다. 오직 한 번만 나타나는 원소를 제거하여 Counter 객체의 크기를 더 줄일 수도 있다. 또는 애플리케이션에서 가장 자주 방문한 20개의 원소만을 처리하도록 제약을 가할 수도 있다.

이 애플리케이션의 설계를 자유롭게 재구성할 수 있다고 하여 설계를 반드시 재구성해야 한다는 의미는 아니다. 몇 가지 벤치마크를 통해 로그 파일 분석이 정말 파일을 읽는 시간에 의해 결정되는지 확인해볼 수 있다.

요약

이번 장에서는 여러 조각의 데이터를 동시에 처리하는 것을 지원하는 두 가지 방식을 살펴봤다.

- multiprocessing 모듈: 특히, Pool 클래스와 풀에 작업을 배정하는 여러 가지 매핑.
- concurrent.futures 모듈: 특히, ProcessPoolExecutor와 ThreadPoolExecutor 클래스. 이 두 클래스도 작업 스레드나 작업 프로세스에게 작업을 배분하는 매핑을 제공한다.

또한 함수형 프로그래밍과는 잘 들어맞지 않는 몇 가지 다른 대안도 언급했다. multiprocessing 모듈에는 여러 가지 기능이 들어 있지만, 함수형 설계에는 잘 들어맞지 않는다. 이와 마찬가지로, threading과 queue 모듈을 사용해 다중 스레드 애플리케이션을 만들 수도 있지만, 그러한 기능도 함수형 프로그래밍과 잘 어울리지는 않는다.

다음 장에서는 operator 모듈을 살펴본다. 그 모듈을 사용하면 알고리즘 중 몇 가지를 단순화시킬 수 있다. 람다 형식을 사용하는 대신, 내장 연산자 함수를 사용할 수 있다. 또한 유연하게 설계 의사 결정을 내릴 수 있는 기법과 식을 엄격하지 않은 순서로 평가할 수 있는 기법도 살펴본다.

13
조건식과 연산자 모듈

함수형 프로그래밍은 지연 또는 엄격하지 않은 연산 순서를 상조한다. 납을 계산할 때 컴파일러나 런타임이 가능하면 최소한의 작업만을 수행하게 만들자는 것이 아이디어다. 파이썬은 엄격한 평가 순서를 강제하는 경향이 있다.

예를 들어, 파이썬의 if, elif, else문을 생각해보자. 이들의 의미는 분명하며, 읽기도 쉽다. 하지만 이 문장들은 조건을 평가할 때 특정 순서대로 실행될 것임을 암시한다. 우리는 이 경우에도 어느 정도는 엄격한 연산 순서에서 벗어날 수 있고, 제약이 있긴 하지만 엄격하지 않은 조건문을 만들 수 있다. 이러한 기능이 유용할 것인지 분명히 알 수는 없지만, 그러한 조건문은 알고리즘을 함수적인 스타일로 표현할 때 취할 수 있는 몇 가지 대안을 보여준다.

이번 장의 첫 번째 부분은 엄격하지 않은 평가를 구현하는 방법을 살펴보는 것이다. 그러한 방법은 성능 최적화를 가져올 수 있기 때문에 관심을 가질 만한 도구다.

앞에서 몇 가지 고차 함수를 살펴봤다. 어떤 경우에는 고차 함수를 사용해 상당히 복잡한 함수를 데이터 컬렉션에 적용했다. 다른 경우에는 간단한 함수를 데이터 컬렉션에 적용했다.

실제로는 단일 파이썬 연산자를 함수에 적용하기 위해 매우 작은 람다 객체를 작성하는 경우가 자주 생긴다. 예를 들어 우리는 다음과 같이 prod() 함수를 정의했다.

```
>>> prod= lambda iterable: functools.reduce(lambda x, y: x*y,
iterable, 1)
>>> prod((1,2,3))
6
```

곱셈을 위해 lambda x,y: x*y라는 매개변수를 사용하는 것은 너무 긴 것 같다. 무엇보다, 그냥 곱하기 연산자인 *를 사용하고 싶다. 이 구문을 더 단순하게 만들 수 있을까? 그 질문에 대한 답은 "예"이다. operator 모듈은 내장 연산자에 대한 정의를 제공한다.

operator 모듈이 제공하는 몇 가지 기능은 고차 함수의 생성을 간단하고 더 명확하게 해준다. 개념적으로는 중요하지만 operator 모듈은 첫눈에는 그리 흥미로워 보이지는 않는다.

조건식 평가하기

파이썬은 식을 계산할 때 상대적으로 엄격한 순서를 지킨다. 이 규칙의 가장 유명한 예외는 쇼트 서킷 연산인 and와 or다. 파이썬은 명령어의 평가에도 매우 엄격한 순서를 적용한다. 그로 인해 이러한 엄격한 평가 순서를 피하기 위한 다른 방법을 찾는 것은 도전적인 일이다.

조건 연산을 평가하는 것이 명령어의 엄격하지 않은 수행 순서를 가지고 실험할 수 있는 한 가지 방법이라고 할 수 있다. 우리는 if와 else 문을 리팩터링하여 파이썬의 엄격하지 않은 평가와 관련된 부분을 탐구해본다.

파이썬의 if, elif, else문은 첫 번째 문장부터 끝 문장까지 순서대로 실행된다. 이상적으로는, 최적화 컴파일러가 조건식을 평가하는 가장 빠른 순서를 찾을 수 있도록 언어에서 이 규칙을 완화할 수도 있다. 여기서 아이디어는 실제 평가 순서는 엄격하지 않을지라도 코드를 보는 독자들이 더 이해하기 쉬운 순서로 조건문을 작성할 수 있어야 한다는 것이다.

최적화 컴파일러가 없기 때문에 파이썬은 이러한 개념과는 조금 거리가 멀다. 그렇지만 명령형으로 문장을 실행하는 대신, 함수를 평가하는 것으로 조건을 기술하는 방법이 존재한다. 이렇게 하면 실행 시점에 원하는 대로 평가 순서를 바꿀 수 있다.

파이썬에는 조건식인 if와 else가 있다. 이 식은 조건이 하나만 있는 경우 사용할 수 있다. 하지만 조건이 둘 이상 있다면 문장이 이상스럽게 복잡해진다. 하위 식을 내포시킬 때 조심해야 하기 때문이다. 그러한 경우 식을 이해하기가 너무 복잡하기 때문에 결국 명령문으로 해당 식을 대치하게 된다.

(x if n==1 else (y if n==2 else z))

딕셔너리 키와 람다를 사용해 매우 복잡한 조건을 만들 수 있다. 다음은 계승 함수를 식으로 표현한 것이다.

```
def fact(n):
    f= { n == 0: lambda n: 1,
    n == 1: lambda n: 1,
    n == 2: lambda n: 2,
    n > 2: lambda n: fact(n-1)*n }[True]
    return f(n)
```

이 코드는 순서대로 if, elif, elif, else문을 단일 식으로 바꾼 것이다. 어떻게 작동하는지 이해하기 쉽도록 2단계로 코드를 나눴다.

첫 단계에서는 여러 가지 조건을 평가한다. 주어진 조건 중 하나가 True가 되고, 나머지는 False가 될 것이다. 결과로 생기는 딕셔너리에는 두 가지(True가 키인

람다와 False가 키인 람다) 원소가 들어간다. 그중 True인 람다를 선택하여 f 변수에
대입한다.

매핑에 람다를 사용한 이유는 딕셔너리를 만드는 시점에 값을 계산하기를 원치 않
기 때문이다. 단지, 조건을 참으로 하는 식 하나만 평가하고 싶다. return문에서
True인 조건에 해당하는 식을 계산한다.

엄격하지 않은 딕셔너리 규칙 활용하기

딕셔너리의 키에는 순서가 없다. 키 값이 같은 원소가 여러개 존재하는 딕셔너리
를 만든다면, 결과 dict 객체에는 그중 하나의 원소만 들어간다. 키가 중복되는 값
중 어떤 것이 남을지는 분명치 않지만, 그 사실이 문제가 되지는 않아야 한다.

다음은 어떤 원소가 남아도 관계 없다는 것이 명확한 경우다. max() 함수를 간략
화한 경우를 살펴본다. 이 코드는 두 가지 값 중에 가장 큰 값을 골라낸다.

```python
def max(a, b):
    f = {a >= b: lambda: a, b >= a: lambda: b}[True]
    return f()
```

a == b인 경우, 딕셔너리의 두 원소가 모두 True다. 실제로 두 람다 중 하나만 남
겠지만, 어떤 것이 남아도 결과가 같기 때문에 어떤 것을 남기고 어떤 것을 중복으
로 간주해 덮어쓰던 관계가 없다.

참인 조건식 걸러내기

어떤 식이 True인지 결정하는 방법은 여러 가지가 있다. 앞의 예에서는 키에 따른
람다 값을 딕셔너리에 넣었다. 딕셔너리를 구축하는 과정에서 키가 True인 것 중
한 가지 값만 살아남는다.

다음은 같은 상황을 filter() 함수를 사용해 다르게 기술한 것이다.

```python
def semifact(n):
    alternatives= [(n == 0, lambda n: 1),
    (n == 1, lambda n: 1),
```

```
    (n == 2, lambda n: 2),
    (n > 2, lambda n: semifact(n-2)*n)]
c, f= next(filter(itemgetter(0), alternatives))
return f(n)
```

여러 대안을 조건과 함수의 쌍으로 표현했다. filter() 함수에 itemgetter(0) 매개변수를 적용하면, 조건이 True인 쌍을 골라낼 수 있다. 그 후 조건이 True인 반복 가능 객체에서 첫 번째 원소를 선택했다. 이때 조건은 c에, 함수는 f에 대입한다. 조건은 무시해도 되고(True일 것이다), filter()를 적용해 얻은 f 함수를 평가해야 한다.

딕셔너리를 사용한 예제와 마찬가지로 여기서도 람다를 사용해 조건을 평가할 때 식이 평가되지 않도록 지연시켰다.

이 semifact() 함수를 이중 계승double factorial이라고도 부른다. 이중 계승의 정의는 계승의 정의와 비슷하다. 중요한 차이점은 모든 수가 아니라 간격이 2인 수를 서로 곱한다는 것이다. 예를 들면 다음과 같다.

```
5!! = 5×3×1, and 7!! = 7×5×3×1
```

람다 대신 operator 모듈 사용하기

max(), min(), sorted() 함수를 사용하는 경우, key= 매개변수를 지정할 수도 있다. 이 함수는 각 고차 함수의 동작을 변경시키는 인자 값이다. 보통은 튜플에서 원소를 가져오는 간단한 람다를 사용했다. 다음은 우리가 자주 사용했던 두 가지 예제다.

```
fst = lambda x: x[0]
snd = lambda x: x[1]
```

이들은 다른 함수형 프로그래밍 언어가 기본 제공하는 기능이다.

사실, 이러한 함수를 직접 작성할 필요는 없다. operator 모듈에는 이러한 함수에 대한 정의가 들어 있다.

다음은 예제에 사용할 데이터다.

```
>>> year_cheese = [(2000, 29.87), (2001, 30.12), (2002, 30.6),
(2003, 30.66), (2004, 31.33), (2005, 32.62), (2006, 32.73),
(2007, 33.5), (2008, 32.84), (2009, 33.02), (2010, 32.92)]
```

이 값은 연간 치즈 사용량이다. '2장 함수형 기능 소개'와 '9장 더 많은 `itertools` 사용 기법'에서 이 예제를 사용했다.

다음 명령을 사용해 치즈 사용량이 가장 작은 지점을 찾을 수 있다.

```
>>> min(year_cheese, key=snd)
(2000, 29.87)
```

`operator` 모듈에는 튜플에서 특정 원소를 선택할 때 사용할 수 있는 다른 함수가 존재한다. 이를 사용하면 두 번째 원소를 선택하기 위해 람다를 사용할 필요가 없다.

`fst()`나 `snd()`와 같은 함수를 직접 정의하는 대신, 다음과 같이 `itemgetter(0)`과 `itemgetter(1)`을 사용할 수 있다.

```
>>> from operator import *
>>> max( year_cheese, key=itemgetter(1))
(2007, 33.5)
```

`itemgetter()` 함수는 `__getitem__()` 특별 메서드를 호출해 인덱스를 지정해 튜플(또는 리스트)에서 원소를 가져온다.

고차 함수를 사용할 때 이름 있는 애트리뷰트 가져오기

조금 다른 데이터 컬렉션을 살펴보자. 이름이 없는 튜플 대신, 이름 있는 튜플을 사용한다고 가정해보자. 다음과 같이 치즈 소비량을 이름 있는 튜플로 만들 수 있다.

```
>>> from collections import namedtuple
>>> YearCheese = namedtuple("YearCheese", ("year", "cheese"))
>>> year_cheese_2 = list(YearCheese(*yc) for yc in year_cheese)
>>> year_cheese_2
[YearCheese(year=2000, cheese=29.87), YearCheese(year=2001,
```

```
cheese=30.12), YearCheese(year=2002, cheese=30.6),
YearCheese(year=2003, cheese=30.66), YearCheese(year=2004,
cheese=31.33), YearCheese(year=2005, cheese=32.62),
YearCheese(year=2006, cheese=32.73), YearCheese(year=2007,
cheese=33.5), YearCheese(year=2008, cheese=32.84),
YearCheese(year=2009, cheese=33.02), YearCheese(year=2010,
cheese=32.92)]
```

이때 치즈 사용량을 가져오는 방법은 두 가지가 있다. 람다 형태를 사용하거나 attrgetter() 함수를 사용하면 된다.

```
>>> min(year_cheese_2, key=attrgetter('cheese'))
YearCheese(year=2000, cheese=29.87)
>>> max(year_cheese_2, key=lambda x: x.cheese)
YearCheese(year=2007, cheese=33.5)
```

여기서 중요한 점은 람다 객체를 사용하는 경우에는 애트리뷰트의 이름을 코드 토큰으로 표시했다는 것이다. 반면, attrgetter()에서는 애트리뷰트 이름을 문자열로 지정했다. 이 문자열을 함수의 인자로 받을 수도 있을 것이다. 따라서 훨씬 더 유연한 코드를 작성할 수 있다.

연산자를 사용한 starmap

itertools.starmap() 함수는 값의 쌍으로 이뤄진 시퀀스에 대해 연산자를 적용한다. 다음 예제를 살펴보자.

```
>>> d= starmap(pow, zip_longest([], range(4), fillvalue=60))
```

itertools.zip_longest() 함수는 다음과 같은 시퀀스를 만든다.

```
[(60, 0), (60, 1), (60, 2), (60, 3)]
```

이러한 결과가 나오는 것은 시퀀스를 2개([]와 range(4)) 제공했기 때문이다. fillvalue 매개변수는 더 짧은 시퀀스의 데이터를 모두 사용한 후에 빈 자리를 채워넣을 때 쓰인다.

starmap() 함수를 사용할 때 각 쌍은 주어진 함수의 인자가 된다. 여기서는 `**` 연산자를 표현하는 operator.pow() 함수를 넘겼다. 따라서 [60**0, 60**1, 60**2, 60**3]을 계산한다. 그 결과 d에는 [1, 60, 3600, 216000]가 들어간다.

starmap() 함수는 튜플의 시퀀스가 있을 때 유용하다. map(f, x, y)와 starmap (f, zip(x,y)) 함수가 동등하다.

앞의 itertools.starmap() 예제의 뒤에 다다는 것을 시도한다.

```
>>> p = (3, 8, 29, 44)
>>> pi = sum(starmap(truediv, zip(p, d)))
```

4개의 원소가 들어 있는 두 시퀀스를 묶었다. starmap() 함수에 / 연산자인 operator.truediv() 함수를 넘겼다. 이렇게 분수의 시퀀스를 만들고 합계를 계산했다. 이 합계는 사실은 원주율 π의 근사값이다.[1]

다음은 starmap(f, zip(x,y)) 대신 map(f, x, y) 함수를 사용하는 더 간단한 버전이다.

```
>>> pi = sum(map(truediv, p, d))
>>> pi
3.1415925925925925
```

이 예제는 60진수를 10진수로 변환하는 것이다. d에 있는 값은 분자로 들어갈 값이다. 이와 비슷한 방법을 사용해 다른 진법의 값을 변환할 수도 있다.

일부 근사값 계산에는 무한 급수(또는 무한한 곱셈)가 들어가기도 한다. 이러한 경우에도 앞에서 설명한 것과 비슷한 기법을 사용할 수 있다. itertools 모듈의 count() 함수를 사용해 만들고, 원하는 개수의 항을 만들 수 있다. 그 후 takewhile()을 사용하여 원하는 정밀도의 결과가 나올 때까지 수열을 계산할 수 있다.

---

1 60진법 소수로 표현하면 상대적으로 작은 개수의 숫자만 가지고도 원주율의 근사값을 쉽게 얻을 수 있다. 그리스의 프톨레마이오스는 (3;8,30) = 3 + 8/60 + 30/60^2 이라는 값을 알마게스트(Almagest)에 남겼고, 15세기 페르시아 수학자인 잠시드 알 카시(Jamshid al-Kashi)는 2π가 (6;16,59,28,1,34,51,46,14,50)라는 사실을 기록에 남겼다. 본문에서 사용한 근사값은 60진수로 (3;8,29,44,0)이다. 소수점 이하 네 번째 자리가 0이기 때문에 세 번째 자리 60진 소수까지만 계산해도 상당히 정확한 값을(십진수로 소수점 이하 8자리까지 정확함) 계산할 수 있다. – 옮긴이

다음은 무한급수를 사용하는 예제다.

```
>>> num= map(fact, count())
>>> den= map(semifact, (2*n+1 for n in count()))
>>> terms= takewhile(lambda t: t > 1E-10, map(truediv, num, den))
>>> 2*sum(terms)
3.1415926533011587
```

num 변수는 계승의 계승을 기반으로 하는 분자에 들어갈 항목의 무한 시퀀스다. den 변수에는 이중 계승을 바탕으로 한 분모의 시퀀스가 들어 있다.

각 항을 만들기 위해 map()을 사용해 operators.truediv()(/ 연산자)를 각 부분에 적용했다. 이를 takewhile() 함수로 둘러싸 분수인 항의 값이 어떤 작은 값(여기서는 1×10^{-10})보다 큰 동안만 값을 무한 시퀀스에서 가져왔다.

이는 4 arctan(1) = π를 펼친 것이다. 이때 급수는 $\pi = 2 \sum_{n=0}^{\infty} \frac{n!}{(2n+1)!!}$ 이다.

이 급수의 변형 중 재미있는 것으로는 operator.truediv()를 fractions. Fraction() 함수를 사용하도록 바꾼 것이 있다. 그렇게 하면 부동 소수점 수의 정밀도 한계 문제를 겪지 않고 정확한 유리수 값을 계산할 수 있다.

operators 모듈에는 모든 파이썬 연산자가 있다. 그중에는 비트 연산자나 비교 연산자도 들어 있다. 경우에 따라 starmap() 함수와 연산을 표현하는 함수를 사용하는 복잡한 식보다 제네레이터 식이 더 간결할 수도 있다.

operator 모듈이 제공하는 함수들은 단일 연산자만을 적용한다는 단점이 있다. 그래서 기본적으로는 람다를 줄여 쓴 것과 같다. operator.add 메서드를 add = lambda a,b: a+b 대신 사용할 수 있다. 하지만 더 복잡한 식이 필요하다면 람다 객체를 사용하는 수밖에 없다.

연산자를 사용해 축약하기

연산자 정의를 사용하는 방법을 하나 더 살펴보자. 연산자를 functools. reduce() 함수에 사용할 수 있다. 예를 들어 sum() 함수를 다음과 같이 정의할 수 있다.

```
sum= functools.partial(functools.reduce, operator.add)
```

reduce() 함수에 첫 번째 인자로 operator.add() 함수(+ 연산자)를 부분 적용한 버전을 만들었다.

곱을 계산하는 비슷한 함수가 필요하다면, 다음과 같이 정의할 수 있다.

```
prod= functools.partial(functools.reduce, operator.mul)
```

이 예제의 구조도 그 앞의 예제와 같다. reduce() 함수를 operator.mul() 함수를 사용해 * 연산자에 부분 적용했다.

다른 연산자를 사용해 비슷한 것을 만들 필요가 있는지는 분명치 않다. 아마도 operator.concat()이나 operator.and(), operator.or() 함수에 대해서는 적당한 용법을 찾을 수 있을 것이다.

 and(), or() 함수는 비트 &와 / 연산자다. 필요하다면 reduce() 함수 대신 all()이나 any() 를 사용할 수도 있다.

prod() 함수가 있으면 계승을 다음과 같이 계산할 수 있다.

```
fact= lambda n: 1 if n < 2 else n*prod(range(1,n))
```

이 식의 장점은 간결하다는 것이다. 계승을 단 한줄로 정의할 수 있다. 또한 재귀에 의존하지 않기 때문에 파이썬의 스택 한계로 인한 문제가 발생하지 않는다는 장점도 있다.

이러한 구조가 파이썬에서 같은 내용을 구현하는 다른 방법들에 비해 어떤 굉장한 장점이 있는지는 명확하지 않다. partial()과 reduce() 함수와 operator 모듈 등의 기본적인 조각을 사용해 복잡한 함수를 만든다는 개념은 매우 우아하다. 하지만 대부분의 경우 operator 모듈이 제공하는 단순한 함수는 그리 유용하지 않다. 그래서 거의 대부분 더 복잡한 람다 함수를 사용하게 될 것이다.

요약

이번 장에서는 if, elif, else 문의 대안을 살펴봤다. 이상적인 경우, 조건식을 사용하면 약간의 최적화가 가능하다. 실용적으로는, 파이썬이 식을 최적화하지 않기 때문에 조건을 처리하는 다른 방식에 비해 조건식을 사용한 방식이 얻을 수 있는 이익은 그리 크지 않다.

또한 operator 모듈을 max(), min(), sorted(), reduce() 등의 고차 함수에 사용하는 방법을 살펴봤다. 연산자를 사용하면 작은 람다를 만드는 수고를 덜 수 있다.

다음 장에서는 파이썬에서 함수형 프로그래밍 개념을 직접 기술할 수 있게 돕는 PyMonad 라이브러리를 살펴본다. 파이썬은 명령형 언어이기 때문에 일반적으로는 모나드가 필요한 경우가 별로 없다.

모나드를 사용하면 상태가 있는 변수 대입이 들어가는 일부 알고리즘을 더 깔끔하게 기술할 수 있다. 모나드가 상당히 복잡한 규칙의 집합을 간결하게 표현할 수 있게 해주는 예제를 살펴본다. 가장 중요한 것은, operator 모듈이 여러 가지 함수형 프로그래밍 기법을 보여준다는 사실이다.

14
PyMonad 라이브러리

모나드를 사용하면, 모나드를 사용하지 않은 경우 식을 다양한 순서로 평가할 수 있는 언어에서 평가 순서를 지정할 수 있다. 모나드를 사용해 a+b+c와 같은 식이 왼쪽에서 오른쪽 순서로 평가되게 만들 수 있다. 일반적으로는 이러한 모나드의 기능이 그리 유용해 보이지 않는다. 하지만 파일의 내용을 특정 순서대로 쓰고 읽고 싶은 경우, 모나드를 사용하면 read()와 write() 함수가 특정 순서대로 평가되도록 쉽게 만들 수 있다.

평가 순서가 다양하고, 최적화 컴파일러를 제공하는 언어의 경우 모나드를 사용하면 식을 평가하는 순서를 정할 수 있다는 장점이 있다. 파이썬의 경우 대부분의 부분이 엄격한 평가를 수행하고 최적화를 수행하지 않는다. 따라서 모나드를 실용적으로 활용할 수 있는 가능성은 별로 없다.

하지만 PyMonad 모듈은 단순한 모나드 이상이다. 그 안에는 별도의 구현이 있는 함수형 프로그래밍 기능이 많이 들어 있다. PyMonad 모듈을 사용하면 표준 라이브러리에 있는 모듈만을 사용할 때보다 더 간결하고 이해하기 쉬운 프로그램을 만들 수 있는 경우가 있다.

다운로드 및 설치하기

PyMonad 모듈은 **파이썬 패키지 색인**^{Python Package Index, PyPi}에서 찾을 수 있다. PyMonad를 여러분의 환경에 추가하려면, pip나 이지 인스톨^{Easy Install}을 사용해야 한다. 다음은 전형적인 경우를 몇 가지 설명한다.

- 파이썬 3.4나 그 이후 버전을 사용 중인 독자라면, 두 설치 패키지 도구 모두 이미 시스템에 있을 것이다.

- 파이썬 3.x 버전을 사용 중이라면, 아마도 해당 패키지를 이미 추가했기 때문에 두 설치 도구 중 하나는 시스템에 있을 것이다.

- 파이썬 2.x 버전을 사용 중이라면, 파이썬 3.4로 업그레이드할 것을 고려해야만 한다.

- pip나 이지 인스톨이 없다면, 그 둘을 먼저 설치해야 한다. 하지만 파이썬 3.4로 업그레이드하여 이 두 도구를 사용할 것을 고려해보라.

https://pypi.python.org/pypi/PyMonad/에서 더 자세한 정보를 얻을 수 있다.

맥 OS X와 리눅스 개발자라면 `pip install PyMonad`나 `easy_install-3.3 pymonad`를 사용할 때 `sudo`를 함께 사용해야 한다. `sudo easy_install-3.3 pymonad`와 같은 명령을 실행할 경우, 설치 권한을 얻기 위해 관리자 암호를 입력해야 할 것이다. 윈도우 개발자의 경우 `sudo`는 필요없지만, 역시 관리자 권한이 필요할 것이다.

pymonad 패키지를 설치하고 나면 다음과 같이 제대로 설치됐는지 확인할 수 있다.

```
>>> import pymonad
>>> help(pymonad)
```

이렇게 하면 문서화 문자열^{docstring}을 표시하여 패키지가 정말 제대로 설치됐는지 알 수 있다.

함수적 합성과 커링

일부 함수형 언어는 인자가 많은 함수를 인자가 하나뿐인 여러 함수로 변환하는 방식으로 작동한다. 이러한 처리 과정을 커링^{currying}이라 한다. 그 이름은 그 개념과 관련된 초기 이론 발전에 공헌한 하스켈 커리$^{Haskell\ Curry}$의 이름을 딴 것이다.

커링은 인자가 많은 함수를 인자가 하나뿐인 고차 함수로 변환하는 것이다. 간단한 경우를 살펴보자. $f(x,y) \to z$라는 함수가 있다면, 이는 두 인자 x와 y를 받아 z를 결과 값으로 하는 함수다. 이를 두 함수, $f_{c1}(x) \to f_{c2}(y)$와 $f_{c2}(y) \to z$로 커링할 수 있다. 첫 번째 인자 x를 받으면, 이 함수는 새로운 인자가 하나뿐인 함수 $f_{c2}(y)$를 반환한다. 이 두 번째 함수가 다시 인자 y를 받으면, 결과 값 z를 반환할 것이다.

파이썬에서는 커링한 함수를 fc1(2)(3)와 같이 평가할 수 있다. 커링한 함수에 첫 번째 인자로 2를 적용하여 새로운 함수를 만들었다. 그 후 그 새로운 함수에 두 번째 인자 값 3을 다시 적용했다.

인자가 아무리 복잡해도 이러한 방식을 재귀적으로 적용할 수 있다. $g(a,b,c) \to z$라는 함수를 생각해본다면, 이를 $g_{c1}(a) \to g_{c2}(b) \to g_{c3}(c) \to z$로 커링할 수 있다. 이 변환은 재귀적으로 이뤄진다. 가장 먼저, $g_{c1}(a)$ 함수는 b와 c를 인자로 받는 새 함수 $g_{c2}(b,c) \to z$를 반환한다. 그 후 인자가 2개인 $g_{c2}(b,c)$ 함수를 다시 커링하여 $g_{c2}(b) \to g_{c3}(c)$를 만든다.

커링한 함수를 gc1(1)(2)(3)으로 평가할 수 있다. g_{c1}에 인자 1을 적용하면 새 함수를 하나 얻는다. 그 함수에 2를 적용하면 다시 또 다른 함수를 얻는다. 이 마지막 함수에 3을 적용하면 전체 결과를 얻는다. 문제는 정식 구문이 너무 길어진다는 것이다. 따라서 gc1(1)(2)(3)을 g(1,2,3)처럼 더 익숙한 방식으로 쓸 수 있도록 구문적인 편의를 제공할 수 있다.

파이썬에서 구체적인 예를 살펴보자. 다음과 같은 함수가 있다고 가정하자.

```
from pymonad import curry
@curry
def systolic_bp(bmi, age, gender_male, treatment):
    return 68.15+0.58*bmi+0.65*age+0.94*gender_male+6.44*treatment
```

이 함수는 수축기 혈압을 기반으로 한 간단한 다중 회귀 기반 모델이다. 이 함수는
체질량지수(BMI), 나이, 성별(1은 남자), 그리고 이전의 병력(1은 이전에 치료 받은 이
력이 있음)으로부터 혈압을 예측한다. 이 모델에 대한 더 자세한 정보나 이 모델을
도출한 방법에 대해서는 http://sphweb.bumc.bu.edu/otlt/MPH-Modules/BS/
BS704_Multivariable/BS704_Multivariable7.html 를 살펴보라.

다음과 같이 systolic_bp() 함수를 네 가지 인자를 모두 넘겨 사용할 수 있다.

```
>>> systolic_bp(25, 50, 1, 0)
116.09
>>> systolic_bp(25, 50, 0, 1)
121.59
```

병력이 없는 BMI가 25인 50대 남성의 예상 혈압은 116이다. 두 번째 예제는 병력
이 있는 비슷한 여성의 경우, 예상 혈압이 121임을 보여준다.

@curry 데커레이터를 사용했기 때문에 부분 적용 함수와 비슷한 중간 결과를 만
들 수 있다. 다음을 살펴보자.

```
>>> treated= systolic_bp(25, 50, 0)
>>> treated(0)
115.15
>>> treated(1)
121.59
```

여기서는 systolic_hp(25, 50, 0) 메서드를 사용해 커링한 함수를 만들고, 그
함수를 treatment에 대입했다. 어떤 환자에 대한 BMI, 나이, 성별은 보통 자주 바
뀌지 않는다. 이제 이 새 함수 treatment에 나머지 인자를 적용하면 환자의 병력
에 따라 서로 다른 예상 혈압을 볼 수 있다.

이러한 동작은 어느 정도 functools.partial() 함수와 비슷하다. 중요한 차이점
은 커링은 다양한 방식으로 사용할 수 있는 함수를 만든다는 것이다. functools.
partial() 함수는 오직 이미 주어진 값에 대해서만 사용할 수 있는 더 특화된 함
수를 만들어 낸다.

다음은 커링을 사용하는 다른 예제다.

```
>>> g_t= systolic_bp(25, 50)
>>> g_t(1, 0)
116.09
>>> g_t(0, 1)
121.59
```

여기서는 앞의 모델을 사용해 성별과 병력에 따른 예상 혈압을 구한다. 모델로부터 최종 결과를 구하려면 성별과 병력을 함께 제공해야만 한다.

커링한 고차 함수 사용하기

평범한 함수를 사용하면 커링을 보여주기 쉽지만, 실제 커링의 가치는 고차 함수에 적용하는 경우 나타난다. 이상적인 경우, functools.reduce() 함수는 "커링 가능"해야 할 것이며, 다음과 같이 사용할 수도 있을 것이다.

```
sum= reduce(operator.add)
prod= reduce(operator.mul)
```

하지만 reduce() 함수는 pymonad 라이브러리에 의한 커링이 가능하지 않다. 따라서 이 코드는 실제로 작동하지 않는다. 그렇지만 우리 스스로 reduce() 함수를 정의한다면 앞에서 살펴본 것과 같이 커링을 허용할 수 있다. 다음은 그러한 작동을 허용하는 reduce() 함수다.

```
import collections.abc
from pymonad import curry
@curry
def myreduce(function, iterable_or_sequence):
    if isinstance(iterable_or_sequence, collections.abc.Sequence):
        iterator= iter(iterable_or_sequence)
    else:
        iterator= iterable_or_sequence
    s = next(iterator)
    for v in iterator:
        s = function(s,v)
    return s
```

myreduce() 함수는 내장 reduce() 함수와 비슷하게 작동할 것이다. myreduce() 함수는 반복 가능이나 시퀀스 객체에 대해 작동한다. 시퀀스가 주어졌다면 반복자를 만든다. 반복 가능 객체가 주어졌다면 그냥 그것을 사용한다. 결과를 반복자의 첫 번째 원소로 초기화한다. 합계(또는 곱)와 반복자의 각 원소에 계속 function을 적용한다.

 내장 reduce() 함수를 감싸 커링이 가능한 버전을 만들 수도 있다. 코드는 단 두 줄이면 된다. 독자 여러분이 직접 시도해보기 바란다.

myreduce() 함수가 커링한 버전이므로 이를 바탕으로 함수를 만들 수 있다.

```
>>> from operator import *
>>> sum= myreduce(add)
>>> sum([1,2,3])
6
>>> max= myreduce(lambda x,y: x if x > y else y)
>>> max([2,5,3])
5
```

커링한 축약 함수에 add 연산자를 적용하여 sum() 함수를 정의했다. 또한 두 값 중 더 큰 값을 선택하는 람다 객체를 사용하여 max() 함수도 만들었다.

하지만 이러한 방식을 사용하면 더 일반적인 max() 함수를 쉽게 구현할 수 없다. 왜냐하면 커링은 위치 기반 매개변수에 의존하기 때문이다. key=라는 키워드 기반 매개변수를 지정할 수 있게 만들려면 구현이 너무 복잡해져서 간결하면서 이해하기 쉬운 함수형 프로그램이라는 목적에 위배된다.

더 일반적인 max() 함수를 만들고 싶다면, max(), min(), sorted() 등의 함수가 의존하는 key=라는 키워드 기반 매개변수라는 패러다임에서 벗어나야 한다. filter(), map(), reduce() 함수 등이 하는 것과 마찬가지 방식으로, 정렬 키를 뽑아내는 함수를 첫 번째 인자로 받는 것을 인정해야 할 것이다. 또 좀 더 일관성 있

는 고차 커링한 함수를 사용한 라이브러리를 만들 수도 있다. 그 라이브러리의
함수를 모두 위치 기반 매개변수에만 의존하게 만들 수도 있다. 고차 함수에서는
함수 인자를 먼저 받게 하여, 우리가 만든 커링한 max(function, iterable) 함
수도 map(), filter(), functools.reduce() 함수의 패턴을 따르게 할 수 있을
것이다.

더 어려운 방식으로 커링하기

커링한 함수를 pymonad 라이브러리의 데커레이터를 활용하지 않고 직접 작성할
수도 있다. 한 가지 방법은 다음과 같다.

```python
def f(x, *args):
    def f1(y, *args):
        def f2(z):
            return (x+y)*z
        if args:
            return f2(*args)
        return f2
    if args:
        return f1(*args)
    return f1
```

f 함수가 정의한 커링한 함수 $F(x,y,z) \rightarrow (x+y) \times z$는 함수를 반환한다. 개념적으
로 $f(x) \rightarrow F'(y,z)$다. 그 후 이 중간 함수를 커링하여 f1(y)와 f2(z) 함수를 만
들게 했다.

f(x)를 평가하면 새 함수 f1을 결과로 얻는다. 추가 인자를 제공하면, f1에 그 인
자가 넘어간다. 그러면 다시 새로운 함수가 생기거나 최종 결과 값이 만들어진다.

이러한 식으로 코드를 작성하는 과정에서는 분명히 실수를 하기 쉽다. 하지만 이
예제는 커링이 진정 의미하는 것이 무엇이고, 어떻게 파이썬으로 커링을 구현할
수 있는지를 잘 보여준다.

함수적 합성과 PyMonad 곱셈 연산자

커링한 함수의 중요한 가치 중 하나는 함수적 합성을 통해 그러한 함수를 서로 조합할 수 있다는 점이다. '5장 고차 함수'와 '11장 데커레이터 설계 기법'에서 함수적 합성에 대해 살펴봤다.

커링한 함수를 만들면, 함수적 합성을 사용하여 쉽게 더 복잡한 커링한 함수를 새로 만들 수 있다. 이러한 경우, PyMonad 라이브러리에서는 * 연산자를 사용해 두 함수를 합성한다. 이러한 합성이 어떻게 작동하는지 보기 위해 합성할 두 가지 커링 함수를 살펴본다. 먼저 곱을 계산하는 함수를 정의한 후, 특별한 값의 범위를 계산하는 함수를 정의할 것이다.

다음은 곱을 계산하는 함수다.

```
import operator
prod = myreduce(operator.mul)
```

이 함수는 우리가 만들었던 커링한 myreduce() 함수를 사용한다. operator.mul() 함수를 사용해 반복 가능 객체를 "곱으로 축약"한다.

다음은 값의 범위를 계산하는 두 번째 커리한 함수다.

```
@curry
def alt_range(n):
    if n == 0: return range(1,2) # 오직 1만 들어감
    if n % 2 == 0:
        return range(2,n+1,2)
    else:
        return range(1,n+1,2)
```

alt_range의 반환 값은 모두 짝수이거나 모두 홀수다. 이때 n이 홀수라면 1부터 n까지 포함한 범위를, n이 짝수라면 2부터 n까지 포함한 범위를 반환한다(두 경우 모두 n도 범위 안에 들어감). 이 시퀀스는 이중 계승인 $n!!$을 계산할 때 유용하다.

다음은 prod()와 alt_range()를 합성하여 새로운 커링한 함수를 만드는 방법을 보여준다.

```
>>> semi_fact= prod * alt_range
>>> semi_fact(9)
945
```

여기서 사용한 PyMonad * 연산자는 두 함수를 합성 함수인 semi_fact로 묶어
준다. 먼저 alt_range() 함수를 인자에 적용한다. 그 후 prod() 함수를 alt_
range() 함수의 결과에 적용한다.

이를 파이썬에서 직접 구현하는 경우, 다음과 같이 새로운 람다 객체를 정의해야
한다.

```
semi_fact= lambda x: prod(alt_range(x))
```

이렇게 새로운 람다 객체를 만드는 것보다는 커링한 함수를 합성하는 편이 훨씬
더 짧다.

이상적인 경우, 함수적 합성과 커링한 함수를 다음과 같이 사용할 수 있으면 좋을
것이다.

```
sumwhile= sum * takewhile(lambda x: x > 1E-7)
```

이렇게 하면 무한 시퀀스에 대해 작동하면서 생성되는 값이 주어진 기준을 만족하
는 동안만 값을 만들어 낼 수 있는 sum() 함수를 정의할 수 있다. 하지만 PyMonad
라이브러리가 List 객체를 처리하는 것만큼 무한 반복 가능 객체를 잘 다루지 못
하기 때문에 이러한 코드가 잘 작동하지 않는 것 같다.

펑터와 적용 가능 펑터

펑터functor는 간단한 데이터를 함수로 표현한다는 개념이다. 3.14라는 수의 펑터
버전은 그 값을 반환하는 인자가 없는 함수다. 다음 예제를 살펴보자.

```
pi= lambda : 3.14
```

우리는 단순한 값을 돌려주는 인자가 없는 람다 객체를 만들었다.

커링한 함수를 펑터에 적용하면 새로운 커링한 펑터가 생긴다. 이 방법은 "함수를 인자에 적용해 결과 값을 얻는다"라는 개념을 확장하여 함수가 인자 값 역할도 하고 함수 역할도 하게 만든 것이다.

프로그램에 있는 모든 것이 함수이기 때문에 모든 처리는 함수 합성이라는 주제에 대한 변주일 뿐이다. 커링한 함수의 인자와 결과는 펑터일 수 있다. 어떤 시점에, getValue() 메서드를 펑터 객체에 적용하면 커링하지 않은 코드에서 사용할 수 있도록 파이썬에서 익숙한 단순한 타입의 값을 얻을 수 있다.

모든 것이 함수 합성이기 때문에 실제로 getValue() 메서드를 사용해 값을 요청하기 전까지는 아무런 계산도 수행할 필요가 없다. 펑터를 사용한 프로그램은 복잡한 계산을 수행하지 않고, 요청을 받으면 값을 만들어 내는 복잡한 객체를 정의한다. 이론적으로는 똑똑한 컴파일러나 런타임 시스템이 있다면 이러한 합성을 최적화시켜줄 수 있다.

함수를 펑터 객체에 적용하는 것은 * 연산자로 구현된 map()과 비슷한 메서드를 사용하려는 것이다. 펑터가 식에서 어떤 역할을 하는지 이해하기 위해 함수 * 펑터나 map(함수, 펑터)를 생각할 수 있다.

인자가 여럿 있는 함수와 잘 어우러지기 위해 합성 펑터를 만드는 & 연산자를 사용한다. 한 쌍의 펑터로부터 새로운 펑터 객체를 만들기 위해 펑터 & 펑터를 자주 사용할 것이다.

파이썬의 단순한 타입을 Maybe 펑터로 감쌀 수 있다. Maybe 펑터는 데이터가 없는 경우를 우아하게 처리할 수 있기 때문에 흥미롭다. 우리가 '11장 데커레이터 설계 기법'에서 사용한 방식은 내장 함수를 감싸서 None을 처리할 수 있게 만드는 것이었다. PyMonad에서 사용하는 접근 방법은 (함수를 감싸는 대신) 데이터를 감싸서 문제가 생겨도 잘 처리될 수 있게 만드는 방식이다.

Maybe 펑터에는 두 가지 하위 클래스가 있다.

- Nothing
- Just(단순한 값)

여기서는 파이썬의 None 대신 Nothing을 사용한다. 이것이 사용할 수 없는 데이터를 표현한다. Just(단순한 값)를 사용해 None이 아닌 모든 파이썬 객체를 감싼다. 이러한 펑터는 상수 값을 함수와 유사하게 표현한 것이다.

커링한 함수를 Maybe 객체에 사용하면 데이터를 사용할 수 없는 경우도 잘 처리할 수 있다. 다음 예제를 살펴보자.

```
>>> x1= systolic_bp * Just(25) & Just(50) & Just(1) & Just(0)
>>> x1.getValue()
116.09
>>> x2= systolic_bp * Just(25) & Just(50) & Just(1) & Nothing
>>> x2.getValue() is None
True
```

* 연산자는 함수 합성이다. systolic_bp() 함수에 인자 펑터를 적용하고 있다. & 연산자는 여러 인자를 받는 커링한 함수에 인자로 넘길 수 있는 합성 펑터를 만들어 낸다.

이 코드를 보면 TypeError 예외가 발생하지 않고 결과를 얻을 수 있다. 이러한 기능은 데이터 중 일부가 잘못되거나 사용 불가능할 수 있는 복잡하고 큰 데이터 집합을 처리하는 경우에 매우 유용하다. 이 방법은 사용하는 모든 함수가 None을 제대로 처리할 수 있게 데커레이터로 감싸주는 것보다 훨씬 더 좋은 방법이다.

커링한 함수에 대해서는 펑터가 잘 작동한다. 하지만 커링하지 않은 함수를 Maybe 펑터에 사용할 수는 없다.

 커링하지 않은 파이썬 코드에서 사용하기 위해 단순한 파이썬 값을 추출하고 싶다면, 펑터의 getValue() 메서드를 사용해야 한다.

지연 List() 펑터 사용하기

List() 펑터는 처음에는 조금 어려울 수도 있다. 그 펑터는 파이썬의 내장 list 타입과 달리, 극단적으로 지연 계산을 활용한다. 내장 list(range(10))을 사용하면, list() 함수가 range() 객체를 평가하여 원소가 10개인 리스트를 만든다. 하지만 PyMonad의 List() 펑터는 지연 계산을 수행하기 때문에 이러한 평가를 전혀 수행하지 않는다.

다음 두 결과를 비교해보자.

```
>>> list(range(10))
[0, 1, 2, 3, 4, 5, 6, 7, 8, 9]
>>> List(range(10))
[range(0, 10)]
```

List() 펑터는 range() 객체를 평가하지 않고, 나중에 사용하기 위해 저장해두기만 한다. PyMonad.List() 함수는 함수를 평가하지 않고 컬렉션을 모으고 싶을 때 유용하다. 필요하면 나중에 컬렉션을 계산할 수 있다.

```
>>> x= List(range(10))
>>> x
[range(0, 10)]
>>> list(x[0])
[0, 1, 2, 3, 4, 5, 6, 7, 8, 9]
```

여기서는 range() 객체를 사용해 지연 계산 List 객체를 만들었다. List 객체는 자신이 받은 반복 가능 객체 인자를 단일 반복자 객체로 취급한다. 하지만 * 연산자를 사용하면 List() 내부의 제네레이터나 range() 객체를 펼칠 수 있다.

 * 연산자에 여러 가지 의미가 있다는 사실에 유의하라. 내장 연산자인 수학의 곱셈 연산이나 PyMonad의 함수 합성 연산, 또는 시퀀스 객체를 함수에 적용하면서 각 원소를 함수의 위치 기반 인자로 넣어주는 내장 변환자 등의 다양한 의미가 있다. 이 세 번째 * 연산자를 사용해 시퀀스를 여러 위치 기반 매개변수에 대입할 것이다.

다음은 range() 함수의 커링한 버전이다. 여기서는 0이 아니라 1을 범위의 최솟값으로 했다. 이렇게 하면 위치 기반 인자에 대입할 때 첫 번째 원소가 1이 될 수 있기 때문에 수학적인 작업에서 내장 range() 함수를 사용할 때 생기는 위치 인덱스와 관련된 복잡성을 줄일 수 있다.

이 함수는 내장 range() 함수를 감싸 PyMonad 라이브러리에서 커링할 수 있게 만든 것에 지나지 않는다.

```
@curry
def range1n(n):
    if n == 0: return range(1,2) # Only 1
    return range(1,n+1)
```

List 객체가 펑터이기 때문에 함수를 List 객체에 매핑할 수 있다. 함수는 List의 각 원소에 적용된다. 다음 예를 보자.

```
>>> fact= prod * range1n
>>> seq1 = List(*range(20))
>>> f1 = fact * seq1
>>> f1[:10]
[1, 1, 2, 6, 24, 120, 720, 5040, 40320, 362880]
```

앞에서 설명했던 prod()와 rangeIn() 함수를 가지고 합성 함수 fact()를 정의했다. 이 함수는 계승 $n!$을 계산하는 함수다. 20개의 값이 들어간 List() 펑터 seq1를 정의했다. fact() 함수를 seq1 펑터에 적용하여 계승 값의 시퀀스 f1을 만들었다. 그 후 시퀀스의 원소 중 최초의 10개를 표시했다.

 함수의 합성과 함수와 펑터의 합성에는 비슷한 점이 있다. prod * rangeln과 fact * seq1 모두 함수 합성을 사용한다. 전자는 분명히 함수인 두 대상을 조합하며, 후자는 함수와 펑터를 조합한다.

다음은 이 예제를 확장하기 위해 사용할 수 있는 다른 간단한 함수다.

```
@curry
def n21(n):
    return 2*n+1
```

이 n21 함수는 간단한 계산을 수행한다. 하지만 이 함수를 커링했기 때문에 List() 함수와 같은 펑터를 이 함수에 적용할 수 있다. 다음은 앞에서 본 예제의 뒷부분이다.

```
>>> semi_fact= prod * alt_range
>>> f2 = semi_fact * n21 * seq1
>>> f2[:10]
[1, 3, 15, 105, 945, 10395, 135135, 2027025, 34459425, 654729075]
```

prod()와 alt_range() 함수로부터 합성 함수를 만들었다. f2 함수는 이중 계승 $n!!$이다. f2의 값은 매핑을 통해 seq1에 n21() 함수를 적용하여 만든 것이다. 이렇게 하면 새로운 시퀀스가 생긴다. 그 후 semi_fact 함수를 이 새 시퀀스에 적용하여 $2n+1!!$의 시퀀스를 만들 수 있다.

이제 map()과 operator.truediv 펑터를 사용해 / 연산을 적용할 수 있다.

```
>>> 2*sum(map(operator.truediv, f1, f2))
3.1415919276751456
```

map() 함수는 주어진 연산자를 두 펑터에 적용하여 새로운 분수의 시퀀스를 만들어 낸다. 그 후 그 시퀀스의 합계를 구했다.

> f1 & f2라는 호출은 두 List 객체의 모든 값의 조합을 만들어 낸다. 이것은 List 객체의 중요한 특징이다. 즉, List 객체는 모든 조합을 열거하면서 단순한 알고리즘을 적용하여 모든 대안을 계산해보고, 그 대안 중 적절한 것을 걸러낼 수 있다. 하지만 여기서는 그러한 기능이 필요하지 않다. 따라서 operator.truediv * f1 & f2라는 방식 대신 map() 함수를 사용했다.

몇 가지 함수 합성과 펑터 정의를 사용해 상당히 복잡한 계산을 정의했다. 다음은 이 계산의 전체 정의다.

$$\pi = 2\sum_{n=0}^{\infty} \frac{n!}{(2n+1)!!}$$

이상적인 경우, List 객체의 크기가 고정되기를 원치 않을 것이다. 우리는 지연 계산과 잠재적으로 무한한 정수 값 시퀀스를 사용하는 편을 더 선호한다. 그후 sum()과 takewhile() 함수를 커링한 버전을 사용하여 결과에 어느 정도 기여하는 동안 시퀀스 값 중에 합계를 계산할 수 있다. 이를 위해서는 itertools.

360

counter()와 함께 작동할 수 있는 지연 계산 List() 객체가 필요할 것이다. PyMonad 1.3에서는 아직 이러한 무한 리스트를 지원하지 않는다. 따라서 미리 정해진 크기의 List() 객체만을 사용해야 한다.

모나드의 개념과 bind() 함수, 이진 오른쪽 시프트 연산자(>>)

PyMonad라는 이름은 모나드^{monad}라는 함수형 프로그래밍 개념에서 온 것이다. 모나드는 엄격한 순서가 있는 함수다. 함수형 프로그래밍의 저변에 있는 가정은 함수를 평가하는 순서를 자유롭게 정할 수 있다는 것이다. 그래서 필요에 따라 함수 호출을 최적화하거나 순서를 바꿀 수 있다. 모나드를 사용하면 엄격하게 왼쪽에서 오른쪽으로 계산을 수행할 수 있다는 점에서 그러한 함수형 프로그래밍에 대한 예외라고 할 수 있다.

앞에서 본 것처럼, 파이썬에서는 모나드가 필요하지 않다. 하지만 이 개념을 사용하여 복잡한 알고리즘을 명확하게 기술할 수 있는 경우에는 이를 사용할 수 있다.

엄격한 평가 순서를 강제하는 기법은 모나드와 모나드를 반환할 함수를 연결해주는 바인딩에 있다. 평면적인 식은 최적화 컴파일러가 순서를 바꿀 수 없는 내포된 바인딩이 된다. bind() 함수를 >> 연산자에 연결해뒀기 때문에 다음과 같은 식을 작성할 수 있다.

```
Just(some file) >> read header >> read next >> read next
```

앞의 식을 변환하면 다음과 같다.

```
bind(bind(bind(Just(some file), read header), read next), read next)
```

이 식을 평가하는 경우, bind() 함수가 엄격하게 왼쪽에서 오른쪽 순서로 값이 평가되도록 강제해준다. 또한 앞의 식은 함수형 합성이기도 하다. >> 연산자로 모나드를 만드는 것은 나중에 getValue() 메서드로 값을 요청하면 계산을 수행하는 복잡한 객체를 만들어 내는 것이다.

Just()라는 하위 클래스는 간단한 파이썬 객체를 둘러싸 모나드와 호환되는 간단한 객체를 만들어준다.

모나드는 엄격한 평가 순서를 기술할 때 핵심적인 개념이다. 특히 최적화를 많이 하고 지연 계산을 많이 사용하는 언어에서 더욱 그러하다. 파이썬은 왼쪽에서 오른쪽으로 엄격한 계산 순서를 지키기 때문에 모나드의 필요성이 그리 크지 않다. 이로 인해, 파이썬 환경에서는 모나드가 그리 멋진 기능을 제공하지 못하기 때문에 모나드의 활용을 제대로 보여주기가 어렵다. 실제로, 모나드는 파이썬이 준수하는 전형적인 엄격한 규칙을 불필요하게 반복하여 기술한다.

하스켈 등의 다른 언어에서는 엄격한 연산 순서가 필요한 입출력 등의 기능에서 모나드가 필수적이다. 파이썬의 명령형 기능은 하스켈의 do 블록과 유사하며, 하스켈의 do 블록은 암시적으로 >>= 연산자를 사용해 각 명령을 순서적으로 실행하게 만든다(PyMonad에서는 하스켈의 >>= 연산에 해당하는 것으로, bind()와 >> 연산자를 사용한다).

모나드를 사용해 시뮬레이션 구현하기

모나드는 일종의 "파이프라인"을 통해 전달되는 대상이다. 즉, 어떤 모나드를 함수에 넘기면 비슷한 모나드가 결과 값으로 나온다. 이때 사용할 함수는 비슷한 구조를 받고 반환할 수 있게 설계될 필요가 있다.

어떤 처리 과정을 시뮬레이션할 때 사용할 수 있는 간단한 파이프라인을 살펴본다. 이러한 시뮬레이션은 몬테 카를로Monte Carlo 시뮬레이션의 일부분일 수 있다. 여기서는 몬테 카를로 시뮬레이션을 문자 그대로 받아들여 카지노의 주사위 게임 중 하나인 크랩스Craps를 시뮬레이션한다. 이를 구현하는 과정에서, 상당히 복잡한 시뮬레이션에서도 사용할 법한, 상태가 있는 규칙이 들어간다.

이와 관련 있는 이상한 도박 관련 용어도 많이 있다. 그와 관련된 여러 가지 용어에 대해 자세히 다루지는 않을 것이다. 그러한 용어의 기원에 대한 정보가 없는 경우도 많다.

크랩스는 주사위를 굴리는 사람(슈터shooter라고 부름) 1명과 돈을 거는 사람(배터 better라고 부름) 여러 명으로 구성된다. 게임은 다음과 같이 진행된다.

첫 번째로 굴린 결과를 컴 아웃come out 굴림이라고 한다. 이에는 세 가지 조건이 있다.

1. 주사위 합이 7이나 11이면, 슈터가 이긴다. 패스pass 줄에 건 모든 사람은 승자로 돈을 받고, 나머지에 건 모든 사람은 패배한다. 게임이 끝나고, 슈터는 다시 주사위를 던져서 새 개임을 시작할 수 있다.

2. 주사위 합이 2,3,12라면 슈터가 진다. 패스하지 않음don't pass에 건 사람이 승리하고, 나머지 사람은 패배한다. 게임이 끝나고, 슈터는 다른 슈터에게 주사위를 넘겨야만 한다.

3. 다른 합계(4,5,6,8,9,10)는 포인트point가 된다. 게임 상태가 컴 아웃 굴림에서 포인트 굴림으로 바뀐다. 게임이 계속된다.

포인트 상태가 되면, 각 포인트 굴림을 다음 세 가지 규칙에 따라 처리한다.

- 주사위 합이 7이면, 슈터가 진다. 실제로는 패스하지 않음과 프로포지션 proposition에 건 경우를 제외한 대부분의 베터들은 패배한다. 슈터가 졌기 때문에 슈터는 주사위를 다음 슈터에게 넘겨야 한다.

- 주사위 합이 원래의 포인트와 같다면, 슈터가 이긴다. 패스 줄에 건 사람들은 승자로 돈을 받고, 나머지 사람은 패배한다. 게임이 끝나고, 슈터는 새 게임을 시작할 수 있다.

- 다른 숫자가 나오면 승자와 패자 없이 게임을 계속한다.

이 규칙에는 상태 변화가 들어 있다. 이를 상태 변화로 보지 않고, 연산의 시퀀스로 생각할 수 있다. 맨 처음에 사용해야 할 함수가 하나 있고, 그 후 사용할 다른 재귀적인 함수가 있다. 이러한 식으로 하면 이 게임이 모나드 디자인 패턴에 잘 들어맞는다.

실제로 카지노는 게임을 진행하면서 위에서 말한 몇 가지 배팅 외에도 상당히 많은 배팅을 허용한다. 그러한 규칙은 게임의 필수 규칙과 별도로 평가할 수 있다. 그러한 배팅(프로포지션, 필드field 배팅, 숫자 구입 등) 중에서 상당수는 게임의 포인트 굴림 상태에서만 사용 가능하다. 포인트 상태 내의 포인트 상태인 경우에 성립하는 컴come과 컴 않음 배팅도 있다. 다음 예제에서는 이 게임의 기본 규칙만 다룰 것이다.

난수를 발생하는 함수가 필요하다.

```python
import random
def rng():
    return (random.randint(1,6), random.randint(1,6))
```

이 함수는 주사위의 쌍을 만들어 낼 것이다. 다음은 전체 게임이 어떻게 흘러갈지 보여준다.

```python
def craps():
    outcome= Just(("",0, []) ) >> come_out_roll(rng) >> point_roll
    (rng)
    print(outcome.getValue())
```

최초의 모나드는 `Just(("",0, []))`로, 우리가 처리할 기본 타입을 정의한다. 게임의 결과는 3-튜플이다. 튜플에는 결과, 점수, 주사위 굴림 시퀀스가 들어 있다. 처음에는 `Just(("",0, []))`라는 3-튜플에서 시작한다.

이 모나드는 두 가지 함수를 거치게 만든다. 그렇게 하면 결과 모나드인 `outcome`이 나올 것이다. `>>` 연산자를 사용하여 실행되야만 하는 순서대로 각 함수를 연결했다. 최적화를 시도하는 언어에서는 이렇게 해야 각 식이 재배치되는 것을 막을 수 있다.

맨 마지막에는 `getValue()` 메서드를 사용해 모나드에서 값을 가져온다. 모나드 객체는 지연 계산 값이기 때문에 이렇게 값을 요청해야 필요한 결과 값을 만들어 내기 위한 여러 가지 모나드를 실제 계산하기 시작한다.

come_out_roll() 함수에는 커링한 첫 번째 인자로 rng() 함수를 지정한다. 모나드는 이 함수의 두 번째 인수다. come_out_roll() 함수는 주사위를 굴리고, 컴 아웃 상태와 관련된 규칙을 적용하여 승패 또는 포인트 여부를 결정한다.

point_roll() 함수도 rng() 함수를 첫 번째 커링한 인자로 받는다. 모나드는 두 번째 인자가 된다. 그러면 point_roll() 함수가 주사위를 굴려 배팅을 처리할 수 있는지 살펴본다. 만약 배팅을 처리할 수 없다면, 다시 재귀적으로 자신을 불러 게임이 끝날 때까지 포인트 단계를 반복한다.

come_out_roll() 함수는 다음과 같다.

```python
@curry
def come_out_roll(dice, status):
    d= dice()
    if sum(d) in (7, 11):
        return Just(("win", sum(d), [d]))
    elif sum(d) in (2, 3, 12):
        return Just(("lose", sum(d), [d]))
    else:
        return Just(("point", sum(d), [d]))
```

주사위를 굴려서 첫 번째 굴림에서 승패가 나거나 포인트 상태로 들어가는지 본다. 굴림의 결과에 따라 결과, 포인트 값, 그리고 주사위의 굴림이 들어간 모나드를 적절히 만들어 반환한다. 승리나 패배의 경우 포인트 값은 실제로는 의미가 없다. 따라서 이 경우 실제로는 아무 포인트가 성립하지 않으므로 0을 지정하는 것도 가능할 것이다.

point_roll() 함수는 다음과 같다.

```python
@curry
def point_roll(dice, status):
    prev, point, so_far = status
    if prev != "point":
        return Just(status)
    d = dice()
    if sum(d) == 7:
        return Just(("craps", point, so_far+[d]))
```

```
    elif sum(d) == point:
        return Just(("win", point, so_far+[d]))
    else:
        return Just(("point", point, so_far+[d])) >> point_roll(dice)
```

status 모나드를 분해하여 세 가지 값을 가져온다. 이때 각 값을 가져오기 위해 작은 람다 함수를 사용할 수도 있을 것이다. 또한 `operator.itemgetter()` 함수를 사용해 튜플의 원소를 가져올 수도 있다. 여기서는 그 대신 다중 대입문을 활용했다.

포인트가 성립하지 않은 경우, 이전 상태는 "win"이나 "lose"일 것이다. 단 한 번의 주사위 굴림으로 게임이 끝났다. 따라서 이 함수는 단순히 status 모나드를 반환한다.

포인트가 성립한 경우, 주사위를 굴리고 포인트 관련 규칙을 적용한다. 굴린 값의 합이 7이라면 슈터가 패배하고, 최종 모나드를 반환한다. 굴린 값이 포인트 값과 같다면 슈터가 승리하고 그에 맞는 모나드를 반환한다. 그렇지 않다면, 굴림을 표현하는 시퀀스 뒤에 이번에 굴린 결과를 추가한 모나드를 `point_roll()` 함수에 전달한다.

전형적인 출력의 예는 다음과 같다.

```
>>> craps()
('craps', 5, [(2, 3), (1, 3), (1, 5), (1, 6)])
```

마지막 모나드에는 결과를 보여주는 문자열이 들어 있다. 그리고 성립한 포인트의 값과 모든 주사위 굴림 이력이 들어 있다. 각각의 결과에 따라 배터가 받아야 할 금액의 변화를 계산할 때 사용할 수 있는 배당률이 정해져 있다.

시뮬레이션을 사용해 여러 배팅 전략을 검토할 수 있다. 어쩌면 하우스(도박을 진행하는 카지노나 딜러)에게 유리하게 되어 있는 규칙을 깰 수 있는 전략을 발견하게 될지도 모를 일이다.

이 게임의 기본 규칙에는 약간의 비대칭성이 존재한다. 11이 즉각적인 승자인 것과 3이 즉각적인 패자인 것은 서로 확률상 균형이 맞는다. 하지만 2와 12가 모두 패자이고, 7이 승자이기 때문에 하우스가 5.5퍼센트(1/18=5.5) 더 우위에 선다. 핵심 아이디어는 이러한 하우스의 우위를 깨기 위해 배팅을 어떻게 추가할 것인지를 결정하는 것이다.

영리한 몬테 카를로 시뮬레이션의 상당 부분을 몇 가지 단순한 함수형 프로그래밍 설계 기법으로 만들 수 있다. 특히, 모나드를 사용하면 내부 상태가 있거나 복잡한 선후 관계가 있는 경우에 계산을 구조화하는 데 도움이 될 수 있다.

추가 PyMonad 기능들

PyMonad가 제공하는 다른 기능 중 하나로 모노이드^{monoid}라는 약간 혼동을 주는 이름의 구조가 있다. 이는 수학에서 유래한 것으로, 어떤 데이터의 그룹이 있는데, 그에 대한 연산이 하나 있고, 그 연산에 대한 항등원이 그룹 안애 존재하며, 그 데이터 그룹이 해당 연산자에 대해 닫혀 있는 경우를 의미한다. 자연수와 덧셈 연산을 생각해보자. 항등원 0이 있고, 자연수가 덧셈에 대해 닫혀 있기 때문에 자연수의 집합은 모노이드다. 양의 정수와 곱셈 연산을 생각해본다면, 역시 항등원 1이 있기 때문에 모노이드다. 또한 문자열과 + 연산자를 생각해보면 빈 문자열을 항등원으로 하는 모노이드임을 알 수 있다.

PyMonad에는 여러 가지 모노이드 클래스 정의가 들어 있다. 이를 확장하면 우리가 원하는 monoid 클래스를 만들 수 있다. 그 의도는 컴파일러가 특정 최적화를 수행하지 못하게 제한하는 것이다. 또한 모노이드 클래스를 사용하여 이전에 수행한 연산의 이력 등의 복잡한 값을 누적시킬 수 있는 데이터 구조를 만들 수도 있다.

이러한 여러 기능은 함수형 프로그래밍에 대한 직관을 제공한다. 문서를 여기에 옮겨보면, 이 방식은 함수형 프로그래밍을 좀 더 너그러운 환경에서 배울 수 있는 더 쉬운 방법이다. 전체 언어와 관련 도구를 새로 배워 함수형 프로그램을 실행하는 대신, 대화형 파이썬을 사용해 함수형 프로그램을 시험해볼 수 있다.

실전에서는, 파이썬이 이미 상태와 엄격한 평가 순서를 제공하기 때문에 이러한 기능 중 상당수는 필요하지 않을 것이다. 파이썬에서 상태가 있는 객체나 엄격한 순서의 평가를 (함수형 프로그래밍 기법을 통해) 다시 도입해야 할 이유가 없다. 파이썬의 명령형 구현과 함수형 개념을 혼합하여 유용한 프로그램을 작성할 수 있다. 그렇기 때문에 PyMonad에 대해 더 깊이 다루지는 않을 것이다.

요약

이번 장에서는 파이썬에서 함수형 프로그래밍의 개념을 직접 표현하기 위해 PyMonad 라이브러리를 사용하는 방법을 살펴봤다. 그 모듈은 여러 가지 중요한 함수형 프로그래밍 기법을 보여준다.

함수에 인자의 조합을 넘겨 다른 함수를 만들어 낼 수 있도록 하는 커링을 살펴봤다. 함수를 커링하면 간단한 조각으로부터 함수적 합성을 사용하여 더 복잡한 함수를 만들 수 있다. 함수적 합성에 사용하기 위해 간단한 데이터를 감싸 함수로 만드는 펑터에 대해 살펴봤다.

모나드는 최적화 컴파일러와 지연 계산을 사용할 때 엄격한 평가 순서를 보장해주는 방법 중 하나다. 명령형 언어인 파이썬에서는 모나드를 사용할 만한 좋은 예를 찾기 어렵다. 대부분의 경우 명령형 파이썬을 사용하는 편이 모나드를 사용하는 것보다 더 이해하기 쉽고 간결할 것이다.

다음 장에서는 함수형 프로그래밍 기법을 사용해 웹 서비스 애플리케이션을 작성하는 방법을 살펴본다. HTTP의 아이디어는 response = http(request)라고 요약할 수 있다. 이상적인 경우 HTTP는 상태가 없기 때문에 함수형 디자인에 완벽하게 들어맞는다. 하지만 대부분의 웹 사이트는 쿠키를 사용해 세션을 추적하면서 상태를 유지한다.

15
웹 서비스에 대한
함수적 접근

탐색적 자료 분석에서 벗어나 웹 서버와 웹 서비스를 자세히 살펴본다. 이들은 어느 정도 함수의 연쇄라 할 수 있다. 웹 콘텐츠를 제공하는 문제에 대해 몇 가지 함수형 설계를 적용할 수 있다. 우리의 목적은 **표현적 상태 전송**Representational State Transfer, REST에 접근하는 방법을 살펴보는 것이다. 함수형 설계 패턴을 사용해 REST적인 웹 서비스를 구축하고 싶다.

선택할 수 있는 프레임워크가 많이 있기 때문에 굳이 새로 파이썬 웹 프레임워크를 만들 필요는 없다. 큰 범용 솔루션을 만드는 일을 피할 것이다.

하지만 사용 가능한 프레임워크 중 하나를 선택해 쓰고 싶지도 않다. 서로 다른 특성과 장점을 지니는 프레임워크가 많다.

우리는 대부분의 프레임워크에 적용할 수 있는 몇 가지 원칙을 보여줄 것이다. 함수형 디자인 패턴을 사용해 웹 콘텐츠를 제공할 수 있어야 한다. 이를 통해 함수형 설계의 장점을 살리는 웹 기반 애플리케이션을 만들 수 있다.

예를 들어, 극단적으로 큰 데이터 집합을 살펴보거나 극단적으로 복잡한 데이터 집합을 보는 경우, 부분 집합 생성이나 검색을 지원하는 웹 서비스가 있으면 좋을 것이다. 데이터의 부분 집합을 여러 가지 형식으로 다운로드할 수 있는 웹 사이트가 필요할 수도 있다. 그러한 경우, 이렇게 더 복잡한 요구사항을 지원하는 REST적인 웹 서비스를 만들기 위해 함수형 설계가 필요할 수도 있다.

대부분의 복잡한 웹 애플리케이션에는 사이트 사용을 쉽게 하기 위해 상태가 있는 세션이 존재한다. 세션 정보는 HTML 양식을 통해 제공한 데이터를 통해 갱신되거나, 데이터베이스에서 불러오거나, 클라이언트와 서버의 이전 상호작용에 대한 캐시에서 되살릴 수 있다. 전체 상호작용에는 상태 변경이 포함되지만, 애플리케이션 프로그래밍은 상당 부분이 함수적이다. 애플리케이션의 기능 중 상당 부분은 요청 데이터나 캐시 데이터, 또는 데이터베이스 객체의 사용 여부에 대해 그리 엄격하지 않을 수 있다.

구체적인 웹 프레임워크를 자세히 알아야 할 필요를 피하기 위해 우리는 **웹 서버 게이트웨이 인터페이스**Web Server Gateway Interface, WSGI 디자인 패턴에 집중할 것이다. WSGI를 사용하면 간단한 웹 서버를 구현할 수 있다. 다음 문서를 살펴보면 많은 정보를 얻을 수 있다.

http://wsgi.readthedocs.org/en/latest/

WSGI와 관련한 몇 가지 중요한 배경 지식은 다음에 있다.

https://www.python.org/dev/peps/pep-0333/

HTTP 프로토콜을 살펴보는 것부터 시작할 것이다. 그 후 아파치 httpd 등을 사용해 프로토콜을 구현하는 방법과 mod_wsgi가 기본 서버를 확장하는 합리적인 방법인 이유를 살펴본다. 이러한 배경을 바탕으로 WSGI의 함수적인 특성을 살펴보고, 함수형 설계를 활용해 복잡한 웹 검색과 데이터 입수 도구를 구현할 수 있는지 살펴본다.

HTTP 요청 – 응답 모델

HTTP 프로토콜의 핵심은 이상적인 경우, 상태가 없다. 사용자 에이전트 또는 클라이언트는 프로토콜에 대해 함수적인 관점을 가질 수 있다. http.client나 urllib 라이브러리를 사용하면 클라이언트를 만들 수 있다. HTTP 사용자 에이전트는 기본적으로 다음과 비슷한 기능을 실행한다.

```
import urllib.request
with urllib.request.urlopen(""http://slott-softwarearchitect.blogspot.
com"") as response:
    print(response.read())
```

wget이나 curl과 같은 프로그램은 이러한 동작을 명령 행에서 수행한다. 이때 인자에서 접속할 URL을 가져온다. 브라우저는 사용자의 마우스 이동과 클릭에 대한 응답으로 이러한 동작을 수행한다. 이때 사용자의 행동, 구체적으로 말하자면 링크가 걸린 텍스트나 이미지를 클릭하는 행동으로부터 URL을 가져온다.

하지만 서로 연결된 서버와 클라이언트 간의 상호 작용을 실용적으로 만들기 위해 상태가 있는 몇 가지 세부 구현이 생겼다. 일부 HTTP 상태 코드는 사용자 에이전트 쪽에서 추가 동작을 실행해야 함을 표현한다.

300번대 상태 코드는 요청 받은 자원이 다른 데로 이동했다는 것을 나타낸다. 그러한 응답을 받으면 사용자 에이전트는 Location 헤더의 정보에 따라 새로운 위치로 요청을 보내야 한다. 401 상태 코드는 인증이 필요하다는 뜻이다. 그러한 경우, 사용자 에이전트는 서버 접근을 위해 필요한 인증 정보가 들어간 헤더를 포함시켜 다시 요청을 보내야 한다. urllib 라이브러리에는 이러한 식의 상태가 존재하는 추가적인 부분의 구현도 들어 있다. http.client는 자동으로 300번대 위치 재지정 코드를 처리하지 않는다.

사용자 에이전트가 300번대나 401 코드를 처리하는 기법은 그렇게 상태와 깊은 연관이 있지는 않으므로 간단한 재귀를 사용할 수 있다. 상태 코드가 위치 재지정이 아니라면, 그 경우가 기본적인 경우이며, 처리 함수는 최종 결과를 얻은 것이다. 위치 재지정이 필요하면 대상 주소를 가지고 처리 함수를 재귀호출할 수 있다.

프로토콜의 반대쪽 끝을 보자. 정적인 콘텐츠를 제공하는 서버는 상태가 없어도 된다. HTTP 프로토콜에는 TCP/IP 소켓과 그 소켓을 활용하는 더 고수준의 HTTP 구조, 이렇게 두 가지 계층이 존재한다. 저수준 처리는 socketserver 라이브러리가 담당하며, 파이썬의 http.server 라이브러리는 고수준 구현을 제공하는 여러 라이브러리 중 하나다.

http.server 라이브러리를 다음과 같이 사용할 수 있다.

```
from http.server import HTTPServer, SimpleHTTPRequestHandler
running = True
httpd = HTTPServer(('localhost',8080), SimpleHTTPRequestHandler)
while running:
    httpd.handle_request()
httpd.shutdown()
```

서버 객체를 만들고 httpd 변수에 그 객체를 대입했다. 외부에서 들어오는 요청을 기다릴(리슨^{listen}이라고 한다) 주소와 포트 번호를 제공했다. 해당 포트로 연결 요청이 들어오면 TCP/IP 프로토콜은 별도의 포트를 하나 할당해 연결을 맺는다. HTTP 프로토콜은 새로 할당된 포트로부터 요청 데이터를 읽고 처리할 핸들러 handler의 인스턴스를 생성한다.

이 예제에서는 SimpleHTTPRequestHandler를 각 요청을 처리할 핸들러를 인스턴스화할 클래스로 지정했다. 이 클래스는 클라이언트에게 응답 헤더를 보낸 후에 다시 응답 본문을 보내는 최소한의 인터페이스를 구현해야 한다. 이 클래스는 로컬 디렉터리에 있는 파일을 서비스한다. 이 클래스를 변형하고 싶다면 하위 클래스를 만들고 do_GET(), do_POST() 등의 메서드를 구현하여 동작을 변경해야 한다.

종종 직접 루프를 만드는 대신 server_forever() 메서드를 사용하기도 한다. 여기서는 일반적인 경우 서버가 비정상 종료된다는 사실을 보여주기 위해 직접 루프를 만들었다. 서버를 더 부드럽게 정지시키고 싶다면, shutdown 변수의 값을 바꿀 수 있는 수단이 필요하다. 예를 들어 Ctrl+C 시그널 등을 이러한 목적으로 잘 사용한다.

쿠키로 상태 주입하기

쿠키가 추가되면서 클라이언트와 상태 사이의 모든 관계가 상태가 있는 것으로 바꾸었다. 흥미롭게도, HTTP 프로토콜 자체에는 변화가 없다. 상태 정보에 대한 통신은 요청과 응답 헤더를 통해 이뤄진다. 사용자 에이전트는 요청 헤더에 요청 대상 호스트와 경로에 따른 쿠키를 넣어 보낸다. 서버는 응답 헤더에 쿠키를 넣어 사용자 에이전트에게 보낸다.

따라서 사용자 에이전트나 브라우저가 반드시 쿠키 값을 캐시해두고 요청 시 적절한 쿠키를 포함시켜야 한다. 웹 서버는 요청 헤더에서 쿠키를 받아들여야 하고, 응답 헤더에 쿠키를 넣어 전달해야 한다. 웹 서버는 쿠키를 캐시할 책임은 없다. 서버는 단지 요청의 인자 중 하나로 쿠키를 받고, 응답에 추가 내용을 더 넣을 뿐이다.

원리상 쿠키에는 아무 정보나 넣을 수 있지만, 단지 세션 상태 객체에 대한 식별자만을 포함시키는 방향으로 쿠키 사용법이 빠르게 변했다. 서버는 쿠키 정보를 사용해 세션에 대한 정보를 영속적인 저장소에서 찾을 수 있다. 이는 서버가 사용자 에이전트에 요청에 따라 세션의 상태를 변경할 수 있다는 의미인 한편, 오래된 세션을 서버가 제거할 수 있다는 의미이기도 하다.

"세션"이라는 개념은 HTTP 프로토콜과는 별개다. 보통은 같은 세션 쿠키를 공유하는 일련의 요청을 세션이라고 정의한다. 최초 요청 시에는 쿠키가 없다. 따라서 새 세션이 만들어진다. 그 이후의 모든 요청에는 쿠키가 들어갈 것이다. 그 쿠키를 사용해 서버에 있는 세션 상태 객체를 식별할 수 있을 것이다. 이 객체에는 서버가 영속적인 웹 자료를 원활하게 제공하기 위한 정보가 들어 있을 것이다.

하지만 웹 서비스에 대한 REST 접근 방식은 쿠키에 의존하지 않는다. 각 REST 요청은 독립적이며, 전체 세션 프레임워크에 들어맞지 않는다. 이로 인해 REST적인 서비스는 사용자의 상호작용을 쿠키를 사용해 단순화하는 "사용자 친화적인" 대화식 사이트의 경우에 잘 들어맞지 않는다.

이는 또한 각 REST 요청을 별도로 인증해야 한다는 뜻이기도 하다. 보통은 서버에서 만든 간단한 토큰을 사용해, 클라이언트가 매 번 복잡한 인증 데이터를 보내지 않도록 한다. 이로 인해, 보안 소켓 계층^{Secured Socket Layer, SSL} 프로토콜을 사용해 보호하는 일이 많다. 그래서 http 대신 https를 사용한다. 이번 장에서는 두 가지 방식을 모두 HTTP라고 부를 것이다.

서버를 함수형으로 설계하기

HTTP의 핵심 아이디어 중 하나는 데몬^{daemon}의 응답이 요청에 의해 결정되는 함수라는 데 있다. 개념적으로, 웹 서비스는 다음과 같이 요약할 수 있는 최상위 구현을 가져야 한다.

```
response = httpd(request)
```

하지만 이는 실용적이지 않다. HTTP 요청은 단순하고 큰 데이터 구조가 아니다. 실제로는 필수적인 부분과 선택적인 부분으로 이뤄진다. 요청에는 메서드와 경로가 들어간 헤더가 있으며, 본문에 입력 양식이나 업로드할 파일의 데이터 또는 그 두 가지 모두가 있을 수 있다.

좀 더 복잡하게도, 브라우저의 양식 데이터를 GET 요청의 경로 뒤에 질의 문자열로 전달할 수도 있다. 또는 POST 요청의 본문에 첨부해보낼 수도 있다. 혼란의 여지가 있는 경우에는, 대부분의 웹 애플리케이션 프레임워크에서 <form> 태그에 "method=post"라는 문장을 추가하여 데이터를 헤더가 아닌 본문에 보내게 만들 것이다.

함수적인 관점에서 더 깊이 살펴보기

HTTP 응답과 요청에는 헤더와 본문이 있다. 요청에는 몇 가지 양식 데이터가 있을 수 있다. 따라서 웹 서버를 다음과 같이 생각할 수 있다.

```
headers, content = httpd(headers, request, [uploads])
```

요청 헤더에는 쿠키 값이 들어갈 수 있으며, 이를 인자를 더 추가하는 것으로 생각할 수도 있다. 부가적으로, 웹 서버가 실행중인 운영체제 환경에 따라 결과가 달라지는 경우도 있다. 이러한 운영 체제 환경을 요청의 일부분으로 제공하는 인자처럼 생각할 수도 있다.

응답 내용은 매우 다양하긴 하지만, 다양한 분야의 내용물에 대한 수긍할 만한 정의가 존재한다. **다목적 인터넷 우편 확장**Multipurpose Internet Mail Extension, MIME 타입은 웹 서비스가 반환할 수 있는 내용물의 종류를 정의한다. 이러한 종류로는 일반 텍스트, HTML, JSON, XML, 그리고 웹 사이트가 서비스할 수 있는 다양한 비-문자 미디어 등이 있다.

HTTP 요청에 대한 응답을 만들기 위해 필요한 처리를 자세히 살펴보면, 재활용 가능한 몇 가지 공통적인 특성을 볼 수 있다. 재사용 가능한 요소라는 아이디어는 단순한 것부터 복잡한 것에 이르기까지 다양한 웹 서비스 프레임워크가 생겨나게 된 원동력이다. 함수형 설계에서는 함수를 재사용할 수 있기 때문에 함수형 접근 방식이 웹 서비스를 구현하는 데 있어 매우 적합하다고 생각된다.

서비스 응답의 여러 요소의 파이프라인을 어떻게 만들 수 있는지 살펴보면서 웹 서비스를 함수형으로 설계하는 방법을 본다. 요청을 처리하기 위한 함수를 내포시켜 내부에 있는 요소들이 외부의 요소들이 제공하는 부가적인 처리를 신경 쓰지 않아도 되도록 만들 것이다. 이렇게 하면 외부 요소들이 필터처럼 작동할 수 있다. 예를 들어, 외부 요소가 잘못된 요청을 오류 응답을 돌려 보내는 방식으로 처리한다면, 내부 요소들은 애플리케이션 처리에만 초점을 맞출 수 있다.

서비스 내포시키기

웹 요청 처리를 몇 가지 내포된 문맥으로 살펴볼 수 있다. 예를 들어, 바깥쪽 문맥에서 어떤 요청이 기존 세션에 속한 추가 요청인지, 새로운 세션의 요청인지를 검사하는 세션 관리를 담당할 수 있을 것이다. 내부 문맥에서는 **크로스 사이트 요청 변조**Cross-Site Request Forgeries, CSRF를 감지할 수 있는, 양식 처리에 필요한 토큰을 제공할 수 있을 것이다.

앞에서 설명한 함수를 개념적으로 살펴보면 다음과 비슷한 형태가 될 것이다.

```
response= content(authentication(csrf(session(headers, request,
[forms]))))
```

여기서 아이디어는 각 함수가 이전의 함수의 결과를 기초로 만들어진다는 것이다. 각 함수는 요청을 더 풍부하게 하거나 잘못된 요청을 거부한다. 예를 들어 session 함수는 헤더를 사용해 요청이 기존 세션과 새 세션 중 어디에 속한 것인지 판단한다. csrf 함수는 양식 입력을 검사하여 제대로된 토큰이 들어 있는지 살펴본다. CSRF 처리를 위해서는 정상적인 세션이 필요하다. authentication 함수는 올바른 사용자 인증 정보가 없는 세션에 대해 오류 응답을 반환할 수 있고, 올바른 인증 정보가 들어온 경우에는 요청에 사용자에 대한 정보를 더 추가할 수 있다.

content 함수는 세션, 변조, 또는 인증 받지 못한 사용자에 대해 염려할 필요가 없다. 그 함수는 경로를 분석하여 어떤 콘텐츠를 제공해야 할지를 결정하는 것에만 초점을 맞춘다. 더 복잡한 애플리케이션에서는 경로 정보를 사용해 적절한 콘텐츠를 제공할 수 있는 함수를 결정하는 복잡한 매핑이 content 함수에 들어갈 수도 있다.

하지만 내포된 함수라는 관점이 정확한 것은 아니다. 문제는 각각의 내포된 문맥이 요청을 변경할 뿐 아니라 응답도 변경해야 할 필요가 있다는 점에 있다.

실제로는 다음과 비슷한 어떤 것이 필요하다.

```
def session(headers, request, forms):
    pre-process: determine session
    content= csrf(headers, request, forms)
    post-processes the content
    return the content

def csrf(headers, request, forms):
    pre-process: validate csrf tokens
    content= authenticate(headers, request, forms)
    post-processes the content
    return the content
```

이 개념은 웹 콘텐츠를 만들어 내기 위해 입력을 변경하거나, 출력을 변경하거나, 입출력을 모두 변경하는 여러 함수의 컬렉션을 내포시켜 사용하는 함수형 설계를 보여준다. 조금만 더 생각해보면, 이러한 여러 함수들이 사용할 수 있는 간단한 표준 인터페이스를 정의할 수 있을 것이다. 인터페이스를 표준화하고 나면, 함수를 여러 방식으로 조합하고 특징을 추가할 수 있다. 웹 콘텐츠를 제공하는 간결하면서 이해하기 쉬운 프로그램을 작성할 수 있어야 한다는 함수형 프로그래밍의 목적을 달성할 수 있어야만 한다.

WSGI 표준

WSGI는 웹 요청에 대한 응답을 만들어 내는 상대적으로 간단한 표준 설계 패턴을 정의한다. 파이썬의 wsgiref 패키지에는 WSGI의 참조 구현이 들어 있다.

각각의 WSGI "애플리케이션"은 다음과 같은 인터페이스를 공유한다.

```
def some_app(environ, start_response):
    return content
```

environ은 요청의 모든 인자를 한 균일한 구조에 담은 딕셔너리다. 헤더, 요청 메서드, 경로, 양식 데이터나 파일 업로드를 위한 첨부 등은 모두 이 환경 안에 들어 있다. 이러한 정보와 더불어, 운영체제 수준의 맥락도 WSGI 요청 처리의 일부분인 몇 가지 원소를 통해 제공된다.

start_response는 응답 상태와 헤더를 보내기 위해 반드시 사용해야 하는 함수다. 응답을 최종적으로 만드는 WSGI 서버의 일부분은 응답 텍스트를 만들어야 할 뿐 아니라 start_response 함수를 사용해 헤더와 상태를 보내야 한다. 일부 애플리케이션에서는 이 함수를 감싸 응답에 추가 헤더를 더 넣을 수 있게 할 수도 있다.

반환 값은 문자열의 시퀀스 또는 사용자 에이전트에게 돌려줄 문자열과 비슷한 파일 래퍼다. HTML 템플릿 도구를 사용한다면 이 시퀀스에 원소가 하나만 들어갈 수도 있다. Jinja2 템플릿과 같은 일부 템플릿은 템플릿을 채우는 작업을 사용자 에

이전트에게 데이터를 전송하는 작업의 중간 중간에, 필요할 때마다 텍스트 덩어리의 시퀀스를 만들어 낼 수도 있다.

각각 내포되는 방식으로 인해 WSGI 애플리케이션을 연쇄적인 것으로 볼 수도 있다. 각 애플리케이션은 오류를 반환하거나 결과를 결정할 수 있는 다른 애플리케이션에게 요청을 전달할 수도 있다.

다음은 매우 단순한 라우팅 애플리케이션이다.

```
SCRIPT_MAP = {
    ""demo"": demo_app,
    ""static"": static_app,
    """"": welcome_app,
}
def routing(environ, start_response):
    top_level= wsgiref.util.shift_path_info(environ)
    app= SCRIPT_MAP.get(top_level, SCRIPT_MAP[''])
    content= app(environ, start_response)
    return content
```

이 앱은 wgsiref.util.shift_path_info()를 사용해 환경을 조작한다. 이 함수는 environ['PATH_INFO']에 있는 요청 경로를 "첫 부분/나머지 부분 분할"를 수행한다. 경로의 첫 부분(/ 앞의 부분)은 환경 environ의 SCRIPT_NAME에 덧붙여지고, PATH_INFO는 경로의 나머지 부분으로 변경된다. 그리고 반환 값은 경로의 첫 부분이다. 분석할 경로가 더 없다면 결과 값은 None이며, 환경의 내용은 변하지 않는다.

routing() 함수는 경로의 첫 번째 부분을 사용해 SCRIPT_MAP 딕셔너리에 있는 애플리케이션을 찾는다. 요청 경로를 찾지 못하는 경우에 대비해 SCRIPT_MAP['']을 기본 딕셔너리로 사용했다. 이렇게 하는 편이 HTTP의 404 NOT FOUND 오류를 내는 것보다 좀 더 낫다.

이 WSGI 애플리케이션은 여러 가지 다른 함수 중 하나를 선택하는 함수다. 데이터 구조 안에 정의된 함수를 평가하기 때문에 이 함수도 고차 함수라고 생각할 수 있다.

정규식을 사용했더라면 프레임워크가 경로 매치 과정을 더 쉽게 일반화할 수 있었다는 것을 알 수 있다. routing() 함수가 문자열이 아니라 정규식RE과 WSGI 애플리케이션을 연관시켜주는 딕셔너리를 사용하고, 경로를 정규식을 사용해 매치시키게 만들 수도 있다. 이렇게 개선한 routing() 함수를 사용한 애플리케이션에서는 각 정규식이 일치하는지 검사할 수 있다. 일치하는 정규식을 찾았다면, 요청이 지정한 애플리케이션을 호출하기 전에 groups() 함수를 사용해 환경 정보를 변경할 수 있을 것이다.

WSGI 처리 도중에 예외 발생시키기

WSGI 애플리케이션의 핵심적인 특징 중 하나는 연쇄상의 각 단계에 요청을 걸러낼 책임이 있다는 것이다. 가능하면 잘못된 요청을 빨리 거부하자는 것이 그 아이디어다. 파이썬의 예외 처리를 활용하면 이러한 경우를 특히 단순하게 처리할 수 있다.

정적인 콘텐츠를 제공하는 WSGI 애플리케이션을 다음과 같이 정의할 수 있다.

```
def static_app(environ, start_response):
    try:
        with open(CONTENT_HOME+environ['PATH_INFO']) as static:
            content= static.read().encode("""utf-8""")
            headers= [
                ("""Content-Type""",'text/plain; charset="""utf-8"""'),
                ("""Content-Length""",str(len(content))),
            ]
        start_response('200 OK', headers)
        return [content]
    except IsADirectoryError as e:
        return index_app(environ, start_response)
    except FileNotFoundError as e:
        start_response('404 NOT FOUND', [])
        return([repr(e).encode("""utf-8""")])
```

이 경우, 우리는 요청 받은 경로를 텍스트 파일로 취급해 열었다. 해당 경로의 파일을 열 수 없는 일반적인 이유는 크게 두 가지다. 그 두 경우를 모두 예외로 처리했다.

- 경로가 디렉터리라면, 디렉터리의 내용을 표시하는 다른 애플리케이션을 사용할 것이다.
- 경로가 존재하지 않는다면, HTTP 404 NOT FOUND 응답을 반환할 것이다.

다른 모든 예외는 처리하지 않는다. 이 애플리케이션을 호출한 애플리케이션에서는 더 일반적인 오류 응답 기능이 들어 있어야만 한다. 그러한 애플리케이션에서도 예외를 처리하지 않는다면, WSGI의 일반적인 실패 응답이 사용된다.

 HTTP 처리에는 엄격한 연산 순서가 필요하다. 전체 파일을 읽어야만 HTTP의 Content-Length 헤더의 값을 제대로 설정할 수 있다.

더 나아가, 우리는 콘텐츠를 바이트로 제공해야 한다. 이는 파이썬 문자열을 정상적으로 인코딩해야 하며, 인코딩 정보를 사용자 에이전트에 제대로 전달해야 한다는 뜻이다. 심지어는 오류 메시지인 repr(e) 조차도 사용자 에이전트에게 전달하기 전에 제대로 인코딩할 필요가 있다.

실용적인 WSGI 애플리케이션

WSGI 표준의 의도는 완전한 웹 프레임워크를 정의하는 것이 아니다. 진정한 의도는 웹과 관련 있는 여러 처리를 유연하게 연동할 수 있는 최소한의 표준을 만드는 것이다. 프레임워크는 웹 서비스를 제공하기 위한 내부 구조와는 매우 다른 접근 방법을 선택할 수도 있다. 하지만 그 가장 바깥쪽 인터페이스가 WSGI와 같아야만 여러 가지 문맥에서 사용될 수 있다.

아파치 httpd나 엔진 X^{Nginx} 등의 웹 서버에는 웹 서버에서 파이썬 애플리케이션으로 연결해주는 WSGI와 호환되는 인터페이스를 제공하는 어댑터가 있다. 대부분의 WSGI 구현에 대한 정보는 다음 사이트에서 찾을 수 있다.

https://wiki.python.org/moin/WSGIImplementations

애플리케이션을 더 큰 서버에 포함시키면 관심사를 깔끔하게 분리할 수 있다. 아파치 httpd를 사용하여 .css, .js, 이미지 파일 등의 완전히 정적인 콘텐츠를 서비스할 수 있다. 하지만 HTML 페이지는 아파치의 mod_wsgi 모듈을 사용해 별도의 파이썬 프로세스에게 작업을 맡길 수 있다. 그 파이썬 프로세스는 웹 콘텐츠에서 관심 있는 부분의 HTML만을 처리할 것이다.

이렇게 할 수 있다는 것은 별도의 미디어 서버를 만들거나 웹 사이트의 경로를 두 가지 부분으로 나눠야 한다는 뜻이다. 두 번째 방식을 선택한다면, 일부 경로는 완전히 정적인 콘텐츠만을 제공하며, 아파치 http가 이를 처리할 것이다. 다른 경로에는 동적인 콘텐츠가 들어가고, 파이썬이 그 경로를 처리할 것이다.

WSGI 기능을 사용하는 경우, 외부의 WSGI 인터페이스를 어떤 방법으로도 바꿀 수 없다는 것을 기억해야 한다. 예를 들어, 요청을 처리하는 일련의 함수의 시퀀스인 매개변수를 추가하는 것이 더 좋은 경우가 있을 것이다. 각 처리 단계에서는 그 함수의 리스트에서 첫 번째 원소를 가져와 다음 처리를 수행할 수 있을 것이다. 이와 같이 매개변수를 추가하는 일이 함수형 프로그래밍에서는 흔한 일이지만, 이렇게 인터페이스를 변경하는 것은 (상호 운용성이라는) WSGI의 목적에 위배된다.

WSGI 정의로 인해 전역 변수나 요청 환경, 또는 캐시에서 전역 설정 객체를 가져오는 함수를 통해서만 설정이 이뤄져야 한다. 작은 예제에서는 모듈 수준의 전역 변수를 사용하는 것도 가능하다. 더 복잡한 애플리케이션에서는 아마 설정 캐시가 필요할 것이다. 또한 environ 딕셔너리만에 있는 설정 정보만을 변경하고, 다른 WSGI 애플리케이션에게 처리에 대한 제어를 위임하는 별도의 WSGI 앱을 만드는 것도 타당하다.

웹 서비스를 함수로 정의하기

우리는 원본 데이터를 "잘라내서 흔든" 후 JSON, XML, CSV 형식으로 다운로드할 수 있는 REST적인 웹 서비스를 살펴본다. 서비스 전체에 대한 WSGI 래퍼를 제공하지만 이 애플리케이션의 "실제 작업"을 수행하는 함수는 WSGI의 제약을 따르지는 않을 것이다.

네 가지 하위 컬렉션이 있는 안스콤 쿼텟을 데이터 집합으로 사용한다. 이 데이터를 읽고 구문 분석하는 여러 가지 방법을 '3장 함수, 반복자, 제네레이터'에서 살펴봤다. 데이터 자체는 그리 크지 않지만, REST적인 웹 서비스의 원칙을 보여주는데는 충분하다.

애플리케이션을 2 계층으로 나눈다. 웹 계층은 간단한 WSGI 애플리케이션이며, 나머지 처리 부분은 좀 더 전형적인 함수형 프로그래밍을 사용할 것이다. 의미가 있는 결과를 제공하기 위한 함수적 접근 방식에 초점을 맞추기 위해 웹 계층을 먼저 살펴본다.

웹 서비스에 두 가지 정보를 제공할 필요가 있다.

* 원하는 쿼텟 – 이 부분은 "잘라내서 흔들기"에 해당한다. 이 예제는 대부분 "잘라내기"다.

* 원하는 출력 형식

데이터 선택에는 보통 요청 경로를 사용한다. "/anscombe/I"나 "/anscombe/II"라는 경로로 쿼텟에서 다른 데이터 집합을 지정할 수 있다. 핵심 아이디어는 URL이 자원을 정의하며, 그 URL을 변경할 만한 이유는 없다는 것이다. 여기서는 데이터 집합이 날짜나 조직 내에서의 허가 여부, 또는 다른 외부 요인과는 무관하다. 따라서 URL은 시간과 관계가 없고, 절대적이다.

출력 형식은 URL을 구성하는 핵심적인 부분은 아니다. 단지 직렬화 형식일 뿐이며, 데이터 자체는 아니기 때문이다. 경우에 따라 HTTP Accept 헤더를 사용해 형식을 지정하기도 한다. 그러한 방식을 브라우저에서 사용하는 것은 어렵지만,

REST적인 API를 사용하는 애플리케이션에서는 사용하기 쉽다. 데이터를 브라우 저를 사용해 꺼내는 경우에는 보통 질의 문자열을 사용해 출력 형식을 지정한다. "form=json"과 같은 문자열을 경로 뒤에 붙이는 방식을 사용하여 출력 형식을 JSON으로 지정할 수 있다.

URL은 다음과 같을 것이다.

```
http://localhost:8080/anscombe/III/?form=csv
```

이 URL은 3번째 데이터 집합을 CSV 형식으로 다운로드한다.

WSGI 애플리케이션 만들기

먼저, 간단한 URL 패턴 매치 식을 사용해 이 애플리케이션이 처리할 유일한 라우팅 을 정의한다. 더 복잡한 애플리케이션에서는 그러한 패턴이 여럿 존재할 것이다.

```
import re
path_pat= re.compile(r"""^/anscombe/(?P<dataset>.*?)/?$""")
```

이 패턴을 사용하면 경로의 최상위 부분에 있는 WSGI의 맥락의 "스크립트"를 정 의할 수 있다. 이 경우, 스크립트는 "anscombe"이다. 경로의 다음 단계를 사용해 안스콤 쿼텟의 데이터 집합을 선택할 것이다. 데이터 집합은 I, II, III, IV 중 하나다.

이러한 선택에 이름 있는 매개변수를 사용한다. 많은 경우, REST적인 API를 다음 과 비슷한 문법을 사용해 기술한다.

```
/anscombe/{dataset}/
```

이러한 이상적인 패턴을 적절한 정규식으로 바꾸고, 경로의 데이터 집합 선택자의 이름을 유지한다.

다음은 이러한 패턴이 어떻게 작동하는지를 보여주는 단위 테스트다.

```
test_pattern= """"""
>>> m1= path_pat.match(""/anscombe/I"")
>>> m1.groupdict()
{'dataset': 'I'}
```

```
>>> m2= path_pat.match("""/anscombe/II/""")
>>> m2.groupdict()
{'dataset': 'II'}
>>> m3= path_pat.match("""/anscombe/""")
>>> m3.groupdict()
{'dataset': ''}
"""
```

다음과 같이, 방금 본 세 가지 테스트를 전체 독테스트^{doctest}에 포함시킬 수 있다.

```
__test__ = {
    """test_pattern""": test_pattern,
}
```

이 테스트는 라우팅이 의도에 따라 작동하는지 확인한다. 이를 나머지 WSGI 애플리케이션과 별도로 테스트할 수 있다는 사실이 중요하다. 전체 웹 서버를 테스트하려면 서버 프로세스를 시작하고 브라우저나 테스트 도구(포스트맨^{Postman}이나 셀레늄^{Selenium} 등)를 사용해 연결을 시도해야 한다. http://www.getpostman.com 또는 http://www.seleniumhq.org에서 포스트맨이나 셀레늄에 대한 자세한 정보를 볼 수 있다.

다음은 전체 WSGI 애플리케이션이다.

```
import traceback
import urllib
def anscombe_app(environ, start_response):
    log= environ['wsgi.errors']
    try:
        match= path_pat.match(environ['PATH_INFO'])
        set_id= match.group('dataset').upper()
        query= urllib.parse.parse_qs(environ['QUERY_STRING'])
        print(environ['PATH_INFO'], environ['QUERY_STRING'],
        match.groupdict(), file=log)
        log.flush()
        dataset= anscombe_filter(set_id, raw_data())
        content, mime= serialize(query['form'][0], set_id, dataset)
        headers= [
            ('Content-Type', mime),                        ]
```

```
            ('Content-Length', str(len(content))),
        start_response(""200 OK"", headers)
        return [content]
    except Exception as e:
        traceback.print_exc(file=log)
        tb= traceback.format_exc()
        page= error_page.substitute(title=""Error"",
        message=repr(e), traceback=tb)
        content= page.encode(""utf-8"")
        headers = [
            ('Content-Type', ""text/html""),
            ('Content-Length', str(len(content))),
        ]
        start_response(""404 NOT FOUND"", headers)
        return [content]
```

이 애플리케이션은 요청에서 PATH_INFO와 QUERY_STRING을 뽑아낸다. PATH_INFO
요청은 뽑아낼 데이터 집합을 정의한다. QUERY_STRING은 출력 형식을 지정한다.

애플리케이션의 처리는 세 함수를 통해 이뤄진다. raw_data() 함수는 파일에서
원데이터를 읽는다. 결과는 Pair 객체의 리스트가 있는 딕셔너리다. anscombe_
filter() 함수는 선택 기준 문자열과 원데이터 딕셔너리를 받아 Pair 객체의 리스
트를 반환한다. 그 리스트는 serialize() 함수에 의해 바이트로 변환된다. 그 후
직렬화 함수가 만들어 낸 바이트에 적절한 헤더를 붙인 후 반환한다.

HTTP의 Content-Length 헤더를 만들기로 결정했다. 그렇게 하는 것이 필수는
아니지만, 내려보낼 데이터가 큰 경우 이렇게 하는 것이 예의바른 일이다. 이 헤더
를 제공하기 위해 직렬화한 결과를 실체화하여 전체 바이트 수를 세야만 했다.

Content-Length 헤더를 생략하기로 결정하는 경우, 이 애플리케이션의 구조가
상당히 달라졌을 것이다. 각 직렬화기를 바이트를 내놓는 제네레이터 함수로 바꿀
수 있을 것이다. 데이터 집합이 큰 경우 이렇게 하는 것이 최적화에 도움이 된다.
하지만 다운로드를 진행하는 사용자의 입장에서 보면, 브라우저가 다운로드가 얼
마나 완료됐는지 표시해주지 않기 때문에 그렇게 기분이 좋지는 않을 것이다.

모든 오류를 404 NOT FOUND로 처리했다. 잘못될 수 있는 요소가 다양하기 때문에 이렇게 처리하는 것이 잘못된 정보를 줄 수도 있다. 더 자세한 정보를 제공하기 위해 더 많은 try:/except: 블록을 사용해 오류를 처리할 수도 있을 것이다.

디버깅을 위해 결과 웹 페이지에 파이썬 스택 트레이스를 표시했다. 디버깅이 아니라면 이렇게 하는 것은 매우 나쁜 생각이다. API이 제공하는 피드백은 요청을 수정하기에만 충분하면 되며, 그 이상의 내용이 들어가서는 안 된다. 스택 트레이스에는 악의적인 사용자에게 너무 많은 정보를 제공할 가능성이 있다.

원데이터 얻기

raw_data() 함수는 '3장 함수, 반복자, 제네레이터'에서 대부분 가져온 것이다. 중요한 몇 가지 부분을 변경했다. 다음은 이번 장의 예제에 사용한 버전이다.

```python
from Chapter_3.ch03_ex5 import series, head_map_filter, row_iter,
Pair
def raw_data():
    """
    >>> raw_data()['I'] #doctest: +ELLIPSIS
    (Pair(x=10.0, y=8.04), Pair(x=8.0, y=6.95), ...
    """
    with open(""Anscombe.txt"") as source:
        data = tuple(head_map_filter(row_iter(source)))
        mapping = dict((id_str, tuple(series(id_num,data)))
            for id_num, id_str in enumerate(['I', 'II', 'III', 'IV'])
    )
    return mapping
```

로컬 데이터 파일을 열고 row_iter() 함수를 적용하여 파일을 구문 분석하여 열이 구분된 줄을 반환하게 한다. head_map_filter() 함수를 적용하여 파일에서 표의 머릿줄 부분을 없앴다. 결과는 모든 데이터가 들어 있는 튜플의 튜플 구조다.

이 튜플의 튜플에서 특정 계열을 선택하여 더 유용한 dict()으로 변환했다. 각 계열에는 한 쌍의 열이 들어 있다. 예를 들어, "I" 계열에는 0번과 1번 열이, "II" 계열에는 2번과 3번 열이 들어 있다.

list()나 tuple() 함수와의 일관성을 위해 dict() 함수에 제네레이터 식을 사용했다. 꼭 그렇게 할 필요는 없지만, 때로 그렇게 하면 그 세 데이터 구조와 각각이 제네레이터 식을 사용하는 방식의 유사성을 볼 수 있다.

series() 함수는 데이터 집합의 x, y 쌍으로부터 Pair 객체를 만든다. 예전에 했던 설명을 다시 하자면, 이 함수를 변경하여 namedtuple 클래스가 이 함수의 인자가 되도록 만들어 결과 값을 볼 수 있다. 우리는 Pair 객체가 만들어지는 부분을 볼 수 있는 series(id_num, Pair, data)라는 방식을 더 선호한다. 이렇게 확장하려면 '3장 함수, 반복자, 제네레이터'의 예제 중 일부를 다시 작성해야 한다. 이 부분은 독자에게 연습 문제로 남겨둔다.

여기서 바꾼 중요한 것은, 독테스트에 테스트 케이스를 포함시켰다는 것이다. 앞에서 설명했지만, 웹 애플리케이션을 -전체적으로- 테스트하기는 어렵다. 웹 서버를 시작하고, 웹 클라이언트를 사용해 테스트 케이스를 실행해야만 한다. 그 후 웹 로그를 확인해 문제를 해결해야 하는데, 완전한 스택 트레이스가 없다면 그 또한 어려울 수 있다. 따라서 웹 애플리케이션에서 가능한 많은 부분을 일반적인 독테스트나 단위테스트 기법을 활용해 테스트하는 것이 좋다.

필터 적용하기

이 애플리케이션에서는 매우 단순한 필터를 사용한다. 걸러내는 전체 과정은 다음 함수에 들어 있다.

```
def anscombe_filter(set_id, raw_data):
    """
    >>> anscombe_filter(""II"", raw_data()) #doctest: +ELLIPSIS
    (Pair(x=10.0, y=9.14), Pair(x=8.0, y=8.14), Pair(x=13.0, y=8.74),
    ...
    """
    return raw_data[set_id]
```

이 단순한 식을 함수로 만든 이유는 다음 세 가지다.

- 함수를 사용하는 편이 더 일관성이 있고, 첨자 식을 사용하는 것보다 좀 더 유연하다.

- 함수로 만들면 필터를 쉽게 확장할 수 있다.

- 이 함수에 대한 독스트링에 별도의 단위 테스트를 포함시킬 수 있다.

단순한 람다도 잘 작동하겠지만, 테스트하기에는 그리 편리하지 않다.

오류 처리를 위해서는 아무 것도 하지 않았다. 여기서는 때로 "행복한 경로"라고 불리는, 이상적인 실행 순서에만 집중했다. 이 함수에서 문제가 발생한다면 예외가 던져질 것이다. WSGI 래퍼 함수는 모든 예외를 잡아 적절한 상태 정보와 오류 응답을 클라이언트에게 보내야 한다.

예를 들어, set_id 메서드가 잘못될 수도 있다. 잘못될 수 있는 모든 경우를 처리하는 데 집착하는 대신, 그냥 파이썬이 예외를 던지게 내버려뒀다. 실제로 이 함수는 "허가를 구하는 것보다는 용서를 바라는 편이 더 낫다"라는 파이썬의 충고를 따른다. 이 함수 코드에서는 "허가를 구하는" 것을 회피해야 한다는 충고를 인자가 정상인지 검사하는 if문을 없앰으로써 실제로 구현했다. 이 코드에는 오직 "용서"를 처리하는 부분만 존재한다. 예외를 던져 WSGI 래퍼에서 처리하는 부분이 바로 그것이다. 이 중요한 충고를 앞에서 본 원데이터 처리와 이제 보게 될 직렬화에서도 적용했다.

결과 직렬화하기

직렬화란, 파이썬 데이터를 전송에 적당한 바이트의 스트림으로 바꾸는 것이다. 각각의 형식은 한 가지 형식만을 직렬화할 수 있는 간단한 함수로 표현할 수 있다. 최상위의 일반적인 직렬화기는 여러 가지 구체적인 직렬화기 중에서 원하는 것을 선택한다. 직렬화를 선택하는 것은 다음과 같은 함수로 정리할 수 있다.

```
serializers = {
    'xml': ('application/xml', serialize_xml),
```

```
        'html': ('text/html', serialize_html),
        'json': ('application/json', serialize_json),
        'csv': ('text/csv', serialize_csv),
}
def serialize(format, title, data):
    """json/xml/csv/html serialization.
    >>> data = [Pair(2,3), Pair(5,7)]
    >>> serialize(""json"", ""test"", data)
    (b'[{""x"": 2, ""y"": 3}, {""x"": 5, ""y"": 7}]', 'application/json')
    """
    mime, function = serializers.get(format.lower(), ('text/html',
serialize_html))
    return function(title, data), mime
```

전체 `serialize()` 함수는 응답을 보낼 때 결과를 특징짓기 위해 필요한 구체적 MIME 타입과 직렬화기를 찾는다. 그 후 발견한 구체적인 직렬화기를 호출한다. 여기서도 독테스트에서 테스트 케이스를 볼 수 있다. 한 직렬화기에 대한 예제만 보여주면 충분한 것 같으므로, 모든 직렬화기를 주의 깊게 검사하지는 않았다.

각 직렬화기를 따로 살펴본다. 직렬화기를 문자열을 만들어 내는 것과 바이트를 만들어 내는 두 그룹으로 나눌 수 있다. 문자열을 만들어 내는 직렬화기는 문자열을 바이트로 인코딩해야 한다. 바이트를 만들어 내는 직렬화기는 더 이상의 잡업이 필요없다.

문자열을 만드는 직렬화기의 경우, 직렬화기를 바이트로 변환하는 표준 변환과 함수 합성해야 한다. 데커레이터를 사용해 함수적 합성이 가능하다. 다음은 이러한 바이트 변환을 표준화한 것이다.

```
serializers = {
from functools import wraps
def to_bytes(function):
    @wraps(function)
    def decorated(*args, **kw):
        text= function(*args, **kw)
        return text.encode(""utf-8"")
    return decorated
```

`@to_byte`라는 작은 데커레이터를 만들었다. 이 데커레이터는 주어진 함수를 평가한 결과를 UTF-8 인코딩을 사용한 바이트로 바꾼다. 이 데커레이터를 JSON, CSV, HTML 직렬화기와 사용하는 방법을 보여줄 것이다. XML 직렬화기는 바이트를 직접 만들어 내기 때문에 다른 함수와 합성할 필요가 없다.

`serializers` 매핑에서 함수적 합성을 수행할 수도 있을 것이다. 함수 정의를 데커레이션하는 대신, 함수 객체에 대한 참조를 데커레이션할 수 있다.

```python
serializers = {
    'xml': ('application/xml', serialize_xml),
    'html': ('text/html', to_bytes(serialize_html)),
    'json': ('application/json', to_bytes(serialize_json)),
    'csv': ('text/csv', to_bytes(serialize_csv)),
}
```

이렇게 해도 되지만, 그렇게 좋지는 않다. 문자열을 만드는 직렬화기와 바이트를 만드는 직렬화기 사이의 차이는 설정에 있어 중요한 부분이 아니다.

데이터를 JSON이나 CSV로 직렬화하기

JSON과 CSV 직렬화기는 모두 파이썬의 직렬화 라이브러리를 사용하기 때문에 비슷한 함수다. 라이브러리는 근본적으로 명령형이기 때문에 함수의 본문은 엄격한 순서의 문장으로 구성된다.

다음은 JSON 직렬화기다.

```python
import json
@to_bytes
def serialize_json(series, data):
    """
    >>> data = [Pair(2,3), Pair(5,7)]
    >>> serialize_json(""test"", data)
    b'[{""x"": 2, ""y"": 3}, {""x"": 5, ""y"": 7}]'
    """
    obj= [dict(x=r.x, y=r.y) for r in data]
    text= json.dumps(obj, sort_keys=True)
    return text
```

딕셔너리의 리스트를 만들고 `json.dumps()` 함수를 사용해 문자열 표현을 만들었다. JSON 모듈은 실체화한 `list` 객체를 요구한다. 그래서 지연 계산하는 제네레이터 함수를 넘길 수는 없다. 단위 테스트를 위해서는 `sort_keys=True` 인자 값을 지정해야 한다. 하지만 실제 애플리케이션에서는 꼭 필요한 것은 아니며, 정렬에 약간의 부가 비용이 든다.

다음은 CSV 직렬화기다.

```python
import csv, io
@to_bytes
def serialize_csv(series, data):
    """
    >>> data = [Pair(2,3), Pair(5,7)]
    >>> serialize_csv(""test"", data)
    b'x,y\\r\\n2,3\\r\\n5,7\\r\\n'
    """
    buffer= io.StringIO()
    wtr= csv.DictWriter(buffer, Pair._fields)
    wtr.writeheader()
    wtr.writerows(r._asdict() for r in data)
    return buffer.getvalue()
```

CSV 모듈의 리더와 라이터는 명령형과 함수형 요소를 함께 사용한다. 라이터를 만든 후 엄격한 순서에 따라 머릿줄을 만들어야 한다. 이름 있는 튜플인 `Pair`의 `_fields_` 애트리뷰트를 사용하여 라이터에 필요한 각 열의 머릿줄을 결정했다.

라이터의 `writerows()` 메서드는 지연 계산하는 제네레이터 함수를 받는다. 이 경우, 각 `Pair`의 `_asdict()` 메서드를 사용해 CSV 라이터가 사용하기 적합한 딕셔너리를 반환했다.

데이터를 XML로 직렬화하기

내장 라이브러리를 사용해 XML을 직렬화하는 접근법을 살펴본다. 이는 각 태그로부터 문서를 만들 것이다. 일반적으로 이에 대한 대안은 파이썬의 인트로스펙션 introspection을 사용해 파이썬 객체와 클래스 이름을 XML 태그와 애트리뷰트로 매핑하는 것이다.

다음은 XML 직렬화기다.

```python
import xml.etree.ElementTree as XML
def serialize_xml(series, data):
    """
    >>> data = [Pair(2,3), Pair(5,7)]
    >>> serialize_xml(""test"", data)
    b'<series name=""test""><row><x>2</x><y>3</y></row><row><x>5</x>
    <y>7</y></row></series>'
    """
    doc= XML.Element(""series"", name=series)
    for row in data:
        row_xml= XML.SubElement(doc, ""row"")
        x= XML.SubElement(row_xml, ""x"")
        x.text= str(row.x)
        y= XML.SubElement(row_xml, ""y"")
        y.text= str(row.y)
    return XML.tostring(doc, encoding='utf-8')
```

최상위 엘리먼트인 <series>를 만들고 <row> 하위 엘리먼트를 그 밑에 넣었다. 각 <row> 엘리먼트 안에 <x>와 <y> 태그를 만들고 각 태그의 텍스트 내용을 채워 넣었다.

ElementTree 라이브러리를 사용해 XML 문서를 만들기 위한 인터페이스는 명령 형인 경향이 많다. 이로 인해 다른 함수형 설계와 잘 들어맞지 않는다. 명령형 스 타일 외에도, DTD나 XSD를 만들지 않았다는 사실을 기억해야 한다. 태그에 제대 로 이름 공간을 할당하지 않았다. 또한 일반적으로 XML 문서의 첫 번째 부분에 들 어가는 <?xml version=""1.0""?> 처리 명령도 추가하지 않았다.

더 복잡한 직렬화 라이브러리가 도움이 될 것이다. 여러 가지 라이브러리가 있다. https://wiki.python.org/moin/PythonXml에서 대안을 찾아보라.

HTML로 데이터 직렬화하기

직렬화의 마지막 예제로, HTML 문서를 만드는 것이 얼마나 복잡한지 보여줄 것 이다. 이러한 복잡도는 HTML에서는 전체 웹 페이지를 일정한 문맥 정보 안에 위 치시켜야 한다는 사실에서 비롯된 것이다.

```
import string
data_page = string.Template("""<html>
<head><title>Series ${title}</title></head>
<body><h1>Series ${title}</h1>
<table><thead><tr><td>x</td><td>y</td></tr></thead>
<tbody>
${rows}
</tbody></table></body></html>""")
@to_bytes
def serialize_html(series, data):
    """
    >>> data = [Pair(2,3), Pair(5,7)]
    >>> serialize_html(""test"", data) #doctest: +ELLIPSIS
    b'<html>...<tr><td>2</td><td>3</td></tr>\\n<tr><td>5</td>
    <td>7</td></tr>...
    """
    text= data_page.substitute(title=series,
        rows=""\n"".join(
            ""<tr><td>{0.x}</td><td>{0.y}</td></tr>"".format(row)
            for row in data)
        )
    return text
```

이 직렬화 함수는 두 부분으로 나눌 수 있다. 첫 번째 부분은 필수 HTML 페이지 내용을 포함하는 string.Template() 함수다. 그 안에는 템플릿에 데이터를 넣을 수 있는 위치 지정자가 두 군데 있다. ${title}은 제목 정보가 들어갈 곳을 지정하고, ${rows}는 여러 데이터 행이 들어갈 위치를 지정한다.

이 함수는 간단한 형식 문자열을 사용해 개별 데이터 행을 만든 후 전체를 합쳐 더 긴 문자열로 만들고, 이를 템플릿의 적당한 위치에 집어넣는다.

이 예제와 같은 작은 예제에서는 별 문제가 없지만, 복잡한 결과 집합을 사용해야 하는 경우 이러한 방식은 적합하지 않다. HTML 페이지를 만들 수 있는 복잡한 템플릿 도구가 많이 있다. 이 중 상당수는 직렬화를 시작하는 함수와 별도로 템플릿 안에 루프를 내포시킬 수 있는 기능이 있다. https://wiki.python.org/moin/Templating에서 대안을 찾아보라.

사용량 추적하기

공개 API들은 사용시 "API 키"를 요구하는 경우가 많다. API를 제공하는 쪽에서는 여러분이 전자우편 주소나 다른 연락처 정보를 사용해 가입할 것을 요구한다. 그 반대 급부로, 그들은 여러분이 API를 활성화할 수 있는 API 키를 제공한다.

API 키는 접근을 인증하기 위해 사용한다. 또한 특정 기능을 허가하기 위해 API 키를 사용하기도 한다. 마지막으로, 사용량 추적에도 API 키를 사용한다. API 키를 어떤 정해진 시간 동안 너무 많이 사용하면, 그 API 키를 사용한 요청을 거부할 수도 있다.

이러한 비즈니스 모델의 변종은 무궁무진하다. 예를 들어 API 키를 사용하는 것을 유료화하여 비용을 청구할 수도 있다. 다른 업체의 경우, 일정 규모 이상의 부하를 발생시키는 경우에만 과금할 수도 있다.

중요한 것은 API 사용을 거절당하지 않는 것이다. 이는 다시 API 키가 사용자의 인증 비밀정보로 취급되어야 한다는 뜻이기도 하다. API 키는 위조하기 어려울 정도로 복잡해야 하며, 상대적으로 검증하기는 쉬워야 한다.

API 키를 만드는 한 가지 방법은 안전한 난수를 사용해 예측하기 어려운 키 문자열을 만드는 것이다. 다음과 같이 작은 함수만으로도 충분할 수 있다.

```
import random
rng= random.SystemRandom()
import base64
def make_key_1(rng=rng, size=1):
    key_bytes= bytes(rng.randrange(0,256) for i in range(18*size))
    key_string= base64.urlsafe_b64encode(key_bytes)
    return key_string
```

random.SystemRandom 클래스를 안전한 난수 제네레이터로 사용했다. 이 클래스는 os.urandom()이 주는 바이트로 제네레이터의 시드seed를 설정한다. os.urandom()은 신뢰할 수 있을 정도로 예측할 수 없는 시드 값을 보장한다. 이 객체를 별도로 만든 이유는 키에 대한 요청을 받을 때마다 제네레이터를 재사용하기 위해서다. 실무에서 가장 좋은 방법은 단일 랜덤 시드를 사용한 제네레이터에서 여러 키를 만들어 내는 것이다.

어떤 난수 바이트에 대해 베이스 64 인코딩을 사용해 문자의 시퀀스를 만들었다. 난수 바이트의 바이트 개수가 3의 배수가 되도록 만들면, 베이스 64 인코딩의 뒤에 "="가 오는 것을 피할 수 있다. URL에서 안전하게 사용할 수 있는 베이스 64 인코딩을 사용했기 때문에 결과 문자열 안에는 URL이나 질의 문자열에 들어갈 수 없는 "/"나 "+" 문자가 들어 있지 않다.

 난수를 만드는 방법을 더 복잡하게 만든다고 더 임의성이 높은 난수가 나오는 것은 아니다. random.SystemRandom을 사용하면 다른 사용자에게 할당된 키를 위조할 수 없도록 보장할 수 있다. 여기서는 18x8개의 난수 비트를 사용하여, 상당히 많은 난수 키를 만들었다.

난수 키의 개수가 몇 개나 될까? 다음 명령과 그 결과를 살펴보자.

```
>>> 2** (18*8)
22300745198530623141535718272648361505980416
```

누군가가 다른 사람의 키와 같은 키를 만들어 낼 수 있을 가능성은 상당히 적다.

다른 방법은 uuid.uuid4()를 사용해 임의의 **범용 고유 식별자**^{Universally Unique} Identifier, UUID를 만드는 것이다. UUID는 32개의 16진 수와 4개의 "-"가 들어간 36 문자로 된 문자열이다. 임의의 UUID는 변조하기 어렵다. 사용자 이름이나 호스트 IP 주소 등을 포함하는 UUID를 사용하는 것은, 인코딩한 정보를 포함하고 있기 때문에 좋은 생각이 아니다. 그 정보를 디코딩하여 위조를 위한 키로 사용할 수도 있다. 암호적인 난수 제네레이터를 사용하는 것은 정보를 인코딩하는 일을 피하기 위함이다.

REST적인 웹 서버에는 정당한 키와 클라이언트 연락처 정보가 들어간 작은 데이터베이스가 필요할 것이다. 어떤 API 요청이 그 데이터베이스에 있는 키를 포함한다면, 데이터베이스에서 찾은 사용자가 해당 요청을 보낸 것이다. API 요청에 알려진 키가 들어 있지 않다면, 그 요청을 거부하고 단순히 401 UNAUTHORIZED 응답을 보낼 수 있다. 키 자체는 24문자로 된 문자열이기 때문에 데이터베이스 크기는 상당히 작고, 메모리에 쉽게 캐시할 수 있을 것이다.

일반적인 로그 분석으로도 어떤 키의 사용량을 충분히 알 수 있을 것이다. 더 복잡한 애플리케이션이라면 API 요청을 별도의 로그파일이나 데이터베이스에 기록하여 분석을 쉽게 할 수 있다.

요약

이번 장에서는 함수형 설계를 REST 기반의 웹 서비스를 가지고 콘텐츠를 서비스하는 문제에 적용하는 방법을 살펴봤다. WSGI 표준이 상당히 함수적인 애플리케이션을 이끌어낸다는 사실을 살펴봤다. 또한 요청의 여러 요소를 뽑아내 애플리케이션 함수가 처리할 수 있게 만듦으로써 WSGI의 문맥에서 더 함수적인 설계를 포함시킬 수 있다는 것을 살펴봤다.

간단한 서비스의 경우 이 문제를 세 가지 개별 연산으로 분해할 수 있다. 그 셋은 데이터를 얻는 것과 검색/걸러내기, 그리고 결과를 직렬화하는 것이다. 이를 `raw_data()`, `anscombe_filter()`, `serialize()`라는 세 함수를 사용해 해결했다. 이 함수를 간단한 WSGI 호환 래퍼로 감싸서, 웹 서비스와 데이터를 뽑아내고 걸러내는 "실제" 처리를 분리했다.

데이터 업로드나 영속적인 데이터 저장소를 갱신하기 위한 양식 데이터 처리 등의 더 복잡한 문제는 살펴보지 않았다. 이들은 데이터를 가져오거나 결과를 직렬화하는 것보다 훨씬 더 복잡하지 않다. 또한 그러한 문제는 더 나은 방식으로 이미 해결된 상태다.

간단한 질의나 데이터 공유의 경우, 작은 웹 서비스 애플리케이션이 도움이 될 수 있다. 함수적 디자인 패턴을 적용해 웹 사이트의 코드를 간결하고 이해하기 쉽게 만들 수 있다. 더 복잡한 웹 애플리케이션의 경우, 복잡한 처리를 제대로 해주는 프레임워크의 사용을 고려해야 할 것이다.

다음 장에서는 우리가 사용 가능한 몇 가지 최적화 기법을 살펴본다. '10장 functools 모듈'에서 살펴본 @lru_cache를 확장할 것이다. 또한 '6장 재귀와 축약'에서 제시했던 몇 가지 최적화 기법도 살펴본다.

16
최적화와 개선

이번 장에서는 고성능 함수형 프로그램을 작성할 때 사용할 수 있는 최적화 기법을 몇 가지 공부한다. '10장 functools 모듈'에서 본 @lru_cache 데커레이터를 확장할 것이다. 메모이제이션 알고리즘을 구현하는 방법에는 여러 가지가 있다. 또한 우리 자신의 데커레이터를 작성하는 방법도 설명할 것이다. 더 중요한 것은 Callable 객체를 사용해 메모이제이션 한 결과를 캐시에 저장하는 방법을 보게 될 것이라는 점이다.

또한 '6장 재귀와 축약'에서 본 몇 가지 최적화 기법도 살펴본다. 꼬리재귀 최적화를 위한 일반적인 접근 방법을 다시 고찰할 것이다. 일부 알고리즘에서는 재귀 구현과 메모이제이션을 조합하여 좋은 성능을 달성할 수 있다. 메모이제이션이 그리 효과가 없는 다른 알고리즘의 경우, 성능을 향상시킬 수 있는 다른 부분이 있는지 찾아봐야만 한다.

대부분의 경우 프로그램을 조금 바꾸면 성능도 조금 향상된다. 함수를 람다 객체로 바꾸면 성능에는 그리 큰 영향이 없을 것이다. 용납할 수 없을 만큼 느린 프로그램이 있다면, 완전히 새로운 알고리즘이나 데이터 구조를 찾아야 한다. 일부 알고리즘은 나쁜 "빅-O" 복잡도를 가지기 때문에 어떤 방법을 써도 마법처럼 빠르게 만들 수는 없다.

시작하기 알맞은 지점은 http://www.algorist.com이다. 어떤 문제에 대한 알고리즘을 찾아야 할 때 이 사이트가 도움이 될 것이다.

메모이제이션과 캐싱

'10장 functools 모듈'에서 메모이제이션을 사용해 여러 알고리즘의 성능을 향상시킬 수 있다는 것을 살펴봤다. 이미 살펴본 예제를 다시 보면서, 메모이제이션으로 이익을 얻을 수 있는 함수의 특징이 무엇인지 정리할 것이다.

'6장 재귀와 축약'에서는 몇 가지 일반적인 종류의 재귀를 살펴봤다. 가장 간단한 유형의 재귀는 캐시에 있는 값과 쉽게 일치시킬 수 있는 꼬리재귀다. 인자가 정수, 문자열, 또는 실체화한 컬렉션이라면 인자를 빠르게 비교하여 캐시에 예전에 계산한 값이 이미 존재하는지 결정할 수 있다.

피보나치 수열이나 계승을 계산하는 것과 같은 예제를 통해 정수의 수치 계산 성능을 캐시를 사용해 분명히 향상시킬 수 있다는 것을 볼 수 있다. 소인수를 찾거나 정수의 제곱수를 계산하는 것도 정수 값에 적용할 수 있는 수치 알고리즘의 또 다른 예다.

피보나치 수를 계산하는 재귀 버전을 보면, 두 가지 꼬리재귀호출이 있다는 것을 알 수 있다. 다음은 그 정의다.

$$F_n = F_{n-1} + F_{n-2}$$

이를 루프로 바꿀 수도 있다. 하지만 설계를 바꾸려면 약간의 생각이 필요하다. 이에 대해 메모이제이션을 사용한 버전은 상당히 빠르지만, 많은 생각을 하여 설계를 바꿀 필요가 없다.

'6장 재귀와 축약'에서 본 시라쿠사 함수는 프랙탈fractal 값을 계산하는 함수의 한 예다. 그 안에는 재귀적으로 적용되는 단순한 규칙이 들어 있다. "모든 시라쿠사 함수가 1로 수렴한다"는 콜라츠 추측Collatz Conjecture을 시험하려면 중간 값을 메모이제이션해야 한다.

시라쿠사 함수의 재귀 적용은 "끌개attractor"가 있는 함수의 예다. 시라쿠사 함수의 경우에는 1로 모든 값이 끌려간다. 더 차원이 높은 함수의 경우, 끌개가 선이거나 프랙탈일 수도 있다. 끌게가 어떤 점이라면 메모이제이션이 도움이 되지만, 그렇지 않다면 각각의 프랙탈 값이 유일하기 때문에 메모이제이션은 실제로 방해물에 지나지 않는다.

컬렉션에 대해 작업하는 경우에는 캐시의 이점이 사라질 수도 있다. 컬렉션이 정수 값이나 문자열, 튜플 등과 같은 개수라면 컬렉션이 중복되어 시간이 절약될 수 있는 가능성이 있다. 하지만 어떤 컬렉션을 두 번 이상 계산해야 한다면, 손으로 최적화하는 것이 최선이다. 즉, 계산을 한 후 그 결과를 변수에 대입해야 한다.

반복 가능 객체나 제네레이터 함수, 또는 다른 지연 계산 값에 대해 작업하는 경우, 전체 객체를 캐시하는 것은 근본적으로 불가능하다. 이러한 경우에 메모이제이션은 전혀 도움이 되지 못할 것이다.

측정 값을 담은 원데이터는 종종 부동 소수점 수를 사용한다. 두 부동 소수점 수가 동일한지 비교하는 것이 잘 작동하지 않을 수도 있기 때문에 중간 결과를 메모이제이션하는 것도 잘 작동하지 않을 수 있다.

하지만 횟수를 포함하는 원데이터라면 메모이제이션을 통해 성능이 좋아질 수도 있다. 이들은 정수다. 따라서 예전에 계산한 값을 재계산하는 일을 피하기 위해 정확한 정수 비교에 의존할 수도 있다. 일부 통계 함수는 횟수에 적용하는 경우 부동 소수점 수 대신 fractions 모듈을 사용하여 이익을 볼 수 있다. x/y를 Fraction(x,y)로 바꾸면, 두 값이 일치하는지 정확히 판단할 수 있다. 그 후 마지막 결과를 float(어떤_fraction)을 사용해 계산할 수 있다.

메모이제이션 특화시키기

메모이제이션의 핵심 아이디어는 @lru_cache 데커레이터에 넣을 수 있을 만큼 간단하다. 이 데커레이터를 아무 함수에나 적용하면 메모이제이션을 구현할 수 있다. 경우에 따라, 일반적인 아이디어를 더 특화시켜 개선할 수도 있다. 잠재적으로 최적화가 가능한 다가 함수multivalued function가 많이 있다. 여기서 한 가지를 살펴 보고, 더 복잡한 경우를 연구하면서 다른 함수를 하나 더 분석할 것이다.

이항계수 $\binom{n}{m}$ 은 n개의 서로 다른 원소를 m개의 그룹으로 배열하는 방법의 수이다. 그 값은 다음과 같다.

$$\binom{n}{m} = \frac{n!}{m!(n-m)!}$$

분명, 매번 모든 곱셈을 다시 계산하지 않기 위해 계승 계산을 캐시해야 할 것이다. 하지만 전체 이항 계산을 캐시해도 이익을 얻을 수 있다.

우리는 여러 내부 캐시를 포함하는 Callable 객체를 만들 것이다. 다음은 우리에게 필요한 도우미 함수들이다.

```
from functools import reduce
from operator import mul
prod = lambda x: reduce(mul, x)
```

prod() 함수는 반복 가능 객체에 있는 모든 수의 곱을 구한다. 그 함수는 * 연산을 사용한 축약 연산으로 정의돼 있다.

다음은 이 prod() 함수를 사용하는 캐시가 둘 있는 Callable 객체다.

```
from collections.abc import Callable
class Binomial(Callable):
    def __init__(self):
        self.fact_cache= {}
        self.bin_cache= {}
    def fact(self, n):
        if n not in self.fact_cache:
            self.fact_cache[n] = prod(range(1,n+1))
```

```
                    return self.fact_cache[n]
            def __call__(self, n, m):
                if (n,m) not in self.bin_cache:
                    self.bin_cache[n,m] = self.fact(n)//(self.fact(m)*self.
fact(n-m))
                return self.bin_cache[n,m]
```

우리는 캐시를 둘 만들었다. 하나는 계승 값을 위한 것이고, 다른 하나는 이항 계수를 위한 것이다. 내부의 fact() 메서드는 fact_cache 애트리뷰트를 사용한다. 값이 캐시에 없다면, 그 값을 계산하여 캐시에 추가한다. 외부의 __call__() 메서드는 bin_cache 애트리뷰트를 비슷한 방식으로 사용한다. 즉, 특정 이항 계수를 이미 계산했다면 단순히 그 답을 반환하며, 그렇지 않다면 내부의 fact() 메서드를 활용해 새로운 이항 계수 값을 계산한다.

앞의 Callable 클래스를 다음과 같이 사용할 수 있다.

```
>>> binom= Binomial()
>>> binom(52,5)
2598960
```

이 코드는 우리가 만든 클래스에서 Callable 객체를 만드는 방법과, 그 객체에 구체적인 인자를 넘겨 호출하는 방법을 보여준다. 52개의 트럼프 카드에서 5개의 카드로 이뤄진 패를 만드는 데는 260만 가지 정도의 방법이 있다.

꼬리재귀 최적화

'6장 재귀와 축약'에서는 다른 내용과 더불어 단순한 재귀를 for 루프로 최적화하는 방법을 살펴봤다. 일반적인 접근 방법은 다음과 같다.

● 재귀를 설계한다. 이는 기본적인 경우와 재귀적인 경우를 의미한다. 예를 들어 다음은 계승을 계산하기 위한 정의다.

$$n! = n \times (n-1)!$$

재귀를 설계하려면 다음 명령을 실행해야 한다.

```
def fact(n):
    if n == 0: return 1
    else: return n*fact(n-1)
```

- 재귀의 맨 마지막에 단순한 호출이 있다면, 그 재귀적인 경우를 for 루프로 바꾼다. 명령은 다음과 같이 바뀐다.

```
def facti(n):
    if n == 0: return 1
    f= 1
    for i in range(2,n):
        f= f*i
    return f
```

재귀가 단순한 함수의 맨 마지막에 있기 때문에 이를 꼬리재귀호출 최적화라 부른다. 많은 컴파일러가 이러한 재귀호출을 루프로 최적화해준다. 하지만 파이썬은 -컴파일러 내부에 이러한 최적화가 들어 있지 않기 때문에- 이러한 꼬리재귀호출 변환을 수행하지 않는다.

이러한 패턴은 매우 흔하다. 꼬리재귀호출 최적화를 통해 성능을 향상시키고, 재귀호출의 횟수 제한을 없앨 수 있다.

그 어떤 최적화보다 먼저 확인해야 할 것은 해당 함수가 잘 작동하는지의 여부다. 그러한 것을 확인하기 위해 간단한 독테스트 문자열만으로 충분한 경우도 많다. 우리가 만든 계승 함수에 다음과 같은 설명을 덧붙일 수 있을 것이다.

```
def fact(n):
    """Recursive Factorial
    >>> fact(0)
    1
    >>> fact(1)
    1
    >>> fact(7)
    5040
    """
    if n == 0: return 1
    else: return n*fact(n-1)
```

두 가지 경계가 되는 경우를 추가했다. 첫 번째는 명시적으로 기본적인 경우를 나타내며, 두 번째는 기본적인 경우 바로 다음에 오는 첫 번째 원소다. 그리고 여러 번의 반복을 수반하는 다른 값을 하나 더 추가했다. 이를 통해 코드를 변경하더라도 자신감을 유지할 수 있다.

좀 더 복잡한 함수 조합을 사용한다면, 다음과 같은 명령을 실행해야 할 수도 있다.

```
test_example="""
>>> binom= Binomial()
>>> binom(52,5)
2598960
"""
__test__ = {
    "test_example": test_example,
}
```

__test__ 변수는 doctest.testmod() 함수가 사용하는 것이다. __test__ 변수와 연관된 딕셔너리에 있는 모든 값도 독테스트 문자열처럼 검색 대상이 된다. 이를 통해 여러 함수를 합성한 특징을 테스트할 수 있다. 때로 그러한 테스트를 통합 테스트integration test라고 부른다. 여러 소프트웨어 구성 요소의 통합을 테스트한다는 뜻이다.

일련의 테스트가 포함된 코드가 있다면 최적화 시 자신감을 가질 수 있고, 최적화의 올바름을 쉽게 확인할 수 있다. 다음은 최적화를 표현할 때 자주 쓰이는 유명한 인용문이다.

> "잘못된 프로그램을 더 나쁘게 만드는 것은 죄악이다."
>
> – 존 벤틀리Jon Bentley

이 문구는 에디슨 웨슬리 출판사Addison-Wesley, Inc에서 나온 More Programming pearls에 있는 "전산 범퍼 스티커"에 나온 것이다. 여기서 중요한 것은 이미 올바른 코드만을 최적화해야 한다는 것이다.

메모리 최적화

최적화에는 일반적인 규칙이 없다. 어떤 알고리즘이 주어진 문제에 대한 효율적인 해법인지 여부를 보여주는 빅-O라는 측정 방법의 존재로 인해 종종 성능(실행 속도)의 최적화에만 초점을 맞추곤 한다. 메모리를 최적화하는 것은 보통 그와는 별도로 이뤄진다. 알고리즘의 모든 단계를 살펴보면 여러 가지 메모리 구조에서 메모리 사용량이 얼마나 될지 추산할 수 있다.

이 두 가지 고려 사항이 서로 상반된 경우가 많다. 경우에 따라 상당히 좋은 성능을 보이는 알고리즘이 큰 데이터 구조를 사용하기도 한다. 이러한 알고리즘은 메모리 용량을 급격히 키우지 않고는 규모를 쉽게 확장할 수 없다. 우리의 목표는 적당히 빠르면서 메모리 사용량도 수긍할 만한 알고리즘을 설계하는 것이다.

시간과 공간 사이의 트레이트 오프^{trade off}를 제대로 다루기 위한 여러 알고리즘적인 대안을 연구하기 위해 시간을 투자할 수도 있을 것이다. 몇 가지 일반적인 최적화 기법이 있다. 우린 종종 위키피디아의 http://en.wikipedia.org/wiki/Space-time_tradeoff 링크를 따라가보곤 한다.

파이썬에서 사용할 수 있는 메모리 최적화 기법 중 하나는 반복 가능 객체를 사용하는 것이다. 반복 가능 객체는 실체화한 컬렉션의 특성을 상당수 포함하지만, 컬렉션이 사용하는 만큼 메모리를 쓸 필요는 없다. 반복 가능 객체에 대해 사용할 수 없는 연산(예: `len()` 함수)이 극소수 있다. 다른 연산을 사용할 때 메모리를 절약하는 반복 가능 객체를 사용하면 매우 큰 컬렉션에 대한 작업이 가능한 프로그램이 가능한 경우도 있다.

정확도 최적화

계산의 정확도를 최적화할 필요가 있는 경우도 약간은 존재한다. 정확도 최적화는 상당히 어려우며, 선택한 접근 방법의 정확도의 한계를 결정하려면 상당한 고등 수학이 필요할 수도 있다.

파이썬에서 할 수 있는 재미있는 정확도 최적화로는 부동 소수점 수를 사용한 근사값을 `fractions.Fraction` 값으로 바꾸는 것이 있다. 일부 애플리케이션의 경우, 이렇게 하면 부동 소수점 수의 가수[mantissa]보다 더 많은 비트를 분모와 분자에 사용하기 때문에 훨씬 더 정확한 결과를 만들 수 있다.

`decimal.Decimal` 값을 정확한 계산이 필요한 경우에 사용할 수 있다는 점이 중요하다. 그러한 경우 `float` 값을 사용하는 것은 흔히 저지르는 실수다. `float` 값을 사용하면 입력의 10진 소수 값과 그 값을 2진수로 근사한 부동 소수점 수 사이의 차이로 인해 잡음 비트가 들어갈 수 있다.[1] `Decimal` 값을 사용하면 이러한 매우 작은 차이가 발생하는 것을 막을 수 있다.

파이썬 애플리케이션을 조금 변경하여 `float` 값을 `Fraction`이나 `Decimal` 값으로 만들 수 있는 경우가 많다. 초월 함수를 사용하는 경우라면 이렇게 변경해도 그렇게 이익이 없을 것이다. 초월 함수는 -정의에 의해- 무리수로 이뤄져 있다.

고객의 요구에 맞춰 정확도를 감소시키기

일부 계산에서는 부동 소수점 수보다 분수를 더 직관적으로 이해할 수 있는 경우가 있다. 이는 통계 계산 결과를 고객이 이해하고 행동을 취할 수 있는 방식으로 제시하는 것의 일부분이다.

예를 들어, 카이 제곱[chi squared] 검증에는 보통 실제와 예상 값 사이의 차이를 계산하는 과정이 들어간다. 그 후 그 비교값을 χ^2 누적 분포 함수를 가지고 검증한다. 예상 값과 실제 값 사이에 아무 관계가 성립하지 않는다면 -이를 일컬어 무관[null repationship]하다고 할 수 있다- 분산 값이 임의적일 것이다. 따라서 χ^2 값은 작아지는 경향이 있다. 귀무가설을 받아들인다면 어디선가는 관계가 있어야 한다. 실제 값과 예상 값 사이의 차이가 크다면, 이 귀무가설을 기각할 수 있다. 귀무가설을 기각함으로써, 둘 사이의 관계의 더 정확한 특성을 결정하기 위해 한 걸음 더 나갈 수 있다.

---

1 10진 소수는 10(즉, 2×5)의 제곱수로 나눈 것이고, 2진 소수는 2의 제곱수로 나눈 것이기 때문에 모든 유한 2진 소수는 유한 십진 소수로 표현 가능하지만, 유한 10진 소수 중에는 유한 2진 소수로 표현할 수 없는 경우가 많다. 예를 들어 1/5인 0.2는 10진소수로 유한소수이지만, 이를 2진 소수로 표현하면 $0.\dot{0}01\dot{1}_{(2)}=0.001100110011...._{(2)}$라는 무한소수다. – 옮긴이

이러한 결정은 종종 선택된 χ^2 값과 자유도에 따른 χ^2 **누적 분포 함수**^{Cumulative} Distribution Function, CDF 표를 바탕으로 이뤄진다. 표에 있는 CDF 값은 대부분 무리수이지만, 보통은 소수점 이하 2자리나 3자리 정도만 사용한다. 이 표는 의사 결정을 지원하기 위한 도구이기 때문에 0.049와 0.05 사이에는 실용적인 차이가 없다.

귀무가설을 기각하기 위해 널리 사용하는 확률은 0.05이다. 이는 1/20보다 작은 Fraction 객체다. 데이터를 고객에게 제시할 경우, 때로 결과를 분수로 표현하는 것이 효과적이다. 0.05와 같은 값은 시각화하기가 어렵다. 어떤 관계가 20분의 1 정도 서로 관계가 있다고 이야기한다면, 상관관계의 유사성이 얼마나 되는지 이해하는 데 도움이 될 수 있다.

사례 분석 – 카이 제곱을 사용한 결정

일반적인 통계 결정 방법을 살펴본다. 그 결정 방식에 대해서는 http://www.itl. nist.gov/div898/handbook/prc/section4/prc45.htm를 참조하라.

이는 카이 제곱을 사용한 결정 방법으로 어떤 데이터의 분포가 임의적인지를 판단한다. 이러한 결정을 내리기 위해서는 예상 분포를 계산하여 관찰한 데이터와 예상 값을 비교할 필요가 있다. 둘 사이에 차이가 크다면 좀 더 연구할 필요가 있다는 의미다. 둘 사이의 차이가 크지 않다면 더 이상의 연구가 필요 없다는 귀무가설을 수용할 수 있다. 이 둘의 차이는 임의적인 분산이 존재하는지의 여부뿐이다.

데이터를 파이썬으로 처리하는 방법을 본다. 몇 가지 배경 이야기를 먼저 시작할 것이다. 이는 이 사례 분석의 일부는 아니지만, **탐색적 자료 분석**^{EDA} 애플리케이션의 특성이 되곤 한다. 우리는 원데이터를 수집하고 분석할 수 있는 요약을 생성해야 한다.

현업 수준의 확인 작업을 진행하는 도중에 실리콘 웨이퍼의 결함 데이터를 데이터베이스에 수집했다. SQL 질의를 사용해 추가 분석에 필요한 결함 상세 정보를 뽑을 수 있을 것이다. 예를 들어 다음과 같은 질의를 던질 수 있다.

```
SELECT SHIFT, DEFECT_CODE, SERIAL_NUMBER
FROM some tables;
```

이 질의의 출력은 개별 결함의 상세 정보가 들어 있는 CSV 파일이 될 수도 있다.

```
shift,defect_code,serial_number
1,None,12345
1,None,12346
1,A,12347
1,B,12348
and so on. for thousands of wafers
```

이 데이터를 요약할 필요가 있다. SQL 질의 수준에서 COUNT와 GROUP BY문을 사용해 이를 요약할 수도 있다. 또한 파이썬 애플리케이션 수준에서 요약할 수도 있다. 완전히 데이터베이스만 사용해 요약하는 것이 더 효율적이라는 설명이 많이 있지만, 항상 그러한 것은 아니다. 원데이터를 단순한 형태로 가져와서 파이썬 애플리케이션이 이를 요약하는 것이 SQL에서 요약을 얻는 것보다 더 빠른 경우도 있다. 성능이 중요하다면, 데이터베이스가 더 빠를 것이라고 믿고 진행하기보다는 두 가지 방법을 모두 측정해봐야 한다.

데이터베이스에서 요약 정보를 효율적으로 얻을 수 있는 경우도 있다. 이러한 요약 정보에는 교대 근무 시간shift, 결함 유형, 관찰된 결함의 개수가 들어가야만 한다. 요약 정보는 다음과 같을 것이다.

```
shift,defect_code,count
1,A,15
2,A,26
3,A,33
```
(이하 생략)

출력은 교대 근무 시간과 결함 유형의 12가지 조합을 모두 보여준다.

다음 절에서는 요약하기 위한 원데이터를 읽는 것에 초점을 맞춘다. 파이썬은 특별히 원본 데이터를 처리하는 분야에서 강력한 능력을 발휘한다.

교대 시간과 결함 회수를 예상 값과 함께 관찰하고 비교해야 한다. 관찰한 회수와 예상 회수 사이의 차이에 임의적인 변동이 있다면, 우리가 관심을 가질 만한 잘못된 부분이 없다는 귀무가설을 채택해야만 한다. 반면, 그 차이가 임의적인 변동에 들어맞지 않는다면, 더 조사가 필요한 문제가 있는 것이다.

원데이터를 Counter 객체를 사용해 걸러내고 축약하기

collections.Counter 매개변수로 필수적인 결함 회수를 표현할 것이다. 자세한 원본 데이터로부터 교대 시간과 결함 종류별 회수를 만들 것이다. 다음은 CSV 파일에서 원데이터를 읽는 함수다.

```
import csv
from collections import Counter
from types import SimpleNamespace
def defect_reduce(input):
    rdr= csv.DictReader(input)
    assert sorted(rdr.fieldnames) == ["defect_type", "serial_number",
    "shift"]
    rows_ns = (SimpleNamespace(**row) for row in rdr)
    defects = ((row.shift, row.defect_type) for row in rows_ns:
        if row.defect_type)
    tally= Counter(defects)
    return tally
```

이 함수는 input 매개변수로 주어진 열려 있는 파일을 읽는 딕셔너리 리더를 만든다. 각 열의 이름이 우리가 원하는 것과 일치하는지 확인한다. 경우에 따라 열이 더 많이 있을 수도 있다. 그러한 경우, 이 단언문을 all((c in rdr.fieldnames) for c in [...])처럼 바꿔야 한다. 각 열의 이름이 들어간 튜플을 가지고, 필요한 모든 열이 원본 파일에 있는지 확인한다. 또는 set(rdr.fieldnames) <= set([...])처럼 집합을 사용할 수도 있다.

각 행에 대해 types.SimpleNamespace 매개변수를 만들었다. 앞의 예에서는 각 열의 이름이 파이썬 변수 이름에 사용할 수 있는 문자열이었기 때문에 쉽게 딕셔너리를 이름 공간으로 바꿀 수 있었다. 경우에 따라서는 열의 이름을 파이썬 변수 이름으로 매핑해야 할 수도 있다.

SimpleNamespace를 사용하면 각 행의 원소를 좀 더 단순한 구문으로 참조할 수 있다. 특히, 그 다음에 오는 제네레이터 식을 보면 조금 번거로운 row['shift']나 row['defect_type'] 대신 row.shift와 row.defect_type를 쓴 것을 볼 수 있다.

애플리케이션에 따라서 필터가 row.defect_type와 같은 단순한 식이 아닌 경우도 있다. 더 복잡한 조건을 작성해야 할 것이다. 그러한 경우, filter() 함수를 사용하여 데이터를 제공하는 제네레이터 식에 복잡한 조건을 적용하는 것이 유용하다.

(shift, defect) 튜플의 시퀀스를 만들어 내는 제네레이터가 있으면, 그 제네레이터 식에 대해 Counter 객체를 만들어 이를 요약할 수 있다. 이렇게 Counter 객체를 만들면 지연 계산 제네레이터 식을 처리한다. 따라서 원본 파일을 읽고, 각 행의 필드를 뽑아내고 걸러낸 후 회수를 요약할 것이다.

defect_reduce() 함수를 사용해 다음과 같이 데이터를 수집하여 요약할 수 있다.

```
with open("qa_data.csv", newline="" ) as input:
    defects= defect_reduce(input)
print(defects)
```

파일을 열고, 결함 정보를 요약한 후 제대로 교대 시간과 결함 유형에 따라 요약했는지 살펴보기 위해 출력할 수 있다. Counter 객체에 결과가 있기 때문에 다른 데이터가 있다면, 그로부터 만든 Counter 객체에 이 객체를 조합할 수 있다.

defects의 값은 다음과 같다.

```
Counter({('3', 'C'): 49, ('1', 'C'): 45, ('2', 'C'): 34,
('3', 'A'): 33, ('2', 'B'): 31, ('2', 'A'): 26, ('1', 'B'): 21,
('3', 'D'): 20, ('3', 'B'): 17, ('1', 'A'): 15, ('1', 'D'): 13,
('2', 'D'): 5})
```

교대 시간과 결함 유형에 따른 결함 회수를 계산했다. 다음에는 요약 데이터를 입력으로 받는 다른 경우를 살펴본다. 그 예제는 요약 수준에서 데이터가 존재하는 경우의 사례를 보여준다.

데이터를 읽었다면 다음 단계는 각각의 교대 시간과 결함 유형에 따른 예상 결함 개수를 계산할 수 있는 두 가지 확률을 만드는 것이다. 이때 전체 결함 개수를 12로 나누는 방법을 사용하고 싶지는 않다. 그렇게 하면 실제 교대 시간이나 결함 유형에 따른 품질 차이를 반영하지 못한다. 각 교대 시간의 생산성은 아마 어느 정도 비슷할 것이다. 하지만 결함 빈도는 종류에 따라 달라질 것이다. 일부 결함은 매우 드물고, 일부 결함은 흔하리라 예상할 수 있다.

요약한 데이터 읽기

모든 원데이터를 읽는 대신, 요약한 회수만 처리하는 것을 살펴볼 수 있다. 앞의 예와 비슷하게 Counter 객체를 만들고 싶다. 그 객체는 교대 시간과 결함 코드를 '키'로 하고, 결함 회수를 '값'으로 할 것이다. 요약 정보를 받는다면 입력 딕셔너리에서 바로 Counter 객체를 만들기만 하면 된다.

다음은 요약 정보를 읽는 함수다.

```python
from collections import Counter
import csv
def defect_counts(source):
    rdr= csv.DictReader(source)
    assert rdr.fieldnames == ["shift", "defect_code", "count"]
    convert = map(
        lambda d: ((d['shift'], d['defect_code']),
        int(d['count'])),
        rdr)
    return Counter(dict(convert))
```

입력으로 열린 파일을 받는다. 데이터베이스에서 가져온 원본 CSV 데이터를 구문 분석할 때 도움이 되는 csv.DictReader() 함수를 만들 것이다. assert문을 추가하여 파일에 우리가 원하는 데이터가 들어 있는지 확인한다.

키와 회수를 정수로 변환한 값이 들어간 2-튜플을 만드는 lambda 객체를 정의했다. 키 자체도 교대 시간과 결함 유형 정보로 이뤄진 2-튜플이다. 결과는 ((shift,defect), count), ((shift,defect), count), …)와 같은 시퀀스다.

DictReader에 대해 lambda를 매핑하여 그러한 2-튜플의 시퀀스를 만들어 내는 제네레이터 함수를 만든다.

이 2-튜플의 컬렉션에서 딕셔너리를 만들고, 그 딕셔너리를 사용해 Counter 객체를 만든다. Counter 객체는 다른 Counter 객체와 쉽게 조합할 수 있다. 따라서 여러 원본 데이터에서 얻은 세부 정보를 합칠 수 있다. 여기서는 단 하나의 원본 데이터만 존재한다.

이렇게 한 원본에서 나온 정보를 defects라는 변수에 대입할 수 있다. 그 값은 다음과 같다.

```
Counter({('3', 'C'): 49, ('1', 'C'): 45, ('2', 'C'): 34,
('3', 'A'): 33, ('2', 'B'): 31, ('2', 'A'): 26,('1', 'B'): 21,
('3', 'D'): 20, ('3', 'B'): 17, ('1', 'A'): 15, ('1', 'D'): 13,
('2', 'D'): 5})
```

이는 앞 절에서 봤던 요약 정보와 같다. 하지만 원본 데이터는 이미 요약된 정보였다. 데이터베이스에 있는 원본 정보를 group by 연산을 사용해 가져오는 경우, 이러한 상황이 자주 있다.

Counter 객체에서 확률 계산하기

교대 시간과 유형에 따른 결함 확률을 계산할 필요가 있다. 예상 확률을 계산하기 위해 몇 가지 단순한 합계 계산부터 시작할 필요가 있다. 첫 번째는 모든 결함의 합으로, 다음 명령을 사용해 계산할 수 있다.

```
total= sum(defects.values())
```

defects에 대입된 Counter 객체에 있는 값을 직접 사용해 이를 계산했다. 그 결과, 표본에서 총 309건의 결함이 있다는 것을 알 수 있다.

교대 시간뿐 아니라 유형에 따른 결함도 필요하다. 이는 원본 결함 데이터에서 두 가지 유형의 하위 집합을 추출해야 한다는 뜻이다. "교대 시간에 의한" 추출에서는 Counter 객체의 (shift, defect type) 키에서 한 부분만을 사용할 것이다. "유형에 의한" 추출에서는 키 2-튜플의 나머지 절반을 사용한다.

defects 변수에 대입한 Counter 객체로부터 Counter 객체를 추가로 만들어 데이터를 요약할 것이다. 교대 시간에 의한 요약은 다음과 같이 구할 수 있다.

```
shift_totals= sum((Counter({s:defects[s,d]}) for s,d in defects),
Counter())
```

교대 시간 s를 키로 하고, 그 교대 시간에 대한 defects[s,d]에 속한 개수를 값으로 하는 개별 Counter 객체의 컬렉션을 만들었다. 제네레이터 식은 네 가지 결함 유형과 세 가지 교대 시간에 에 대해 Counter 객체를 12개 만들 것이다. 이 Counter 객체들을 sum() 함수로 합쳐 세 가지 교대 시간에 따른 합계를 구한다.

 이 경우, sum() 함수의 기본 값인 0을 사용할 수 없다. 초깃값으로 빈 Counter() 함수를 제공해야만 한다.

유형별 합계도 교대 시간별 합계와 비슷한 방식으로 구할 수 있다.

```
type_totals= sum((Counter({d:defects[s,d]}) for s,d in defects),
Counter())
```

결함 유형 d를 키로 하여 유형에 따른 12개의 Counter() 객체를 만들었다. 그 부분을 제외하면 처리는 동일하다.

교대 시간별 합계는 다음과 같다.

```
Counter({'3': 119, '2': 96, '1': 94})
```

유형별 합계는 다음과 같다.

```
Counter({'C': 128, 'A': 74, 'B': 69, 'D': 38})
```

요약 정보를 단순한 dict 객체나 list의 인스턴스를 사용하기보다 Counter 객체에 유지했다. 이 시점부터는 이를 단순한 딕셔너리처럼 다룰 것이다. 하지만 축약한 다른 객체가 아니라 Counter 객체가 필요한 경우도 있을 수 있다.

다른 요약 방법

두 가지 별도의 단계로 데이터를 읽고 요약을 계산했다. 경우에 따라, 처음 데이터를 읽으면서 요약 정보를 만들고 싶을 수 있다. 그렇게 하는 것은 처리 시간을 약간 줄여줄 수 있는 최적화라고 할 수 있다. 더 복잡한 입력 축약을 사용하여 전체 합계, 교대 시간별 합계, 그리고 유형별 합계를 계산할 수 있다. 이러한 Counter 객체를 한 번에 하나씩 만들어야 할 것이다.

더 유연하기 때문에 Counter의 인스턴스에 초점을 맞춰왔다. 데이터 획득과 관련된 부분을 어떻게 변경해도 Counter의 인스턴스가 만들어지면, 그 이후의 분석은 바꾸지 않아도 된다.

다음은 교대 시간과 결함 유형별로 결함 확률을 계산하는 방법을 보여준다.

```
from fractions import Fraction
P_shift = dict( (shift, Fraction(shift_totals[shift],total))
for shift in sorted(shift_totals))
P_type = dict((type, Fraction(type_totals[type],total)) for type in
sorted(type_totals))
```

두 딕셔너리 P_shift와 P_type을 만들었다. P_shift 딕셔너리는 교대 시간과 그 교대 시간에 발생한 결함이 전체 결함에서 차지하는 비율을 표현하는 Fraction을 매핑한다. 비슷하게 P_type 딕셔너리는 유형과 각 유형별 결함이 전체 결함에서 차지한 비율을 표현하는 Fraction을 매핑한다.

입력 값의 정확도를 모두 보존하기 위해 Fraction 객체를 사용하기로 결정했다. 이와 같이 회수를 다루는 경우, 분수를 사용하면 사람들이 데이터를 살펴볼 때 좀 더 직관적으로 이해할 수 있는 확률 값을 보여줄 수 있다.

P_shift 데이터는 다음과 같다.

```
{'2': Fraction(32, 103), '3': Fraction(119, 309), '1':
Fraction(94, 309)}
```

P_type 데이터는 다음과 같다.

```
{'B': Fraction(23, 103), 'C': Fraction(128, 309),
'A': Fraction(74, 309), 'D': Fraction(38, 309)}
```

몇몇 사람에게는 32/103이나 96/309와 같은 값이 0.3106보다 더 의미 있다. 나중에 살펴보겠지만, Fraction 객체에서 float 값을 만드는 것도 쉽다.

교대 시간과 관계 없이 비슷한 수준의 결함이 생기는 것 같다. 결함 유형에 따른 확률은 다른데, 이는 전형적인 것이다. 유형 C가 상대적으로 흔한 문제인 것 같아 보이며, 결함 B는 덜 흔한 것 같다. 아마도 더 복잡한 상황에서만 후자가 발생하기 때문일 것이다.

예상 값을 계산하고 분할표 표시하기

예상 결함 회수는 조합한 확률이다. 교대 시간에 따른 확률과 결함 유형에 따른 확률을 곱해 이를 계산한다. 이렇게 하면 교대 시간과 결함 유형을 조합한 모든 12가지 확률을 계산할 수 있다. 이를 관찰 결과와 비교하고, 자세한 결함 예상 회수를 계산할 수 있다.

다음은 예상 값을 계산하는 방법을 보여준다.

```
expected = dict(
    ((s,t), P_shift[s]*P_type[t]*total) for t in P_type:
        for s in P_shift
    )
```

원래의 defects에 상응하는 딕셔너리를 만들 것이다. 이 딕셔너리에는 키와 값으로 이뤄진 2-튜플이 들어간다. 키는 교대 시간과 결함 유형의 2-튜플이다. 이 딕셔너리는 P_shift와 P_type 딕셔너리의 모든 키 사이의 조합을 명시적으로 열거하는 제네레이터 식으로부터 만들어진다.

expected 딕셔너리의 값은 다음과 같다.

```
{('2', 'B'): Fraction(2208, 103), ('2', 'D'): Fraction(1216, 103),
 ('3', 'D'): Fraction(4522, 309), ('2', 'A'): Fraction(2368, 103),
 ('1', 'A'): Fraction(6956, 309), ('1', 'B'): Fraction(2162, 103),
 ('3', 'B'): Fraction(2737, 103), ('1', 'C'): Fraction(12032, 309),
 ('3', 'C'): Fraction(15232, 309), ('2', 'C'): Fraction(4096, 103),
 ('3', 'A'): Fraction(8806, 309), ('1', 'D'): Fraction(3572, 309)}
```

이 매핑의 각 원소에는 교대 시간과 결함 유형의 튜플인 키가 있다. 각 키는 교대 시간을 기반으로 하는 확률과 결함 유형을 기반으로 한 확률을 곱한 결함 발생 확률에 전체 결함 개수를 곱하여 나온 예상 결함 개수와 매핑되어 있다. 일부 분수는 약분을 했다. 예를 들어, 6624/309는 2208/103으로 간단하게 만들 수 있다.

큰 수를 순수한 분수로만 표현하면 이상하다. 큰 값은 float로 표현하는 편이 이해하기 좋은 경우가 많고 작은 값(확률 등의)은 분수로 표현하는 편이 더 이해하기 쉬운 경우가 많다.

여기서는 관찰 값과 예상 값을 함께 표시할 것이다. 이를 통해 데이터를 더 잘 시각화할 수 있다. 다음과 비슷한 출력을 통해 예상했던 값과 실제 관찰한 값을 더 잘 요약할 수 있다.

obs	exp	obs	exp	obs	exp	obs	exp	
15	22.51	21	20.99	45	38.94	13	11.56	94
26	22.99	31	21.44	34	39.77	5	11.81	96
33	28.50	17	26.57	49	49.29	20	14.63	119
74		69		128		38		309

이 표는 12개의 칸을 보여준다. 각 칸에는 관찰한 결함 개수와 예상 결함 개수가 들어 있다. 각 행의 끝에는 교대 시간에 따른 합이, 각 열의 끝에는 결함 유형에 따른 합이 들어 있다.

경우에 따라, CSV 표현으로 이 데이터를 내보내 스프레드시트를 만들 수도 있다. 다른 경우, 이러한 분할표를 HTML로 만들어 브라우저가 표를 표시하게 만들 수도 있다. 여기서는 텍스트로만 된 버전을 보여줬다.

다음은 앞에서 보여준 분할표를 표시하는 명령이다.

```
print("obs exp"*len(type_totals))
for s in sorted(shift_totals):
    pairs= ["{0:3d} {1:5.2f}".format(defects[s,t],
    float(expected[s,t])) for t in sorted(type_totals)]
    print("{0} {1:3d}".format( "".join(pairs), shift_totals[s]))
footers= ["{0:3d}".format(type_totals[t]) for t in
sorted(type_totals)]
print("{0} {1:3d}".format("".join(footers), total))
```

이 코드는 결함 유형을 여러 줄에 나눠 표시한다. 모든 결함 유형을 표시하기에 충분한 머리글 행을 출력했다. 각 교대 시간마다 결함별 예상 결함 수와 실제 결함 수의 쌍을 표시한 후 해당 교대 시간에 발생한 결함의 합계를 표시한다. 맨 마지막 줄에는 결함 유형별 합계를 표시하고, 전체 합계도 표시한다.

이와 같은 분할표를 사용하면 예상 값과 실제 값 사이의 비교를 잘 시각화할 수 있다. 이러한 두 값의 집합에 대해 카이 제곱 값을 계산할 수 있다. 그 값을 통해 데이터가 임의적인지, 아니면 더 많은 연구가 필요한지를 결정할 수 있다.

카이 제곱 값 계산하기

χ^2 값은 $\sum_i \frac{(e_i - o_i)^2}{e_i}$ 으로 계산한다. 여기서 e는 예상값이고, o는 관찰한 값이다. 이 공식의 값을 다음처럼 구할 수 있다.

```
diff= lambda e,o: (e-o)**2/e
chi2= sum(diff(expected[s,t], defects[s,t]) for s in shift_totals:
    for t in type_totals
    )
```

계산을 최적화하기 위해 작은 lambda를 정의했다. 예상 값이 두 번 쓰이지만, 이 람다를 사용하면 expected[s,t]와 defects[s,t] 애트리뷰트를 단 한 번만 실행할 수 있다. 이 데이터 집합의 경우 마지막 χ^2 값은 19.18이다.

교대 시간이 세 가지, 결함 유형이 네 가지이고, 각각을 독립적으로 고려하므로 2×3=6이어서 자유도^{degree of freedom}가 6이다. 카이 제곱 표를 보면 12.5916 이하의 값은 20개 중 1개의 데이터가 실제로 임의적일 수 있다는 것을 보여준다. 우리가 계산한 값이 19.18이기 때문에 이 값이 실제 임의적일 가능성은 적다.

χ^2의 누적 분포 함수는 19.18이라는 값이 0.00387이라는 정도의 확률을 가짐을 보여준다. 이는 1000개 중 4개가 임의적일 가능성이 있다는 뜻이다. 다음 단계는 여러 가지 결함 유형과 교대 시간 유형에서 자세한 내용을 발견하기 위해 후속 연구를 진행하는 것이다. 어떤 독립 변수가 결함과 가장 큰 상관관계가 있는지 찾은 다음, 연구를 계속 진행할 필요가 있다.

이 사례 연구를 계속 진행하는 대신, 다른 재미있는 계산을 살펴본다.

카이 제곱 문턱 값 계산하기

χ^2 테스트의 핵심은 우리가 귀무가설을 기각하거나 채택하기 위해 받아들이고자 하는 불확실성의 정도와 자유도에 따른 문턱 값에 있다. 전통적으로 0.05(1/20)라는 문턱 값을 사용해 귀무가설을 기각하라는 의견이 많다. 이는 데이터 20개 중 1개만 임의적이며, 나머지 데이터는 의미가 있다는 뜻이다. 다른 말로 하면, 20번 중 19번은 데이터가 단순히 임의적인 변동을 표현할 것으로 생각한다는 뜻이다.

카이 제곱 값은 초월 함수를 몇 가지 계산해야 하기 때문에 보통 표 형태로 제공된다. 라이브러리에서 χ^2 누적 분포 함수를 제공한다면, 중요한 값을 찾기 위해 표를 찾는 대신 값을 계산할 수 있다.

자유도 k인 χ^2값 x에 대한 누적 분포 함수는 다음과 같이 정의된다.

$$F(x;k) = \frac{\gamma\left(\dfrac{k}{2}, \dfrac{x}{2}\right)}{\Gamma\left(\dfrac{k}{2}\right)}$$

임의적일 확률을 $p = 1 - F\left(\chi^2;k\right)$로 두는 경우가 일반적이다. 따라서 $p > 0.005$면 데이터를 임의적인 것으로 이해할 수 있고, 귀무가설이 참이 된다는 뜻이다.

이를 위해서는 불완전한 감마^{gamma} 함수인 $\gamma(s,z)$와 완전한 감마 함수인 $\Gamma(x)$를 계산해야 한다. 이들은 상당히 복잡한 수학을 필요로 한다. 일부 특별한 경우를 생략하면, 이러한 계산에 딱 들어맞는 상당히 좋은 근사 함수를 구현할 수 있다. 이 두 함수는 함수형 설계의 여러 가지 문제를 보여준다.

두 함수 모두 계승 계산($n!$)을 필요로 한다. 이 주제에 대해 여러 가지 구현을 이미 살펴봤다. 여기서는 다음 정의를 사용할 것이다.

```
@lru_cache(128)
def fact(k):
    if k < 2: return 1
    return reduce(operator.mul, range(2, int(k)+1))
```

이는 $k! = \Pi_{2 \le i \le k}\ i$로, 2부터 k(양 끝을 모두 포함)까지의 값을 모두 곱한 것이라는 의미다. 코드의 독문자열 단위 테스트 케이스는 생략했다.

부분 감마 함수 계산하기

부분 감마 함수는 단순한 수열의 확장이다. 따라서 값의 시퀀스를 계산하여 각 값의 합계를 구하면 된다. 더 자세한 정보를 원하는 독자는 http://dlmf.nist.gov/8 를 살펴보라.

$$\gamma(s,z) = \sum_{0 \le k \le \infty} \frac{(-1)^k}{k!} \frac{z^{s+k}}{s+k}$$

이 수열은 언젠가는 너무 작아서 중요하지 않게 되는 시점까지 작아질 것이다. $(-1)^k$를 계산하면 매항의 부호가 서로 바뀐다.

$$-1^0 = 1, -1^1 = -1, -1^2 = 1, -1^3 = -1$$

수열의 각 항은 $s=1$이고 $z=2$일 때 다음과 같다.

```
2/1, -2/1, 4/3, -2/3, 4/15, -4/45, ..., -2/638512875
```

새로운 항은 어느 시점에서 더 이상 결과에 큰 영향을 끼치지 못하게 된다.

누적 분포 함수 $F(x;k)$를 다시 살펴보면, fractions.Fraction을 사용하는 것을 생각해볼 필요가 있다. 자유도 k는 2로 나눠지는 정수다. χ^2 값인 x는 Fraction이거나 float 값일 것이다. 그 값이 단순한 정수 값일 가능성은 별로 없다.

γ를 계산할 때 $\frac{(-1)^k}{k!}$를 계산하는 과정에는 정수만 필요하며, 정당한 Fraction 값으로 표현이 가능하다. z^{s+k}는 Fraction이거나 float일 수 있다. 그 값은 $s+k$가 정수가 아닌 경우 무리수가 될 것이다. $s+k$는 정당한 Fraction 값일 수도 있고, 때로는 정수 값일 수도 있고, 경우에 따라서는 1/2와 같은 값일 수도 있다.

여기서 -가능하기는 하지만- Fraction 값을 사용하는 것은, 중간에 무리수 계산이 필요하기 때문에 그리 도움이 되지 않는다. 하지만 다음에 주어진 완전한 감마함수를 살펴보면, Fraction 값이 도움이 될 가능성이 있다는 것을 알 수 있다. 하지만 여기서는 그러한 것은 부수적인 것에 지나지 않는다.

다음은 앞에서 설명한 수열 확장을 구현한 것이다.

```python
def gamma(s, z):
    def terms(s, z):
        for k in range(100):
            t2= Fraction(z**(s+k))/(s+k)
            term= Fraction((-1)**k,fact(k))*t2
            yield term
        warnings.warn("More than 100 terms")
    def take_until(function, iterable):
        for v in iterable:
            if function(v): return
            yield v
    ε= 1E-8
    return sum(take_until(lambda t:abs(t) < ε, terms(s, z)))
```

수열의 각 항을 만들어 내는 term() 함수를 정의했다. for문과 상한 값을 사용해 100개의 항만을 만들어 냈다. itertools.count()를 사용해 항의 무한 시퀀스를 만들 수도 있을 것이다. 하지만 루프에 상한을 사용하는 것이 좀 더 단순해 보인다.

무리수인 z^{s+k} 값을 계산하여 그 값에 대한 Fraction 값을 만들었다. z의 값이 float가 아니라 Fraction이라면, t2 값도 Fraction일 것이다. 그렇다면 term() 함수의 값은 두 Fraction 값의 곱이 된다.

반복 가능 객체로부터 주어진 함수가 참이 될 때까지 값을 취하는 take_until() 함수를 정의했다. 인자로 받은 함수가 True가 되면 반복 가능 객체에서 더 이상의 값을 가져오지 않는다. 또한 작은 문턱 값 ε을 10^{-8}로 정의했다. term() 함수가 제공하는 값이 ε보다 큰 동안에만 값을 가져올 것이다. 그러한 값들의 합이 부분 gamma 함수의 근사값이다.

다음은 이 구현이 값을 제대로 계산하는지 확인하기 위한 몇 가지 테스트 케이스다.

- $\gamma(1,2) = 1 - e^{-2} \approx 0.8646647$
- $\gamma(1,3) = 1 - e^{-3} \approx 0.9502129$
- $\gamma\left(\dfrac{1}{2}, 2\right) = \sqrt{\pi} \times \mathrm{erf}\left(\sqrt{2}\right) \approx 1.6918067$

오류 함수 erf()는 재미있는 함수다. 파이썬 수학 라이브러리가 이 함수를 제공하기 때문에 여기서는 이를 살펴보지 않을 것이다.

우리의 관심은 카이 제곱 분포에만 맞춰져 있다. 불완전한 감마 함수를 다른 수학적인 목적에서 다루지는 않는다. 이로 인해 테스트 케이스를 우리가 원하는 값으로 한정할 수 있다. 또한 결과의 정확도를 제한할 수 있다. 대부분의 카이 제곱 함수에는 세 자리 정밀도가 필요하다. 테스트 데이터에서는 일곱 자리를 표시했는데, 이는 실제로 필요로 하는 것보다 더 정밀도가 높은 것이다.

완전한 감마 값 계산하기

완전한 감마 함수는 좀 더 어렵다. 근사값을 구하는 방법이 여러 가지 있다. 더 많은 정보는 http://dlmf.nist.gov/5에서 볼 수 있다. 파이썬의 수학 라이브러리도 완전한 감마 함수를 제공한다. 그 함수는 여러 상황을 위해 설계한 여러 분야에 유용한 근사 함수다.

우리는 완전한 감마 함수의 완전한 구현에는 관심이 없다. 우리는 두 가지 특별한 경우에 대해서만 관심이 있을 뿐이다. 한 가지는 정수 값이며, 다른 한 가지는 1/2로 끝나는 수다. 이 두 가지 특별한 경우에 대해서는 정확한 답을 구할 수 있으며, 근사값을 구할 필요가 없다.

정수 값의 경우 $\Gamma n = (n-1)!$이다. 정수에 대한 감마 함수는 앞에서 정의한 계승 값을 사용해 계산할 수 있다.

1/2로 끝나는 수에 대해서는 특별한 형태가 있다.

$$\Gamma \frac{1}{2} + n = \frac{(2n)!}{4^n n!} \sqrt{\pi}$$

이 값에는 무리수가 들어 있다. 따라서 이를 float나 Fraction 객체를 사용해 근사값으로 표현할 수 있다.

카이 제곱 누적 분포 함수는 다음에 설명할 완전한 감마 함수의 두 가지 특성을 활용하기 때문에 일반적인 감마 함수는 불필요하다. 따라서 약간의 속임수를 써서, 적당히 정확한 후 두 값을 사용할 수 있다.

정당한 Fraction 값을 사용하면, 분모가 1인 경우(즉, 정수)와 분모가 2인 경우를 처리하는 함수를 설계할 수 있다. 다음과 같이 Fraction 값을 활용할 수 있다.

```python
sqrt_pi = Fraction(677622787, 382307718)
def Gamma_Half(k):
    if isinstance(k,int):
        return fact(k-1)
    elif isinstance(k,Fraction):
        if k.denominator == 1:
            return fact(k-1)
        elif k.denominator == 2:
            n = k-Fraction(1,2)
            return fact(2*n)/(Fraction(4**n)*fact(n))*sqrt_pi
    raise ValueError("Can't compute Γ({0})".format(k))
```

오직 정수와 끝이 1/2인 경우만을 다룬다는 의미를 강조하기 위해 이름을 Gamma_ Half라고 붙였다. 정수의 경우, 앞에서 정의한 fact() 함수를 사용한다. 분모가 1인 Fraction 객체의 $\Gamma n = (n-1)!$이라는 정의대로 fact()를 사용했다.

분모가 2인 경우, 더 복잡한 "닫힌 형태"의 값을 사용할 수 있다. $4^n n!$ 값에 대해 명시적으로 Fraction 함수를 호출했다. 또한 무리수 $\sqrt{\pi}$에 대해 Fraction으로 된 근사값을 제공했다.

다음은 몇 가지 테스트 케이스다.

- $\Gamma(2) = 1$
- $\Gamma(5) = 24$
- $\Gamma\left(\dfrac{1}{2}\right) = \sqrt{\pi} \approx 1.7724539$
- $\Gamma\left(\dfrac{3}{2}\right) = \dfrac{\sqrt{\pi}}{2} \approx 0.8862269$

이러한 값을 정당한 Fraction 값으로도 보일 수 있다. 무리수는 길고 읽기 어려운 분수를 만들어 낸다. 다음과 같은 것을 활용할 수 있다.

```
>>> g= Gamma_Half(Fraction(3,2))
    >>> g.limit_denominator(2000000)
    Fraction(291270, 328663)
```

이렇게 하면 분모 값을 1부터 2백만 사이로 제한할 수 있다. 따라서 단위 테스트에 사용하기 쉬운, 보기 편한 여섯 자리 숫자를 얻을 수 있다.

임의적인 분포의 확률 계산하기

이제 불완전한 감마 함수인 gamma와 완전한 감마 함수인 Gamma_Half가 있으므로, χ^2 CDF 값을 계산할 수 있다. CDF 값은 주어진 χ^2 값이 임의적이거나 어떤 상관관계가 존재할 확률을 보여준다.

그 함수 자체는 상당히 작다.

```
def cdf(x, k):
    """X² cumulative distribution function.
    :param x: X² value -- generally sum (obs[i]-exp[i])**2/exp[i]
        for parallel sequences of observed and expected values.:
        param k: degrees of freedom >= 1; generally len(data)-1
    """
    return 1-gamma(Fraction(k,2),
    Fraction(x/2))/Gamma_Half(Fraction(k,2))
```

매개변수를 명확히 하기 위해 약간의 독문자열을 추가했다. 정상적인 Fraction 객체를 자유도 k와 카이 제곱 값 x로부터 만들었다. float를 Fraction으로 만들면 자릿수가 많고 무의미한 숫자가 많이 포함된 분수가 생긴다.

Fraction(x/2).limit_denominator(1000)을 사용해 x/2라는 Fraction 값을 더 작은 자릿수로 표현하게 만들 수 있다. 그러한 방식을 사용하면 정상적인 CDF 값을 계산하는 동시에 불필요하게 자릿수가 많은 분수를 만드는 일을 피할 수 있다.

이제 보여줄 예제는 χ^2의 표에서 가져온 몇 가지 데이터를 시험한다. http://en.wikipedia.org/wiki/Chi-squared_distribution에서 더 많은 정보를 볼 수 있다. 올바른 CDF 값을 계산하려면, 다음 명령을 실행해야한다.

```
>>> round(float(cdf(0.004, 1)), 2)
0.95
>>> cdf(0.004, 1).limit_denominator(100)
Fraction(94, 99)
>>> round(float(cdf(10.83, 1)), 3)
0.001
>>> cdf(10.83, 1).limit_denominator(1000)
Fraction(1, 1000)
>>> round(float(cdf(3.94, 10)), 2)
0.95
>>> cdf(3.94, 10).limit_denominator(100)
Fraction(19, 20)
>>> round(float(cdf(29.59, 10)), 3)
0.001
>>> cdf(29.59, 10).limit_denominator(10000)
Fraction(8, 8005)
```

주어진 χ^2와 자유도에 따라 우리가 만든 CDF 함수로 계산한 값은 표에서 가져온 자주 사용하는 값과 일치한다.

다음은 표 중에서 한 줄을 제네레이터 식으로 계산한 것이다.

```
>>> chi2= [0.004, 0.02, 0.06, 0.15, 0.46, 1.07, 1.64, 2.71, 3.84,
6.64, 10.83]
>>> act= [round(float(x), 3) for x in map(cdf, chi2, [1]*len(chi2))]
>>> act
[0.95, 0.888, 0.806, 0.699, 0.498, 0.301, 0.2, 0.1, 0.05, 0.01,
0.001]
```

예상 값은 다음과 같다.

```
[0.95, 0.90, 0.80, 0.70, 0.50, 0.30, 0.20, 0.10, 0.05, 0.01, 0.001]
```

소수점 이하 세 번째 자리에서 매우 사소한 차이가 있을 뿐이다.

이를 사용하면 χ^2 값으로부터 확률을 얻을 수 있다. 앞에서 살펴본 예제에서는 자유도 6에 카이 제곱 값 12.5916에 대해 0.05이라는 확률을 계산할 수 있다.

```
>>> round(float(cdf(12.5916, 6)), 2)
0.05
```

이 예제에서 χ^2에 대해 구한 실제 값은 19.18이었다. 다음은 이 값이 임의적일 확률이다.

```
>>> round(float(cdf(19.18, 6)), 5)
0.00387
```

이 확률은 분모를 1000으로 제한한 경우, 3/775이다. 이 값은 데이터가 임의적일 확률이 높지 않다는 뜻이다.

요약

이번 장에서는 세 가지 최적화 기법을 살펴봤다. 첫 번째 기법은 올바른 알고리즘과 데이터 구조를 찾는 것과 관련이 있다. 이 두 가지는 다른 설계나 프로그래밍 관련 의사 결정보다 훨씬 더 성능에 영향을 끼친다. 올바른 알고리즘을 선택하면 실행 시간을 분 단위에서 1초 이하로 쉽게 줄일 수 있다. 예를 들어, 시퀀스를 잘못 사용하던 것을 매핑으로 제대로 바꾸면, 실행 시간을 200배 이상 단축할 수 있다.

일반적으로 모든 재귀를 루프로 최적화해야 한다. 이렇게 하는 편이 파이썬에서는 훨씬 빠르며, 파이썬의 호출 스택 제약도 우회할 수 있다. '6장 재귀와 축약' 등의 다른 장에서 재귀를 루프로 펼치는 여러 방법을 살펴봤다. 추가로 두 가지 방법으로 성능을 향상시킬 수 있다. 첫째, 메모이제이션을 도입해 결과를 캐시할 수 있다. 이러한 개선은 수치 계산의 경우, 상당한 효과가 있다. 컬렉션의 경우 효과가 덜 할 것이다. 두 번째로, 실체화한 데이터 객체를 반복 가능 객체로 바꾸면, 관리가 필요한 메모리의 양을 줄임으로써 성능을 향상시킬 수 있다.

이번 장에서 다룬 사례에서는 파이썬을 탐색적 자료 분석-구문 분석과 걸러내기 등을 포함한 초기 데이터 획득-에 다루는 경우의 이점을 살펴봤다. 여러 원본으로부터 얻은 데이터를 정규화하기 위해 상당한 노력이 필요한 경우도 많다. 파이썬은 그러한 분야에서 매우 뛰어나다.

χ^2 값의 계산에는 세 가지 sum() 함수가 들어간다. 두 가지 중간 제네레이터 식의 합계를 계산해야 하고, 예상 값이 들어 있는 딕셔너리를 만들기 위해 마지막 제네레이터 식의 합계를 구해야 한다. 그리고 마지막 sum() 함수가 통계를 만들어 낸다. 10개 정도의 식을 가지고도 귀무가설을 채택하거나 기각할 때 도움이 될 수 있는 복잡한 데이터 분석이 가능하다.

또한 복잡한 통계 함수의 예로 불완전한 감마와 완전한 감마 함수를 살펴봤다. 불완전한 감마 함수 계산에는 무한한 수열이 필요하다. 따라서 그 수열을 일부만 잘라내서 합계를 구했다. 완전한 감마 함수는 매우 복잡해질 수 있지만, 우리가 다루는 예제에서는 복잡한 경우를 피할 수 있었다.

함수적 접근 방법을 통해, 처리하는 내용은 많은 반면, 코드는 간결하고 이해하기 쉬운 프로그램을 작성할 수 있다. 파이썬은 완전한 함수형 언어는 아니다. 예를 들어, 우리는 일부 명령형 프로그래밍 기법을 활용해야 한다. 이러한 한계로 인해 순수한 함수적인 재귀를 사용할 수가 없다. 하지만 우리가 직접 꼬리재귀호출을 명시적 루프로 최적화해야 하기 때문에 상당한 성능상 이점을 얻을 수 있다.

파이썬에 복합적인 함수형 프로그래밍 스타일을 도입하면 얻을 수 있는 여러 가지 이점에 대해 살펴봤다. 특히, 파이썬에서 고차 함수와 제네레이터 식을 사용하면, 상당히 간결하고 단순하면서도 뛰어난 성능을 발휘하는 프로그램을 다양한 방식으로 작성할 수 있다.

찾아보기

에이콘출판의 기틀을 마련하신 故 정완재 선생님 (1935-2004)

함수형 파이썬 프로그래밍

파이썬으로 배우는 쉬운 함수형 프로그래밍

인 쇄 | 2017년 2월 21일
발 행 | 2017년 2월 28일

지은이 | 스티븐 로트
옮긴이 | 오 현 석

펴낸이 | 권 성 준
편집장 | 황 영 주
편 집 | 나 수 지

에이콘출판주식회사
서울특별시 양천구 국회대로 287 (목동 802-7) 2층 (07967)
전화 02-2653-7600, 팩스 02-2653-0433
www.acornpub.co.kr / editor@acornpub.co.kr

한국어판 ⓒ 에이콘출판주식회사, 2017, Printed in Korea.
ISBN 978-89-6077-976-1
ISBN 978-89-6077-210-6 (세트)
http://www.acornpub.co.kr/book/functional-python

이 도서의 국립중앙도서관 출판시도서목록(CIP)은 서지정보유통지원시스템 홈페이지(http://seoji.nl.go.kr)와
국가자료공동목록시스템(http://www.nl.go.kr/kolisnet)에서 이용하실 수 있습니다.(CIP제어번호: CIP2017003140)

책값은 뒤표지에 있습니다.